Thomas Lehr

42

Thomas Lehr

42

Roman

Aufbau-Verlag

ISBN 3-351-03042-8

1. Auflage 2005

Einbandgestaltung Andreas Heilmann, Hamburg
Druck und Binden GGP Media GmbH, Pößneck
Printed in Germany

www.aufbau-verlag.de

Für Dorle

Für uns gläubige Physiker hat die Scheidung zwischen Vergangenheit, Gegenwart und Zukunft nur die Bedeutung einer wenn auch hartnäckigen Illusion.

Albert Einstein

People suffering from Vertigo should be warned that some locations are impressive.

http://www.cern.ch/VisitsService/Guide/Manual/Delphi.html
23. 09. 1999, 15:40 Uhr

Am See

1.

Ein Augenblick. Ich sah das Höllenflackern, den tödlichen paradiesischen Schimmer, der durch die Nachtzellen der Pupillen in die kristallisierten Gehirne schoss und sie vor Angst und Hoffnung hätte zerspringen lassen müssen. Dieses wahnwitzige, einzig wirkliche, sanfte Vibrieren des Gefüges! Schritte. Die Ahnung eines sommerlichen Luftzugs. Musik. Das Herz der Welt, wieder erwacht für einen einzigen Schlag. Seither ist jeder Gegenstand verdächtig. Klar und ohne Ausflucht erkennen wir wieder, dass der Ort, an dem wir uns befinden, unmöglich ist.

Zürich, am 14. August, im Jahre Null.

Seit vier Tagen trete ich vor dieses Bild: ein Sommergemälde, rahmenlos und hell ausgeleuchtet, lichtfunkelnd bis zum Alpenkranz. »Am Bürkliplatz, in Zürich, sobald etwas geschieht.« Der Vorschlag kam von Boris. »Um 12 Uhr 47«, hatte er lächelnd hinzugefügt. Was hätte mehr geschehen können? Die Beweise sind eindeutig, auf tausenden von Fernseh- und Computerbildschirmen kann es nachgewiesen werden. Ich war im Rechenzentrum einer Universität. Die Gitarre des Straßensängers spielte diesen Akkord. Nun höre ich wieder aus meiner Erinnerung. Süchtig, oft mit der Angst, mein Vorrat an Tönen könne bald aufgebraucht sein, alle Musik verstummen und nur der Käfig meines Atems bleiben, ein Tunnel dunkles rhythmisches Selbst, zurückreichend bis zu meiner Geburt. Das Möwengekreisch über der glänzenden, unendlich ruhigen Öffnung des Sees. Das Klatschen und Geschabe der Wellen unter der Kaibrücke, unter der die Limmat hinausströmt. Hinausströmte. Rufe und Gelächter von den Tretbooten her. In meinem Rücken das Gebimmel der Straßenbahn, ein scharfes, entfernt glockenähnliches

Geräusch, ein Scheppern am Rand einer Melodie. Ich verlange noch nicht einmal Stimmen, nur ein winziges, kurzes Aufbrechen der Leere hinter mir.

Ob es an ihnen gelegen hat, ob sie es tatsächlich geschafft haben? Die in Genf. Die Großkopferten, die Eggheads. Unvorstellbar, auch wenn Mendecker einmal verkündet hat, es sei nur eine Frage der Zeit.

Die Zeit stellt keine Fragen.

12 Uhr 47. Blick in Richtung Süden. Man ist nicht darauf angewiesen, dass sich in der Ferne etwas bewegt. In der Nähe ist es anders, unter der Haut ist das Ausbleiben von Bewegung der fürchterlichste Schmerz. Vielleicht gibt es sogar die wirklichen, nicht versteckten Sekunden, in denen das Gehirn noch melden kann, dass das eigene Herz stillsteht, endgültig, in der nun unverrückbaren Landschaft des Körpers. Und so sehe ich dann den Tod, wie ich jetzt von der Kaibrücke aus über den starr glänzenden Wasserspiegel Richtung Thalwil blicke, über die ersten Hügelketten, gegen das immer gleiche Mittagslicht zu den Schwyzer Voralpen, die milchig blau erscheinen, und noch weiter, bis zu den Dreitausendern, einer scheinbar transparenten Staffelung, seidenpapierhaft, in Anthrazit, Grau, Bernsteingelb. Es gibt keine andere Ansicht vom Bürkliplatz aus, kein anderes Licht.

Die kleinste Regung würde Boris und Anna verraten.

Ich hatte eine Vorahnung. Hier, genau an dieser Stelle, zwei Tage bevor ich nach Genf fuhr. Es war der Sog eines möglichen Verschwindens, eines langsamen, spurlosen Herausgeschältwerdens aus dem Kristall des Sommertages. Nicht unbedingt ein Überdrüssigsein, aber doch eine Sattheit, ein Schweizer Gefühl, wenn man so will, dass alles weitergehen oder auch enden könne, dass ich vorhanden sein könne oder auch nicht, ohne diesem Bild etwas zu nehmen. Alles würde bleiben, ganz wie in einer Fotografie: das regungslose Geknäuel der Straßenbahnen am Bellevue; die Spaziergänger am Utoquai; die grüne Kuppel des Opernhauses, die seltsam kleingroßen Stadtgebäude; die Balustrade zum See.

Langsam gehe ich auf die Bronzestatue des Jünglings am Uferrand zu. Mit der Rechten zeigt er hoch in den Himmel. Der Adler zu seinen Füßen, schweres Metall wie er selbst, soll sich erheben und auffliegen. Gelänge es dem Vogel, denkt man, so löste sich der Bann auch von dem Jüngling und er könnte vom Sockel steigen. Der Blutstrom der Räume, überall, in jedem Atem, in jeder Zelle, angetrieben wieder, mit einem Schlag. Einen, noch einen Schlag lang – das Möwengekreisch, die über die Kaibrücke rollenden Autos, das Schergeräusch der Straßenbahnräder auf den Schienen, die sich zum Bellevue hin krümmen, das Rauschen der Luft.

2.

Der sechste Tag. Wieder der Jüngling und der Bronzeadler, wieder die strahlende Sommerkuppel. Ich sollte eine Annonce aufgeben für Boris und Anna. Sie werden kommen. Wer weiß, wo es sie erwischt hat. Eine Annonce aufgeben. Ich kann noch lachen, nur für mich, unhörbar, schrill. Vielleicht ist es gar kein Lachen mehr. Wir hatten unseren Spaß! Auch das, das muss man uns lassen. Eine Annonce aufgeben. Sich am Bahnschalter anstellen. Wann bitte fährt der Zug? Ah, 12 Uhr 47, hatte ich es mir doch gedacht!

Die schöne helvetische Regelmäßigkeit der Welt. Mittagspause. Man ergeht sich am See. Ich könnte schwören, dass alle wiedergekommen sind. Die beiden alten Männer, um die genau wie gestern eine Zigarrenwolke schwebt. Zwei Tramper, die ihre Rucksäcke gegeneinander gelehnt auf den Boden gestellt haben. Der 40-Jährige im leichten Trenchcoat, dem in kurzem Abstand eine anscheinend verärgerte Frau folgt. Das barfüßige Mädchen, das mit dem Fahrrad einen älteren Herrn rammen wird, im nächsten, absolut verschlossenen Moment.

Auf der Bank zur Linken sitzt wieder meine Versuchung mit dem violetten Hut. Es freut und es wundert mich, dass ihr noch keiner von uns etwas getan hat, denn es sind einige hier vorbeigekommen. Ich trete von hinten so nah an sie heran, dass mein Handrücken fast die glänzende schwarze Haarwelle in ihrem Nacken streift. Langsam stelle ich mich in ihren Blick, so als wäre ich nur an einer besseren Aussicht auf das Großmünster interessiert. Sie ist Japanerin oder Chinesin. Vielleicht hat ihr jemand diesen violetten Hut nur spaßeshalber aufgesetzt. Er verwirrt den Betrachter wie ihr halb geöffneter Mund, der einen versonnenen Moment lang sein Kaugummikauen unterbrochen hat oder aber sich gezielt und bewusst nicht schließt und wie beim Ansetzen zu einem zärtlichen Biss sein helles Rosa offenbart. Ihre Augen sehen und sehen nicht. Es liegt an mir, zu glauben, dass sie mich fixiert, dass sie mir absichtlich die Vorahnung ihrer inneren Farbe und Glätte gibt. Aber ich kann jedem Blick standhalten. Ich gehe auf sie zu mit der Kraft meiner Verbrechen. Eine aufschreiende, mich ohrfeigende, Passanten zu Hilfe rufende Frau. Das ist alles, was ich erhoffe. Mir kann nichts geschehen und doch zittere ich, spüre, wie sich meine Kehle zusammenzieht. Jetzt bin ich so nah, dass unsere Knie sich berühren, dass sie schon längst protestiert, sich abgewandt, sich wenigstens unwillig oder entgegenkommend bewegt haben müsste. Nur wir beide existieren noch, als ich mich herabbeuge. Ihr fast liegender, in einem hellen Leinenkleid eingeschlossener Körper begegnet mir, erstickt den weiten Sommertag um uns her. Ich habe ihre Dornenhecke zerteilt, die giftige Spindel liegt regungslos am Boden. Im Schatten ihrer Hutkrempe studiere ich ihre glatte Stirn, die Mandelaugen, die zarte duftende Larve ihres Gesichts. Meine Zeit durchdringt sie, die Strahlung, die absolute Gegenwart meines Körpers. Jetzt! Denkt, ruft, schreit es in mir. Jetzt!

Als ich mich wieder aufrichte: ein Faden rosa Kaugummi auf meinen Lippen; der Speichelglanz des Missbrauchs auf ihrem Mund. Die nur leicht verschobene Hutkrempe. So hätte es auch geschehen können – vor meinen Verbrechen, vor meinem Wahn, als ich es niemals gewagt hätte. Bereits zwischen den Passanten auf der Quaibrücke kämpfe ich gegen den Impuls an, zurückzuschauen, zu glauben, dass sie mir folgt, dass sie wenigstens verstört aufgestanden ist. Sie war die Unberührbarkeit Asiens, gegen die auch unsere Reisen, unsere Fotos und Filme, all die scharfen Gerichte, die durch unseren Magen gegangen sind, nichts helfen. Das wäre eine neue Theorie. Ich werde sie Boris darlegen, wenn er endlich auftaucht: Wir leben in Asien. Und ja, ich erinnere mich plötzlich an die chinesische Legende von P'an Ku, der das Weltall erschuf, indem er es im Verlauf von 18 000 Jahren in einen Granitblock meißelte. Der Himmelsgranit über dem Zürichsee, die Granitboote auf dem Granitwasser, die steinernen Gesichter, die auf mich zuspringen und in meinem Rücken vergehen. Licht aus Granit.

3.

Das Halbdunkel meines Zimmers verführt. Ich hatte es mir schon lange abgewöhnt, zu hoffen, ich wäre einmal früh dran und könnte die Leute zur Arbeit gehen sehen. Die Aristokratie der Unbelichteten erhebt sich zur Mittagsstunde. Wir leben im Luxus! Dennoch, jetzt, nach diesem Pulsschlag, ist es kaum möglich, sich der Versuchung zu entziehen, obwohl ich es schon hören kann: nur das Blut in den Ohren, nur das Ticken meiner drei Armbanduhren. Also nichts. Mein Nichts. Ich ziehe die Vorhänge auf. Die Spiegelgasse im Licht unserer Geisterstunde. Bereits vor der Stunde Null, der Minute Null, der Sekunde Null habe ich sie gemocht, weil ich beim Gehen über das gewölbte Kopfsteinpflaster vergaß, in welchem Jahrhundert ich mich befand. Büchner wohnte hier. Klein und gebückt schlurfte Gottfried Keller am Brünnlein vorbei. In einem dieser engen

Häuser schärfte Lenin die Axt, die einmal die Welt spaltete. So habe ich mir hier, in der irritierenden, zugleich fließenden und stehenden Zeitzone der Spiegelgasse, einen Wirt gesucht. Vater und Sohn sitzen am Mittagstisch.

»Ich gehe zum See«, sage ich. Zum Frühstück häufe ich mir einige lauwarme Spaghetti auf den Teller. »Gleich seid ihr mich los«, versichere ich ihnen. Selten bleibe ich länger als eine Woche. Ich will nichts in Unordnung bringen. Ich spüle meinen Teller. Der Wirt liest den *Tagesanzeiger*. Jede Zeile könnte ich ihm vorhersagen. Gestern strich ich dem Sohn eine Haarsträhne aus der Stirn. Zweimal habe ich das Badewasser schon benutzt. Vor dem Spiegel über dem Waschbecken steht die Tochter, etwa 14-jährig. Weil man draußen noch isst, wird man sie nicht dabei stören, ihr Mondgesicht zu betrachten. Ich verdanke ihr etwas, denn sie hatte die Idee, so spät noch zu baden. Frisch rasiert verlasse ich den Raum. Der Postbote ist gekommen, und so kann ich mühelos an der Frau des Hauses vorbei durch die halb geöffnete Tür nach draußen schlüpfen.

12 Uhr 47 und 45 (!) Sekunden. Der siebte und achte Tag am See. Wir sind die Schnellsten, die relativistischen Akrobaten. Das Publikum hat keine Chance zu entkommen. Mein Asien mit dem violetten Hut will mich nicht wieder erkennen. Die beiden Rentner paffen ihre Zigarren. Der Adler sitzt starr zu Füßen des Bronzejünglings. Unnachgiebige Sonne. Über das Wetter reden wir auf unsere Weise: der nächste Regen erst wieder bei Budapest, Phantome von Sturmböen im Kaukasus, Schneeluft im Himalaja.

Was weiß ich denn noch von Anna und Boris? Sie waren Journalisten wie ich. Seit einigen Jahren kenne ich jedes Wort in jeder mir zugänglichen Zeitung. Aber es gibt eine Ausnahme: *Sperbers Bulletin*. Es ist nur in Genf erhältlich. Dort liegt es jeden ersten Montag des ersten Monats im Vierteljahr an vier genau bestimmten Orten aus. Ein Exemplar, die Nullnummer, habe ich stets bei mir getragen, denn sie enthielt die für uns lebenswichtigen Informationen: das *Complette Ver-*

zeichnis der Menschenheit (insofern sie chronifiziert ist) und die *Fünf Gesetzmäßigkeiten des Doctor Magnus Sperber, das Verhalten der Chronifizierten betreffend*. Sperber war Altphilologe und Redakteur bei einem betulichen wissenschaftlichen Journal, bevor er die Profession wechselte, um die beste Nachrichtenagentur der Welt zu betreiben, die das einzig schnelle und wirklich aktuelle Magazin beliefert, eben sein Bulletin oder *Intelligenzblatt*, wie es im Untertitel heißt. Ursprünglich sollte als Emblem in der Kopfzeile das Bildnis des kastrierten Saturn erscheinen. Dann aber wählte Sperber einen zerbrochenen Pfeil. Der Pfeil Zenons, der in der Luft erstarrt, sagt jedem etwas, selbst den Kindern.

In einem Café an der Limmat setze ich mich an einen abseits gelegenen Tisch. Ein leuchtendes Metallkunstwerk schwebt über meinem Kopf, Lindenblätter, Astverzweigungen, immer gleich funkelnde Sonnenblitze und exakt eingesetzte Himmelssaphire, schrecklich schöne, regungslose Intarsien, die nach dem Sommerwind verlangen, der sie bewegte, die Gläser auf den Tischen klirren ließe, die Notizzettel meines tief versunkenen Nachbarn aufwirbelte, die er patienceartig um ein dickes Lehrbuch gelegt hat. Auch wir lernten einmal, als es nichts mehr zu berichten gab, als das Lehrbuch der Welt auf einer einzigen Seite geöffnet blieb. Selbstredend studierten wir das Nächstliegende: den Pfeil. Dann kamen die Versuchungen, die Verzweiflung, die Verbrechen. Nur die wenigsten von uns waren stark oder verrückt genug, sich anders zu verhalten, als es die *Fünf Gesetzmäßigkeiten* vorsahen.

Vielleicht gehe ich heute nicht mehr bis ganz ans Ufer. Es könnte geschehen, dass ich meinem Asien mit dem erstaunlich fest sitzenden violetten Hut etwas zuleide tue, inmitten der Spaziergänger. Das Lehrbuch meines Nachbarn scheint einen juristischen Stoff abzuhandeln. Für uns gelten nur noch Sperbers Gesetze, die keine Paragraphen aufzählen und keine andere Strafe kennen als die Zustände, die sie beschreiben. Ihr Gegenstand ist rein psychologisch, es geht um uns, in der Form knapper, unausweichlicher Prophezeiungen. In der Nullnummer des Bulletins, die nur zehn Seiten umfasst, fand man zunächst die vier Orte in Genf aufgezählt, an denen man die weiteren Folgen würde erhalten können. Die Ausgabestelle Nummer 1 ist das Pult des Vertreters von Zaire im Salle des Conseils im Palais des Nations. Nummer 2 befindet sich in der Nachttischschublade der Gattin eines bekannten Opernsängers im Hotel Les Armures (man trifft sie in einer Situation an, die Humor verlangt). Dem *Completten Verzeichnis der Menschenheit* geht die Seite mit den *Gesetzmäßigkeiten* voraus. Sperbers Kommentare hierzu sind überflüssig, die Gesetze bestehen eigentlich nur aus Überschriften:

1. Schock
2. Orientierung
3. Missbrauch
4. Depression
5. Fanatismus

Soweit die Stufen unserer Degeneration. In diesem Café mit seinen grün lackierten Metalltischen, seinen Kellnern mit ihrer gefrorenen Zürcher Nonchalance, seinem über die Gäste ausgebreiteten funkelnd starren Blattwerk scheint es mir für eine von meinen Armbanduhren exakt bemessene Stunde möglich, dass sich die Sekundenzeiger außerhalb doch nicht bewegt haben. Ich trinke aus der Mineralwasserflasche meines Nachbarn. Hätte der erneute Schock mich am Nachmittag, im Osten erwischt, wäre das Treffen am See sinnlos geworden, ich wäre Monate zu spät gekommen.

4.

Mendeckers früherer Ansicht nach hätten wir blind sein sollen oder in einer Folge schwach aufzuckender Blitze dahingehen, während uns vollkommenes Dunkel umfangen haben müsste, sobald wir anhielten. Stundenlang in der Mittagshitze umhergelaufen. Über dem würdigen Steinportal zum Friedhof Zollikon hat man eine Uhr mit weißem Zifferblatt angebracht, eine dieser Fabrikhallen- und Bahnhofsuhren.

Die letzten beiden Tage in der Stadt. Es gab diese Tage schon einmal, auch damals bin ich über Zürich angereist. Die Ruhe und Konzentration, die ich verspürte, sind nun die Vorboten der Todesstille. Im gleichen Café, in dem ich vor kurzem die Statue des Jurastudenten beobachtete, schrieb ich die Postkarte an Karin. Ich schrieb, dass ich mich an einem eigentümlich perfekten Ort befände, von dem aus nichts nach außen zu dringen scheine. Etwas zu Gelungenes, zu Friedliches umhülle die Stadt und den See, eine Art großräumig aufgesetzter Schneekugel, in deren geschützter Luft unsichtbar, aber wirkungsvoll, fast wie ein Niespulver, der Reiz liege, sie zu durchbrechen.

Nichts gelangte mehr nach außen. Nirgendwo konnte ich diesen selbst angefertigten Vorgriff auf die Zukunft finden, der wie der Abschiedsbrief eines Selbstmörders mit einer nie wieder hörbaren Stimme von einem undenkbaren Ort berichtete. *Wenn du diese Zeilen liest, bin ich tot … Wenn du diese Zeilen liest, hast du nur noch wenige Stunden zu leben …* Nein, es war nur, wie ich schrieb, der Gruß von einem Ort, von dem aus nichts nach außen dringen würde, und so auch diese Postkarte nicht, die den See zeigte, den Blick in die Glarner Alpen, an einem Sommertag, fast genau zur Tageszeit meines Verschwindens. Hätte sie Karin erreicht, wäre nichts verändert. Nur dass vielleicht dieser eine, in den Granit gemeißelte Gedanke meiner Frau mir hätte gelten können, nur dass ich mir sagen könnte, sie wisse auf eine seltsame, fast unverfängliche Art genau, wo ich sei.

Ich war am Bahnhof, um noch mehr Uhren zu betrachten. Fahrgäste, Koffer, Metallkarren. Nirgends Boris, nirgends Anna. Keine Nachrichten. Und plötzlich erschreckt mich das Signet der Schweizer Bundesbahn, als hätte ich es noch nie gesehen. Es ist ein Kreuz, dessen Querbalken an beiden Enden eine Pfeilspitze trägt. Zwei entgegengesetzte, gleich starke Kräfte. Die Tonnenlast, die die Züge auf die Schienen presst. Über den Winkenden, Sich-Umarmenden, müde in ihren Gepäckburgen Stehenden hängen Tauben mit ausgebreiteten Flügeln. Die Kaskade von Orten und Zeiten auf den großen Abfahrts- und Ankunftstafeln. Ich laufe hinaus, auf das Denkmal irgendeines Industriellen oder Eisenbahnpioniers zu. Keine Ampel, kein Zebrastreifen. Die Fußgänger – wir Götter! – sollen sich dem Bahnhof nur unterirdisch nähern dürfen. Rasch gehe ich zwischen Stoßstangen und Auspuffschwaden auf das Denkmal zu.

Für uns gibt es keinen Grund, vernünftig zu werden – wenn man von diesem Ereignis absieht, das uns vor zwei Wochen aus allem herausgerissen hat, aus der Routine unserer versteckten Jahre. Es war kein regelrechtes Beben. Es gab nicht einmal eine Erschütterung. Nichts brach zusammen, nichts blitzte auf. Ich ging über den Münchner Marienplatz durch die Menge. Zwei Schritte. Denkt an die gerade vergangenen Sekunden, um zu verstehen. Ein ruhiger Atemzug. Zwei Pulsschläge. Ein einziger für das große Herz. Der Akkord eines Straßenmusikers. Ein Passant, dem ihr ausweichen wolltet (schon geschehen). Eine flüchtige, gleichgültige Bewegung im Hintergrund. Denkt euch in uns hinein und begreift, dass es nicht mehr bedurfte, um unsere Welt aus den Angeln zu heben, um uns zu zerstreuen, als explodierte eine Bombe über unseren Köpfen. Erneut, wie am Anfang. Wieder sind wir Schatten, schwarze Mittagsvögel, die das Licht einholen, gefangen im Käfig eines Wimpernschlags.

12 Uhr 47. Das war der zehnte Tag.

Phase 1: Schock

1.

Ich reise über Luzern, Interlaken, Spiez, Lausanne. In zwei Wochen müsste ich Genf erreicht haben, es sei denn, es gibt Verzögerungen, weil ich unterwegs auf einen der unsrigen stoße, eine Menschenseele, wie es einmal hieß. Erschöpfendes Gehen, ohne Alternative. Zehn Stunden in der Mittagshitze. Schließ die Augen und denk an die dreißig luxuriösen Kilometer zurück, die letzten, die wir fuhren, an die wundersame Reise zum Punkt PA 8 in den beiden Bussen, die das CERN für uns angemietet hatte. Ein fürstliches Dahingleiten über der Kreislinie des im Juragestein vergrabenen Großen-Elektronen-Positronen-Kolliders. Zweimal mussten wir die französisch-schweizerische Grenze passieren. Freundliches Durchwinken unserer zum letzten Mal behördlich kontrollierbaren Körper, während die Elektronen und Positronen unter unseren Rädern den Zirkel der unterirdischen Maschine annähernd lichtschnell durchschossen, mit einem knappen »Rien à déclarer!« bei ihren viermaligen Grenzübertritten pro 10 000stel Sekunde. Leichte Schwindelgefühle.

Immerhin gibt es noch das Licht. Auf die eine oder andere wahnsinnige Art. An jenem Tag lag es mit hochsommerlicher Trägheit auf den Feldern von St. Genis. Wir fuhren noch, wir hatten kein Gespür für die Granitschwere, die es bald annehmen würde. Ich sah vor mir Annas blondes Haar, das über die Rückenlehne ihres Sitzes fiel, wie ein Sprühregen in der Sonne schimmernd. Wären nicht dutzende von Kollegen dabei gewesen, hätte ich behaupten können, sie gehöre schon aus professionellen Gründen zu mir, sie, die Pressefotografin, ich, der Journalist, Inhaber der demnächst überflüssigsten Berufe der Welt. Anna neben ihrem glücklichen Ehemann Boris, der sich nach links über den Mittelgang beugte, damit er die Schulausflugswitzchen zwischen dem Physiker Harriet und dem australischen Journalisten Stuart Miller besser verfolgen konnte. Ich wollte gar nicht zuhören. Doch weiß ich noch heute, dass Miller die Tatsache, dass die jeweils zu dritt erschienenen Amerikaner und Japaner nach jedem Halt jeweils zu dritt wieder in verschiedene Busse stiegen, mit einer Abwandlung der Pauli-Hypothese erklärte. Man kichert. Man döst. Man kichert erneut. Als wir uns dem Punkt PA 8 näherten, hatte man uns schon dreimal unter die Erde gebracht. Dass wir nach den Auffahrten in den Detektorschächten in Champagnerlaune gerieten, hätten Bergwerksexperten (oder jeder Grubenarbeiter) wohl auf die Druckveränderungen für die Kohlendioxidbläschen in unserem Blut zurückgeführt.

Ein Detektor ist ein Detektor ist ein Detektor. Überschrift eines epigonalen Leitartikels aus Sperbers Bulletin. Aber die schiere Ungeheuerlichkeit ihrer Abmessungen und der Umstand, sie ausgerechnet an diesem Vormittag allesamt besucht und bestaunt zu haben, macht uns die Detektoren verdächtig und zwingt unsere Fantasie gerade jetzt wieder hinab, durch die Schächte, an den in die unterirdische Luft geklebten Fahrstuhlkabinen vorbei bis in den Tunnel des LEP-Beschleunigers. So taucht L 3 in der Erinnerung auf, in seiner schimmernden Rüstung von 10000 in China angefertigten Wismut-Spiegelplatten. Die Erkundungsmaschine ALEPH, zu der wir 150 Meter unter dem Weiler Echeneveux hinabfuhren, erscheint im Querschnitt wie eine Opernbühnenfantasie über das riesige kreisförmige Zentralsymbol eines extragalaktischen Imperiums, von 80000 Metallumwicklungen umgeben und ummantelt von der Weltall-Todeskälte einer supraleitenden Außenhaut. »Ich mag vor allem die *Farbe*«, sagte Anna, als sie uns OPAL präsentierten. Zu diesem Zeitpunkt befanden wir uns tief unterhalb einer trägen kleinen Landstraße und betrachteten eine schwimmbassinblaue Trommel, durch die, wäre sie nicht mit 12000 Bleiplatten (Jörg Rulow: »Soigneusement positionées«) ausgestopft gewesen, eine U-Bahn hätte fahren können.

2.

Der weiße Vogel, der vor mir in Brusthöhe über den Weg schwebt. Still, wie eingegossen in die im Schatten der Bäume marmoriert wirkende, honigfarbene Luft. Den Atem nehmend infolge der blitzartig begriffenen Tatsache, ein für unmöglich gehaltenes Ereignis sei nun doch in die Welt eingetreten, und dem jähen Gedanken, es dadurch am Leben halten zu können, dass man selbst keinen Finger mehr rührt. Einmal gab es auch in uns den Dornröschenwunsch (anstelle panischer Atemreflexe). Die Sturmmöwe im ruhigen Anflug gegen meine Brust. Ich bin gewisser Effekte schon lange überdrüssig. Aber heute packt es mich wieder und ich strecke die Hand aus wie damals Madame Denoux, die rothaarige 60-Jährige mit den klirrenden Goldarmbändern, die im CERN-Bus an meiner Seite gesessen hatte, bei der Anfahrt zum PA 8. Wo eben noch die Ruhe, die Ehrfurcht gebietende Equilibristik der ausgebreiteten Schwingen war – eine kreischende, federnstäubende Explosion. Was sonst sollte geschehen, wenn man einen großen Vogel packt, mitten im Flug? Die Gegenwehr dauert nicht einmal einen Herzschlag lang. Das sorgsam frisierte rote Haar von Madame Denoux war kaum in Unordnung gekommen, als die Möwe schon zu Boden stürzte. Nichts anderes geschieht dem Vogel, der in meinen Weg geraten ist, den ich aber auffange, bevor er seine ganze Energie verloren hat, und sacht zu Boden lege wie einen Kinderdrachen. Seine Wärme, das glänzende schwarze Auge, der geöffnete gelbe Schnabel. Es ist nicht tot. Wir töten nicht, wir erwecken. Wir sind die Schöpfer einer dämmrigen, hilflosen Welt. Mein Asien mit dem violetten Hut liegt nun schon eine Tageswanderung zurück. Fünf Seen befinden sich zwischen dem Zürichsee und dem Lac Léman, fünf zwischen die Bergstöcke gegossene Lupengläser mit scharfen Rändern, auf denen der Mittag brennt, als sollte das Wasser bis zum Grund hinab verdampft werden.

PA 8, Mategnin. Nach all den Jahren unserer Sekunde: der Point of Return. Die einzige Chance. Der schlimmstmögliche Fehler. Noch hat Madame Denoux ihren Vogel nicht gefangen, noch rollt der zweite CERN-Bus gerade auf die Betonpiste. In meiner Erinnerung bin ich so oft zurückgekehrt, dass mir der Ort vertraut ist wie die Straße, in der ich lange Jahre mit Karin wohnte. Der weite Parkplatz, die darum gelagerten Hallen, die hohen Zäune, alles grau und abstoßend militärisch. Die beiden Limousinen für Thillet und seinen Anhang, die ebenfalls schwarzen zivilen Wachfahrzeuge, die Motorräder der Polizeieskorte, auf deren Chromteilen die Sonne blinkt. Bentham, der Mann aus Glasgow, kickt einen Stein zu Harriet, der nicht gleich die Sportart begreift. Thillets 9-jähriger Sohn Marcel kramt mit verzweifeltem Blick in den Taschen seiner Shorts, während seine ältere Schwester Irene schon in den Schacht hinabgesunken ist. Wir anderen warten noch, noch könnte Madame Denoux' Sturmmöwe so hoch über uns schweben, dass sie die Landebahnen des Flughafens Cointrin erblickte oder wenigstens sämtliche Hallen des PA 8, am markantesten rechts des Parkplatzes etwas wie ein enormer grauer Lego-Baustein mit fünf Steckern und links ein weit überdimensioniertes ausgebautes Zylinderschloss, das Gebäude mit dem aufgeschlitzten Dach und dem haushohen Bullauge an der Stirnwand, unter das man DELPHI versenkt hat, dem unser letzter Besuch an diesem Vormittag (unsere letzte Fahrt, unser letzter Atemzug) gilt. *Ein Detektor ist ein Detektor.* Sperber geht zur Glastür des Eingangsbereichs, wischt sich den Nacken mit einem roten Taschentuch, das aussieht wie ein herausgerissenes Organ. Einen Kopf größer als die ihn umgebenden Physiker, Journalisten,

Offiziellen der *Groupe DELPHI*, scheint er sich mit seiner Cordhose und dem Karohemd in eine gut gekleidete Hochzeitsgesellschaft verlaufen zu haben, die sich ihrerseits verirrt haben muss, auf eine Betonpiste in einem militärischen Übungsgebiet. Sich dumm stellen in der Erinnerung. Das ist eine Möglichkeit, der Panik entgegenzuwirken, die einmal mit den letzten Blicken hinaus verbunden sein wird. Wir waren gelangweilt. Um ein Haar hätte ich mich gemeinsam mit Anna und Boris entschieden, nicht mit hinabzufahren. Auch Sperber behauptete im Nachhinein, er habe schwänzen wollen, insbesondere da es mit dem Hinzukommen von Thillet, dem *Repräsentanten*, nur noch um jene Gelder gehen würde, die das CERN (Organisation für Chaos, Ekstase, Raserei und Nihilismus) der Öffentlichkeit für den Ausbau des Projekts aus der Nase zu ziehen gedächte.

Der Fahrstuhl war für höchstens elf Personen zugelassen. Um unsere Gesellschaft komplett in der DELPHI-Kaverne zu versenken, fuhr er sechs Mal 50 Sekunden lang hinab, 105 Meter tief ins Juragestein. Jörg Rulow hielt uns eine graue Metallkassette entgegen. Die meisten vertrauten ihr die Armbanduhr an, aus Furcht, der 80-Tonnen-Magnet von DELPHI könne ihr etwas anhaben. Meine damalige Uhr (längst trage ich hundert- und tausendfach teurere Modelle) sank neben eine Rolex und zwischen zwei japanische Chronometer, wurde von dem noch hautwarmen weißen Lederarmband Annas touchiert, beschwerte sich mit der zierlichen goldenen Raupe von Madame Denoux, deren ovales Gehäuse Kennern wie uns sofort den Genfer Meister des frühen 20. Jahrhunderts verrät, um von einem digital anzeigenden monströsen Pfadfinderexemplar **(11:25)** belastet zu werden und schließlich gekrönt von Sperbers Taschenmodell an der Silberkette. Der römische Mathematiker Berini sagte mir später, die Abgabe und Wiederausgabe der Uhren erinnere ihn an die Kriege der alten Geschichte. Um die Anzahl der Gefallenen zu ermitteln, hätte man jeden

Kämpfer angewiesen, vor Beginn der Schlacht einen Stein auf einen bestimmten Haufen zu legen. Man sieht die blutverschmierten, zitternden, staubbedeckten Arme und Hände der Legionäre vor sich, die am Abend des Gemetzels einen Stein ergreifen. Sie gehören uns.

3.

Als ich nach der DELPHI-Besichtigung mein Überlebenszeichen wieder an mich nahm, lag noch fast ein Dutzend Uhren in der Kiste. Rulow lächelte mir durch seine schwarze Gesichtswolle zu, weil ich allen anderen in der Fahrstuhlkabine beim Aussteigen den Vortritt gelassen hatte. Dann trat er in die Kabine zurück und fuhr zur Hölle. Mein desinteressierter Blick auf die rote Leuchtanzeige des Fahrstuhls ist heute so unverständlich, als hätte ich vollkommen gleichgültig den Countdown am Uhrwerk einer (der einzig wahren) Zeitbombe betrachtet. Berinis Rücken versperrte mir zunächst die Sicht nach draußen. Wäre Thillet nicht zur Besichtigung von DELPHI zu uns gestoßen, gäbe es in Sperbers Verzeichnis mindestens fünfzehn Personen weniger. Zusätzlich zu den berauschenden Leibwächtern Möller und Thorgau, seiner aufgedunsenen Gattin Catherine, seinen Kindern, den beiden Referenten und der Dolmetscherin waren noch einige Journalisten mehr als üblich erschienen. Mendecker selbst würde auch kaum die Führung durch die DELPHI-Kaverne übernommen haben.

12 Uhr 45. Die fünf Hallen des PA-8-Geländes standen schon vorher still. Im CERN-Hauptquartier, auf einer der großen Tafeln eines Vorlesungssaals, wird uns Mendecker diese Hallen skizzieren. Zerrauften Haars, blassen Gesichts, krawattenlos und so fahrig, dass er mehrere Kreidestücke zerbricht, wird er uns seine Ansicht der Vorgänge erklären. Des Vorgangs. Entscheidend war offensichtlich unsere Anwesenheit zur entscheidenden Stunde und Sekunde einer

genau bestimmten Region. Man stelle sich eine Art Blase vor, unsichtbar die Halle über dem DELPHI-Schacht umfassend, den Parkplatz bis zum Reifen des ersten Polizeimotorrads und dem ausgestreckten Arm von Madame Denoux. Die Sphäre müsse die vordersten Mitglieder unserer Gruppe umspannt und sich westwärts im Durchmesser verjüngt haben, so als wäre sie aus dem Fahrstuhlschacht emporgequollen, von der haushohen Riesenwalze des Detektors aus wie eine Luftblase im Juragestein nach oben gestiegen. Berini und ich – zwei Kreidestriche stehen nicht ganz zu Unrecht für das, was von uns übrig geblieben ist – könnten bezeugen, dass die Digitalanzeige des Fahrstuhls um 12 Uhr 46 noch aktiv gewesen sei. Die Fahrstuhlkabine habe womöglich wie eine Abrisskante funktioniert oder sei wie das Mundstück eines aufgeblasenen Ballons gewesen. Wir seien also nichts weiter als ein Furz der Zeit! wird Sperber ausrufen, drei Hörsaalsitze zu meiner Rechten. Und so, das heißt natürlich mit *Flatus Temporis*, betitelte er einen seiner ersten Bulletin-Aufsätze.

Auf dem weiten betonierten Areal liegt der Sonnenglanz des Augusttages so leicht, als könnte ihn ein Windhauch beseitigen. Zeltdächer waren während unseres unterirdischen Besuchs errichtet worden. Darunter reichten Angestellte eines Catering-Services Häppchen, Prosecco und Mineralwasser. Man hatte sich versammelt, um die kurze Ansprache zu hören, die Mendecker (höchster Vertreter des CERN am Punkt PA 8 in dieser Sekunde) zu halten gedachte. Es fehlten nur noch die zehn DELPHI-Besucher, die in der Fahrstuhlkabine steckten. 12 Uhr 47. Das schlagartige Verstummen der Rede. Madame Denoux ging traumwandlerisch langsam an dem seine Notizzettel sortierenden Mendecker vorbei, die Ziellinie etlicher Blicke schneidend und umlenkend auf die in der Luft erstarrte lebensgroße weiße Möwenattrappe, einen originellen, wenn auch nicht sinnfälligen Werbegag des Catering-Unternehmens, das seine beiden jungen weiblichen Angestellten angewiesen hatte, in den Sekunden, in denen Madame Denoux die Finger nach dem Vogel ausstreckte, jede Bewegung sowie den Atem anzuhalten, ihr Lächeln gefrieren, ihr Haar nicht mehr im Wind wehen und den Sekt in der Luft stehen zu lassen in Form schlanker, wie aus Kunstharz gedrehter Säulen, die von der Mündung der Flaschen in ihrer einen zum Rand der Sektkelche in ihrer anderen Hand reichten.

Wir benötigten Madame Denoux, um zu begreifen. Die Ahnung, dass die beiden Frauen unter dem Zeltdach, die sechs Genfer Polizisten, die bei ihren Motorrädern standen, die Fahrer der Staatskarossen nur einen winzigen Ausschnitt darstellten, die Spitze der Eiswelt, die wir mit einem Atemzug betreten hatten, sammelte den ganzen Schreck, unsere zitternde Erwartung in Madame Denoux' Fingerspitzen, die sich dem Vogel trancehaft konzentriert näherten. Auf die heftige Reaktion der Möwe – das Schwingengewitter, Aufreißen des Schnabels, Spreizen der Krallen, die sich in dem rot gefärbten Haar zu verfangen drohten – folgte das ebenso plötzliche Erschlaffen, und zugleich mit der Erkenntnis, dass der Ton fehlte, der zu der perfekt dreidimensionalen fantastischen Spielfilmsequenz einer Dame passte, die einen Vogel aus der Luft hascht oder durch eine einzige Handbewegung im Flug stoppt, tötet oder zumindest wie gelähmt zu Boden stürzen lässt, während sich ihr eigener Mund akustisch vollkommen wirkungslos öffnet und schließt, traf uns die Störung unseres Hörvermögens überhaupt. Umso mehr als sie anhielt und intensiver wurde, unberechenbar steigerungsfähig, plötzlich wieder verschwindend, solange wir nicht begriffen, was geschehen war, und keinerlei systematische Vermutung hatten. Der Eindruck, sich in einem Zug zu befinden, der durch eine Reihe kurzer, hintereinander geschalteter Tunnel fuhr, jäh das Ohr treffende und scharf abreißende Laute, Wörter. Einer, der schreiend an einer Reihe der unsrigen vorbeiläuft, erzeugt im akustischen Sinn so etwas wie eine punktierte Linie, vorausgesetzt, die Zeit liefe, für dieses eine Beispiel wenigstens, gut gelaunt mit und behielte seine

Schallwellen in ihrem Kurzzeitgedächtnis wie die Luft den Kondensstreifen eines Flugzeugs. Fast alle redeten wirres Zeug und fast alle vollführten wirre Bewegungen.

Die zweite Möwe, die mit ausgebreiteten Schwingen in vierzig Meter Höhe gegen das Schild des Sommerhimmels genagelt ist, senkrecht über ihrer Schwester vor Madame Denoux' Füßen, könnte den gesamten noch chronifizierten Bereich erfassen, den Mendecker bald auf die Tafel malen wird. Siebzig Menschen laufen darin umher, greifen sich an den Kopf, drehen sich wie Tanzmäuse um die eigene Achse, starren auf ihre Arme und Beine, sinken in die Knie, heben die Gesichter nach oben, als sei dort gerade ER, SIE oder ES, das fatale Raumschiff vielleicht, entschwunden. Ich glaubte in Ohmacht zu fallen. Von Boris, Harriet und sogar von Patty Dawson weiß ich, dass sie zu sterben fürchteten. Anna dachte an einen Hörsturz, Sperber an einen Herzinfarkt, dessen Vorbote das Erlebnis extremer Verlangsamung war, das »Kaugummi der letzten Sekunde, gedehnt zwischen den schmutzigen Fingern eines bösartigen kleinen Knabengottes«, wie er im Bulletin Nummer 2 schrieb. Einige aber wollen zunächst gar nichts bemerkt haben, nicht einmal die Fluktuation der Außengeräusche. Natürlich hing alles vom Standort ab, vom Zufall eines Schrittes, der dich von den auf immer Sekt eingießenden Damen trennt, vom Federngestöber der Möwe, von der Digitalanzeige für die Fahrstuhlkabine, die (Abrisskante!) plötzlich erlischt, vor meinen und Berinis Augen, vor den Augen von Sophie Lapièrre, deren Ehemann ihr den Vortritt als Elfte für die vorletzte Auffahrt gelassen hat und soeben lautlos begraben wird, eine Luftbestattung unter der Erde erhält, zwischen DELPHI und der Betonfläche des PA 8.

Das Herz schlägt weiter. Die Uhr an deinem Handgelenk tickt. Das Gras zu deinen Füßen ist zu Drähten erstarrt, aber es geht einer an dir vorbei, und einer rührt sich hinter dir. Mit der nächsten Kopfdrehung wird der Schrei, der dir in den Ohren gellt, von Stille gekappt. Erschrocken nimmst du die Bewegung zurück, im Raum natürlich, nie in der Zeit, und hörst wieder das Keuchen, Gekrächze, hysterische Luftschnappen deiner Zeitgenossen, sofern sie so dicht wie in einer daherkommenden oder gerade gelösten Umarmung bei dir stehen. Jedes Verschwimmen, Verblassen, Gefrieren der Welt, das hast du in der Kindheit lernen müssen, geht zu deinen Lasten. Aber jetzt sind die Vögel Farbkleckse eines schlampigen Impressionisten. Man hat Wachspuppen auf die Polizeimotorräder gesetzt, für die Zigarettenrauchwölkchen Zuckerwatte an die Gesichter geklebt. Die ungeheuerlichste Glühbirne, kreisrund und fast genau senkrecht über den Köpfen, wird das blaue Zelluloid des Mittagshimmels, das nicht mehr über die Projektorspulen läuft, augenblicklich verbrennen, in den langen Minuten der Sekunde Null.

4.

Die vom DELPHI-Schacht her aufsteigende chronifizierende Blase war schon zerplatzt, als Madame Denoux ihre Möwe fing. Wie in einem Seifenschaum sollen auf dem Areal dutzende kleiner Sphären übrig geblieben sein, die je einen einzelnen Menschen umschlossen, sich aber, auch hierin den Seifenblasen ähnlich, zu größeren Gebilden zusammenfügten, sobald sie einander genügend nahe kamen, etwa auf die Entfernung, in der man sich mit ausgestreckten Armen die Hände reichen konnte. Mendeckers Kreiden werden die elenden Striche, die uns zum Zeitpunkt Null am Punkt PA 8 darstellen sollen, mit an Fischblasen erinnernden oder erdnussähnlich geformten Umhüllenden puffern. Innerhalb dieser Grenzen, die wir in panischem und halb wahnsinnigem Zustand erkunden mussten, hören wir uns. Ein Schritt beiseite, ein Kopfdrehen, augenblicklich umfängt uns dann wieder die Stille oder vielmehr: nur noch der Lärm, den wir selbst machen.

Ich stand nahe genug bei Marcel, der, flankiert von den

beiden Leibwächtern, den Arm ausstreckte und das unübertreffliche Wort fand für all diejenigen, die zum Bereich der Sekt ausgießenden Hostessen gehörten: »Sind die *fotografiert* worden?« *Mumifiziert* wäre ebenfalls ein brauchbarer Ausdruck gewesen, aber Mumien sitzen nicht wohlgenährt und fleischesprall auf Motorrädern. *Gefroren* trifft die relative Starre der beiden Fahrer der CERN-Busse, die sich den Hosenboden kratzend und das Genick massierend gegenüber stehen. Ersetzt ihre Zigaretten durch Fieberthermometer und ihr werdet nichts Auffälliges an ihnen finden. Narkotisiert, somnambulisiert, in komatöse Puppen verwandelt, eingepökelt in den Aspik der Luft, so und ähnlich erscheinen sie uns. Es hatte die Motorradpolizisten getroffen. Die Hostessen. Die Busfahrer. In den Begleitfahrzeugen zu den Staatskarossen saßen zwei Dienst tuende Beamte wie ausgestopft in schönster Steifhaltung. Einen CERN-Techniker in grauem Kittel hatte der Coup de temps auf besonders beeindruckende Weise erwischt: mitten im Sprung über eine am Boden liegende Kabeltrommel levitierte er dahin, gehalten vom Auftrieb seiner flügelhaften Kittelschöße. *Fotografiert* worden zu sein, auskristallisiert im Fixierbad der Welt – das Kinderwort bleibt unübertrefflich, auch für die dritte Dimension.

Als einer der Letzten, die ins Freie getreten waren, hatte ich fast alle im Blick, die demnächst in Sperbers Verzeichnis auftauchen sollten. Zwei Kinder, fünfzehn Frauen, dreiundfünfzig Männer. Aber so wenig wie der Meister selbst, der die behaarten Pranken gegen die Hemdbrust schlug, ungehört nach Sanitätern schrie und in die Knie sank (wodurch er auf Augenhöhe mit der in einer Art Veitstanz befindlichen Patty Dawson kam), war ich imstande, Psychologie zu treiben. Kübelweise wären die Groschen der Erkenntnis in dieser Grenzsituation über dem kaltblütigen Beobachter ausgeschüttet worden. Wir hätten Mendecker einschätzen können (er soll wie ein Schwein gegrunzt und sich ein Dutzend Mal vor die kantige Stirn gehauen haben),

Thillet (Wutattacke, an seine Leibwächter gerichtet, die nach ihren Revolvern griffen, um Chronos, den üblen Scherzbold, ganz und gar totzuschießen), Bentham und Midieri. Soweit ich es sah und später hörte, reagierten die CERN-Leute nicht weniger entsetzt als wir Laien für Weltuntergänge. Nahezu übergangslos entleerte der DELPHI-Experte Kalkhoff seine Gedärme in die Hose. Er bewies damit höhere Einsicht, seine Übung im Erdenken und Erfassen perverser Modelle, er ahnte in vielen Windungen schon die Konsequenz, die Stunden, in denen nichts mehr bleiben sollte außer der Angst.

Es ist klar, dass du noch lebst. Es kann dich trösten, dass dutzende um dich herum ebenfalls am Leben sind, auch wenn sie in der Choreografie eines blödsinnigen Balletts gefangen scheinen. Anna taumelt gegen die Brust ihres Mannes. Einer der Japaner macht Storchenschritte und rudert dabei zeremoniell mit den Armen. Krämpfe schütteln diesen und jene, immerhin Krämpfe, und so viele Schreie musstest du gar nicht mit anhören.

Du hast überlebt. Punkt eins. Du bist fast nicht allein. Punkt zwei. Wieder einmal traf es die anderen. Punkt drei. Dein Hörschaden ist rätselhaft, aber man wird schon sehen. Und was du siehst? Vielleicht gibt es Störungen zwischen Auge und Gehirn, die dir manche Leute normal, andere dagegen wie eingefroren erscheinen lassen, auch wenn sie nur eine Armlänge voneinander entfernt sind. Die Ersten überschreiten die Grenze: Es ist keine Fotografie, es ist ein Skulpturengarten, montiert auf der Betonfläche des PA 8. Die Busfahrer. Die Polizisten. Der noch immer über der Kabeltrommel schwebende Techniker. Lebende Statuen oder Statuen von lebendigen Menschen in Originalgröße und vor ihnen und bald schon um sie herum sind wir, als sich bewegende Zuschauer, wie Museumsbesucher, denen die Kunst, mit der das Leben hier authentisch festgehalten wurde, fast die Sprache raubt (weiterhin verstümmelte Sätze und Wortfetzen: »Um Himmels … Wahns… Seht doch! ... Zeitlupe! Oder? Die ...«). Marcel und seine Schwester haben die Polizisten auf den Motorrädern schon erreicht und ungläubig berührt. Ich gehe auf Boris und Anna zu, benommen, verlangsamt, mit wohl lächerlichen Schwimmbewegungen. Die Luft scheint mir so schwer geworden und dort, wo die Busfahrer regungslos verharren, schon hart wie Glas. Lautlos bewegt Boris die Lippen. Er betet nicht, er spricht mich an. Aber erst kurz bevor ich ihn mit der ausgestreckten Hand berühren kann, höre ich: »-fall DELPHI! Es –«

Unfall. Störfall. Jetzt wäre es möglich, geometrisch und physikalisch möglich, nachzufragen und mehr als Bruchstücke von Sätzen auszutauschen. Eine überraschende Bewegung Annas jedoch, die weiterhin den Kopf an seine Schulter gelehnt, den Blick aber wieder gehoben hat, unterbricht Boris. In der Richtung des ausgestreckten Frauenarms, knapp einen der Thillet'schen Leibwächter streifend (Möller, der so andächtig sein Handy befühlt, als hielte er den Sarg eines Kanarienvogels), sieht man David Harriet bei der Fortsetzung seines Prosecco-Experiments. Wie zuvor bei der rothaarigen Hostess bewegt er seine rechte Hand durch die fein gedrechselte Säule zwischen Glas und Flaschenhals, die von der zweiten, blonden Hostess zaubertrickhaft vor der weißen Schürze dargeboten wird. Und auch dieses Mal erwachen die Moleküle: in dem Sektstrahl, der an dem plötzlich schwankenden Kelch vorbeifließt; in den Glas und Flasche haltenden, nun aber schon fallen lassenden Händen; im gesamten jungen biegsamen Körperstamm der Hostess, als David auf die Idee kommt, sich ihr wie für eine Umarmung zu nähern. Dass sie keinerlei Abwehrbewegung macht, sondern nur ein Auge schließt und sich gegen Davids Oberkörper fallen lässt, gibt zu denken. Als er sich mit einem Ruck wieder von ihr löst und noch einen Schritt zur Seite tritt, offenbart sich die eng gezogene Grenze unserer Fähigkeit, Leben zu erwecken. Weit vornüber gebeugt und schief, als wollte sie vom Rand eines

Schwimmbeckens springen, hängt die blonde Frau in der Luft. Sie ist wie die Möwe, bevor Madame Denoux sie aus der Luft stürzen ließ, eingegossen in den Kristall des Sommertags, der Gesetze der Schwerkraft beraubt, solange ihr keiner von uns zu nahe tritt. Auch der Vogel fiel nicht ganz zu Boden. Die zitternde, lautlos schreiende Madame Denoux war zurückgewichen und hatte ihre Zeit mit sich genommen. Eine der Möwenschwingen hängt noch gespreizt in der Luft, und der Kopf mit dem aufgesperrten Schnabel schwebt knapp über der Erde. Und so ist die Hostess im Glas versiegelt, bis ein neuer Prinz sie küsst, so schwebt der CERN-Techniker, ein dürrer blasser Mann mit zusammengewachsenen Augenbrauen und John-Lennon-Nickelbrille, über der Kabeltrommel, bis ihn die Hand eines unserer Kinder wie die Figur eines Tischfußballers um eine unsichtbare, durch seine Hüfte gestoßene Achse kippt.

Wieder öffnet Boris lautlos die Lippen. Ich höre ihn nicht mehr, denn ich bin einen Schritt zurückgetreten, um ein weiteres Mal ins Blaue zu starren, in östlicher Richtung jetzt, den Blicken der Japaner Hayami und Daisuke folgend, die sich gegenseitig gepackt haben, als wollten sie sich vor einem Abgrund retten oder demnächst in Stücke reißen. Etwas, das sich hoch über ihnen ereignet, scheint sie dazu gebracht zu haben. Einige und keine Zeit später ging ich neben Daisuke Kubota durch den Rosengarten im Genfer Parc de la Grange, genau im gleichen Tempo, Schulter an Schulter, damit wir uns unterhalten konnten. Mit 12 Uhr 47, erklärte er mir traurig, wisse er nichts anzufangen. Aber die Position des Sekundenzeigers – die gewissermaßen offizielle Position, die zu ermitteln uns einige Anstrengung gekostet haben wird – sage jedem etwas, der Japanisch verstehe: *shi ni*, zweiundvierzig, heiße auch Tod.

Die Rosen im Parc de la Grange blühen nach fünf Jahren noch genau wie an diesem Tag. In den drei Sekunden, die sich nun endlich ereignet haben, muss das Objekt am Himmel über PA 8, auf das Hayami und Daisuke so entgeistert starrten, merklich tiefer gesunken sein. Wohl einen Kilometer entfernt und zweihundert Meter hoch über den Landebahnen des Flughafens Cointrin war eine große Passagiermaschine der Swiss Air regungslos in der Luft fixiert – wie die Vögel, wie die vornüber gekippten Hostessen, wie die Busfahrer, die Motorradpolizisten, wie die Blätter eines Ahorns, die der erstorbene Wind um 12 Uhr 46 emporgewirbelt und dann als scharfkantige dünne Glassplitter eingesteckt hat in das klare Nichts über unserem Kopf.

Madame Denoux starb sehr leise.

5.

Man könnte die Stille umdeuten in etwas Köstliches und Luxuriöses, das einen lange, bis weit in den Vormittag hinein, schlafen lässt. Goldene Pfauen schimmern in den Samtvorhängen meiner Suite. Das *Victoria-Jungfrau* ist die richtige Wahl für Interlaken. Mittlerweile fünf Tagesmärsche von Zürich entfernt, bin ich die Vorsicht und die privaten Übernachtungen leid. Der vielleicht tödliche Luxus, überrascht werden zu können. Es könnte neun sein. Oder elf. Ich will die Arme nicht so weit bewegen, dass ich auf eine meiner Uhren sehen kann, die Anzeige des Radioweckers ist gerade durch eine der Streben meines Betthimmels verdeckt und die unter einer Glasglocke geborgene Kaminuhr zu weit entfernt, um entzifferbar zu sein. Sich zurücksinken lassen in die Illusion, für Ruhe sorgten allein die Samtvorhänge, die doppelten Fenster, die massiven Außenwände des Belle-Époque-Hotels. Einige Atemzüge lang erscheint der Gedanke an den PA 8 nur wie die Erinnerung an einen Alptraum. Was könnte ein übergangslos, ohne Kristalle und Schneeränder in Eis verwandelter Sommertag auch anderes sein, in dem die Erfrorenen warm bleiben und die Menschen, die in einem zunächst für verschont gehaltenen Kreis panisch umherlaufen, einer nach dem anderen sterben?

Madame Denoux hatte den Sturz ihrer Möwe gerade um zwei Minuten überlebt. Die Pergamentstille auf dem schmalen Gesicht der 60-Jährigen war von einer anderen Art als die Regungslosigkeit, in der sich die Mienen der Hostessen oder der Busfahrer darstellten. Die Furcht, Madame Denoux folgen zu müssen, womöglich schon in der nächsten Sekunde. Widerwärtige Erregungen. Ein Wunder, dass wir nur diesen einen Herzinfarkt zu verzeichnen hatten oder was auch immer Madame Denoux aus dem Geschehen und Nicht-Geschehen entfernte. Die grotesken Wiederbelebungsversuche durch Sperber (ein bärtiger Riesenaffe, der eine ältliche halbsteife Schaufensterpuppe vergewaltigen will) wurden nur durch ihn selbst überboten, bei dem ersten Trage-Experiment an einem zeitlosen Körper. Man benötigt wenigstens zwei koordiniert und besonnen vorgehende Personen, um einen von EUCH lebend oder tot halbwegs würdevoll in der Horizontalen zu transportieren. Auch nach fünf Jahren Training gelingt es mir nicht, einen Besenstiel in der Art eines Gewichthebers vom Boden zu stemmen. Die ungeheuerlichen Hantelscheiben der Weltgletscher, außerhalb meiner Sphäre.

Stille gehört in ein gutes Hotel, große Ballen von Stille, fortwährend auf Silbertabletts serviert von den flinken livrierten Jungs mit den kleinen Arschlöchern (Berinis Ausdruck und Vorliebe), und der Spiegel zwischen den schwarzen Marmorsäulen, noch zusätzlich von einer rosafarbenen Seidenschärpe gerahmt, enthält kein falsches Bild. Infolgedessen könnte endlich einmal die Dusche funktionieren. Zur Überprüfung brauche ich nur den Kopf auf dem Kissen zu drehen, bis ich den Radiowecker sehen kann – 12:47 –, und eine Hand auszustrecken: Die Leuchtanzeige verschwindet noch vor der Berührung mit den Fingerspitzen. Ich werde in die Schwimmhalle gehen müssen. Der Fahrstuhl wird unentschuldigt außer Betrieb sein, wie damals die Kabine, die Jörg Rulow und die letzten neun DELPHI-Besucher nach oben bringen sollte. Beinahe noch mehr als der Tod von

Madame Denoux ergriff mich der Schmerz Sophie Lapièrres, nachdem sie auf unsere definitive und folgenlose Weise die Fahrstuhlanzeige hinweggezaubert hatte. Wir konnten ihren Mann, der sich gemeinsam mit Jörg Rulow und den anderen Unterirdischen auf irgendeiner Höhe des Fahrstuhlschachts befinden musste, kaum besser erreichen als die Flugzeugpassagiere im Himmel über Cointrin.

Dreimal halb neun, wie zumeist beim Aufwachen. Meine rechte Uhr, ein Liebhaberstück für 260 000 Schweizer Franken, stört mich oft mehr als die beiden linken, obwohl ich gerade am rechten Handgelenk auf leichteste Verarbeitung achte. Das Verfahren zur *Triangulation* der Uhrzeit stammt von dem CERN-Physiker Lagrange, und die meisten haben es schon nach wenigen Tagen übernommen. In nervösen Phasen neigt man zu Übertreibungen, wie etwa Thillets Dolmetscherin, die eines wolkenlosen Mittags mit fünfzehn Uhren unterschiedlichster Art auftauchte, eingearbeitet in Ringen, Kettchen, Broschen, oder Sperber, der seine Weste mit Taschenuhren spickte wie einen bayrischen Schellenbaum. Keines meiner drei Genfer Meisterstücke wurde je von den beiden anderen des Verrats bezichtigt in all den Jahren der Unzeit. Ich muss sie nur tragen, unaufhörlich, zu jeder Mittagsstunde, auch wenn ich wie jetzt nichts anderes trage und über den veilchenblauen Teppich des Schlafzimmers meiner Suite auf das Zimmermädchen zugehe, das angenehmerweise die schwere Tür geöffnet hält und nicht mit der Wimper zuckt. Ihr Gesicht steckt wie eine Marzipankugel zwischen Rüschenkragen und weißem Häubchen. Es zeigt nicht den Schatten einer Verwunderung. Die Schamröte hat nichts damit zu tun, dass der Zustand meines dritten Gelenks das Tragen einer weiteren Uhr erlaubte, sondern sie ist gleichsam habituell, eingeboren, ein Sonnenbrand, den sie sich vor vierzig Jahren in der Gebärmutter zugezogen hat. Ganz oben auf dem Stapel Wäsche, den sie in den Armen hält, befindet sich ein akkurat gefalteter schneeweißer Morgenmantel. Es ist mir wohler so, bevor ich auf den Flur hinaustrete. Dort steht noch, kühn gebogen wie zu einem Golf-Abschlag, der karierte Lord, den ein versehentlich ins Zeitkontinuum gestoßener Fanghaken anno 1932 vor seinem Londoner Club ergriffen und im Victoria-Jungfrau des Jahres Null abgesetzt hat, und starrt auf den Absatz seines linken Schuhs (klebriger Kot aus den Wurmlöchern der Raumzeit). Zwei Herren ebenfalls vornehmer, aber zeitgenössischer Machart folgen in Richtung Treppe, danach ein bronzierter Golflehrertyp in Shorts und die Dame mit dem fliegenden Hündchen. In ihren Gesichtern, die Wollmaske des schemelhoch levitierenden Zierterriers eingeschlossen, gibt es ebenso wenig Anzeichen von Erschrecken oder Angst wie bei meinem Zimmermädchen, wie in all den Gesichtern, die ich auf meiner fünftägigen Wanderung, während der zehn Tage in Zürich und auf dem Weg dorthin sah. Seit dem Vorfall auf dem Münchner Marienplatz habe ich keine Ausnahme finden können; die Jahre der Unzeit sind spurlos an ihnen vorübergezogen, im Flug einer Sekunde. Das gilt wenigstens für die Unberührten, wie diese erneut auf immer in den Fahrstuhl Steigenden hier oder jene Aperitif Trinkenden an der Bar, die keinen Tropfen verschüttet haben. Im Fitnessraum sind fünf Einbeiner auf ihren Gummimatten stehen geblieben, das linke Knie erhoben und an den herabhängenden Armen von lachsrosa Metallknochen beschwert, gymnastische Zeitpferdchen, herausgaloppiert aus der Todeszone *shi ni*. Seit zweiundzwanzig Tagen schwindet mein Glaube an die 46. Sekunde wieder.

6.

Dennoch muss man vertrauen. Der Sprung ins Wasser durch das Eis der Depression. Auf die tintenblau marmorierten Säulen an den Längsseiten des Schwimmbeckens sind schlankere dunkle Metallröhren gesetzt. Die Kugellampen, in die sie münden, spiegeln sich wie die Begrenzungen einer Landebahn auf dem meterdicken Glas, mit dem das Bassin ausgegossen scheint. Bevor ich aus meinem Bademantel heraus und zwischen die Lichter springe, könnte ich mir noch die mit Gummianemonen verkappte Dame zur Warnung nehmen, die am Ende des Beckens erhobenen Arms in einem fransigen Glasblock gefangen ist, oder die bleiche Riesenrobbe in grüner Badehose, fünfzig Zentimeter unter meinen Füßen. Ich springe dennoch und schlage nicht auf und schlittere nicht über die Oberfläche wie ein stürzender FKK-Schlittschuhfahrer, sondern werde fast auf die übliche, gurgelnde, leicht kühle, gefügige Art umschlossen, mit der das chlorierte Schwimmbadwasser auch früher zu empfangen pflegte. Das *fast* ist die Illusion. Unsere Hoffnung, die eisige Unlogik der Dinge müsse uns hinüberretten in einen Traum, aus dem man erwachen könnte. Ich schwimme, die übersprungene Robbe steckt fest im Aspik. Es wäre mir möglich, die Dame mit dem Anemonenkopf aus ihrem Glassturz zu reißen, sie unterzutauchen und im Wasser wie in einem Schneewittchensarg zu versiegeln.

Vertrauen. In die Bewegungen, in die Starre.

Die Betonpiste des PA 8. Die Stunden der 42. Sekunde, in denen wir zwischen den Hallen umherirrten, Hühner auf dem grauen Hackklotz der Zeit. Kein Blut. Madame Denoux war sauber gestorben. Bis wir begriffen, dass es wohl keine weiteren Exekutionen geben würde. Bis uns klar wurde, dass jenes Flugzeug über unseren Köpfen weiterhin unverrückbar im Sommerhimmel stecken würde. Es hatte keinen Sinn, die erloschene Fahrstuhlanzeige anzustarren und gegen die Eisentüren zu hämmern mit den verzweifelten Fäusten einer Witwe auf Zeit. Wir konnten und können den Zündschlüssel eines Wagens herumdrehen, den Gang eines Motorrads treten, die Knöpfe eines Radios drücken. Drehen, Treten, Drücken. Immerhin. Es ist auch möglich, sich geordnet zu unterhalten, vorausgesetzt, man will nur unsereinen sprechen und hält sich an die Regeln.

Wie auf Mendeckers Kreideskizzen dargestellt, tragen wir unsere Sphären in Gestalt von solitären Kugeln mit uns, die sich zu einer großen Erdnuss, einer Traube, einem immer kuppelähnlicheren Gebilde überlagern, ganz abhängig davon, wie viele von uns zusammenfinden und sich der Intimität von Bus- oder besser noch Fahrstuhlpassagieren unterwerfen. Am PA 8 schon fanden wir heraus, dass wir die *Soziosphäre* errichten können, das unsichtbare und nicht ungefährliche Gemeinschaftszelt, in dem man plötzlich wieder einen Gegenstand einige Meter weit werfen oder sich über eine größere Entfernung durch Zurufe verständigen kann.

Wir einigten uns darauf, Madame Denoux' Leiche auf die Rückbank eines der Busse zu legen. Der Sekundenzeiger ihrer ovalen goldenen Uhr, der gefror, sobald man zwei Schritte von ihr zurücktrat, war Indiz genug für ihre Konservierung.

Sophie Lapièrre weigerte sich, den PA 8 zu verlassen. Nachdem man sie davon hatte abbringen können, Mendecker das Gesicht zu zerkratzen, blieben zwei Journalisten, die sie von früher kannte, bei ihr zurück, bis der Fahrstuhl im DELPHI-Schacht wieder anfahren würde – oder bis auf weiteres. Der Gedanke, dass Sophie nicht die Einzige sein könnte, die ihren Partner verloren hatte, drang nur langsam ins Herz. Die Katastrophe geschieht in deiner Nähe, eine Straßenecke weiter schon sind es Nachrichten. Dein in einem Fahrstuhlschacht schwebender Ehemann, der dir vor einer Viertelstunde noch den Vortritt für die Auffahrt ins Leben ließ, ist wirklich. Aber noch als wir die von den Limousinen und CERN-Bussen markierte Grenze überschritten hatten und auf der Landstraße Richtung Meyrin standen, nahm uns das Unmittelbare, glasklar Sichtbare vollkommen den Blick auf die Ferne: die himmelhohe Packeiskruste vom spezifischen Gewicht der Sommerluft, die bei 27 Grad im Schatten auf die Bäume und Felder gekommen war, auf einen Moped fahrenden Jugendlichen und dieses und jenes Auto, dem wir uns langsam und verworren näherten. Im nächsten Augenblick sollen die Vögel wieder fliegen, die Äste sich im Wind beugen, ein über die Böschung springender Hase ein anderes Schicksal erleiden können, als von einem verzückten Jungen aus der Luft gepflückt und (nach dem schon bei der Möwe und den Hostessen beobachteten kurzen Zucken) enttäuscht und weinend ins Gras gelegt zu werden. Die gläserne Wand, die uns mit jedem Schritt eine gefrorene Welt vornarrt, müsste mit dem nächsten Schritt zerspringen. Und doch beginnen manche, auf der Straße zu gehen, selbst die CERN-Leute, für die bereits nach einem knappen Kilometer Fußweg eine besondere Konserve bereitsteht: zwei ihrer werten Kollegen, auf dem Weg zum PA 8, eingelegt in die nikotinschwangere grün getönte Luft des Innenraums eines staubigen Renault. Mit dem Zutrauen eines Kindes, das in eine Messerklinge oder eine Flamme fasst, versammeln wir uns vor der Kühlerhaube des Autos, das im nächsten Sekundenbruchteil wieder 50 oder 70 km/h fahren könnte. Aber schon denkt niemand mehr an die Möglichkeit der Beschleunigung, selbst die CERN-Leute nicht, denen der Anblick ihrer beiden Kollegen zunächst schwer zu schaffen macht, obgleich diese gar nicht unvergnügt oder betroffen aussehen, sondern einfach nur starr. Soll man die Autotüren öffnen? Mendecker, Kalkhoff und Patty Dawson pressen die Nasen an den Scheiben des Renault platt. Es ist nicht ruhig jetzt: Soziosphärische Familienzelte, akustische Zweier- und Dreier-Lounges werden von uns fortwährend neu errichtet und für surreale Gespräche, fassungsloses Gestammel, peinliche Beschwichtigungsversuche genutzt.

Berinis Vorschlag, schnurstracks auf das CERN-Hauptgebäude zuzugehen, das in einer halben Stunde Fußweg zu erreichen sei, hatte am PA 8 allen eingeleuchtet, und als die ersten Häuser und Vorgärten auftauchen, in denen die fotografierten Besitzer wie Vogelscheuchen und übertriebene Gartenzwerge verharren, beschleunigt man den Schritt und spornt die Nachzügler an, als ginge es darum, möglichst rasch und mit vereinten Kräften in der Zentrale des CERN den roten Hauptschalter herumzuwerfen, der – mit einem ungeheuerlichen, erlösenden Aufheulen vielleicht – alles wieder in Bewegung setzte.

Man muss an etwas glauben. Auf der Straße durch den Weiler Meyrin sind das für viele noch die Experten, die sich bereits hier zusammenschließen, aus Gewohnheit oder doch schon, um sich besser vor Angriffen schützen zu können. Acht CERN-Leute hat es erwischt, verschont, gerettet: den großen (1,94 Meter) Mendecker voran, der mit seinem überdimensionierten Jungengesicht nie etwas anderes werden konnte als Chef des Ganzen; seine leicht sichelbeinige, leicht basedowierte, dennoch sehr anziehende Assistentin Karoline Haselberger; Kalkhoff, den Mann mit den denkenden Gedärmen; Patty Dawson, deren Brille seit der Katastrophensekunde beschlagen wirkt; Harriet, Berini, Lagrange und Hayami des Weiteren, die beiden Letzten in zu kurzen, irgendwie ganovenhaft wirkenden Sommeranzügen, deren Jacketts sie über der Schulter tragen, als kämen sie gerade von der Beerdigung eines bleivergifteten Kumpels zurück.

Sperber hatte schon auf dem Weg zum CERN mit der Erstellung seines Verzeichnisses begonnen. Zwei große Schulklassen, sechs Fußballmannschaften, das Semester eines weniger begehrten Universitätsfaches (relativistische Dynamik für Fußgänger), ein kleiner Kongress, der seine Teilnehmer zum Luftschöpfen auf die staubige Landstraße einer überdimensionierten Fototapete geschickt hat – so übersichtlich nahmen wir uns noch aus, 70 Menschen (69 vielmehr, in unseren Köpfen das Epitaph: Madame Sophie Denoux, 1939-0, R. I. P.), aufgefädelt auf einem Asphaltband, im langsamen Slalom um die wenigen Autos und Fußgänger, die um 12:47 Uhr das Umfeld des CERN und des Flughafens Cointrin mit ihrer Erstarrung beleben. Zu viele Fragen, um etwas anderes zu tun oder vorzuschlagen als den

Gang zum CERN. Zu viele mörderische Antworten auf den Bürgersteigen, in den Vorgärten, hinter den Windschutzscheiben, auf den Sätteln der Kinderfahrräder. Ein Gedanke schießt bis in Flugzeughöhe, so dass die mit Blei gefüllten Mäander von Rhône und Arve tief unter uns liegen, die wie Flöße und Baumstämme angetriebenen und sich zu einem breiten silbrig grauen Relief am Westufer des Lac Léman stauenden Dächer von Genf, der ganze See schließlich, stahlblau im Umriss eines nach Süden fliegenden Vogels, dessen Schwingenoberseite von der Waadtlandküste markiert wird mit dem Drehpunkt, Wirbelsäulenpunkt Lausanne, die Unterseite vom Chablais, so dass der Schnabel bei Thonon-les-Bains liegt, schon wieder eine Möwe also, zehntausende von Menschen überschattend ... Der nächste Gedanke: lokaler, begrenzt und abgefeimt. Er kam plötzlich auf, selbst Sperber wusste später nicht mehr, wer zuerst den Einfall hatte, wir könnten uns im Auge des Hurricans befinden oder vielmehr dessen Kraftzentrum sein, des Anti-Hurricans natürlich, der alles lähmte und in der Sonne gefrieren ließ, was in seine Nähe kam, als hätte uns DELPHI mit einer vernichtenden Energie aufgeladen, und so gesehen wären wir es gewesen, die eigentlich die Erstarrung bewirkten. Harriet schlug daraufhin vor, unterwegs auf die Uhren von Zeitlosen zu schauen (etliche Zusammenbrüche wegen unschönen Zunahekommens, dann gehäuft die Fühlungnahme in Form eines distanzierten Handkusses, der freilich den Handgelenken und Chronometern galt). Wenn man genauer hinsieht, gibt es immer ein Wirrwarr, aber der Mittelwert lag doch ziemlich deutlich bei 12:47, und schließlich zeigten unsere Uhren mit geringer Differenz bald auf 16 Uhr. Wenn eine vernichtende Kraft von uns ausging, dann wirkte sie augenblicklich und über mehrere Kilometer hin.

Immer häufiger und schmerzhafter: die Abwesenheit von Karin und die Anwesenheit von Anna. Erstickungsängste, Herzrasen auf offener Straße, ein Messer wollen, um die wahnsinnige Leinwand um dich herum aufzuschlitzen und durch die Wunde der falschen Luft ins Leben zurückzukehren. Ich hörte kaum zu, als mich zwei österreichische Journalisten (Steingärtner und Maloni, die Nummern 22 und 23) beim Gehen in die Mitte nahmen wie einen Strafgefangenen, um leicht mit mir reden zu können. Sie waren der Überzeugung, das CERN habe absichtlich den Zustand herbeigeführt, in dem sich alles um uns her befand. Das ältere Ehepaar vor dem eigenen Haus wie in einer Tanzübung begriffen. An einem Laternenmast ein das Bein hebender ausgestopfter Rauhaardackel, lebensecht einschließlich seines kurzen ewigen Urinstrahls. Ich erklärte den Österreichern, dass die CERN-Leute unter uns ebenso schockiert und hilflos wirkten wie die anderen auch. Sie hielten dagegen, dass es vielleicht noch eine ganz andere Gruppe gäbe, die wahren Drahtzieher und Zeitbombenwerfer – Sperber unterbrach die Anschuldigungen, uns lautlos anredend, bis er nah genug gekommen war, um das Trio der Sphären zu einem Quartett zu verbinden. Sein Verzeichnis wollte erstellt sein, in einer ersten, noch skizzenhaften Form. Er schrieb unsere Namen in säuberlicher Uhrmacherschrift, als Unterlage das Dach eines im Überholvorgang einbalsamierten italienischen Sportwagens benutzend, auf den Rand einer Informationsbroschüre des CERN. *Nr. 21: Haffner, Adrian, geb. 1965. Einst wohnhaft in München, Journalist.* – »Opfer des Tagesgeschäfts«, brummte er. Das Titelblatt der Broschüre zeigte das vielspiralige Mandala einer Teilchenkollision. Darüber stand: *CERN. Weltlaboratorium für Teilchenphysikforschung … wo Sie an einem der grössten Abenteuer der Menschheit teilnehmen können.* Wir überholten den Sportwagen. Kurz darauf sah man am Horizont flache Bauten und die Reihe der Fahnenmasten, an denen die zwei Dutzend Geldgeber-Nationen des CERN-Flagge zu zeigen beliebten.

7.

Im Wasser lässt sich die Illusion von Normalität gut aufrechterhalten, bei raschem Schwimmen und Tauchen vor allem, wenn sich die Ohren mit gurgelndem Druck füllen und der Blick von einer graugrünen Welle eingenommen wird. So war es auch früher einmal. Einen kleinen Moment nach dem Auftauchen öffnete sich der akustische Tumult der Schwimmhalle wie eine angestochene Blase und überschüttete dich mit Kindergeschrei, Pfeifen, Klatschen, Rufen. Im Hallenbad des Victoria-Jungfrau, im Hochsommer, zur Mittagsstunde geht es natürlich ruhiger zu. Es könnte sogar totenstill sein. Die Tropfen, die von meinem Körper auf das Schild des Wassers fallen, könnten wie in einen Teller rieselnde Perlen oder Reiskörner klingen. Aber die Robbe, über die ich mit einem Sprung hinwegsetzte, ist auch nach einer Viertelstunde noch nicht aufgetaucht. Weiterhin steckt die Frau mit der Anemonenkappe in ihrer Eishülle fest, die entlang ihres erhobenen Arms schimmert und auf ihrer linken Schulter zu zersplittern scheint. In der langen Reihe meiner Hotelschwimmbäder ist mir das Bad im Art-déco-Stil gut in Erinnerung geblieben. Ich hatte zwar die Robbe vergessen (er muss über sechzig sein), nicht aber die Anemonenfrau und auch nicht die katzenäugige kleine Rothaarige, die sich auf einer gekachelten Bank ausstreckt. Sie wurde gedreht, jemand hat ihr den Badeanzug in Höhe des länglichen nach Kokos duftenden Nabels zerschnitten. Wann? Es war gestern schon so und vielleicht auch vor drei Jahren. Meiden Sie Hallenbäder. Ein nie ganz aussichtsloser Versuch, einen der unsrigen zu treffen, führt in das Bad des teuersten Hotels einer Stadt. Nichts mehr fließt. Aus Wasserhähnen, Duschbrauseköpfen, Gartenschlauchmündungen, unter die wir Hand oder Kopf halten, kommt nur mehr ein kurzer Schwall. Als würde man bespien, ganz lässig, immer nur ein einziges Mal, von dem großen blasierten Tier der Wasserläufe.

Frühstück im Speisesaal. Zanderfilet an Ingwerschaum, Rehrollbraten, eine angegriffene Entenbrust, Rösti, hier und da noch Salat oder schon lädierte Crèpes, ein Eis, Schümli-Café. Beruhigende Symmetrie auf den Tellern der Paare und größeren Gesellschaften. Also waren der oder die Vorgänger keine Dilettanten oder sie blieben nicht zum Essen. Neunzehn Gäste. Der ältere Kellner in weißer Livrée an der Säule, der jüngere vor einer kakaduhaften Fünfzigjährigen an der Seite ihres krauslockigen Beschälers, verblüfft das Etikett einer schlagartig jahrgangsverbesserten Flasche Bordeaux studierend. Alles wie gestern, unverrückt wie das Schachbrettmuster des Fußbodens. Da ich im Pyjama frühstücke, hätte ich es gleich unterlassen können, die Gäste zu zählen. Vorsicht und Nachlässigkeit hielten sich in den Zürcher Tagen noch die Waage. Aber seit ich das Schreckhorn und den Eiger sehen kann, wie großspurige Verbündete der Eiszone auf den Straßen und Sommerwiesen, ist mir nach Gesellschaft. Ein Scherenschnitt durch das glänzende Gewebe des Badeanzugs.

8.

Mit der Scheu des Wassers vor unseren Körpern hatten wir uns schon vertraut machen müssen, bevor wir das CERN-Hauptgelände verließen. Der erste Hahn hätte auch defekt sein können, der zweite schlecht gelaunt. Die weiteren Versuche verwandelten den Unglauben in Gewissheit: Unsere Zauberkraft ist lächerlich begrenzt, auf einen Sekundenbruchteil und die Länge eines Arms. Spuckende Wasserhähne. Ein Flügelflattern. Dem Handy eines Fotografierten, das wir uns leihen, um unsere Tante in Glasgow, die Mutter in Rom, die Geliebte in Berlin und die Ehefrau in Florenz anzurufen oder einfach nur die Hotline der Zeitstreitkräfte – Call: 012-47-42 –, schwinden die Leuchtsinne, noch bevor wir eine Taste gedrückt haben. Es scheine, so der große (1,94 – 0,26) Mendecker, als würde sich jeder Gegenstand oder jedes Lebewesen, das in unsere Sphäre gerate, äußerst kurz des energetischen Zustands erinnern, den er/es im Augenblick der Katastrophe eingenommen habe. Es schien, als würde sich auch hier, in der Zentrale der Organisation für Chaos, Ekstase, Raserei und Nihilismus nichts/ nihil an den Verhältnissen ändern, die wir seit Stunden in der Mittagshitze ertrugen. Über unseren Köpfen wellte sich das Blech der europäischen Flaggen. Auf den kurzen Wegen und Sträßchen des Geländes, das ganz harmlos wirkte, etwa wie ein größerer Universitätscampus oder eine moderne Sprengstoff-Fabrik, klebten einige *Cerniten* (Bulletin Nummer 3) in geschäftigem Schritt, stiegen endlos von ihren Fahrrädern ab oder dämmerten grüppchenweise dahin, in ihre Alltagsdebatten über Kaonen und Myonen vertieft wie blasse glasäugige Fische in den Schluchten des Marianengrabens, beladen mit 8000 Metern erstarrtem Himmelsozean. Allein wir, die souveränen U-Boote der Stunde Null, durchschnitten den ultramarinblauen Kristall der Tiefe.

Nur Sperber und – seltsamerweise – Boris Shuka machten auf mich noch einen besonnenen Eindruck, nachdem wir das CERN-Gelände eingehender untersucht hatten. Zwischen ihren Diagrammen und Computern, in den Seminarsälen, Büros, Laboratorien, Werkstätten, Archivräumen, auf den Fluren und Toiletten, beim Rechnen, Zeichnen, Sich-am-Hoden-Zupfen, Trinken und Strichmännchen-Malen waren die Cernianer, wie sie sich selbst nannten, fixiert worden, lebensechter und genauer, als sie sich dies für ihre Teilchenkollisionen je hätten vorstellen können.

Zwei körperliche Angriffe auf Mendecker. Einmal schützten ihn die Thillet'schen Leibwächter, einmal half ihm Patty Dawson mit dem Einsatz ihres energischen Körpers.

Schwächeanfälle von älteren Journalisten, die vergessen hatten, im Wüstenklima genügend zu trinken.

Stau vor dem Coop-Restaurant im Hauptgebäude – aber zuvor und einprägsamer: *Mitidieri und Daisuke löschen das World Wide Web* (Bulletin Nummer 1) im so genannten

Microcosm, einem im Hauptgebäude untergebrachten Besucherzentrum, das den *Abstieg ins Innere der Materie* versprach. Gleichzeitig streckten sie die Hand nach einer PC-Tastatur aus. Augenblicklich verschwanden die Darstellungen auf den zugehörigen Bildschirmen. Ein dritter und vierter Monitor, vor denen Jugendliche mit unsinnigen Ambitionen hockten, wurden bei der folgenden Annäherung schwarz. Dann rief Mitidieri: »Ich lösche das Internet!« und erledigte mit einer großspurigen Bewegung einen Monitor und noch einen. Daisuke folgte ihm, verzweifelt und begeistert. Sie machten sich dann auch über Leuchttafeln und Scheinwerfer her. Bald lag der Saal im Dunkeln. Scham der Bildröhren. Scheu des Wassers. Wir tasteten uns hinaus – vorbei an den erloschenen, aber noch gut erinnerlichen Sektions-Überschriften *Energie der Schöpfung* und *Kosmologie: LEP ahmt den Urknall nach*, bis wir im brennenden Tageslicht wieder auf unsere Armbanduhren sehen konnten und auf eine Gruppe mit Kölnisch Wasser perfekt in ihrer Sommerkleidung und rissigen Lederhaut präparierter Rentner.

Der Hunger und die Angst, allein noch wahnsinniger zu werden, trieb uns vor dem Coop-Restaurant zusammen. Durch die Glasscheiben des Restaurants leuchtete um Mitternacht immer noch der Tag, unerbittlich und paranoid, als schliefen, als träumten wir schon längst und als wäre ein mit stärksten Scheinwerfern ausgerüsteter Suchtrupp in unseren Gehirnwindungen unterwegs. Wir mussten essen. Angerichtet waren a) für 7.40 FS: Saucisse de porc à rôtir / Pommes frites / Épinards und b) für 8.70 FS: Émincé de cheval au poivre / Pommes mousseline / Poivrons sautés – viertel oder halb verschlungen auf den Tellern umsitzender Cerniten; mal schön, aber in ungenügender Menge unter den lebend warm tief gefrorenen Händen der Essensausgeber; in den Grundbestandteilen bequem und kostenlos fassbar aus den Edelstahltöpfen der Köche. Alles kocht, brodelt, verbleibt lauwarm oder eiskalt, bis wir erscheinen. An meinem Tisch im Speisesaal des Victoria-Jungfrau trinke ich meinen fünf Jahre lang in der Tasse heiß erhaltenen Kaffee, und ich kann mir sicher sein, dass der noch wenig angetastete Rehbraten auf dem Teller der sommersprossigen, wie in grünes Kreppband eingeschlagenen Dame gegenüber wohltemperiert auf mein Souper wartet. Im CERN-Restaurant, um Mitternacht zur – erstmals doppelten – Stunde Null konnte uns das noch überraschen. Es fielen auch Tabletts herunter, Gläser kippten, Hände klatschten auf Pommes-frites-Scheiterhaufen und gepfeffertes Pferdefleisch, etliche namhafte Physiker gingen zu Boden oder hingen infolge einer Beinahe-Kollision mit einem der unsrigen in der Luft wie Partygäste, die eben gerade und für die kommenden Tage und Jahre in voller Montur in einen unsichtbaren Swimmingpool sprangen.

Wir mussten geordnet essen gehen, nacheinander, unter Berücksichtigung einiger wichtiger Gesetzmäßigkeiten der *Neuen Physik*. Ein Rudel von uns, zusammengedrängt und ausgehungert, treibt immerhin eine Chronosphäre vom Ausmaß eines kleinen Busses mit sich, so dass etliche Zeitlose in seiner Nähe ergriffen und animiert werden können, den ihnen verbliebenen Rest motorischer und nervöser Energie auszuschöpfen wie epileptische Puppen, von Schlaganfällen Getroffene oder Betrunkene, die unverzüglich ins Koma fallen. Die Verheerung, die wir im berühmten CERN-Restaurant anrichteten, war die erste bedeutsame Lektion der Phase 3, besonders schmerzlich anzusehen für die mit uns hinübergekommenen Cernianer um Mendecker. Sie kannten die Namen der in wild bedruckten T-Shirts hängenden Theoretiker am Salatbüfett, die infolge der chronosphärischen Induktion durch die Thillet'schen Leibwächter zusammenbrachen. Nur ihnen war bekannt, dass es sich bei den beiden scharfkantig dreinblickenden Damen, die von einem journalistischen Vierergespann mitgerissen und in eine lüsterne Zimmerpflanze gestürzt wurden, um phänomenale zypriotische Mathematikerinnen handelte. Und gewiss schmerzte es sie ganz besonders in der cernitischen Seele, ein halbes

Dutzend renommierte Ex-Kollegen zu sehen, ältere Herren, ihrer Ess-Tabletts und Trinkgläser beraubt, mit infolge unschöner Näherungen lachhaft und erschreckend verdrehten Hälsen oder auf die graue Tischplatte oder zerbrechliche Schulter des Nebenmannes gesunkener Stirn. Ein Nobelpreisträger befand sich darunter und zwei nun endgültige Anwärter auf denselben. Die Geburtsstätte von Nobelpreisen zu sein war einmal das Adelsprädikat der CERN-Kantine gewesen. Wir haben dieser gleichgültig modernen Resopaltisch- und Plastikstuhllandschaft zu ebener Erde ein zweites aristokratisches Zeichen verliehen, nämlich das eines Ursprungsortes der *Chronikette*, einer praktischen Ethik für das Verhalten zur Unzeit, zum Beispiel für den Umgang mit einer so massiven und chaotischen Chronosphäre, wie wir sie damals errichteten, um Mitternacht zur Mittagszeit, in dutzenden noch verwirrter als jeder Einzelne von uns, hungrig und unbedacht in Paaren, Gruppen, Rudeln voranstolpernd, Essen, Getränke, Eistüten, brennende Zigaretten, warme Hände fassend, bis auch dem und der Letzten von uns erbarmungslos Gleichzeitigen die gymnastischen Verwüstungen nicht mehr gleichgültig sein konnten, die wir den Cernianern zufügten. Die Vorstellung, einige Handgranaten wären im Getümmel des Restaurants explodiert, hätten aber das Mobiliar verschont und wären auf Menschen einer enormen plastischen Widerstandsfähigkeit gestoßen, die von den Druckwellen zwar in die absonderlichsten Positionen gebracht werden konnten, aber kein Zeichen der Verletzung geschweige denn Zerreißung davongetragen hatten, gibt wohl ein Bild der von uns chronosphärisch demolierten CERN-Kantine. Gesättigt, bestürzt, zerstritten, erschöpft, mühsam sich verständigend: Organisation des Rückzugs. Boris und Anna richteten nahe dem Eingang eine Blondine, die so fürchterlich an einem Getränkeautomaten hing, dass man glaubte, ihre Wirbelsäule zerbreche in der nächsten Sekunde, zu einer Art Neandertalerstellung auf. Keiner weiß, ob so etwas Sinn macht.

Als einer der Letzten, die das Restaurant gegen ein Uhr morgens verließen, um in den strahlenden Sonnenschein hinauszutreten, sah ich noch einmal über die Schulter. Unter einem großen Schild *Non-Fumeurs* kniete Olivier Lagrange, dessen gelbe Gesichtsfarbe, zahnbürstenartiges Schnurrbärtchen und schwere Augendeckel dazu verleiten, ihn mit der Wachsgestalt eines historischen Frauenmörders zu verwechseln. Harriet, der an seiner linken Seite auf dem Boden saß, schien ihn gerade durch einen Stoß mit dem Ellbogen zu reanimieren. Aber den beiden kam es auf die Katze an, die sie mit vereinten Kräften vorsichtig unter einem Stuhl hervorzogen, ein rabenschwarzes Steiftier. Ich verdächtigte die Cerniten unwillkürlich, ein Objekt für Experimente mit der Chronosphäre zu suchen. Es handelte sich jedoch um eine sentimentale Aktion. Das Tier hielt sich seit Jahren am CERN auf und wurde allgemein Einsteins Katze genannt, da man die Idee liebte, ER wäre bei ihnen, tagtäglich, wobei er die schwarzen Vakuumlöcher in den Augen des Tieres nutzte, um die Zeit zu durchdringen, die für uns zu nichts anderem geworden war als einer stählernen, unverrückbaren Wand.

9.

Im Inneren und auf dem Grund eines Gebäudes, das mit fünf übereinander getürmten Betonringen die Windungen eines mächtigen Tauchsieders nachvollzieht, schattige Segmentebenen bildend, in denen die Cernianer fast ohne Trennwände miteinander verkehren konnten, verbrachten die meisten von uns die erste Nacht beziehungsweise deren Rest, auf der so genannten Ebene Null, auf herbeigeschafften Sesseln, ausgebreiteten Kleidern, Feldbetten aus den Büros arbeitssüchtiger Physiker. Weil er monatelang nicht daran gedacht hatte, Obst oder Gemüse zu essen, hingegeben an die Computerdarstellungen der Teilchenkollisionen, sei einmal ein Kollege an Skorbut erkrankt, erzählte Patty Dawson.

Die Krankheiten, die uns Zeitschiffbrüchigen drohten, mussten erst noch herausgefunden werden. Es mochte etwas wie einen Blasensprung geben, dem die Chronosphäre von Madame Denoux zum Opfer gefallen war. Es mochte ein Haltbarkeitsdatum geben, transparent eingestanzt in das Material der unsichtbaren, unfasslichen Kugelhülle, die uns davor schützte, zu erstarren wie die Cernianer um uns und über uns herum in den grau gebandeten massiven Ringen des Büroturms, auf dessen Grund wir uns ausbreiteten, beinahe noch 70 Gezeitete, Passagiere und Besatzung der Arche Mendecker, geschlagen mit Wahnsinn, Müdigkeit und sexueller Asymmetrie. Das helle Mittagslicht, das draußen weiterhin aufflammte, als explodiere Zeitbombe um Zeitbombe, lautlos und ohne Zäsur, war auf der Ebene Null zugleich dämmrig und präzise, sorgfältig kalkuliert wie auf einer Bühne, die Nacht zeigen sollte, aber auch die Details unserer Ankunft am kreisrunden blauen Feinrippteppichstrand der überdachten chronifizierten Küste. Allein schon die Angst und die (wohl sinnlose) Hoffnung auf die Hilfe der anderen hielt uns zusammen und wach, selbst die beiden Kinder der Thillets. Manche lehnten Rücken an Rücken im Sitzen aneinander, andere lagen schon, aber mit noch halb aufgerichtetem Oberkörper, beobachtend, solange sie gegen die Müdigkeit ankämpfen konnten. Immer wieder sprang jemand auf, um sich des Eindrucks zu erwehren, seine Sphäre oder gar der gesamte fünf Häuser hohe Innenzylinder dämmriger Luft in den Etagenringen verwandle sich zu Glas, setzte oder legte sich jedoch bald wieder, da es ihm die angstweichen Knie empfahlen. Die Vernunft, die Überlebensregeln der *Neuen Physik* (NP, Sperbers Bulletin Nummer 2, in ibd. Nummer 5 auch mit *Nekrologische Physik* umschrieben), lieferte allenfalls Motive für unser erstes gemeinsames Nachtlager. Aber es war noch nicht auszurechnen und auch nicht mehr an der unchronifizierten Einstein'schen Katze, die Harriet und Lagrange mit sich trugen wie kleine Kinder einen magischen Teddybären, im Tierversuch nachzuweisen, welche Blasen-Strategie sich empfahl. Hatte die Generalversammlung, die Gemeinde unter der chronosphärischen Kuppel, die bessere Chance, weil sie das Verhältnis der Oberfläche zum Volumen herabsetzte, oder das kleinstmögliche Bläschen im Zeitschaum, der Einzelne, sich Absondernde, sich embryonal Zusammenkauernde oder im Gegenteil wieder frei Dahingehende, in der Absicht, die maximale Kontaktfläche bei gegebenem Körpervolumen zu erreichen?

Der Mathematiker Berini testete die Sarg-Strategie eine halbe Stunde lang, aufgebahrt auf drei zusammengeschobenen Schreibtischen, bemüht, keinen Muskel zu rühren. Niemand näherte sich ihm auf mehr als zehn Meter. Es ging um die Außenhülle des Kokons, um den solitären, unbewachten, fast regungslosen Schlaf, um die Frage, ob der Vorrat an Sauerstoff, Licht, jeglicher Energie, der uns vom zeitlichen Nullpunkt am PA 8 an bis zur Raum-Ebene Null des Büroturms über vierzehn Stunden lang versorgt hatte, sich erschöpfen konnte, abhängig womöglich vom Ausmaß der Bewegungen, die wir vollführten, oder der Anzahl übler Gedanken. Berini war nach einer halben Stunde ebenso müde und lebendig wie zuvor. Immer wieder erschien es einem von uns, als wäre unsere Existenz abhängig von einer Art Schwimmen (im toten Meer der Unzeit), einem gewissen Mindestmaß an körperlicher Aktivität, welches verhinderte, dass sich die Luft um uns her schlagartig oder vielleicht auch tückisch langsam in den dichteren Zustand hinüberkriechend zu dem Glas oder Kunstharz verwandelte, in dem die Cernianer um uns her festzustecken schienen. Also riss man sich hoch, taumelte durch unser Lager, an der Strandburg von Körpern um die Thillet-Familie vorbei oder an den gezeiteten Cernianern, die sich wohl aus ihren regulären Gewohnheiten heraus oder einer ganz besonderen mathematischen Theorie wegen sauber wie Grillwürste auf dem Boden angeordnet hatten – um zumeist reumütig wiederzukehren. Sperbers Bulletin zufolge haben uns in der ersten Nacht wenigstens vier Personen verlassen, deren Namen mir so fremd sind, dass sie ebenso gut erfunden sein könnten. Womöglich handelt es sich hierbei um die gefährlichsten Leute. Wir anderen ertrugen es, dazuliegen und nicht zu wissen, ob wir dem Schlaf nachgaben oder einem Narkotikum des Zeittods, das langsam durch unsere Adern floss. In unseren noch unfotografierten Gehirnen flackerten die Aufnahmen der verborgenen Filme. Eines der Bildmotive hinter den geschlossenen oder wie im Tod versiegelten Lidern der anderen glaubte ich genau zu kennen, es austauschen zu können mit dem in meiner eigenen Dunkelheit glühenden Urbild der Katastrophe: DELPHI, der Detector for Lepton, Photon and Hadron Identification, die drei Stockwerke hohe, 3000 Tonnen schwere Monstermaschine, in der wie eiserne Zwiebelschalen die Messkammern steckten, 105 Meter unter der Erde, bei komfortablen 22 Grad Celsius Umgebungstemperatur. *Ein Detektor ist ein Detektor ist ein Detektor ...* Immer wieder auch dachte ich an die Uhrenkiste, an den bärtigen Jörg Rulow, der sie irgendwo geborgen haben musste, bevor man hinabgefahren war. Als hätte es denen, die jetzt wohl weiterhin im Fahrstuhl steckten, geholfen, ihre Uhren gleich wieder an sich zu nehmen, um 11 Uhr 31, ein rettender Griff in das wirr tickende Schlangennest, die kleine Brut des Ungeheuers Zeit, das seinen Tod beschließen würde, kurz nachdem sie hinabgesunken waren. Seinen partiellen Tod. Wie lebendige Kerne steckten wir in der riesigen gefrorenen Schale, Bio-Photonen im Detektor der PA-8-Umgebung, deren äußere Mantelhülle selbst noch die Flugzeuge über Cointrin und das gesamte CERN-Hauptquartier umschloss, aber vielleicht auch Genf selbst und mehr – im Gehirn plötzlich ein entsetzlicher Druck infolge der rasenden Expansion unserer Vorstellungskraft. Die Eiszeit der Sommerschneekugel würde knapp hinter dem PA-8 in südlicher Richtung enden und entlang der übrigen Windrosenzacken ebenso. Es war vielleicht auch keine Kugel, sondern ein chronostatischer Würfel, ein Zylinder, ein flach gedrücktes

Ei. Riemann'sches oder Lobatschewski'sches Ei?, fragte Harriet.

Die Angst zu ersticken. Der über die unruhigen, stöhnenden, vom Schlaf niedergewalzten und doch stets wieder aufschreckenden Zeitgenossen flatternde Blick, als müsste in der nächsten Sekunde schon einer der Cernianer aufspringen, Patty Dawson etwa, die wie eine schwach pulsierende Seidenraupe zwischen Karoline Haselberger und dem für cernianische Verhältnisse sehr unordentlich gekrümmten Harriet lag, und mit einem wahrhaftigen Heureka-Schrei (wenigstens für Haselberger und Harriet zu vernehmen) den Trick und die Formel verkünden, mit denen sich der Kristallberg zersprengen ließe, der anscheinend auf allem lastete, nur nicht auf uns. Sperber, ein zerknautschter und seiner Mütze beraubter Riesengartenzwerg, dessen Kopf auf einem leeren Karton für Elektronikteile ruhte, noch Wochen von der souveränen Ironie entfernt, die ihn die neue Abkürzung für die DELPHI-Suchobjekte finden ließ (Lepton gleich Lähmung, Photon gleich Panik und Hadron gleich Hysterie). Entweder mussten wir DELPHI verehren, weil er uns gerettet oder wenigstens Zukunft verschafft hatte, das Orakel der in uns weitertickenden Zeit. Oder er war die Höllenmaschine und der Ursprungspunkt der Katastrophe lag irgendwo in den 1000 Kilometern um den Koloss gewickelter Stromkabel oder innerhalb des tödlichen Eisfeldes seines tonnenschweren Magneten. Wo hatte der Mittagsschrecken sein Ende, wo verlief die Grenze, an der die Lichtkuppel unseres Irrsinns gegen die waadtländische Nacht stieß? Denen da draußen – den Genfern, Schweizern, Franzosen, der Öffentlichkeit der Welt – musste es scheinen, als habe sich eine gewaltige Glasglocke über die Anlagen des CERN gesenkt, die gerade jetzt, um drei, halb vier Uhr morgens, weithin sichtbar in der Dunkelheit glühte, ein gigantisches – vielleicht – halbkugelförmiges Riesenaquarium, angefüllt mit Tageslicht. Auf dem Grund des Büroturms liegend, träumte ich davon, die Phasengrenze zu durchbrechen, an der Seite von Anna oder Karoline Haselberger durch eine Kuppelwand gleißender Helligkeit in die Augustnacht hinüberzutreten wie Adam und Eva auf alten Kupferstichen, auf denen die Vertreibung aus dem Paradies dargestellt wird, wie das obligate Paar im Hollywood-Film, das die Katastrophe überstehen darf. Blaulichter, Rettungswagen, Fotoblitze, Polizei, Armee und Presse empfingen uns, Rettungsdecken wurden um unsere Schultern gelegt, Mikrofone tupften in unsere Gesichter wie die Mäuler augenloser Pfeilfische, dann Ruhe, ein Polizeibüro, das Wunder unserer Rettung, die Versicherung, dass man alles daransetze, die cernitische Kugel zu sprengen oder wenigstens zu öffnen, um nach und nach die zehntausende von Eingeschlossenen zu bergen, aus ihrem komatösen Zustand zu befreien, wenn es schon nicht möglich war, die chronostatische Kuppel als Ganzes aufzulösen, in die von außen kein Laut, keine Radiowelle, kein Stromstoß, kein Schuss einzudringen vermochte.

10.

Über unseren Köpfen, auf der ersten Ringbande, ein schwarzes Quadrat von einem Meter Seitenlänge, eine weitere Leuchttafel, darauf das in Minuten-Abständen durch Punkte stilisierte Zifferblatt einer Uhr. Einmal pro Sekunde huschte einst – noch letzte Nacht, noch vor einer wirklichen Sekunde – ein roter Ball die komplette Kreisbahn entlang und brachte stets den nächsten im Uhrzeigersinn benachbarten Minutenpunkt zum Glühen, so dass nach einer Minute eine fast zusammenhängende Kreisbahn markiert war. Hier sahen wir die Sekunde *shi ni* in Gestalt eines zu 42/60 vollendeten blutroten Rings, in dessen Zentrum gerade nicht **12:47** stand, sondern **LU:14**.

Um sechs Uhr morgens schon der Gestank auf den Toiletten. Nichts mehr fließt, aber der stetige Zu- und Abfluss in jeglicher Hinsicht ist die Voraussetzung, eine größere

Menge von Menschen auf erträgliche Weise beieinander zu halten. Ungerührt hockten die Cernianer im Halb- und Viertelschatten der Ringe, als wir an ihnen vorbeiwankten, um Büros zu finden, in denen es Waschbecken gab (der erste und einzige Wasserschwall für den Ersten, der es versuchte) oder Flaschen mit Mineralwasser. Je mehr wir uns den Außenseiten der Etagen näherten, desto stiller und heller wurde es. Falsch: Die Stille breitet sich schlagartig aus, wie ein Zerbrechen oder lautloses Abgehackt-Werden, in dem Augenblick, in dem das chronosphärische Mehrfachgebilde zerfällt, und sie wird auch nicht vollständig, sondern nur größer und auf eine gewisse heimtückische Weise individuell, zu deiner Stille nämlich, deinem Herzschlag, dem Blutrauschen in deinen Ohren, den leise glucksenden klebrigen Geräuschen von Speichel und Zunge in deinem Mund.

Auf dem Weg zu den Außenfenstern des dritten Stockwerks: *Be indiscrete, do it continuously!* Ein Aufkleber, gelbes Band mit schwarzer Schrift, auf der obersten Schublade eines Aktenschranks im Büro eines tief in Akten- und Manuskriptberge vergrabenen Cernianers mit schulterlangen grauen Haaren. Licht ist diskret, eingeschweißt in unsichtbare Planck'sche Pakete wie in Myriaden winziger Bombenkoffer. Draußen vorm Fenster: die Explosion Tag. Himmelhoch stehende Welle. Mittagslicht. 12 Uhr 47. Zwei regungslose Tauben über dem Dach eines Citroën.

Frühstück: Saucisse de porc à rôtir / Émincé de cheval au poivre. Hintereinander, in kleinen Gruppen, betreten wir das CERN-Restaurant. Pietätvoll übersehen wir die Verwüstungen, chronosphärischen Scheußlichkeiten (immer noch die Frau am Streckbett des Getränkeautomaten, immer noch die in die Pflanzen stürzenden, übel verdrillten zypriotischen Mathematikerinnen) und schlängeln uns an den Nobelpreisanwärtern vorbei, um Wasser, Kaffee, Brot und Ähnliches zu fassen, sofern es nicht ein Pferdesteak zum Petit déjeuner sein sollte, um die Tatsache zu feiern, dass noch keiner von uns Madame Denoux hatte folgen müssen, auch das knappe Dutzend derjenigen nicht, die sich als monadologische Sphäre, als einzelnes Zeitschaumbläschen die besseren Chancen ausgerechnet und einen einsamen Ruheplatz im Bau der Cerniten gesucht hatten. Unrasiert, unausgeschlafen, mit überreizten Nerven, zitternd in der Mittagshitze. Lachhafte Fehlversuche, ein geordnetes Gespräch zu führen.

Mit einem Becher heißen Kaffees dann draußen im Gras sitzen, gemeinsam mit Anna und Boris, Sperber, Daisuke und dem Pariser Korrespondenten Durétoile, der schon jetzt an beiden Handgelenken eine Uhr trug, in einem chronosphärischen Familienzelt. Laien-Überlegungen zum Geschehen, während die Experten um Mendecker sich zurückgezogen hatten, um die Panne zu besprechen, den Zeitplattfuß, der hier ärgerlicherweise aufgetreten war. Ich weiß heute nicht viel mehr über das CERN als das, was wir damals zusammenbrachten, vor den Türen des Coop-Restaurants, lose umgeben von einigen Cernianer-Präparaten zu Rad und zu Fuß, denen es nichts geholfen hatte, das alles viel besser zu wissen. Elektronen wurden durch Erhitzung aus Metalldrähten gemolken, auf der Hundert-Meter-Kurzstrecke linear angepeitscht, in den ersten Ringbeschleuniger mit 600 Meter Umfang geschossen, bei 3,5-Giga-Elektronenvolt rasend entlassen, jedoch nur, um auf dem 7-Kilometer-Kreis des SPS noch mehr an Besinnung zu verlieren, damit sie mit gesträubtem Haar, zusammengepressten Augenlidern und flatternden Backen bei 21 GeV im 26-Kilometer-Ring des großen LEP zur finalen Unfallgeschwindigkeit kurz unterhalb von Zeh (c) getrieben wurden, gebündelt in praktischen 250-Billionen-Stück-Packungen und vier Strahlen, die sich an acht Punkten kreuzten und zwar 45 000-mal pro Sekunde, so abgefeimt und listig aber doch, dass es fast alle schafften, im letzten Moment den Billionen Geisterfahrern aus der Gegenrichtung innerhalb der engen Tunnelröhre auszuweichen, abgesehen von dem einen angetrunkenen oder juvenilen Trottel alle zwei Sekunden, den es dann in den monströsen

Prüfmanschetten von OPAL, ALEPH, L 3 oder DELPHI in die aberwitzigsten Stücke riss, die Kerne der Kerne der Kerne, auf die man es abgesehen hatte, denen die Feldkräfte der erdgrößten Magneten auflauerten, um sie auf ihren lichtschnellen Fluchten aus der Fassung zu bringen, in den Zwiebelschichten der Spurengeräte ihre einst ehrlichen Prallbahnen zu schmerzlichen und mathematisch heimtückischen Schleifen, Parabeln, Zykloiden, Kardioiden, Spiralen zu zwingen, so kunstvoll gewunden wie Frauenhaar auf einem Dürer-Stich. Das Herz der Materie werde bei solchen Zusammenstößen sichtbar, heißt es in den CERN-Broschüren, die große Reise zurück würde angetreten und der Teilchenschaum der Frühe sichtbar, wie kurz nach dem Urknall des Universums, wie ganz am Anfang der Zeit.

»Wenn wir jetzt wieder am Anfang sind, dann sind wir nicht«, sagte Boris. Sperber grüßte ihn daraufhin in seiner Eigenschaft als sämtliche erwähnenswerte nicht stattfindende Ereignisse aufzeichnende Nicht-Gestalt. Soweit ich es erkennen konnte, hingen Fragmente nihilistischer Cornflakes in seinem grauen Bart, er musste ein spezielles Regal in der Coop-Küche gefunden haben.

»Wieso kriegen wir noch Luft?«, fragte Anna.

»Wie lange kriegen wir noch Luft?«, warf Boris ein, und Sperber sah auf seine Uhr, als wüsste er es und wollte die Differenz zum jetzigen Zeitpunkt ermitteln.

Im Gras sitzen, weil man nur noch der flachen Erde vertraut. Dennoch auf die CERN-Gebäude starren, als müsste dort jeden Augenblick ein Kollege Mendeckers herauslaufen, seine wachsfigürlichen Mitarbeiter beiseite stoßen und einen Computerausdruck auf Endlospapier wie eine weiße Fahne über dem Kopf schwenken: Alles sei ein Irrtum gewesen, die Uhren dürften jetzt weiterticken. Das ungeheuerliche Ächzen, mit dem sich der Planet erneut in Bewegung setzt. (Es war nur ein Flackern, eine kaum spürbare Aufhellung der Dinge.) Sperber, Boris und Anna, Daisuke Kubota und Henri Durétoile – in dieser Konstellation hatten wir uns zu Beginn der vorletzten Nacht unter den Markisen eines Hotels beim Jardin Anglais zusammengefunden, halb zufällig, anhand der CERN-Pressemappen von Daisuke und Sperber, die sie sich wie Speisekarten des erst noch aufzufindenden Restaurants vor die Nasen hielten. Keiner von uns – im Gegensatz zu anderen Journalisten wie Miller oder Bentham – war studierter Physiker. Umso farbiger malten wir uns auf den Korbstühlen eines italienischen Restaurants am Quai du Mont-Blanc das ohnehin schillernde Standardmodell der Atomphysik aus, das man am CERN hatte vervollkommnen wollen. Heute fehlt uns am meisten die Asphaltfarbe der Nacht, bisweilen so schmerzhaft, als wären wir nicht mehr imstande, die Augen zu schließen, an einem Sommertag, draußen, schattenlos, um 12 Uhr 47. Ohne Skrupel würden wir sämtliche Brillanten und Colliers der Stadt Genf, einschließlich der Juwelenarmbänder der großen Neonschriften auf den Häusern der Promenade – ROLEX, UNIVERSAL GENEVE, PATEK PHILIPPE, ASSURANCES NATIONAL SUISSE, ZURICH ASSURANCE (nur Uhren und Versicherungen) –, in die Rhône oder den See schütten, um den puren Samtuntergrund unserer letzten Nacht zu erhalten, vor dem sie das letzte Mal aufschimmerten. Aber statt uns in den Anblick des wunderbar eintönigen, fahlen Himmels über den illuminierten Jade-Raketen von St.-Pierre zu versenken oder die Augen zu weiden an der noch dunkleren Schattenwiese, die der in den südöstlichen Hintergrund der Stadt einfallende Bergrücken des Salève bildete, hatten wir nur die Leuchtfarben der Quarks studiert, die sich im schieferfarbenen Wasser am Quai des Bergues spiegelten: Rot, Grün, Blau, Cyan, Magenta, Gelb. Die verschwimmende Melange der Quantenchromodynamik, die Farben, nach denen die kleinsten Bestandteile schmecken sollten. Wir schmeckten, dass wir nichts schmeckten.

Am Tag X ist gleich der 14. August, zur Stunde Null ist gleich 12 Uhr 47, in der Konstellation unserer letzten Nacht vor dem CERN-Restaurant im Gras sitzend wie benommene Unfallopfer an einer Straßenböschung, versuchten wir angestrengt einen Zusammenhang herzustellen zwischen den Tunnelröhren, den im Juragestein vergrabenen Detektoren, dem gefrorenen Mahlstrom der Dinge. Natürlich dachten wir relativistisch. Die feinstmechanische Uhr am Handgelenk eines Teilchens, das sich in der Kaskade der CERN-Beschleuniger der Lichtgeschwindigkeit näherte, würde langsamer und langsamer ticken, so quälend verzögert schließlich, dass zahllose Generationen der Nachkommen seiner im CERN-Restaurant zurückgebliebenen Teilchen-Zwillingsbrüder verstorben waren, bevor ihm auch nur ein Barthaar spross. Ebenso würden vielleicht den von OPAL oder DELPHI relativistisch Bestrahlten jene Physiker und Mathematiker im Restaurant, in das wir von unserem Grasplatz aus bequemen Einblick hatten, wie Erstarrte oder Fotografierte erscheinen, als Schaufensterpuppen eines größenwahnsinnig gewordenen Dekorateurs.

»Es dürfte auch keinen Raum mehr geben, wenn DELPHI uns so sehr beschleunigt hätte. Es gäbe dann nichts mehr zu sehen.«

»Nicht im üblichen Sinne.«

»Schon gar nicht uns!«

»Aber auch nicht die Cernianer dort.«

»Das sollte uns trösten.«

»Für mich gibt es nur zwei –« (Boris, zu weit zurückgelehnt.)

»Was?«

»Zwei Fragen.« (Boris, wieder nach vorn gebeugt, so dass wir erneut ein zusammenhängendes chronosphärisches Zelt haben, auf einem Rasenfleck errichtet, Zeitindianer beim Potlatsch, unrasiert, schweißüberkrustet nach den Todesängsten der zwanzig Stunden, die nur noch die Uhren an unseren Handgelenken vermerkt haben, korrekt bezüglich unseres Inertialsystems, sofern man sie nicht – wie Daisuke testhalber – in einiger Entfernung von sich und den unsrigen abgelegt hatte. Häuptling Sperber, mit dem Geruch und Wiehern eines Pferdes, auf Boris zeigend:)

»Erstens also?«

»Wie lange es noch dauert.«

»Und zweitens?«

»Wann es aufhört.«

»Sehr witzig!« (Ich.)

Die Idee der Glasglocke, die nächstliegende Illusion. Wir waren vielleicht nur in die falsche Richtung gegangen, das eingefrorene Hauptquartier der Eggheads lag im Zentrum der gewiss enormen Kristallkugel, deren Grenzfläche wir keinesfalls ausmachen konnten, wenn wir unsere Blicke an der erstarrten Flaggenreihe vorbei in Richtung Genf trieben wie Nägel in einen Eisblock, umgekehrt nach Besançon, oder uns zurück ins Gras fallen ließen, um jenseits des halben Dutzends unverrückbar in die Himmelbläue gezeichneter Vögel eine Bewegung auszumachen, eine unscharfe, hauchdünne Phasengrenze, entsprechend dem Helligkeitsunterschied zwischen 12 Uhr und 12 Uhr 47.

»Wenn da ist eine existierende Grenze, dann je mehr umso schrecklich!« Daisuke, das breite weiche Gesicht unter der Bürstenhaarfrisur kummervoll erhoben, ausnahmsweise auf Deutsch. Da seit beinahe vierundzwanzig Stunden die Sonne im Zenit stand, hätte sich seiner Meinung nach das gesamte chronostatische Gebiet wie ein riesiger Hobel aus Glas über die Erdoberfläche bewegen müssen, abgelöst von seinem waadtländischen Untergrund, Straßen, Dörfer, Städte verwüstend. Wir befänden uns dann nicht in einer stillen Glasmenagerie, sondern im Inneren eines Seen und Meere mit den annähernd 1 700 Stundenkilometern eines terrestrischen Oberflächenpunktes rasend befahrenden, alles niederwälzenden Kometen, einer luftfarbenen Kristallhalbkugel, mit der ein wahnsinniger Gott Kegel spielte, ohne dass wir auch nur das Geringste davon mitbekamen.

Unwahrscheinlich. Unmöglich. Infolgedessen waren wir Schatten aus Licht, hingehaucht mit Vau (v) gleich Zeh (c), in einer unmöglichen, zur galaktischen Größenordnung aufgeblasenen, aberwitzig detailgetreuen, tiefgefrorenen Kopie der Wirklichkeit.

Wir schwitzen. Wir spüren unseren Herzschlag. Wir hören das Blut in unseren Ohren und die Krötengeräusche unserer Eingeweide. Eine Schwester von Einsteins Katze wurde von eiskalten Spezialisten seziert und offenbarte in ihrem Inneren nichts anderes als das, was tierärztliche Anatomieatlanten geweissagt hätten (Sperbers Bulletin Nummer 2). An uns oder wohl an den meisten von uns ist ebenso wenig zu zweifeln wie damals, vor fünf zeitlosen Jahren und drei Sekunden, als wir im Gras saßen und uns verstohlen nach Anzeichen musterten, die darauf hindeuteten, dass jemand demnächst Madame Denoux folgen würde: Daisuke mit dem traurigen Gesicht eines Sushi-Meisters, dem der Reis der Zeit nicht mehr klebte; Henri Durétoile wie ein in die Unjahre gekommener Hamlet-Darsteller, jede Bewegung, die er machte, mit einer fast spiegelverkehrt genauen Gegenbewegung widerrufend; Sperber in seinem Karohemd, massiv und würdig; Anna mit seltsam strengen, feinen Linien gezeichnet, wie der Grabengel eines Meisterbildhauers an Boris gelehnt, dessen Brillengläser bei den energischen Bewegungen seines Kopfes funkelten, um prismatische Experimente mit dem Licht der Chronosphäre durchzuführen, hätte man denken können, aber es war nur die Unruhe, die uns alle nicht verließ, jener auch nach Wochen und Monaten nicht geschwundene Zwang zu wenigstens feinmotorischer Aktivität, die jene halbbewusste physische Gewissheit erzeugt, man sei noch nicht in eine Statue verwandelt worden.

Wenn DELPHI nicht zur Höllenmaschine geworden war, sondern uns gerettet hatte, indem er uns mit dem Drachenhauch der Chronosphäre überzog, dann konnte man auch glauben, das chronostatische Gebiet sei wie eine riesige Schneekugel ins All hinausgeschossen worden, so dass sich die Position zur Sonne nicht mehr verändern musste und die – mit einer Art Brandnarbe, etwa kleinstadtgroß, im Genfer

Raum versehrte – Erde sich weiterdrehen könne, nur ohne unsere bis auf wenige Besatzungsmitglieder hibernalisierte Raumstation. Niemand von uns stellte sich die Sache so vor.

Nach und nach fanden wir uns vor dem Restaurant wieder zusammen. Man wollte den Cernianern, die wie in einem gefrorenem Aquarium hinter den Scheiben steckten, nichts mehr antun (zumal auch die Restauranttoiletten schon stanken). Die Experten um Mendecker schlugen das Zusammentreffen in einem Hörsaal des Hauptgebäudes vor, den wir nutzen konnten, nachdem sechs Mann in gut koordiniertem Einsatz den Zugang durch die Saaltür ermöglicht hatten (eine geschlossene Tür in üblicher Größe kann von drei chronodynamischen Athleten geöffnet werden). Auf der ersten Konferenz waren wir noch 60 Gezeitete, Hinterbliebene, relativistisch Verwitwete – noch kannten wir für uns keinen Begriff. Wir hockten eng wie auf Galeerenbänken, um für Mendeckers Vortrag die chronosphärische Kuppel zu errichten, die nötig war, damit ein jeder einen jeden hören konnte. Das Irrsinnige an dieser Zusammenkunft waren die Anflüge von Normalität. Der Thillet-Clan mit Kindern, Leibwächtern, Dolmetscherin und Referentenehepaar hing weiterhin zusammen, als wäre im nächsten Augenblick erklärend vor die Presse zu treten. Wir, die Presse, pressten uns aneinander wie Druckwalzen, um einen kommenden beschreibbaren Tag zwischen unseren Körpern hervorzuquetschen, durch nichts als die reine Konzentration auf die Vorträge der Eierköpfe. Um 12 Uhr 47 gab es eine Art Gedenkminute, ein niedergedrücktes, äußerst reales, äußerst gegenständliche Hoffnungen brütendes Schweigen, hervorgerufen von der magischen Annahme, genau 24 Stunden danach müsse das Nicht-Geschehen vorbei sein. Dann setzte Mendecker sein Referat fort. Auf der Tafel entstanden jene weißen und blauen Kugeln und Eier, die über eine schlecht skizzierte Draufsicht des PA 8 kullerten, und schließlich die große Blase, der Flatus Temporis, der vom DELPHI-Zylinder aus durch den Schacht mit uns nach oben gefahren sein könnte, sofern man noch irgendeiner cernitischen Erklärung glaubte (es hatte vielleicht auch mehrere Fürze gegeben, deren aerophagische Hüllen jeweils die elf Personen immunisierten, die maximal den Fahrstuhl hatten betreten dürfen). Wir würden nach Genf reisen, nach Nyon, Lausanne, Bern. Wir konnten uns vielleicht ebenso gut in ein Messer stürzen oder in den Fahrstuhlschacht am PA 8, vor dem Sophie Lapièrre ihrem in der unterirdischen Luft konservierten Mann nachweinte. Festgehakt im Spinnennetz der Zeit. Vermuten, befürchten, schon fast mit Gewissheit annehmen müssen, dass es sich über weite Areale erstreckte. In den übernächtigten Gesichtern meiner letzten wirklichen Nachtgesellschaft, mit der ich gerade noch einen Rasenfleck geteilt hatte und nun in der gleichen Stuhlreihe des Hörsaals saß, verschworen, als hätten wir an jenem ewiggestrigen letzten Abend in Genf noch mehr verbrochen, als vor der Geisterstunde ins Hotel zurückzukehren, unverrichteter tausendundeiner Dinge, glaubte ich etwas über die stummen Begräbnisse der entfernten Ehepartner und Geliebten lesen zu können. In der vergangenen, unerlebten, ungepriesenen Nacht wäre es noch möglich gewesen, weit hinauszufahren, mit Taxis, einem Mietwagen, dem Nachtzug – um jetzt an Karins Seite versteinert zu sein, schuldlos und (vermutlich) ohne Schmerz. Sperber hätte das Gleiche tun können, so dass er nun in seiner mit Bücher- und Archivregalen verrammelten 3-Zimmer-Wohnung in Basel stecken würde, belastet von seiner zwei Zentner schweren Ehefrau (seines Schlosses, seiner würdigen Bibliothek, seines Weinkellers ebenso beraubt wie wir unseres besten Chronisten). Während Henri Durétoile es noch in sein Pariser Appartement hätte schaffen können, in das er zur Echtzeit nur die schönsten brasilianischen Transsexuellen aus dem Bois de Boulogne einzuladen pflegte, hätte es für Daisuke Kubota keine Chance auf rechtzeitige Heimkehr gegeben. Günstigstenfalls hinge er 3000 Meter über den höchsten Gipfeln des Himalaja in der Luft.

11.

Im Speisesaal des Victoria-Jungfrau fast sehnsüchtig zurückdenken an die beiden ersten Tage, in denen wir die CERN-Kantine plünderten, den nächsten Toten in die schattige Ecke eines Büros legten, uns wieder und wieder in jenem Hörsaal trafen, um über die Gesetze der Neuen Physik zu debattieren, die mich noch immer verzweifeln lassen, wütend machen, zu Lachtränen treiben können oder zu Experimenten wie diesem jetzt mit dem jagddolchähnlichen Steakmesser, das ich dramatisch wie ein Artist erhebe, die Klingenspitze im Handteller stützend, das Heft an Daumen- und Zeigefingerkuppe, meine Dame – jene in lindgrünes Kreppband eingeschlagene sommersprossige Vierzigjährige hinter dem Rehbraten – fixierend und zwar nicht dem circensischen Anstand gemäß im Bereich ihrer Aura, dem handtellerbreiten Luftkondom, das ihr in der Manege zukäme, sondern direkt in Höhe und Richtung ihres weich gepolsterten Herzens. Es ist wie der Wurf in ein unsichtbares elastisches Kissen, in Tortengelee oder geklärten Kautschuk, ein nicht zu hörendes, moderiertes Eindringen der Klinge, kaum dass das Messer die Hand verlassen hat. Folge ich ihm, mit dem Einsatz der meinem ganzen Körper zugehörigen Chronosphäre, dann kann es auf einer parabolischen Bahn wohl noch den Rehbraten treffen, allerdings so lasch, als wäre es mir oder der Dame selbst gerade aus der Hand gefallen. Lehne ich mich schnell zurück, wird die Klinge in der Luft stehen bleiben, tue ich es dagegen langsam und genüsslich, dann sinkt das Messer nach unten bis zum Schachbrettboden wie eine verdiente Erektion. Mich aus dem CERN-Hörsaal (»Mathematisches Auditorium«) herausschneiden, zur entscheidenden Stunde, in den beiden Tagen nach 12:47. Die Lücke, der leer stehende Hörsaalklappsitz neben Anna. Ich müsste mich dann in der Sommerluft erstarrt glauben, blind mit offenen Augen, in meinem Münchner Büro oder zuhause am Schreibtisch, vielleicht wie in eine leuchtende goldene Säule eingeschlossen, als ob man an einem heißen Tag am Strand läge, viel zu lange, betrunken womöglich, das Bewusstsein verabschiedet sich gerade, ist schon so weit in ein auswärtiges Gebiet deines Gehirns geflüchtet, dass der andere nackte Körper, der dich niederdrückt und durchdringt, so fern erscheint, als bestünde er nur aus leichtem Karton oder Papier. Die fast mohnblütenfarbene Brustwarze über dem hinweggerollten lindgrünen Krepp, Rehbratensoße auf den fast orangefarben grell geschminkten Lippen, die Frage, die mich umtreibt: ob ich im Falle meiner Abwesenheit im Mathematischen Auditorium von Anna in München besucht und erwählt worden wäre, als ihr anästhetisches oder vegetatives Opfer in der Goldsäule der Blendung. (Ist es vielleicht nur wie das Eindringen bei einer chirurgischen Operation?)

In meinem Hotelzimmer hat das schamrote Zimmermädchen die Stellung so gut gehalten wie ihre Wangenfarbe. Keiner ist vorbeigekommen, um meinen Rucksack zu entwenden, die leichte Ausführung für Wanderungen in dicht besiedelten Umgebungen, dessen Inhalt dem Gegenwert von knapp fünf Millionen Schweizer Franken entspricht: zunächst 50000 Dollar in bar (allen noch kommenden europäischen Währungsreformen trotzend); dann eine gefüllte Wasserflasche (1,5 Liter); eine zweite Sonnenbrille erlesenen Fabrikats; schwarzes Funktions-T-Shirt (High-Tech-Faser); ein zweites Paar High-Tech-Socken; mein bevorzugtes Blasenpflaster der Marke »Third Foot«; kleiner Mundvorrat in regional wechselnder Zusammensetzung; leichte Pistole (neuerdings eine sehr effektive Kahr MK 9, Stainless Version, 9 mm, 650 Gramm, Browning-Verschluss-System); einige aktuelle Wanderkarten im Maßstab 1:25000 (ungern kleiner); Lektüre, Kalendarien und Schreibzeug; etliche Diamanten, die ich amateurhaft und wohl pessimistisch auf eben jene fünf Millionen SFR veranschlage. In der letzten Zeit neige ich dazu, beim Aufbruch die Referenz-Uhren zu vergessen, die ich vorm Einschlafen direkt nebeneinander in einem Mindestabstand von drei Metern außerhalb meiner geplanten Schlafposition platziere. Aber niemals laufe ich Gefahr, meinen Talisman sitzen zu lassen, den kükengroßen Hasen aus Bronze, Gold und altem Silber, dessen Unterseite samt Läufen sich um ein Brustscharnier klappen lässt, ein Meisterwerk von Pierre Duhamel, um 1600 in Genf geschaffen, dem Musée de l'Horlogerie, das es unter der Inventarnummer 198 führt, zeitweilig, drei doch fast spurlose Sekunden lang, entliehen.

Auf dem Flur nach wie vor der Lord in Golfschlaghaltung, die beiden moderner eleganten Herren, der wadenstarke Schönling in blauen Shorts, auf den jetzt nur noch das Hündchen der älteren Dame zufliegt (anmutig, die Vorderpfoten an den Körper gezogen). Die breite Treppe hinab, durch das Foyer, zwischen den Marmorsäulen hinaus direkt vor den Kühleraltar eines avocadogrünen Bentley. Ich lege selten mehr als 40 Kilometer am Tag zurück. Also werde ich frühestens in einer Woche meinen tickenden Hasen dem Musée de l'Horlogerie de Genève zurückgeben können und ausfindig machen, was es mit dem Großen Ruck auf sich hat, mit dieser fünf Jahre lang ersehnten 43., 44. und 45. Sekunde, deren stille Ungeheuerlichkeiten nur durch eines überboten werden konnte: das Ausbleiben der 46.

Kein Ruck. Kein Ächzen der Weltachse. Nicht die Folge von zehntausenden kleinen atomaren Explosionen, die sich entlang unserer um Genf herum verknäulten Weltlinien wie chinesische Feuerwerkskörper an ihren Pulverschnüren hätten entzünden müssen. Nur der Akkord des Straßensängers auf dem Marienplatz. Ein Verwischen, Verschleifen. Und schon: die sofortige, vollkommen korrekte, absolut fehlerfreie, konsequente, wahrhaftig Laplace'sche Rekonstruktion aller Dinge. Noch im Mathematischen Auditorium des CERN, am zweiten Tag der 42. Sekunde, als wir beschlossen, dass nicht eine Expedition oder Abordnung, sondern der größte Teil von uns nach Genf wandern sollte, erinnerte sich Boris an einen Mythos, der die Lautlosigkeit und Vollständigkeit, mit der sich alles ergeben hatte, am besten beschrieb, nämlich als Blinzeln. Der Gott Wischnu, der auf der tausendköpfigen Schlange ruht, gebiert aus seinem Nabel den auf einem Lotus verweilenden Brahma. An jedem Brahmatag blinzelt Wischnu 10000 Mal. Mit jedem Blinzeln erzeugt er ein Weltall, das nach 12000 mal 360 Jahren wieder verschwindet. Uns allen im Jahre 4320000 ist also nur ein Blinzeln geschehen, etwas fuhr wie ein gigantischer Scheibenwischer über die Dinge, wie ein göttliches Augenlid vielmehr, das sich nun weit und weiter öffnet, und tatsächlich erscheint, was wir sehen, nur wie ein Nachbrennen auf der Netzhaut, wenn auch deutlich wie eine Fotografie, oder als spiegele sich alles auf einer Seifenblase. Das Victoria-Jungfrau mit seinem gebläht wirkenden Belle-Époque-Charme. Der gewölbte Asphalt der Zufahrtsstraße. Die runden Erker und die im ersten Stock aus den Fassaden wachsenden konvexen Türmchen. In den Markisen und Zeltdächern über den Ständen eines *Kreativmarktes* vor dem Gasthof *Löwen* scheint ein sie auftreibender Wind gefangen (während die etwa einhundert Kreativen darunter in starr machende Gedanken versunken sind). Durch das aquamarinblaue Wasser des Flüsschens Arve glaubt man hindurchstechen zu können wie durch Ballonseide. Das Augenlid Wischnus hebt sich über dem schattigen nachdenklichen Uferweg, den Zierbüschen, Obstbäumen, Tannen der gegenüberliegenden Vorgärten, dem Stiernacken eines nördlich der Seen gelegenen Berges, dessen Namen ich auf meinen Karten erst ermitteln müsste. In südlicher Richtung dagegen wartet der große Kulissenmaler mit der Dreifaltigkeit von schroff abgesägtem Eiger, übellaunig gekrümmtem Mönch und eisiger Jungfrau auf. Irgendwo – Sperber beabsichtigte, ein Verzeichnis anzulegen – muss es fallenden Schnee geben, am östlichen Alpenrand vielleicht schon. Die Vorstellung hunderter, tausender winziger Eiskristalle auf der Haut ist von unerträglichem Reiz. Uns bleiben nur die Gletscher und die Hochtouren in sengender Sonne.

Neuigkeiten kann es immer nur am Bahnhof geben. Seit meinem Aufbruch in München habe ich keine der größeren Stationen entlang meiner Strecke ausgelassen, bin jedes Mal gemäß der Anweisung durch das Hauptportal und dann strikt nach rechts gegangen, auf der Suche nach dem ersten Abfallkorb und dem Kassiber. Neben einer Bank finde ich ein dreifaltiges, dreifarbig behütetes Mülltrenncontainer-System, das zum oder zur BOB (Baryonen-Oktett-Beschleuniger, Britisch-Ostindische-Brahmanengesellschaft, Bethe-Oppenheimer-Ballistik) gehört wie die klassisch anmutende massive Holzbank selbst, auf der wiederum ein sehr zeitlos gekleidetes Paar Zeitloser sitzt. Über der grünen (Bio-)Raketenspitze sind etliche Insekten in der Luft erstarrt. Zwei Wespen schweben etwas höher über dem Behälter mit der blauen Raketenspitze (Papier, der ökologisch korrekte Ort für die Nachrichten), in Brusthöhe des nostalgischen Paares, das – er im zigarrenbraunen Sommeranzug mit Strohhut, sie, ebenfalls behütet, in einem weißen Seidenkleid – einer Reklametafel aus den 30er oder 40er Jahren des vergangenen Jahrhunderts entsprungen sein könnte. Die Flügel einer dritten Wespe sind aus durchbrochenem Silber, facettiert, durchzogen von notenschlüsselartigen und fächerähnlichen feinen Strukturen. Brillantaugen. Rubinroter Saugrüssel. Der Wespenkörper läuft in einen kurzen goldenen Stachel aus wie in eine winzige eingezogene Antenne. Im Zentrum des gerade bohnengroßen Leibs sitzt die Uhr mit den arabischen Ziffern. Mit Hilfe der zu einer goldenen Spange geformten Beine lässt sich das Insekt an einem Revers oder Tuch befestigen. *Montre-broche. Auteur inconnu. Genève vers 1900. No inv. Ad 4294.* Dass nur noch die mechanischen Tiere, wie zu ihrem Antrieb mit einem kleinen Chronometer versehen, in der Lage sind, auf die Reise zu gehen (Genf – Interlaken: 5 Jahre, 3 Monate, 28 Tage, 2 Stunden, 12 Minuten und 3 Sekunden), erscheint mir im ersten Augenblick, in dem ich das Insekt auf dem linken Knie des Mannes betrachte, seltsam plausibel. Dann kommt der Schock, die plötzlichen Bewegungen dreier Menschen, die Hand, die die Wespe fängt, Ausrufe, hörbare Ausrufe, tatsächlich, die Beine der Frau strecken sich, ihre Arme, eine andere Hand, die den Strohhut lüftet, Annas gebräuntes, fast unverändertes Gesicht, die Stimme von Boris näher als jede Erinnerung: »Mein lieber Adrian! Hier sieht es ja aus, als sei die Zeit stehen geblieben.«

Phase 2: Orientierung

1.

Die Idee, die zu Beginn des 17. Jahrhunderts meinen erschrockenen oder wenigstens verdutzt dreinschauenden silbernen Hasen schuf und dreihundert Jahre später die von Boris entliehene Wespe, war die gleiche. Haken schlagende, irrlichternde, unablässig den Raum, die Luft durchschneidende Tiere wurden festgehalten, ausgehöhlt und erhielten ihr mechanisches Implantat, kühl und prezios, fähig, noch die wahnwitzigste und flüchtigste Bewegung aufzuzeichnen. Nichts wird der Zeit entgehen, nichts aber auch der Feinfühligkeit der sie vermessenden Instrumente. In den Lauf des Hasen einzudringen, in den Flug der Wespe, verheißt aber noch mehr, nämlich das Unmögliche, das nur unsereinem (zum täglichen, stündlichen Überdruss) gegebene Zerdehnen der Gegenwart. Der gefrorene Flug, der arretierte Sprung, die angehaltene Fahrt, wie endlos Tauchende in einem Hotel-Swimmingpool – wir selbst sind die Uhr, die hineinmontiert wurde in die Bilder der Starre, die sich seit dem Tag Null vor uns aufgehäuft haben. DELPHI gab uns Zeit, ihr größtes Juwel sogar, die Gegenwart, das Orakel ihrer kompliziertesten und gefährlichsten Dimension. Hier ist der Ort, an dem wir verletzt werden können. Als Boris' Finger die Wespe wieder umschlossen, spürte ich die Gefahr wie ein Einbrechen oder Zerspringen. Das Panzerglas meiner Sphäre war bereits durchschlagen, als ich vor dem Papiercontainer kniete, der Gedanke an die in der rechten Außentasche meines Rucksacks verwahrte Kahr MK 9 kam zu spät. Es blieb mir nur, die Freude, Boris und Anna zu entdecken, um den Faktor einer beschwörenden Hoffnung zu steigern. Eine rein illusionäre Verteidigung.

Aber doch: wirkliche Umarmungen. Nähe, die jede Pore

mit der Elektrizität des anderen aufladende, wirkliche Nähe. Reagierende, tatsächlich re-agierende Körper, Worte, Sätze, das Gespräch. Wir redeten stundenlang, tranken einen fünfzigjährigen Wein am sonnendurchfluteten Abend, verstanden uns wie eh und je, wie vor drei Sekunden, einigten uns über die Vorgehensweise und das Einhalten einer mir noch nicht bekannten, angeblich aber seit längerem schon in der Chronikette verankerten Höflichkeitsregel für die unwahrscheinlichen Spontanbegegnungen der Gezeiteten, das Prinzip der anonym zu verbringenden Nacht (PAN, nach Sperbers vorletztem Bulletin). Der Ort, an dem wir verletzt werden können, ist wiederum: jetzt. Schwindel- und Erstickungsgefühle. Aber das Jetzt war uns doch gar nicht so neu, wir kannten es bereits aus den Vorzeiten der Unzeit, als wir in bester Gesellschaft schwuler mediterraner Philosophen, müßiger Lokführer, grübelnder Physikstudenten, schottischer Finaldenker, cernitischer Spekulierer und niemals betrunkener Kirchenväter den Blick auf die unter dem Zug in den Schlund des Unsichtbaren rasenden einzelnen Schwellen zu heften versuchten. Die Gegenwart war immer die gerade unter der Lok verschwundene Markierung. Sie war der Floh in der Haarwolle des Heraklit, immer schon davongesprungen, ehe die Philosophenfinger ihn zerquetschen konnten, der eben verklungene Ton, das vom Schatten des Sekundenzeigers verlassene haarfeine Segment des Zifferblattes, der unwiederbringliche Millimeter, Pikometer, Nanometer im Zählwerk der Atomuhren, nicht zu erwischen auf der Flucht in die Vergangenheit, die es selbst doch schon nicht mehr gab, während uns die Zukunft stets noch fehlte. Was war, ist nicht mehr; was ist, ist schon gewesen; was sein wird, ist immer noch nicht da. So rasch ging uns einmal die Zeit aus, wenn wir an sie dachten. Manchmal erscheinen mir die Fotografierten wie Opfer einer Gehirnblockade mit anschließender kompletter Paralyse, hervorgerufen durch unsachgemäße philosophische Reflexion, als wäre am CERN ein globales Signal ausgesandt worden, mit dem einmodulierten Befehl, augenblicklich falsche Überlegungen anzustellen. Nur wir, die Immunisierten, erhielten das Danaer-Geschenk der wirklichen, der bleibenden Gegenwart.

Drei Studenten in kurzen Hosen und quer gestreiften T-Shirts stehen vor der *Happy Inn Lodge*. Amerikaner? Australier? Ein gelbes Smiley-Schild hängt über der Eingangstür. Um dem PAN zu genügen, bin ich einige Sträßchen zurück ins Interlakener Zentrum gelaufen, dann wahllos in eine Seitengasse, die wie in Unfallabsicht auf einen felsigen Bergrücken stößt. Zwischen den Ping-Pong-Tischen, Dartsscheiben, unter den Gemeinschaftsduschen, in einem der Vierbettzimmer der Lodge wird man mich kaum vermuten, noch weniger in einem Schlafsack hinter dem Sofa des abgedunkelten Fernsehraums. Die Kahr MK 9 unter dem Kopfkissen, das ich mir von einer karierten Couch unter einer fülligen sommersprossigen Rothaarigen weggenommen habe, prägt sich meiner Wange wie meinen Träumen von Anna auf. Die halbe falsche Nacht glaube ich zu erwachen und gerade noch rechtzeitig die Pistole zu ergreifen, bevor Anna mich beseitigen kann – völlig unklar, mit was oder auf welche Weise. Hätten sie mir nichts vom PAN erzählt und mich nicht durch die Selbstverständlichkeit, mit der sie davon sprachen, genötigt, dieser neuen Regel zu folgen, wäre ich weniger misstrauisch. Anna ist nackt in meinen siebenjährigen Träumen.

2.

Wiedersehen wie verabredet vor der Confiserie Rieder, acht Uhr, nächster Tag. Ich gehe durch die Fotografierten unter den orangefarbenen Markisen des unerbittlich stattfindenden Kreativmarktes. Die nostalgische Aufmachung, die Anna und Boris für das erste Treffen gewählt haben, ist nicht auf mich gemünzt gewesen. Es handelte sich nur um einen der zahllosen übermütigen Scherze, die einem wahnsinnig glücklichen Paar möglich sind, dem die Welt zu Füßen liegt. Man muss sich fragen, wie sie diesen wandervögelnden Wahnsinn ertragen konnten, fünf Jahre lang, auch wenn man wie ich vor der Stunde Null zwei Jahre in einer zunächst vagen, dann rasch zunehmenden und fast erstickenden Verliebtheit zu der groß gewachsenen blonden Frau verbracht hat, schließlich bereit, seine Ehe zu riskieren, und lächerlich genug, um, an einem Abend einer privaten Einladung, in Annas Badezimmer einen Tampon lange und andächtig zwischen den Fingern zu wenden, als hätte ich mich durch die verschweißte Plastikhülle hindurch auf den Steuersitz des Ein-Mann-U-Boots begeben können. Ströme von Blut, behauptete Sperber in einem anderen Zusammenhang. Es soll einmal zu einem Duell zweier Gezeiteter (Nummer 38 und Nummer 47, mir völlig unbekannt) gekommen sein, kurz nach meinem letzten Genfer Aufenthalt, zu einem Pistolenduell in Slapstick-Manier, da die Reichweite einer Kugel auf etwa einen Meter und fünfzig beschränkt ist und man nicht schießen kann, ohne dann auch erschossen werden zu können, es sein denn, man trifft den anderen im Rausch oder Schlaf oder aus einem Hinterhalt heraus. Der *Offene Hinterhalt* (Bulletin Nummer 6) ist natürlich die eleganteste Methode, die Schaufensterpuppe an deiner Seite, die plötzlich einen Arm hebt und schießt. Man muss nur stillhalten können und unbekannt sein oder gut verkleidet.

»12 Uhr 47, genau. Ihr seid pünktlich«, sage ich zu Boris und Anna, die wie zufällig Rücken an Rücken vor der Eingangstür der Confiserie stehen.

»Wir warten seit Jahren auf dich«, erwidert Anna.

Ein weiteres Mal hätte ich die beiden fast nicht erkannt. Zu sehr entsprachen sie meiner Erwartung professioneller Chrono-Trekker: sommerlich elegante Wanderkleidung in den Farben Khaki, Strohgelb, Schilfgrün und schmale schwarze Rucksäcke, die kompakt und beladen wirken, vielleicht mit Spezialausrüstung, die während der letzten Jahre am CERN entwickelt wurde. Beide tragen nur eine Uhr an jedem

Handgelenk – eine extravagante, leichtsinnige Verfahrensweise, denke ich, bis ich mir klarmache, dass sie damit doch vier Möglichkeiten zur Triangulation besitzen. Vorausgesetzt, sie bleiben als Paar zusammen. Annas Gegenwart, die andere, sich bewegende, schneidende Präsenz. Ich halte mich neben Boris, an der männlichen Außenseite des Paares, wenn wir uns im Gehen unterhalten wollen. Die Gesprächsstörungen, das abrupte Ausfallen und hässlich übergangslose Wiedereinsetzen des Tons, die entstehen, wenn unachtsame Einzelne sich an einen chronosphärischen Verbund heften wollen, gehen beinahe alle auf mein Konto. Zweieinhalb Jahre Einsamkeit haben einen Stümper aus mir gemacht (wäre es nur das). Ich stolpere über meine Füße, ramme ein zeitloses blondes Mädchen, das mir zur Strafe eine Kugel Erdbeereis gegen den Bauch presst, bevor es zusammenbricht, nur von meinen rasch unter seine Achseln fahrenden Händen davon abgehalten, eine Sturzposition einzunehmen, die ihren Kopf gefährden würde. Beim nächsten RUCK.

»Man kann fast schon wieder glauben«, sagt Boris, nahe an meinem Ohr.

Die Falltür einer plötzlich möglichen Zukunft, hoch und breit genug für eine gefrorene Welt. Über die wichtigsten Nachrichten haben wir uns gestern sofort verständigt.

Erstens: Alles ist, wie es war.

Zweitens: Nichts ist wie zuvor.

Boris und Anna saßen zum Mittagessen im Garten eines Wiener Restaurants, als mit einem Mal ein Kellner zu ihrer Linken einen Spritzer grünen Veltliner von sich gab, der Efeu an der Mauer erzitterte, ein Taubenmobile über dem Tisch wankte, ein Stück weit flog und auch die Stimmen der Gäste so etwas wie einen akustischen Flügelschlag bewirkten, bei dem die graue, seit fünf Jahren eingestaubte Oberseite der Stille abgelöst wurde durch das grandiose Pfauenrad der Sekunden Eins, Zwei und Drei. Erst bei Drei hat man begriffen, dass es geschehen ist – wenigstens in einem Wiener Restaurantgarten, wenigstens auf dem Münchner Marienplatz direkt und augenscheinlich bezeugt –, der Blick weitet sich und rast wie in einer Vorahnung des sofortigen Endes wie an den Wänden einer Zentrifuge entlang über die Gesichter, die sich bewegenden Oberkörper, Arme, Hände, Beine, Sommerschuhe, sucht etwas wie den Beginn einer riesigen, nicht mehr aufzuhaltenden Welle, streitet sich mit der langjährigen Erwartung, die mit Explosionen, tausenden von Explosionen rechnete, mit einer enormen urknallhaften Erschütterung, um jetzt nicht mehr, aber auch wohl tatsächlich nicht weniger vorzufinden als DIE FORTSETZUNG DES GANZEN, die ich in Ermangelung eines besseren Einfalls den RUCK getauft habe und die man sich doch viel besser als eine Art Schmelzen vorstellen muss, als ein Weitergleiten, Weitergehen, langsames Herabsinken oder aufwärts, vorwärts, seitwärts gerichtetes Treiben, ein seltsam weicher, organischer, an jedem einzelnen lebendigen Punkt ansetzender Prozess, der im Nachhinein so geringe Veränderungen hervorgerufen zu haben scheint, dass man ihn kaum glaubt, ganz als hätte man in einem Museum, vor einem Kolossalgemälde mit zahlreichen Figuren stehend, einen Augenblick lang sich des Eindrucks erwehren müssen, die Ölfarbe habe sich erhitzt und von der Leinwand gelöst. Aber drei Sekunden Realität waren genug, um den sicheren Nachweis zu führen. Es wird viel mehr geschehen sein als das Verfließen von Farbe. Keiner von uns dürfte den Aufstieg und Niedergang dieses fragilen Imperiums versäumt haben, einer Drei-Sekunden-Dynastie, mit jeder denkbaren Konsequenz. Die Toten ausgenommen, die Mittagsschlafenden vielleicht oder diejenigen außerhalb einer weder von mir noch von Boris und Anna bislang überschrittenen Grenze. Bei jeder Gelegenheit, jedem Aufspüren einer sekundengenauen, verlässlichen Uhr oder Zeitanzeige, mussten wir drei uns seither versichern, dass sich der RUCK tatsächlich ereignet hat, so benommen und ergriffen zu Anfang, als hätten wir auf der kilometerhohen Flutskala am Berge Ararat den Gezeitenwechsel des Sintmeeres vermessen können. Drei Zentimeter Ebbe – nein: erneut einsetzende Flut des Stroms, der aus der Zukunft kommt.

Erst durch unser Zusammentreffen am Interlakener Westbahnhof war bewiesen worden, dass noch ein weiterer, noch zwei weitere Gezeitete den RUCK überlebt hatten. Das betroffene dreisekündig befreite Gebiet konnte nach Norden, Süden, Osten erweitert, seine vermutlich lückenlose Ausdehnung mit einiger Berechtigung als noch umfangreicher erachtet werden. Wir sind vorsichtige Leute, seit man uns die Zeit gestohlen hat. Aus reiner Bequemlichkeit hatte Boris in den Sekunden vor dem RUCK dem Herrn am Nebentisch die gekühlte Flasche Chablis aus der gießenden Hand genommen. So wurde ihnen fast augenblicklich klar, dass die Dornröschentheorie wahrscheinlich zutreffen würde (der Herr schien nicht explodiert). Weder sie noch ich haben bisher ein gegenteiliges Indiz gefunden. Die Samen der Zeit gehen langsam auf, wie Blumen.

3.

Sich durch die Leute bewegen, zwischen den Interlakener Bahnstationen, Fels und Eis der Jungfrau im Blick. Die plötzliche Verdreifachung von Gegenwart. Einen Gegenstand hin- und herreichen. Ein Gespräch unter vier oder sechs Augen führen, Augen, in denen ich mich tatsächlich spiegele. Der Traum der letzten beiden Jahre verblasst. An seine Stelle tritt die lebhafte Erinnerung an den Beginn des größeren, nun fünfjährigen Alptraums, der ihn umschließt. Abmarschbereit vor dem CERN-Hauptquartier unter den gefrorenen Flaggen. Boris und Anna so nah, so lebendig wie jetzt. Immer noch mehr als sechzig Chronifizierte, die zusammenhalten wollen, weil sie glauben, es zu müssen. Zwei Cernianer blieben zurück auf der Suche nach der verlorenen Zeitschaltuhr. Wir anderen entschieden uns für den direkten Weg nach Genf, auf der Straße, die der Bus Nummer 9 befuhr, bevor er auf ihr klebte: kurz vorm Ziel, auf der Hinfahrt zum CERN besetzt mit einer gefrorenen Schulklasse und wenigen Rentnern und Japanern; auf der Rückfahrt dagegen fast leer, dicht an der Haltestelle beim Flughafen Cointrin, als hätte sich ein Großteil der Fahrgäste noch rechtzeitig auf dem Luftweg davonmachen können. Die Verkehrsmaschine, die wir schon vom PA 8 aus wie ein auf eine unsichtbare Halterung gespießtes Modellflugzeug hatten beobachten können, nahm uns die Illusion mit ihrer zu einem Knoten zusammengezogenen Warteschleife im unveränderten Sinkflugwinkel. Dennoch verbanden sich Hoffnungen mit dem Anblick der lang gestreckten, flaschengrün und grau im Mittagslicht schimmernden Hallen, dem von vier schlanken Außensäulen gestützten Tower, in dessen kreuzförmigem Schraubenkopf sich womöglich abgeschirmte und noch sendefähige Elektronik verbarg oder Emporgeflüchtete, die auf neue Lotsen warteten, ausgebildet für die Orientierung in den herabgestürzten Eismeeren. Immer noch die Idee, dass es – außerhalb der DELPHI-Kaverne – Vorwarnungen gegeben haben müsse. Immer wieder die Hoffnung auf Radar und Funk, auf Antennen, Telefone, Satelliten, auf das die Luft oder die Leere als Signalträger nutzende Außerhalb. Ein Blick zur Sonne genügt, um die Unermesslichkeit zu spüren. Daisuke, Sperber, Harriet und Patty Dawson blieben im Eingangsbereich des Flughafens unter der großen Anzeigetafel stehen. Jeder Ort, jede Zeit wie das Versprechen eines genau kalkulierten Fluchtplans: PORTO TP 5335 12:30 TUNIS TU 701 12:35 BRUSSELS SN 2714 12:40 AMSTERDAM KL 1930 12:55 MUNICH LH 3767 12:55 TEL AVIV-YAFO LY 346 13:00. Jeder Ort, jede Zeit wie die Koordinaten eines präzise bestimmten Angriffsziels.

MUNICH LH 3767 12:55. Karin würde nicht da sein, ganz gleich, ob sich die Glockenspielfiguren an der Münchner Rathausfassade noch im Tanz bewegten oder nicht. Als ich nach Zürich fuhr, war sie zu einer Reise an die Ostsee aufgebrochen, gemeinsam mit einer Freundin. »Wir werden uns treiben lassen«, hatte sie gesagt. »Rügen, Usedom, vielleicht auch nach Polen.« USEDOM LU 0000 12:47.

Anna und Boris kamen durch eine der Flughafentüren – erschöpfter und abgerissener wirkend als jetzt, fünf Jahre und drei Sekunden später –, und noch vor der Überraschung und scheinbaren Sensation der nächsten Minute und trotz der fürchterlichen Anspannung, die uns zwischen den hunderten steifer Passagiere eines riesigen Kunstharzwürfels unter dem Hallendach ständig nach beweglichem Leben Ausschau halten lässt, wird mir in meiner pietätlosen und verrückten Egozentrik klar, dass ich einen doppelten Liebesverlust erleide, dass Anna mir nun so weit entrissen ist wie Karin, obgleich sie mich sacht am Oberarm berührt, jetzt und jetzt.

Daisuke brach in Tränen aus, weil er den Anblick eines kleinen japanischen Mädchens auf Zehenspitzen nicht ertrug. Es schwebte vor einem Abfertigungsschalter an der Seite der lächelnd gefrorenen Mutter, von einem lackroten Umhängetäschchen wie von einem Anker gehalten. Starre Fluchtlinien von Köpfen in den Ankunfts- und Abflughallen. Von gefühllosen Dekorateuren zusammengeschobene Schaufensterpuppen der Sommer- und Reise-Kollektion: an den Gates, im Shopping-Bereich, in den Restaurants *Aux Bonnes Choses (Non-stop Kitchen), La Marmite, Le Cockpit, Transit, Swiss Chalet, L'arc-en-ciel, Le Pub Follow Me.* Leichtes Abendessen (18:49 bis 18:54 auf den Armbanduhren der unsrigen) im raschen Gehen. Niveau 2, Niveau 1. Garantiert unbeobachtetes Hantieren an der Pissrinne. Noch einmal die Shops, auf der Suche nach zollfreier Zeit, dann, an der Seite von Patty Dawson und des nilpferdhaft schnaufenden Sperber zum Konferenz-Center SKYCOM, um jäh getroffen zu werden von der geradezu gewalttätigen, schockhaften Erfüllung unserer Hoffnungen: Vom Ende einer Bartheke her, die zugestellt war mit gravitätisch Tomatensaft und Kaffee trinkenden VIPs (Very Isolated Persons), löste sich ein schmaler Frauenkörper, lösten sich, ein, zwei weitere Körper aus dem Bild, tatsächlich frei, in der am dritten Tag des Stillstands schon wunderbaren, verheißungsvollen Fähigkeit, einen Schritt nach dem anderen zu machen. Die Frau trug ein schulterfreies Sommerkleid, dessen Enzianblau gut zu ihrem glänzend schwarzen Haar passte. Sie wirkte übermüdet und hysterisch, ihre strenge Brille, die Knopfaugen, der kleine Mund und die leicht übereinander geschobenen oberen Schneidezähne gaben ihr das Maushafte der ewig zweitbesten Schülerin, die aber nun, mit 38 Jahren, den großen Coup landete, nämlich die Flucht aus dem Eis, kraft ihrer überlegenen Intelligenz. Selbst Patty Dawson brauchte etliche unserer Sekunden und den näheren Anblick der beiden männlichen Begleiter der Frau, die freudig auf uns zukamen, um zu begreifen, dass es sich um Sophie Lapièrre und die zunächst mit ihr am PA 8 verbliebenen Journalisten handelte.

4.

Die Entscheidung von Lapièrre, Karstmeier und Gutsrand, sich ohne den Umweg über das CERN in Richtung Genf auf den Weg zu machen, nachdem sie am PA 8 keine Veränderung hatten sehen und erzielen können, wurde verwundert aufgenommen. Aber selbst Mendecker wagte keine Kritik. Mit aufgekrempelten weißen Hemdsärmeln, gelöster Krawatte, zerknitterten Anzugs- und Gesichtspartien hielt er sich zumeist an der Spitze des Trupps, wie ein Schuldirektor, dem während des großen Ausflugs die Busse abhanden gekommen, zwei Schüler verstorben und tausende von Uhren und Passanten kaputtgegangen waren. Am Haupteingang des Flughafens Cointrin, in chronoethisch korrekter Distanz zum Publikum, vereinbarten wir, uns in kleine Gruppen aufzuteilen, um nicht noch mehr Fahrradfahrer, eilige Fußgänger, fotografierte Skateboarder oder sogar Autoinsassen (die im Umzingelungsfall plötzlich mit den Gesichtern gegen die Scheiben stießen, als erwarteten sie Fischfutter) aus der Fassung zu bringen.

Der Zufall, der Anna und Boris, Sperber, Daisuke, Durétoile und mich in unserer letzten wirklichen Nacht unter einer Hotelmarkise vereint hatte, hielt uns weiterhin zusammen. Wir gingen paarweise hintereinander, mit so großem Abstand, dass wir uns auch nur paarweise hören konnten. Mittlerweile hatten wir uns schon an die wichtigsten Eigenschaften der Isolation gewöhnt, etwa so, als wären wir in einen unsichtbaren Taucheranzug oder Skaphander gezwungen und verschraubt worden, der sich so leicht trug wie Luft und doch so undurchdringlich war, dass Pistolenkugeln in seiner Außenhaut stecken blieben wie mit der Hand in eine Gelatineschicht geworfen. Wiederum Harriet hatte den Mut zu diesem Experiment aufgebracht, bereits in der zwanzigsten Stunde, nachdem er mit Hilfe etlicher Wurfgegenstände die Sicherheit gewonnen zu haben glaubte, dass die Chronosphäre sich nicht als Resonanzraum für Querschläger erweisen dürfte. Ich bin mir unschlüssig gewesen, ob er dem Thillet'schen Leibwächter Möller die Pistole mit einem Ausdruck verhaltener Befriedigung oder gezügelter Enttäuschung zurückgab. Dem Wahnsinn ein Ende machen, sich aus dem Glasblock der Luft heraussprengen. Keiner redet über den hageren, freundlichen Journalisten aus Straßburg (Nummer 48, Matthieu Silvan), dessen stilles Experiment im Verlauf unserer zweiten Nacht am CERN darin bestanden hatte, sich aus dem fünften Stock des Gebäudes zu stürzen, in dem die meisten von uns wiederum zu schlafen versuchten. Keiner hörte den Aufprall des Körpers auf dem Parkplatz. Auch ohne Arzt konnten wir einwandfrei den Tod (oder was ihm in unseren Zeitkreisen zum Verwechseln ähnlich sieht) feststellen, wagten aber noch kein Begräbnis, sondern nur die Verwahrung. Der zweite waagrechte Strich auf Sperbers Liste.

Auf unserem Weg in die Genfer Innenstadt rieben wir uns die Dreitagebärte, indes die männlichen Fotografierten so halb frisch rasiert aussahen, wie das fünf Stunden nach dem Frühstück gemeinhin der Fall zu sein pflegt. Das ließ weitere Schlussfolgerungen zu. Aber wir brauchten vor allem Beweise, hunderte und tausende von Beweisen, dass es so war, wie wir es sahen, auch noch hinter der nächsten Ecke, hinter der wir doch immer nur das transparente Ende des Schreckens erhofften, die chronostatische Membran, die jetzt doch schon wie ein riesiges Sonnenbrillenglas hätte getönt sein müssen, denn es war zum dritten Mal in unserer Zeit blendender Abend geworden. Vorm Bahnhof Cornavin stand eine Mädchenklasse auf ihren kurzen geschwungenen Mittagsschatten, zahnlückige Madonnenfiguren auf ihren Sicheln. In der Halle gab es noch keine Botschaft im ersten Papierkorb rechts des Haupteingangs, sondern nur den unheimlichen Kassiber der stillen dämmrigen Menge vor den Schaltern, auf den Wartebänken, an den wie vereisten Gleisen, auf denen die Züge klebten. Keiner von uns brachte es fertig, einen Waggon zu betreten.

Jetzt hielten wir uns an Straßen und Plätze, wir strebten unwillkürlich nach Osten, zur großen Öffnung des Sees, zu den Kais, den Booten, den Brücken über die Rhône und Arve. Der Gefrierschock, unter dem die CERN-Zentrale und die PA-8-Umgebung standen, konnte ja gleichsam als Betriebsunfall aufgefasst werden. Die Straßen und Gassen des Pâquis aber gehörten eindeutig nicht mehr zum CERN-Betriebsgelände, die erstarrten Kinder, die gefrorenen Ladenbesitzer und ihre fotografierte Kundschaft, die paralysierten Touristen, die eisigen Hausfrauen mit den gefüllten Marktkörben waren keine Physiker mit dem einzukalkulierenden Berufsrisiko der Denkerstarre. Traumhaft, geisterhaft, eingefangen in die Stille unserer chronosphärischen Seifenblasen glaubten wir jeden Augenblick erwachen oder über das sauber gefegte Pflaster der Rue du Mont-Blanc dahinschweben zu können. Wir mussten aber gehen, unsere übermüdeten Körper an den Auslagen und Cafés vorbeischleppen. Sperber und Daisuke erschreckten uns, weil sie wenige

Schaufenster hinter der nun als vornehme Straßenbettlerin auf dem Pflaster arrangierten Frau in rotem Kostüm gleichzeitig stehen blieben. Die dreigeteilte Auslage von *The Gift Box – Cadeaux – Souvenirs* war links mit hunderten kleiner Standuhren und Wecker vollgepfropft, auf dem blutroten Hintergrund der Mitte prangten unzählige Swiss-Army-Original-Armbanduhren, zu dichten Reihen gefügt, während im rechten Fenster dutzende von Kuckucksuhren himmelfahrtsähnlich übereinander schwebten, Schweizer Miniaturchalets nach dem Vorbild der Schwarzwaldhäuschen. Jede dieser Uhren schien eine andere Zeit anzuzeigen. Kein Sekundenzeiger bewegte sich. Die goldfarbenen Tannenzäpfchen an den Zugketten der Chalets wirkten so absurd wie der Hoden von Zwergkastraten. Jörg Rulows Metallkiste und die armbanduhrlos im DELPHI-Aufzugsschacht Steckenden fielen uns ein, wohl im gleichen Moment, denn wir wandten uns synchron von den Auslagen ab, verwirrt und erschrocken, als hätten wir Diebesgut besichtigt, die Beute von Leichenfledderern. Menschenskulpturen, starre Passanten, lebensechte Schaufensterpuppen, große fadenlose Marionetten, in ihrer Alltagskleidung und ihrer Sommerhaut präparierte Frauen, Männer, Kinder – uns rasch entgegenkommend, aber doch genau und nur mit der Geschwindigkeit unserer panischen Schritte. Gleich würden wir die Kais erreichen und den See.

5.

Manche wohnten noch lange in ihrem eigenen Zimmer, dem Hotelzimmer in Genf, das sie in der letzten Nacht vor der Fahrt zum CERN angemietet hatten. Für mich war der Anblick des Raumes, in dem – wohl kurz vor 12 Uhr 47 – eine meiner Hosen über den Stuhl vor dem Schreibtisch gefaltet, mein geöffneter Koffer parallel zu der Kante eines Kleiderschrankes ausgerichtet und meine Bücher und Unterlagen säuberlich auf dem Nachttischchen gestapelt worden waren, beklemmend wie das Betreten der eigenen Grabkammer. Hätte ich mich selbst dort beobachten können, regungslos auf dem Bett liegend, wäre es mir womöglich leichter gefallen, meine Abwesenheit in meinem eigenen Leben zu ertragen. Ich schlief zunächst zwei Stockwerke höher, in einem kammerartigen düsteren Zimmer, dessen schmale Tür ich allein aufdrücken und schließen konnte. Im chronosphärischen Dreierteam, gemeinsam mit Sperber und Daisuke oder mit Anna und Boris war es möglich, jede Tür des Hotels zu öffnen und jedem den Zugang zu seinem ursprünglichen Zimmer zu verschaffen. Wer nicht mit wenigstens zwei anderen schlafen geht, wird sich in den meisten Fällen nicht hinter Schloss und Riegel in Sicherheit bringen können. Der beste Schutz ist seither der Ort, an dem dich keiner vermutet.

Wir stellten uns Wecker, verabredeten uns, erinnerten uns daran, dass draußen in der Sonne, über den gut besetzten Caféhaustischen, den leuchtenden Rasenflächen der Parks, dem Asphalt der Kais, den von Kindern umlagerten Eisständen die Nacht hereingebrochen war. Die unverrückbar im Mittagslicht glühende Stadt trieb uns durch ihre Gassen, Einkaufsstraßen, über die mit Autoschrott beladenen Kreuzungen, panisch und ruhelos wie die Gedanken in einem unter Strahlenbeschuss schmelzenden Gehirn. Einige blieben dreißig Stunden wach und beerdigten sich dann ebenso lange im Bett. Am CERN hatten wir uns noch diszipliniert und zusammengehalten wie in einer Frontstellung. Jetzt verliefen wir uns und ließen nach, im feuchtesten Sinne auch, wie Dreijährige überkam es uns, und unsere Gedärme reagierten scheinbar überhaupt nicht mehr oder sofort auf die Spezialitäten der Genfer Patisserie und Rotisserie, die von einem Marktstand gepflückten Äpfel, die Bissen von den Menüs der Plats-du-jour-Restaurants, welche die Umsichtigeren und Mitfühlenden bald nur noch einzeln sitzenden Gästen entwendeten, denen gegenüber sie sich mit Bedacht niederließen, um sie nicht auf plumpe Weise zu deformieren. Zeit, ihr Schuppenpanzer vielmehr, ist Vereinbarung, Rhythmus, Organisation. Das begriffen wir als Erstes (oder auch Einziges) über das Ungeheuer, das uns verschont oder ausgespien hatte zwischen die gefrorenen Bürger von Genf.

Weiterhin zerrütteter Schlaf, endlose Träume. Wieder ein Tag ohne Hunger und fast ohne Durst. Pausenloses Gehen, angehalten erst vom Schmerz in den Waden und Oberschenkeln. Die noch vorhandene Hemmung überwinden, sich in einem Sportartikelgeschäft Schuhe zu besorgen, die sich für unsere Kontrollgänge eigneten, für das Abnehmen der flächendeckenden Genfer Parade. Die beim Einkauf in der Rue de la Confédération Vereisten. Passanten, die mit widersinnig in der Luft hängenden Taschen und Plastiktüten tagelang eine Straße bei roter Ampel überquerten. Eine Gruppe von Jungen in Shorts, bunten T-Shirts, mit umgedrehten Schirmmützen auf dem Boden vor der Mauer der Reformatoren, Stein gewordene Basketbälle zu ihren Füßen. In ihrem Rücken, noch durch ein Podest erhöht, wuchsen die dreimännergroßen Dreiviertelreliefe von Farel, Calvin, de Bèze und Knox empor, asketische, von den strengen vertikalen Falten ihrer Gewänder umschlossene bärtige Kerle, die der Sandsteinfront in der Farbe präparierten Fleisches mit jedem Blick, den man auf sie warf, ein Stück weiter zu entrinnen schienen, als wäre alles von ihnen ausgegangen.

Die Gassen der Altstadt zwischen den grauen Fassaden der Barock- und Renaissancehäuser, gelangweilte schmale Nonnengesichter, waren schon vor Anbruch der Unzeit so wenig belebt gewesen, dass wir uns dort für erholsame wahnhafte Minuten dem Glauben überlassen konnten, einer Betriebsamkeit oder städtischen Hektik entronnen zu sein (ich habe nie in St. Pierre, aber in der Folge der Genfer Untage dann doch in etlichen Kathedralen genächtigt, auf Isoliermatten und in Schlafsäcken, allein schon der großräumigen Dunkelheit wegen, diesem erhabenen Lichtschutz in den Steinbäuchen der umgekippten Gottesschiffe, überhaucht von einer Pfauenfeder aus Kirchenfensterlicht). Es genügten wenige Schritte, um wieder vor Empörung zu zittern oder von einem erneuten Anfall von Erinnerungsangst heimgesucht zu werden, wenn wir uns etwa in einen offenen Hauseingang stürzten und wie augenblicklich Verkleinerte durch das Ensemble einer gutbürgerlichen Puppenstube hasteten oder hinaustraten auf einen Platz im nahen Umkreis der Kathedrale, auf dem Cafés und Restaurants ihre Sonnenschirme und Markisen schützend ausgespannt hatten, vergeblich, denn die Gäste darunter waren allesamt vom Schlag getroffen. Nicht anders war es einer Putzfrau im angrenzenden NAVY-CLUB ergangen, den Thekenstehern im Café du Consulat, den Blinden in der gegenüberliegenden *École des aveugles*, die zu betreten und nach Chronifizierten zu durchsuchen Henri Durétoile einfiel, vielleicht in einer karitativen Anwandlung, vielleicht aus einem Wunderglauben heraus, als hätte die ewige Nacht der Blinden eine immunisierende Wirkung gegen das Mittagslicht der Nullzeit. (Wie würde ein Blinder die Katastrophe bemerkt haben? Daran, dass er auch noch taub wurde? Dass niemand ihm mehr auswich?)

Kein Unterschied zwischen Schülern und Lehrern in der *École*. Keine Ausnahme in der *Librairie ancienne – Antiquités,* der *Crêperie Le Rozzel*, an den Tischen der Café-Terrassen auf der Place du Molard (dort: nur Starre und starr glühende Lichter im LAS VEGAS-Spielsalon, eisiges Schweigen in der BANK OF AMERICA). Auf der Flucht zurück zum See stößt man unweigerlich auf die junge Frau im Zebrastreifenpullover und auf ihre Mutter oder Tante, die ihr mit spitzen Fingern das untere Lid des rechten Auges heruntergezogen hat, um mit dem Zipfel eines Papiertaschentuchs das Insekt zu entfernen, das ihr seit Jahren den Blick auf die Blumenuhr des Jardin Anglais verschleiert. Der meterlange Sekundenzeiger der Uhr ruht fast genau auf der Todessekunde *shi ni* über dem Kopf der zu einer Acht geschorenen Blüten. Den gewölbten Hügel des Arrangements übersteigend, vorschriftswidrig den Rasen betretend und uns durch Büsche schlagend, stießen wir auf die so genannte Fontäne, einen enormen umgekippten Kronleuchter, der mit tausenden von Sonnenreflexen im Strass und Eis, hinter den Juwelenschnüren seines Wasserkranzes vollkommen still auf der wellig gefrorenen Unterlage stand. Eine durch das Glaskunstwerk stoßende Hand – Sperbers haarige rechte Pranke, eher mutwillig als aufrichtig experimentell – spürte kurz die verblüffende Wärme der Wasserstrahlen und hinterließ beim Rückzug ein schartig gerändertes Loch in der Kuppelwand der Sprühtröpfchen, als sei eine Christbaumkugel aus feinstem milchigen Glas beschädigt worden. Es war totes Wasser, an den Kaianlagen des Stadtviertels, das sie einmal Les Eaux-Vives genannt hatten.

Wieder auf der Seepromenade angelangt, konnten wir dann das auffälligste Stillleben der Aqua morta bewundern, den erstarrten Jet d'eau, 145 Meter vertikal emporgeschossenes, schaumweiß bei Zimmertemperatur kristallisiertes Ejakulat, verwunderlich champagniöses Wahrzeichen des kollektiven Unbewussten der Stadt Genf. Bis zum nördlichen Horizont und der Grenze unseres Sehvermögens hatte sich jedes Segel in eine Porzellanscherbe verwandelt, die regungslos in der saphirblauen Eishaut des Sees steckte. Wie unser legendärer »Ji-su« – wir rätselten, bis er sich seiner Schuhe und Strümpfe entledigt und die Hosenbeine hochgekrempelt hatte – wollte Daisuke auf direktem Weg den Quai du Mont-Blanc am anderen Ufer erreichen. Wir folgten ihm, verblüfft darüber, dass noch keiner auf das wichtige und nahe liegende Experiment verfallen war. Als sich um seinen nackten Fuß, die dicke Wade, schon auch um das nicht mehr hosenfreie Knie die Seeoberfläche im Umfang und fast auch in der Art eines Whirlpools belebte, stieß er einen erpelhaften Begeisterungsschrei aus. Wir konnten also baden gehen. Aber die Ausnahme, die der See für uns machte, unsere Chronosphäre verwandelnd in ein bewegliches Kinderschwimmbecken, ließ uns die Ungeheuerlichkeit der Regel nur noch härter empfinden.

Entlang der Kais und Promenaden gingen wir zum als Treffpunkt vereinbarten Bahnhof Cornavin zurück wie am Rand eines plan geschliffenen riesigen Gletschers. Der Ausflugsdampfer RHÔNE steckte mit dutzenden auf dem Deck gefrorener Touristen darin wie ein fröhliches Totenschiff, und weil wir uns von den Ufern und dem mit immer quälender werdenden Fragen behafteten Blick auf den Salève und das dahinter im Zwielicht schimmernde Gebirge nicht lösen konnten, gelangten wir bis zur Mole der Pâquis-Plage. Wir sahen die Leute in den Freibädern, auf der Wasseroberfläche verteilt wie anatomische Präparate. Wir sahen einen Turmspringer, der sich hoch in der Luft in einer unsichtbaren Hängematte verwickelt hatte. Auf Parkbänken, steinernen Absätzen, mitgebrachten Handtüchern oder Decken hatten sich vor drei mächtigen Buchen zahlreiche Faulenzer versammelt. Sie hielten still wie die Bäume, und weil sie so ungeschützt waren, so ungenferisch leger, und man auch von hier aus durch die Zweige seine schartige Gletscherzone erblickte, verlor ich alle Hoffnung auf Leben bis zum Mont Blanc.

6.

Der Weg nach Japan und zu den Ahnungslosen führt zunächst über Böningen und entlang der Lütschine zur Gsteigkirche in Wilderswil. Es ist ein Umweg, der uns Tage kosten wird, aber wir scheuen keine Mühe, wenn es die Aussicht gibt, einem der unsrigen zu begegnen. Hayami als CERN-Mann auf Urlaub, aber auch Daisuke oder Kanishi können Anna und Boris zufolge mit einiger Berechtigung in Grindelwald vermutet werden; zumindest würden sich dort Anzeichen oder Botschaften finden lassen. Von den Ahnungslosen wusste ich noch nichts. Dass Lapièrre, Gutsrand und

Karstmeier einmal ihrer eigenen Wege gehen würden, schien jedoch seit dem eigenmächtigen Aufbruch nach Genf vorgezeichnet. Es sollen zehn Personen gewesen sein, die im Anschluss an die 3. Jahreskonferenz eine Aussteigerkommune gegründet haben. Wenigstens drei Kinder befänden sich unter den Ahnungslosen, Elfenkinder allesamt.

»Sie hätten in der Luft verschwinden müssen«, überlegt Boris, den Fall noch einmal in Betracht ziehend, dass der RUCK in der Echtzeit nichts anderes bewirkt habe als das Anheften eines grandiosen vierdimensionalen Drei-Sekunden-Streifens unmittelbar an die Risskante der Welt um 12:47:42 am Tage Null.

Wäre ein Zeitpunkt genau an den anderen gefügt worden, dann hätten wir auch schlagartig, wie durch einen relativistischen Gesundbrunnen, die fünf Jahre verloren, in denen wir um so vieles gealtert sind, und könnten die Untaten beim Wort nehmen, die wir so blitzartig begangen haben. Es ist die Aussicht auf Rücknahme, die uns zu unlogischen und scheinlogischen Überlegungen verführt. Wäre die Naht im Kontinuum vollkommen dicht gewesen, dann stünden wir jetzt allesamt, mit unseren wieder erweckten Toten, am PA 8 und würden die Rede hören, die Mendecker zu Ehren DELPHIS und seiner drei Konsorten immer noch nicht gehalten hat. Elfenschritte, über tausende von Kilometern, wie jeder Unschritt, den wir jetzt in den alten Buchenwäldern entlang der Lütschine machen, deren Wasser wie gekräuselter und zu Wirbeln geschlagener Klebstoff im Bachbett zwischen den moosbewachsenen Steinen ausgegossen ist.

Es sind kaum Wanderer auf den Stegen und Waldwegen montiert, so dass wir uns zumeist gut unterhalten können, eng beieinander gehend, nur noch selten in der anfänglichen Konstellation, bei der sich Boris krampfhaft in der Mitte hielt. Auch die Dornröschentheorie beschäftigt uns, die erste, primitive, offensichtliche, in einem unverkennbaren Sinn auch gewalttätigste Erklärung, die uns einfiel, bereits am PA 8 und auf dem ersten Weg nach Genf. Sie scheint jetzt bestätigt durch den Schall der Ohrfeige, die der Koch dem Küchenjungen versetzte. Die Dinge gehen weiter, so wie sie im Begriff standen, sich fortzusetzen. Drei Sekunden lang. Fortdauer der Stille, des Rauschens, des Lärms, des frenetischsten Kreischens, aller Musik an allen Orten, blitzartiges Einsetzen und Verstummen des großen Gesangs, aufgezeichnet auf dem schmalen Band, das um die Welt gewickelt wurde wie um den Leib einer Mumie. Alles ging weiter, weil nur eines angehalten gewesen war: die Zeit. Einfach. Wie im Märchen. Auf die Dornröschentheorie einigten wir uns in den ersten Tagen leicht. Sie war unsere Praxis und unsere größte Hoffnung. Der PA 8, das CERN, die wie in Glas gegossene, vollkommen stille, vollkommen regungslose Stadt Genf. Soweit reichten – zunächst – die Mauern des verwunschenen Schlosses. Zahllose schmerzliche Fragen, als hätte die Dornenhecke ihre Ranken bis in die Gänge und Kammern und Alkoven des Schlosses ausgespannt. Mit dem RUCK wurde uns die wichtigste Antwort zuteil, nämlich dass der Prinz kommen würde. Weshalb er nach dem flüchtigen Kuss aus dem Turmfenster sprang, um erneut alle Bewohner des Schlosses zu lähmen (und uns wiederum nicht), gibt jetzt quälende Fragen auf. Das kurze Stottern, das sofort wieder abgewürgte Anlassen des Weltmotors lässt auf einen mechanischen Prinzen schließen, einen elektromechanischen vielmehr, den Prototypen einer Zeitgefriermaschine im Ausmaß von DELPHI und ALEPH. Aber es ist cernozentrisch und unbegründbar, anzunehmen, Genf sei das Epizentrum der Katastrophe, nicht nur der Ort, an dem sie uns ereilt hat. Dennoch können wir nicht anders denken, Boris und Anna ebenso wenig wie ich. Wir sind alle drei der Auffassung, dass die meisten Chronifizierten den Weg zurück nehmen werden, um herauszufinden, ob die Gruppe Mendecker den kleinen roten Hebel an der Unterseite der Welt entdeckt hat oder es fertigbrachte, die gewaltige Maschine HERAKLIT zu bauen, die alles wieder in Fluss bringt.

Die Ohrfeige hat ihr Ziel erreicht. In der Welt – der Gletscherwelt, Tiefkühlwelt –, in der wir uns befinden müssen, auf deren Bergpfaden wir langsam aufsteigen, am Ostrand der Schynige Platte, erneut die Eiswände von Mönch und Jungfrau im Blick (oder ihre perfekte regungslose Kopie), wurde der nächste Schritt unternommen und nicht nur das: Hätten wir dem Koch eine Zwiebel geschnitten, fände er nun praktische Scheiben oder Würfelchen vor, hätten wir den Küchenjungen beiseite getragen, träfe die Ohrfeige ins Leere, wäre einer von uns auf die Idee verfallen, ihm ein Küchenbeil in die Hand zu drücken, hätten die drei Sekunden für ein (erneut zur Fotografie kristallisiertes) Unglück genügt. Schon auf der ersten, halb-spontanen Konferenz im Hilton Hotel haben wir die Dornröschen-Effekte diskutiert. Wir versammelten uns im Restaurant, dessen eine Hälfte für eine noch nicht eingetroffene Gesellschaft reserviert war, so dass unsere saalgreifende Gesamtchronosphäre das Stillleben im gehobenen Ambiente nicht durch demolierte Personen verunstaltete, mit Ausnahme eines von Möller und Thorgau unprofessionell grob in einen Plüschsessel entsorgten Kellners. Mit eben diesem Manöver begann die Debatte, erhoben sich die Porzellanladenfragen: Was durfte man anfassen? Was würde mit den angefassten Menschen und Dingen geschehen im wiederkehrenden Normalfall?

»Das Gleiche wie mit uns«, behauptete Patty Dawson ruhig und fürchterlich glaubhaft. Sie stand zwischen Mendecker und Harriet an der Trennlinie zwischen den unsrigen und den bei ihrem Lunch Fotografierten, denen im Laufe der Besprechung etliche Getränke entschwanden, um auf unserer Seite wieder aufzutauchen, rücksichtsvollst von Henri Durétoile serviert, der sich einen Spaß daraus machte, den »gläsernen Ober« zu spielen. Jede in der Nullzeit vorgenommene Bewegung, ob es sich um die gedankenlos weggeschobene Hand eines Erstarrten handelte, um einen verschleppten nicht-chronifizierten Kellner oder schon den ersten Schritt, den wir ausgehend von unserer Startposition am PA 8 gemacht hatten, müsste im Augenblick der wieder einsetzenden äußeren Zeit zum Paradox unendlich schneller Veränderungen führen. Die Konsequenzen wären unabsehbar, auch wenn nur kleine Massen, wie etwa 68 menschliche Körper und deren Opfer und Spielzeuge, diese wahnsinnige Beschleunigung erfahren würden, die es wohl schon Newton zufolge kaum, aber ganz und gar nicht mehr nach Einstein geben konnte. Üble Blessuren des Raum-Zeit-Kontinuums stünden zu befürchten. Dass die unendlich beschleunigten Körper explodieren würden wie kleine Sonnen, schien klar, fraglich blieb, ob entlang ihrer Weltlinien, des vielfach verwickelten hypothetischen Garns, das jeder von uns seit seinem Abschied vom PA 8 zum Zeitpunkt T gleich Null ausgezogen hatte, eine Art thermonuklearer Leuchtspur aufglühen würde, mit der Verheerungskraft etlicher Atomsprengköpfe pro Menschenkopf, oder gar eine düsterste, in sich verschlungene Perforationslinie entstünde, zusammengefügt aus Myriaden winziger Schwarzer Löcher. Für den letzten Fall ergaben sich solche dramatische Verwerfungen, dass die Cernianer keine Lust mehr verspürten, sie uns auszumalen. Bei Dawson, Harriet und Mendecker standen bald auch die restlichen Physiker, an der durch zwei verschobene damastgedeckte Tische verstärkten Scheidewand zu den *Fuzzis* (Sperbers spontan hervorgebrachte, lang anhaftende Bezeichnung), die im Essen, Trinken, Rülpsen, Rauchen innehielten, als warteten sie auf den Einsatzbefehl der CERN-Spezialisten. Am siebten oder achten Tag der Nullzeit sahen jene allerdings ebenso heruntergekommen und zerknittert aus wie die meisten von uns *Zombies*, unser frisch von Boris ersonnener Nom de guerre, der auf der Hilton-Konferenz mehr als angebracht erschien. Noch niemand hatte eine Methode gefunden, vernünftig zu schlafen. Entsprechend grau, verquollen und schlaff nahmen sich unsere Gesichter aus, die männlichen zumeist unrasiert, die vieler Unvorsichtiger vom Sonnenbrand der ewigen Mittagshitze gezeichnet, an die man denken muss, auch wenn man sie zu ertragen gelernt hat. Morgens schon oder auf langen Nachtspaziergängen ist eine Creme mit hohem Schutzfaktor unerlässlich. Die mit Zeitschutzcreme Balsamierten, die vornehmen und betuchten Lunch-Gäste des Hilton, erschienen uns angesichts der Hypothese, dass wir auf dem Weg zurück in ihre Sphäre verglühen würden wie Kometen oder explodieren wie wandelnde Dampfkochtöpfe, nicht mehr bedauernswert. Draußen an der Pâquis-Plage steckten sie seit Tagen den Kopf ins Wasser, die Fuzzis, und konnten nur froh sein, wenn wir niemals wieder zu ihnen kamen. Vier oder fünf der unsrigen, darunter zwei Cernianer, hatten aber ihre Familie in Genf. Sie mussten die Thillets beneiden, die gemeinsam hinübergegangen waren, in diesen anderen, unseren Zustand, auch wenn ihre riesigen blonden Leibwächter schon jetzt keinen allzu loyalen Eindruck mehr machten und Irene und Marcel die erschreckende Ruhe und Gefasstheit ausstrahlten, die Kindern eignet, denen zu viele ernste, fürchterliche Dinge widerfahren sind. Steingärtner und Maloni drängten sich vor die Thillets, ausstaffiert mit Hawaiihemden und Sonnenbrillen wie CIA-Agenten auf den Bermudas. Wir Journalisten seien doch vor der Besichtigungstour am CERN alle darüber informiert worden, dass der komplette LEP-Beschleunigerring und sämtliche darin befindlichen Detektoren in wenigen Monaten hätten zur Verschrottung kommen sollen. Das habe einigen Cernies wohl überhaupt nicht gefallen. Patty Dawson entgegnete, dass die Stilllegung nur geplant worden sei, um dem Bau einer noch viel größeren Anlage, des Large Hadron Collider, LHC, Platz zu machen. Es ginge nicht um alle oder die Mehrheit der Cernies, sondern gerade um die hier Versammelten, um die Mendecker-Leute, rief Steingärtner aufgebracht. Von dieser Gruppe kursierten seit Jahren wissenschaftliche Aufsätze, in denen sie verkündeten, ganz dicht vor dem Nachweis des sagenumwobenen HIGGS-Teilchens zu stehen.

»HIGGS! Der GRAL!«, schrie Maloni. »Das, was euch richtig geil gemacht hat!« Fünf Jahre Arbeitsunterbrechung bis zur Einsatzbereitschaft des LHC seien der Mendecker-Gruppe unerträglich lang erschienen. Und jetzt, nachdem sie das CERN, Genf und vielleicht die gesamte Westschweiz lahmgelegt hätten, erklärten sie uns auch noch, dass jeder Versuch, die Dinge wieder in Gang zu bringen, mit unserem Tod und womöglich auch noch atombombenähnlichen Explosionen ende! Für einige Sekunden mag unsere abgerissene, schiffbrüchige Gesellschaft etwas mordgierig ausgesehen haben.

7.

Die orange- und tannengrünfarbenen Waggons der Berner Oberlandbahn haben sich an der Stelle, an der eine zweite Lokomotive in den Zug integriert war, um einige Schwellen weiter voneinander entfernt. Mehr ist in den Sekunden des RUCKS nicht geschehen, wenn man von der minimalen Fortführung der Aktionen der Fahrgäste absieht, die weiterhin urlaubsfeierlich auf den Bänken sitzen und fest damit rechnen, nach Grindelwald zu kommen entlang der Schwarzen Lütschine, oder der Weißen Lütschine folgend tiefer ins Lauterbrunnental. Seit wir wissen, dass das Märchenbuch Recht behielt und nicht die rohe physikalische Spekulation der ersten Wochen, sind wir um etwas ärmer geworden, dessen Besitz wir zuvor nicht unbedingt hatten zugeben wollen, die Kamikaze-Hoffnung nämlich, blitzartig unterzugehen und dabei noch unvergessliche Verwüstungen anzurichten. Nur die Verformungen, Veränderungen, Verbesserungen, die wir mühsam und eigenhändig ins Werk gesetzt haben, wirken sich aus, sobald der Prinz noch einmal das Schloss betritt oder die Mendecker-Crew den HERAKLIT-Generator erneut angeworfen hat.

Ich frage mich, was Anna und Boris denken, wenn sie sich den drei Sekunden schmalen Ereignisraum vorstellen, der dem Geschehen neu angewachsen ist. Der Kellner im Hilton-Restaurant könnte ihnen einfallen, der sich plötzlich seines Tabletts beraubt in einer hingeworfenen Stellung auf einem Stuhl in der Gastraumhälfte vorfindet, die längst wieder von uns geräumt ist, so vollständig wie ein Schloss-Saal nach Ende der Geisterstunde. Sie mögen sich auch an das in der Windeseile unseres halben Jahrzehnts samt Sockel und Pferd mit rosa Lackfarbe bepinselte Reiterstandbild des Generals Dufour auf der Place Neuve erinnern, unter dem sich vier ebenfalls komplett rosa lackierte uniformierte Polizisten versammelt und gewiss etwas bewegt haben werden auf ihrem schmalen 3-Sekunden-Segment. Wäre es Anna und Boris aber nach einer direkten Aneinanderreihung von gelungenem Zitat und blankem Horror zumute, müssten sie nur an die UNO denken, wo auf dem Rasenstück vor der Säulenfront des Palais des Nations ein feinsinniges Naked Lunch mit siebzehn Diplomatinnen und Diplomaten arrangiert wurde (nicht vergessen ihre satyrischen Posen, die Weinflaschen und Trauben, die Kristallgläser und reich gefüllten Picknickkörbe), im Salle des Conseils aber, unweit des dritten Sperber'schen menschlichen Briefkastens aus Zaire, der Mord an einem serbischen Emissionär, dem in größter Ruhe – unter den günstigen Voraussetzungen der längsten je da gewesenen Anästhesie – ein Zierdegen aus einem der Repräsentationsräume vom Rücken ins Herz getrieben wurde, so dass die kirschrote Spitze das auf seinem Pult ausgebreitete Dossier trifft, das seine Kriegsverbrechen in Bosnien beweist. Vielleicht hat er seinen Tod in der Sekundenfrist, die ihm zum Sterben zur Verfügung stand, erreichen und auf dem Weg dahin noch die Rose erblicken können, die man auf das leere Pult an seiner rechten Seite gelegt hat.

Dornröschen ist, soweit es Anna und Boris sagen können, noch immer eine anonyme Gruppe. Wie jeder gewöhnliche Chrono-Clown durften die Attentäter anscheinend zu Recht auf die gleichnamige Theorie vertrauen, derzufolge der Koch nicht explodieren würde, hätte man seinen Arm, seine Hand, seine Finger bewegt, um ihn mit einem Beil zu bewaffnen. Tod eines Küchenjungen. Sturz vom Fenstersims. Durchbohrtes Herz. Mit dem RUCK hat die Gruppe ihr Ziel erreicht, während das Lachen vor den meisten Arrangements der Scherzbolde in der 3-Sekunden-Welt wohl gar nicht erst entstanden ist. Wirksame oder beeindruckende menschliche Installationen erfordern eine gewisse Übung und sind Arbeit, zumal für einen einzelnen Arrangeur. Vielleicht denken Anna und Boris an die härteste oder folgenreichste dieser Arbeiten, die sie selbst in den vergangenen Jahren verrichtet haben. Im Hilton-Restaurant hatten sie wie die meisten von uns der ersten Regel der Chronikette zugestimmt, die empfiehlt, dass möglichst wenig verschoben, verrückt und vergewaltigt werden sollte. Noch ist mir völlig unklar, was sie in den vergangenen zwei Jahren beschäftigt haben könnte und ob es neben der unvermeidlichen, aufwühlenden, jeden Schritt elektrisierenden Freude und Begierde auch gute Gründe gibt, unser Zusammentreffen für einen Glücksfall zu halten. In den ersten Tagen der Nullzeit hatten wir uns besser verstanden als während der Münchner Jahre. Zusammengeschweißt angesichts der Starre tausender und abertausender fotografierter Genfer Bürger, immer noch um Sperber, Durétoile und Daisuke zu einer internationalen Familie erweitert, hatten wir uns bald die persönlichsten Dinge anvertraut, wussten Bescheid über Durétoiles brasilianische Transvestiten (einen davon, Jorge, liebte er wirklich), Sperbers riesenwüchsige und schon damals nicht ungern vermisste Familie in Basel, Annas schwer kranken Vater, der in einer Spezialklinik bei Heidelberg lag. Dass ich für Karins Aufenthalt die gesamte deutsche Ostseeküste in Erwägung ziehen musste, gab ich den anderen preis, nicht aber – und wie auch? –, dass ich ein zerrissener Mann war, verschlagen auf die calvinistische Insel der Zeitschiffbrüchigen mitsamt einem befreundeten Arbeitskollegen und dessen Frau, die ich wenige Wochen zuvor in einem Fotolabor aus beruflichen Gründen aufgesucht und unversehens geküsst hatte in einem diffus glättenden, plötzlich mitleidlosen und pornografischen Rotlicht, das uns die Geschlechtsorgane freilegen hieß und hastig bearbeiten, für beide Seiten wohl erschreckend professionell, wie routinierte Lustnotfallhelfer, die vor nichts zurückschrecken dürfen (das aus der Hülle gleitende stumpfe Skalpell, der Tränengeschmack deiner klaffenden violetten Wunde, später, auf meinen Fingerkuppen) und keine Zeit zu verlieren haben, zu Recht, denn wir hatten nur wenige Minuten, bevor Annas Handy uns zur Vernunft brachte oder zur Feigheit bis auf den heutigen Tag, an dem uns kein elektrisches Klingeln mehr aufschrecken kann und nichts an Zeit mehr zu versickern oder wegzudriften scheint, wenigstens in dem enormen räumlichen Außerhalb jenseits unserer Körper. Anna und Boris hatten – wie nur noch die Thillets und das ihnen beigeordnete Referentenehepaar Stiegler – das Arche-Noah-Glück der Paarung für sich, was auch immer es für sie bedeutete (sie sind noch jetzt zusammen, also gibt es nichts anzuzweifeln). Wir verstanden uns darin, dass das Reisen am wichtigsten sei (für mich in entgegengesetzter Richtung zu dem Paar, wollte ich nicht an einem erotischen Thantalus-Syndrom irre werden), die Expedition, das radiale und radikale Austesten der Grenzen unserer Verwunschenheit. Illusionen und Ängste, die Elementarkräfte der Menschenphysik, hielten uns aber noch etliche Nullwochen im Genfer Petrefakt zusammen. Dass es von sich aus aufhörte (aufgehört zu haben) – und der Bann mit einem Schlag zerspränge (woraufhin es vielleicht sofort Nacht würde und unsere Augen sich am Dunkel berauschen könnten, an tausendfacher grauer Bewegung und der für uns schon ins Märchenhafte abgesunkenen, stets die halbe Erdkugel überziehenden Allnachtsorgie der elektrischen Beleuchtungen). Dass die Cernianer um Mendecker Lösungen fänden oder wenigstens Anzeichen dafür. Dass sich ganz langsam, von scheinbarem Tag zu scheinbarem Tag, die Erstarrung des fotografierten Ganzen löste, als könnte es auftauen wie Tiefkühlfleisch, Tiefkühlbäume, Tiefkühlwasser, gefrorene Atome im gefrorenen Wind. Dass einem Einzelnen oder einer kleinen Expedition womöglich die Zeitblase zerspränge wie bei Madame Denoux. Dass die Grenzwand, unsichtbar, eine himmelhohe Kristallmauer aus Luft, vielleicht ein tödliches Glacis besitzen würde, in dem man zunächst unmerklich zugrunde ginge, weil man wie beim Schwimmen weit hinaus käme in eine feindselige Umgebung, aber in entkräftetem Zustand nicht unbedingt mehr zurück. Dass es womöglich einen Zusammenhang gab zwischen unserer Anzahl, unserer Dichte (Zombie pro Quadratmeter oder pro Tausendereinheit von Fuzzis), unserem Gesamtlebendgewicht oder Ähnlichem und der Chance, weiterhin beweglich und zeitlich zu bleiben. Manche blieben aus ganz pragmatischen Gründen, nämlich bis nach den zum Teil haarsträubenden und lebensgefährlichen, da-Vinci-artigen Experimentreihen Harriets mit großer Wahrscheinlichkeit feststand, dass kein Flugzeug, kein Auto, kein Motorrad, keine Vespa, kein Fahrrad, kein Tretroller und noch nicht einmal Rollschuhe sie dabei unterstützen würden, ihr sehnlichstes und immer noch sehnlicher herbeigewünschtes Ziel zu erreichen: die fernen Geliebten, ihr Zuhause. Nach der ersten Hilton-Konferenz löste sich unsere Geistergesellschaft nicht vollständig auf, da Hayami, Daisuke und ihr Landsmann Kanishi dem Sonderprogramm »Wa No Kutsurogi« des Hotelservice mit den dargebotenen heimischen Zeitungen und Biervorräten erlagen, den bereitliegenden Yukatas und bestickten Pantoffeln, den gekonnt ausgewählten japanischen Büchern und Teesorten.

Für uns ist Japan Grindelwald oder wenigstens ein beachtliches Stück davon. Nie mehr nach Hause kommen können. Daisukes Ji-Su-Technik eignet sich nur für Pfützen. Unüberwindlicher Raum. Unentrinnbare Zeit. Nicht wieder herstellbare Nähe. Zuhause ist immer nur: die Atemzüge mit dem Menschen teilen zu können, den du liebst. Also sind allein die Thillets und ihr Referentenpaar angekommen, weil sie erst gar nicht aufbrechen mussten, und Boris und Anna natürlich, die jetzt so ruhig und einverschworen vor mir den Hang emporsteigen. Wir haben die Phase 5 erreicht, den Fanatismus, der uns gelassen macht. Für einige Wanderzeit verdecken die nördlichen Flanken und Abbrüche der sich zur Kleinen Scheidegg massierenden grünen Vorberge die Sicht auf Jungfrau und Eiger. Etwas kommt auf uns zu, mit jedem unserer fast lautlosen einsamen Schritte, etwas Großes und Ungeheuerliches. Soweit unsere Hoffnung. In meiner Erinnerung gibt es einen Frühsommerblick von einem Hügel herab auf die Gleisanlagen und Gebäude der Kleinen Scheidegg. Flecken von Altschnee sind noch über die beinahe rosafarbenen Matten verteilt. Aber die Sonne scheint (einmal freute man sich darüber), und das Gewimmel hunderter von Touristen, die von oben kommen oder sich daranmachen, auf Schienen die Eigernordwand zu durchfahren, erschreckt und verzückt mich, als gingen Traum und Alptraum, Erinnerung und Wahn durcheinander in der Art surrealer Gemälde, auf denen sich nackte Frauen jederzeit in Maden verwandeln können und eine Kirchengemeinde in eine Schar gut gekleideter raubgieriger Insekten. Hunderte sich frei bewegender Menschen sind nicht mehr fassbar. Aber es gibt die intime, wie im Kerzenlicht gezeichnete Wiedergabe von Karins Schulter an meiner Brust, erst im Freien, beim Warten auf dem Gleis, dann im Waggon, nur noch im Schimmer von Grubenlampen und Notbeleuchtungen während der einstündigen Fahrt durch den ins Eiger-Massiv gebohrten Stollen hinauf zum Jungfraujoch. Schläfrigkeit, Müdigkeit, eine Trance liegt auf uns wie eine Bleiweste oder vielmehr ein ganzer Schutzanzug aus Blei, der innere Schatten des Bergs, der mit abertausend Tonnen Gestein die Auffahrt umschließt. Karin redet, leise, um die anderen Passagiere nicht zu stören, sie schmiegt sich in meinen Arm, so dass unsere Oberkörper die gleiche Position zueinander haben wie in den Nächten, in denen wir nicht zur Ruhe kommen und im Bett noch lange miteinander reden, ihr Haar berührt mich, manchmal auch die Seidenkühle ihrer linken Wange. Berührte, redete, schmiegte sich. Nur im nie wieder begehbaren Stollen der Vergangenheit atmen wir gemeinsam, fahren wir gemeinsam auf durch das finstere Massiv der Zeit, berühren uns noch und verlieren zusammen das Bewusstsein, so wie die verblassende Erinnerung uns die Gedanken aus dem Kopf löscht, die wir damals hatten – bis der Ausgang erreicht ist, das alles überblendende, vollkommen schattenlose Weiß der Gletscher. Das psychotische Blau eines Himmels ohne Sauerstoff. Kann nicht sein. Einige Schritte nur, dann geht es.

8.

Der Sekundengipfel der Zeit. Leben in einem Schnitt, in der Spur der zweidimensionalen weißen Klinge der Gegenwart. Wer nicht mit dir atmet, nicht mit dir spricht, ist nicht bei dir. Man muss es erlebt haben. An denjenigen, die ihre Frauen oder Männer in Genf oder der näheren Umgebung hatten – etwa ein Dutzend von uns –, konnte man es sehen und beneidete sie bald nicht mehr, ohne jedoch die Klugheit zu besitzen, sich nicht nach dem Wiedersehen zu verzehren. Je weiter entfernt die Geliebten vermutet wurden, desto weniger glaubhaft schien es, dass sie sich im gleichen Zustand befanden wie die Hotelgäste, die tagelang vor den Aufzügen standen, wie die uns immer bekannter werdenden Passanten, auf die wir in dieser oder jener Straße, auf diesen oder jenen Plätzen stießen. Fast alle glaubten noch an die Existenz der Dornenhecke, an die Begrenztheit des Stillstands in irgendeinem Sinn. Jenseits des Mont Blanc, am Ostufer des Lago Maggiore, am Ende der nächsten Woche, entgegen aller Vernunft. Ich blieb drei Monate in Genf, weil ich ebenso glauben musste. Weil ich gar nicht sagen konnte, wo Karin sich aufhielt, weil ich, vereinfachend, gänzlich falsch in der Himmelsrichtung orientiert, dreihundert Kilometer Ostseeküste als Suchareal in Betracht zog und daran verzweifelte. Weil mich die Vorstellung eines wochenlangen Fußmarsches – über Basel, zunächst dem Rhein folgend, bei Frankfurt mich östlich haltend, die Rhön durchquerend, an der Saale entlang ins Havelland, über Berlin und durch Mecklenburg zur Küste – in die Knie zwang und nach Luft schnappen ließ. Die rein theoretische Vorstellung, das Bedenken der praktischen Möglichkeit, das Anerkennen der entsetzlichen Wahrscheinlichkeit eines solchen Ausmaßes an Starre und Vereisung.

Ganz gleich, was wir in den ersten Genfer Wochen auch unternahmen, wir warteten nur. Dass uns wenigen nichts geschehen war, dass allein wir, von DELPHI ins Drachenblut getaucht, noch atmen und uns bewegen konnten, verwöhnt, verbrannt vom heitersten Sonnenschein, morgens, mittags, nachts, in sengender Frühe, konnte angesichts der schweigenden Heere und Armeen von Fotografierten nur ein Irrtum sein, eine ironische Laune des Scharfrichters, der noch einen Moment zögerte, bevor er sich herabbeugte, um mit einer kleinen Handbewegung oder nichts weiter als einem Pusten die verbliebene lebendige Spreu von seinem Hackklotz zu entfernen. Verzweifelte Fröhlichkeit überkam uns, das Gefühl eines kompletten Entlassenseins, der bodenlose Frohsinn eines immer wiederkehrenden Urlaubstags. An diesem und jenem Morgen standen wir auf und spürten: Auf unseren Schultern liegt keinerlei Gewicht. Es ist schon Mittag, so lange haben wir geschlafen. Um uns nicht zu stören, hält die Welt den Atem an, noch immer, noch während wir uns ein Frühstück stehlen, es in vollkommener Ruhe verzehren, hinausgehen auf die Straße. Vorsichtig bewegen wir uns zwischen den starren Passanten, den auf allen Spuren geparkten Autos, den in die Kurve gelehnten Radfahrern, bedächtig, zärtlich, bemüht, niemanden zu wecken. Im Kopf jedes Stillhaltenden gibt es eine eigene Stadt, in der nur er sich bewegt. Dort verharren wir regungslos, gemeinsam mit abertausend anderen – und wenn man Zugriff hätte auf diese abertausend verborgenen inneren Städte und aus jeder solchen Stadt das einzige bewegungsfähige Element, den

Träumer nämlich, herauslösen könnte, um ihn mit allen seinesgleichen zusammenzubringen, dann erhielte man wieder das summende, bewegte, gemächlich pulsierende, in jedem Tier und lebendigen Menschen atmende Genf, das einmal gewesen war.

Soweit eine unserer schönsten Theorien, erblüht und schon verdorrt in den Anfängen. Weshalb bewegen sich noch 67 andere in meinem Traum? Immer die Gleichen. Einer erwacht, so weit normalisiert, dass er müde ins Bad wankt, um nach alter Gewohnheit im Stehen sein Behagen wiederzufinden. Es ist, als würde man sich in einer Telefonzelle erleichtern, dicht vor der Glaswand. Respekt vor der Praxis ist unser wichtigstes Gebot. Also Hinsetzen und bedenken, dass die Toilettenspülung nur einmal funktioniert. Entweder wechselt man täglich das Zimmer oder wird Gast auf vielen WCs. Baden im Swimmingpool oder im Wasser des Lac Léman, das sich noch jedes Mal für uns erweichte. Weitere Schicksalsfragen stellen sich. Für die ersten vier Tage in Genf reichte die Unterwäsche, die man mitgebracht hatte. Dann ging man zwangsläufig einkaufen. Hemden, Blusen, T-Shirts, Hosen, Röcke, Schuhe, alles kostenlos, alles fabrikneu. Zwar kann man mit den eigenen Händen etwas waschen, aber es trocknet auch nur am eigenen Leib. Unsrige mit empfindlicher Haut wurden bald zu Dieben in den Wäscheschränken passender Privatleute. Mir haben zumeist die Kaufhäuser oder Fachgeschäfte genügt. Es ist ja Sommer, ein in vieler Hinsicht glücklicher Umstand, so glücklich wie der nun fünfjährige brennende Tag. Mit dem Spiel Es-hätte-noch-schlimmer-kommen-Können versuchten wir uns gerade am Anfang noch zu trösten, etwa in jener Tagnacht mit Sperber, Durétoile und dem rotschopfigen Harriet im bestsortierten Weinkeller eines Bankiers, in dem wir strömenden Regen postulierten, von Athen bis Kopenhagen, eine endlose Winternacht mit 20 Grad Kälte, Schneestürme oder Hagelfelder wie riesige Nagelbretter über den Städten, durch die wir uns mit Eismacheten die Wege hätten schlagen müssen. Sechs Uhr morgens Genfer Ortszeit wäre auch schon unangenehm gewesen, mit nichts als kümmerlichen Frühstücken und den ersten Mittagsmenüs in Tomsk oder Nowosibirsk. Der Weg zur Ostsee bei Nacht, immer auf den am stärksten befahrenen, am besten ausgeleuchteten Straßen. (Wir reißen keine Löcher in die Kegel des vorhandenen Lichts.)

Keine der anfänglichen Zusammenkünfte brachte etwas Neues, etwas, das Anlass zur Hoffnung gab. Dass wir alle noch lebten, noch atmen konnten und gehen, war die stets gleiche gute ungeheure Nachricht. Dann folgten die üblichen schlechten ungeheuerlichen, nämlich dass auf keinem Platz, in keiner Straße, keinem Haus ein Ungefrorener oder Nichtfotografierter entdeckt worden war, den wir nicht schon kannten, dass auch die genaueste Uhr, aufgetrieben von kundigen Cernies in ihrem El Dorado der Zeitmessung und tunlichst aus größtmöglicher Entfernung abgelesen, um keinen Oszillographen zu erschrecken, nicht den geringsten Fortschritt (oder Rückschritt) verzeichnete, dass die immer irrsinniger und doch immer vertrauter erscheinenden Gesetze der Neuen Physik so unverdrossen für jeden Einzelnen von uns gültig waren wie am ersten Tag auf dem Gelände des PA 8. Nach wie vor löschten wir Bildschirme mit einem Fingerschnippen, verwandelten Batterien in Bleiklötze, schrien unhörbar in unseren schallisolierten Zellen. Dass wir selbst alterten oder uns wenigstens zeitlich veränderten (die Haare, die Nägel, die einigermaßen haltbare Gewissheit, dass unser Herz nicht rückwärts schlug, und schließlich die einsetzende Menses bei unseren privilegierten Frauen), während die Fotografierten sich so frisch zu halten schienen wir der in der prallen Sonne liegende Eiswürfel, den wir aus einem Glas Zitronenlimonade gefischt und testhalber auf die Marmorplatte eines Caféhaustischs gelegt hatten, bedrückte uns zu Anfang noch nicht sehr. Der Cernianer, der die hellen Nächte in seinem eigenen Haus verbrachte, im abgedunkelten Schlafzimmer, an der

Seite seiner aus dem Garten verschleppten Ehefrau, musste sich auf sehr viel persönlichere Weise mit der Tatsache auseinander setzen, dass wir alles und jedes Lebewesen – wie faulende Früchte in einem Korb, so Sperber in seiner delikaten Manier – mit Zeit infizierten (die sich rasch verfärbenden Schnittflächen eines Apfels an unserer Seite). Eine Frau aus Eis schmilzt stumm in unseren Armen, und seit Patty Dawsons aufopferungsvollem Selbsttest, für den sie einen frisch rasierten, aber ersichtlich haarprächtigen und -treibenden Adonis mediterranen Chics umlegte und so lang bei ihm schlief, bis er eine neue Rasur benötigte, war nicht mehr zu leugnen, dass wir die anderen mitreißen konnten, die Fotografierten chronifizieren, ihre fügsamen Körper wenigstens einschließen konnten in die Retorte einer blinden Zeit. EURE Handgelenke, aus galanter Distanz ergriffen, sind immer ohne Puls. Nur die aufgepresste, wenn wir es fühlen möchten, die nackt an EUREN nackten Oberkörper gedrückte Brust, die äußerste Nähe von Körperstamm zu Körperstamm, ruft etwas von EUCH in unser Leben, den stolpernden, flachen, erschreckend unzuverlässigen Herzschlag eines Komatösen nämlich, an den man sich nicht gewöhnen kann.

9.

Nach dreizehn Wochen hatte ich genug Hoffnung in Genf verloren. Es waren schon einige vor mir aufgebrochen. Unsere vorläufige einfache Kalenderregel, die darin bestand, alle 24 Stunden einen weiteren Tag des Jahres Null auszustreichen, ergab aktuell einen Mittwoch, den 22. Seit Jahrtausenden wohl hatte es hierzulande keinen so heißen November mehr gegeben. Eine der größeren Konferenzen, ein Potlatsch, wie Sperber es nannte, sollte stattfinden, und ich gedachte dort offiziell meine Abreise mitzuteilen, noch ganz im Sinne der von der Thillet-Gruppe propagierten systematischen oder wenigstens angemeldeten Expeditionen. Da ich die letzte Woche im Hotel des Bergues verbracht hatte, war der Weg zum Konferenzort nicht weit. Den für unsere heutigen professionellen Verhältnisse etwas naiv, aber nicht völlig unsinnig gepackten Rucksack geschultert, lief ich die Marmorwendeltreppe zum Foyer des Hotels hinab – und gleich noch einmal empor, um den chronometrischen Hasen von Pierre Duhamel mitzunehmen, der andernfalls auf dem Nachttisch der Gräfin (ihrer zahlreichen Brillantfingerringe und ihres feinen wie taufeuchten Nerzes wegen hatte ich sie so genannt) sitzen geblieben wäre, ohne das leiseste Ticken seiner Unruhe, bis ihn die Hand eines Chronifizierten erneut umschloss. Wieder zwei ältere Damen auf der obersten Treppenstufe mit Blick zu einem wässrig blass gemalten attischen Tempel in der Wandnische. Dann zwei Livrierte und der fette Junge, der sein Gesicht gegen die Geländerstäbe presst. Die fünf mattgrauen Geschäftsleute, die sternfömig die Ausgangstür verstellen, aber meinen Schwung ebenso wenig bremsen konnten wie die Treppenfiguren. Selbst auf dem Quai des Bergues kannte ich jeden und hätte mit verbundenen Augen gehen können oder Zeitung lesend, wäre mir nicht seit Wochen bereits der gestrige Tag mit seinen einmal so schwindsüchtigen Helden der Nachrichten zu einem steinernen Relief geworden, einem weltweiten Pergamonaltar der Kämpfe und Verschlingungen mit toten Mächten. Interessant ist heutzutage nur noch der Lokalteil, der unsere Form der Außenzeit enthält: die Art von Raum an verschiedenen Orten.

Dass Sperber ausgerechnet am Tag meines Aufbruchs die Nullnummer seines Bulletins verteilte, war ein glücklicher Umstand. So verfügte ich von Anfang an über die Liste. Er machte einen gelösten, ja befreiten Eindruck, als er einem jeden ein druckfrisches Exemplar in die Hand gab, hergestellt im Bleisatz (mit eigens seiner voluminösen Chronosphäre angepassten Techniken). Etwa fünfzig von uns waren gekommen und suchten ihren Namen im *Completten Verzeichnis der Menschenheit (soweit sie chronifiziert ist) zu Genf.*

Auf der ersten Seite rahmten die Liste zwei *Relative Todesanzeigen* für Madame Denoux und den Selbstmörder Matthieu Silvan, die in einem Bus und auf einem Schreibtisch in nichts als Luft begraben lagen wie in technisch perfektionierten Schneewittchensärgen. Das Emblem mit dem zerbrochenen Pfeil, der zusammengefügt nur noch in ihren eigenen Herzen und ihrer Erinnerung flog, berührte die meisten ebenso stark und eigentümlich wie der Umstand, dass sie plötzlich in der Zeitung standen, dem ersten aktuellen Journal seit Monaten, dem einzigen, das noch up to date war. Am Versammlungsort hatte es gewiss noch nie so viele simultan ein *Intelligenzblatt* Lesende gegeben. Nachdem wir den Hilton-Saal verwüstet hatten, waren Harriet und Patty Dawson damit beauftragt worden, sich einen besseren Konferenzraum auszudenken. Ihr addierter Scharfsinn und Weitblick fand das Nächstliegende, das sich von Mal zu Mal mehr bewähren sollte, nämlich die zum See hin weisende Spitze der Ile Rousseau, die wie ein bewaldetes Pik-Ass aus der Mitte des über die Rhônemündung gespannten Pont des Bergues erwächst. Vor dem Denkmal des kupfergrün und phimotisch dreinschauenden Jean-Jacques drängten wir uns wie auf einem Basar, orientalisch gebräunt nach drei Monaten Hochsommer, in der schlabbrigen bunten Montur europäischer Touristen allerdings, bis auf Mendecker, Thillet und Lagrange, die in wahrscheinlich noch nicht einmal gestohlenen Anzügen auftraten. Da man keine Marktstände sehen konnte und keine Ware, mussten draußen Stehende (zehntausende, hunderttausende, still wie Armeen von Vogelscheuchen) einen Drogenumschlagplatz vermuten, das Getuschel, Gefeilsche, obskure Gemenge von mit Luxusuhren protzenden Dealern und mit bunten Chronometern gespickten Junkies, denen es um den irrsinnigsten je synthetisierten Stoff ging, das DELPHIN nämlich, gewonnen aus den Dornenhecken verwunschener Schlösser.

Statt Neuigkeiten Gerüchte. Statt einiger mitgebrachter neuer Freunde oder zufällig in der Stadt und im Leben angetroffener alter Bekannter nur die gegenseitigen Versicherungen, dass wir vollkommen unter uns waren. Immerhin gab es während dieser Versammlung keinen Streit, vielleicht weil es sich um das erste Treffen auf der Rousseau-Insel handelte, vielleicht weil nach drei Monaten der Antrieb erschöpft war, fortwährend den Cernianern die Schuld zu geben für etwas, das wir in seinen Ausmaßen, seinen räumlichen, zeitlichen, menschlichen Folgen bislang nur in einer ersten Schreckenslähmung hatten erahnen können. Von der Inselspitze aus sahen wir hinüber zur Mont-Blanc-Brücke, auf deren flachen Bögen die Tonnenlast des sechsspurigen Verkehrs ruhte. Man konnte die braven sommerlichen Zinntouristen auf dem uns zugewandten östlichen Fußgängerweg über die Rhône anhand ihrer Position identifizieren, sofern man die Brücke oft genug überquert hatte. Nur unter uns, auf dem Basar, gab es Antworten und Trost, schlechte und schwachen, aber die einzigen, so weit und breit wir bis jetzt gekommen waren.

Zwei athletische Männer, die nicht zu kennen ich einige wahnsinnig optimistische Sekunden lang zu glauben versuchte, entpuppten sich als Zivilpolizisten, einstmals am PA 8 zu Thillets Schutz beordert und jetzt zu Scouts in seinem Team verwandelt. Sie hatten eine westlich führende Expedition unternommen und eine Sondierungstiefe von nahezu 1000 Kilometern erreicht. Nachdem wir unsere Konferenzposition eingenommen haben würden, sollten wir ihren Bericht hören. Die Anhänglichkeit an Thillet wunderte mich noch mehr als die an Mendecker, von dem man immerhin erhoffen konnte, er wüsste einen Kniff in der fünften Dimension mit einigen Antiquarks und Leptonen, der uns durch den Dornenverhau zurückführen würde in die alte Zeit. Thillet war doch nur deren Politiker, ein Mann des erstarrten Ancien Régime, ein Schweizer noch dazu. Aber seine Leute vertrauten ihm nach wie vor, seiner um die Stirnglatze aufgetürmten silbergrauen Haarbüschel wegen oder des Zwingenden seines leicht inwendig schielenden Kastanienblicks.

Sie wollten zahlreiche Expeditionen entsenden. Sie bäten um Reiseberichte all derjenigen, die aus welchen Gründen auch immer den Genfer Raum verlassen würden. Die uns allen wohl bekannte Villa im Parc des Eaux-Vives bilde jedenfalls in der nächsten Zeit das Hauptquartier derjenigen, die glaubten, das Ausmaß der Katastrophe müsse tatsächlich erkundet werden (statt nur im niederdrückenden globalen Sinne logisch erschlossen) oder die Vollständigkeit der Illusion ergangen und erprüft. Freiwillige, Reiselustige, Scouts und Globetrotter bitte melden bei den Thillets. Einige von uns erschreckten diese schon wieder politischen Aktivitäten ebenso sehr wie Sperbers journalistische Tüchtigkeit. Ihr Schrecken wuchs, als Mendecker ankündigte, auch die Cernianer stellten sich eine Art Zentrale vor, einen Think Tank, eine Anlaufstelle für gemeinsame Aktivitäten, koordiniertes Nachdenken, das wissenschaftliche Erkunden der –

»Verwunschenheit!«, rief Daisuke und hatte damit einen sich einprägenden Namen entdeckt. In der Verwunschenheit umherirrend, für einige Stunden wie vereint oder inhaftiert zwischen den Kaimauern der Ile Rousseau, auf den begrünten Planken unseres Narrenschiffs. Eine Chronosphäre von Bierzeltausmaßen kann süchtig machen. Man hört mit Verzückung jede Stimme, jedes Wort, jeden Ton. Das große Wigwam des Potlatschs erweckt zwangsläufig die Hoffnung, mehr zu sein als die Summe der Ein-Mann-Zelte, selbst im primitivsten, also physikalischen Sinn, in dessen Rahmen und an der äußersten Grenze des schlechten Geschmacks Harriet einen verchromten Tretroller testen musste, auf dem sich innerhalb eines von uns gebildeten Kreises tatsächlich das Rousseau-Denkmal umrunden ließ, und einen kleinen grünen Ball, den wir hin- und herwerfen konnten, bis ihn der Thillet'sche Leibwächter Möller mit aller Kraft und allem Hass über das Geländer in Richtung See schleuderte, um uns das widerwärtige Schauspiel eines auf der Glasscheibe der Luft vor der lebensgroßen Aussicht auf die Mont-Blanc-Brücke langsam herabsinkenden Klumpens anzutun (alle komplizierteren, mit Elektrik und Elektronik ausstaffierten Experimente schlugen ohnehin fehl). Die insulare Schwitzhütte, das Plenum, in dem wir Zombies uns zu Kongressen zusammenfinden, ist schließlich auch immer der fürchterlichste Ort der Welt, weil uns mit dem Aufstacheln und Zerbrechen so vieler Sehnsüchte bewusst gemacht wird, mit wem wir hier eingesperrt sind, mit welch absurden, zufallsverlesenen Figuren, ganz als hätte man einen Randspaltenartikel auf der Wissenschaftsseite irgendeiner Tageszeitung *(Nationalrat Thillet nebst 69 weiteren Personen in DELPHI-Kaverne verpufft)* als Schiffsrolle der Arche Noah verwendet. Die ins Einzelne und Persönliche entwickelte Summe der unsrigen erinnerte mich auf deprimierende Weise – ihrer Überalterung und ihrer noch lange nicht erfüllten Frauenquote wegen – an die Mitglieder eines abgetakelten Sinfonieorchesters (nur noch in einigen Schweizer Kantonen verwechselte man ihren Ruf mit der aktuellen Leistungsfähigkeit), und ich hörte aus dem, was debattiert und verhandelt wurde, vornehmlich eine Katzenmusik heraus, die mich in dem Entschluss bestärkte, gleich am Ende der Konferenz meinen Weg durch die Verwunschenheit anzutreten.

Es war nicht so, dass wir uns gar nichts Interessantes oder Aufschlussreiches zu sagen gewusst hätten. Wir dachten sogar nach, soweit es möglich ist, in Orchesterstärke zu denken. Der Strom der Zeit, dieser grandiose unhörbare Sog, der jede Stadt, jedes Dorf, jeden Berg, jeden Stein, jeden Baum, jeden Grashalm, jeden Mensch und jedes Tier auf dem Planeten mit sich führte wie Milliarden von Inseln, der größte denkbare Fluss, das Meer der Meere, das unser Sonnensystem und Milliarden andere, den gesamten Kosmos seit dem Urknall umfasste und auftrieb wie einen gigantischen Ballon in die Hypernacht eines unbegreiflichen Nichts – er konnte unmöglich angehalten worden sein. Was auch immer wir fühlten und sahen. Was auch immer wir glaubten. Was auch immer die Cernianer oder andere Physiker, Technokraten oder Militärs auf sämtlichen denk- und laborfähigen

Planeten des Universums hatten ersinnen, errichten und abschalten können.

»Die Welt ist kein Schloss«, erklärte Sperber mit dem abstoßend fröhlichen Hintersinn, mit dem er schon sein Bulletin an uns verteilt hatte.

Hayami soll darauf erwidert haben: »Nein, das Schloss sind wir.«

Aber ich hörte diesen in Sperbers Bulletin Nummer 2 zitierten Satz nicht und hätte damals auch seine Tragweite kaum verstanden. Wie Sperber ihn sich im Nachhinein erklärte, so fassten es die meisten anderen wohl auch auf. Nach drei Monaten im stillstehenden Uhrwerk Genf glaubten wir immer noch gegen alle Zeichen und Schlüsse, durchaus schon mit einem gewissen Fanatismus, an die Existenz der Dornenhecke in irgendeinem Sinn und damit an die Möglichkeit einer Flucht in die außerhalb des Schlosses liegende Welt. Zugleich aber waren uns große Mengen Philosophie zugestoßen wie ein täglicher Unfall. Die Zeit existierte nicht unabhängig von uns, wir mussten sie mitbringen, in unseren Köpfen ausspannen, mit unseren Gedanken und Gefühlen, unseren Körpern, in unseren Augen erst nahm der Strom seine Fahrt auf, schwarz aus der Zukunft hervorbrechend, randlos die Gegenwart erfüllend und mit Milliarden von Gedächtnistrümmern übersät, in die Vergangenheit fließend. Infolgedessen lag es an uns, wenn alles stillzustehen schien, sich in das schweigende, steinerne Genfer Mittagsrelief verwandelt hatte, in dessen Schächten und Gängen wir seit Wochen umherirrten. Wir irrten uns, wir schufen ein Schloss, wo keines war, allein dadurch, dass wir – dass DELPHI – …

Etwas stimmte nicht mit uns. Etwas stimmte nicht mit unserer Umgebung. Etwas stimmte nicht mit uns und unserer Umgebung. Die Maßlosigkeit von ETWAS drohte uns zu ersticken, wuchs mit jedem Bericht und steigerte sich mit jeder hilflosen Theorie.

Patty Dawson hatte mich als Einzige auf meinen Rucksack angesprochen. Wäre die Sehnsucht nach Karin nicht gewesen und auch nicht der Schmerz und das Schuldgefühl, die sich mit Anna verknüpften, hätte ich mir vorstellen können, ein Etwas mit ihr anzufangen, ein chronokryptisches Techtelmechtel, den Null-Sekunden-Quickie, den es ja gar nicht gegeben haben würde, wenn es wieder etwas gab, so reizvoll war der Zusammenklang ihrer drallen untersetzten Figur mit ihrer expansiven Intelligenz, als hätte Letztere Erstere aus purem Übermut protzig aufgebläht und als gäbe es nichts intellektuell Anspruchsvolleres als den Disput mit ihren gewiss großen, skeptischen, hellrosafarbenen Brustwarzen. Patty hatte sofort die günstigste Konferenzordnung ersonnen, eine einfache Lösung für das chronoakustische Problem. Bei den Generalversammlungen, die gut, also von vierzig bis sechzig Personen, besucht werden und unter freiem Himmel stattfinden, arrangieren wir uns seitdem in der Gestalt eines flach gedrückten Ovals oder einer harmonisch gequetschten Ellipse, die bei besonders erregten Auseinandersetzungen leicht zur so genannten Brezel verändert werden kann, bei der sich je ein Vertreter der These und der Antithese in einen der oppositionellen geometrischen Brennpunkte begibt. Sitzkissen, Campingdecken oder Polsterobjekte waren bei jener ersten Inselkonferenz noch nicht vorhanden, so dass selbst Mendecker und Thillet in ihren Anzügen und drei oder vier Damen, die sich Sommerkleider aus den teuersten Genfer Boutiquen entliehen hatten, auf der bloßen Erde oder dem blanken Rasen hockten.

Wir fanden nichts heraus, wir wussten nichts. Die Cernianer machten ungeachtet ihrer Aufforderung, die Villa im Parc Moynier zum Think Tank umzufunktionieren, einen wenig denkfähigen Eindruck. Hayamis Absonderung, die man Boris zufolge schon damals leicht habe registrieren können, entging mir ebenso wie jene Bemerkung über das Schloss, das wir selbst seien. Immerhin einigte man sich auf das Fortführen des Ewigen Kalenders in dem Sinne, dass wir über das (oder die) womöglich im Stillstand auf uns zukommende(n) Jahresende(n) hinaus immer wieder die Elfen-

Tage in den überall erhältlichen Kalendern des Jahres Null abstreichen, die Elfen-Jahre selbst – falls nötig – mit Null beginnend aufwärts zählen würden. Auf die mögliche Triangulation der Zeit mit Hilfe von drei mechanischen Uhren wurde noch einmal hingewiesen, und Sperber, dessen Bulletin auf allen Plätzen und in allen Händen war, erbat sich Gastbeiträge, die man einfach an einer der in der Nullnummer bezeichneten Ausgabestellen ablegen könne, insbesondere vom cernianischen Think Tank über die allüberall jenseits unserer sonnigen, von hohen Pappeln markierten Zombie-Insel herrschende, kristallharte und atemleere GEGENWART.

10.

Ich habe noch nie in Menschenmengen einen vernünftigen Gedanken fassen können. Selbst im engsten Kreis (das konnte man einmal so dahinsagen, bevor unweigerlich die solitäre Kugel damit gemeint war, die uns wie eine unsichtbare Seifenblase, Betonschale, Panzerstahlkuppel umschließt), etwa im Laufe der zahlreichen Debatten mit Anna und Boris, Daisuke und Durétoile, meiner chronodynamischen Familie (von der sich Sperber nach etwa vier Wochen getrennt hatte), ging mir selten ein Licht auf. Nur gemeinsam mit Karin, vor ihren klugen Augen, unterstützt von ihren Fragen und Einwänden, war mein Gehirn imstande gewesen, im Dialogmodus zusammenhängend zu arbeiten, oft auch besser als allein mit mir und dem Schmerz der Absonderung, der, kaum hatte ich der Ile Rousseau den Rücken zugewandt, so tief ins Fleisch schnitt, dass ich fünf oder sechs Stunden lang mit aller Gewalt marschieren musste, um ihn durch die Anstrengung zu betäuben oder wenigstens niederzuhalten. Ich ging am linken Seeufer nach Norden. Weil sich die Konferenz lange hingezogen hatte, erreichte ich Nyon erst kurz vor Mitternacht. An der Seepromenade ließ ich mich im Schatten einer großen Kastanie in einem an den Strand gezogenen

Tretboot nieder, goss mir Wasser aus meiner Trinkflasche über den Kopf und starrte auf das sonnenüberfunkelte azurblaue Eis, in dem die Splitter einiger Segel steckten. Die Erschöpfung war so groß, dass ich erst am Morgen, nachdem mich die schmerzenden Lendenwirbel geweckt hatten, meine neue, selbst gewählte Lage genauer erfasste. Die Einsamkeit der Genfer Katastrophenwochen hatte sich jetzt gesteigert zum Extrem des Läufers, der alle anderen hinter sich lässt, des Bergsteigers, der als Einziger den Gipfel erreicht, des Rekordtauchers, der ohne Gerät über alle Tiefenmarken hinabgesunken ist und spürt, dass ihm die Luft zur Rückkehr nicht mehr zur Verfügung steht. Meine drei Armbanduhren (sechs Uhr vierzehn, sechs Uhr vierzehn, sechs Uhr vierzehn) schienen ihren feinsten Zeiger mit jeder Sekunde durch ein zäheres, dichteres Medium vorantreiben zu müssen, das Flüssigglas des Himmels, das schon ganz über das weite Relief des Sees herabgesunken war und sich nun in mich zu gießen drohte, als wäre ich auserkoren zum anatomischen Präparat wie die zu hunderten in den Altstadtgässchen als in ihrer natürlichen Umgebung ausgestellten Bürger von Nyon. Auf einem schon ziemlich hoch gelegenen Plateau meiner sich steigernden Panik wurde mir dann aber die Erkenntnis zuteil, ohne die ich keinen Monat und keine Woche allein in der Verwunschenheit überstanden hätte: Man muss Maßnahmen ergreifen! Ich wollte denken, mir noch einmal Klarheit verschaffen, und ich brauchte dazu sowohl die Einsamkeit als auch das ruhige, kultivierte Gespräch mit einem unvoreingenommenen Menschen. Folglich nahm ich ein Bad im See, rasierte mich bei einem mit Marmor ausgeschlagenen Coiffure, kleidete mich äußerst distinguiert zwischen den Kirschholzpaneelen eines italienischen Herrenausstatters, um dann in handgenähten glänzenden Schuhen den kurzen Weg zu einem Gourmet-Restaurant zurückzulegen, das sich im Souterrain eines von Weinreben umsponnenen Eckhauses befand und in dessen wunderbar schummrigem Terracotta-Licht ich einen allein, wohl an seinem Stammplatz sitzenden

Mann entdeckt hatte, neben dessen Teller mit Hechtklößchensuppe Pascals *Pensées* in einem bibliophilen Einband ruhten. Ich nannte ihn Monsieur le Professeur, ohne ihn zuvor einer Visitation unterzogen zu haben. Die Lichtreflexe auf seiner goldenen Brille und der wie geölten Stirnglatze schienen sich im Laufe unseres Gesprächs zu ändern, insbesondere wenn ich von einem der anderen Tische mit einem der insgesamt fünf vorhanden heißen Espressos zurückkehrte, um mein Denkvermögen zu schärfen. Wir rekapitulierten den Vorfall am PA 8, die Phänomene in Genf, das verworrene Zwischenergebnis der jüngsten Konferenz auf der Ile Rousseau. Letztlich oder vielmehr bislang gab es drei Erklärungsversuche, an die wir seit Anbeginn der Stunde Null glaubten. Und bei auch nur schwachen Prüfungen erwies sich jeder von ihnen als falsch oder wenigstens durchsetzt von inneren Widersprüchen. Unsere erste Theorie, die man eigentlich als bloßen augenscheinlichen und egozentrischen Reflex bezeichnen musste, obgleich sie die ungeheuerlichste Katastrophe behauptete, unterstellte mit dem simplen Eindruck, gerade eben sei die Zeit stehen geblieben, nichts weniger als die kosmische Paralyse. Einige der Cernianer wollten durchaus daran glauben, vorausgesetzt, der Stillstand trete in einigen Jahrmilliarden Jahren ein. Die Erde sei dann allerdings schon seit Äonen, wie ein Schneeball, den man in einen Hochofen werfe, beim Aufprall auf die Sonne verdampft.

»Weil wir Angst hatten, nicht weil wir etwas über den kosmischen Atem oder das Verbrennen der Erde wussten, klammerten wir uns an Dornröschen«, sagte ich zu dem Professor, in dessen Rücken sich seit bald dreißig Minuten ein Kellner auf orthopädisch sträfliche Art über eine Vitrine beugte. Die Inselkonferenz hatte nur zum Ausdruck gebracht, dass wir uns alle nach der Dornenhecke sehnten, nach der irgendwann und irgendwie von uns überwindbaren Grenze des Mittags, der doch, solange er währte, bis zur Sonne, in die wir wohl noch nicht gestürzt waren, die überall gleichen Bedingungen verhieß, nämlich die Starrheit des Inneren eines Kristalls.

»Alternativ dazu hätten wir die Theorie einer Art von Verzauberung oder Immunisierung der unsrigen gegen die Verzauberung aller anderen. Etwas, das mit DELPHI zusammenhängen muss und schließlich den ganz entscheidenden Umstand erklärt, dass es 70 und nur 70 Personen sind, die sich noch bewegen können.«

Ich hob zustimmend meine Espressotasse. »68 Personen, meine ich, zumindest nach dem letzten Stand.« Schneller sein als Einstein erlaubt, ein Gespenst sein, ein Korpuskel, die Projektion an der Spitze eines Protonenstrahls, der mit einer Winkelgeschwindigkeit von Vau gleich oder fast gleich Zeh um ein Zentrum bewegt wird und infolgedessen bei einiger oder besser riesengroßer Entfernung von diesem Zentrum überlichtschnell einen Bogen entlanghuscht, eine Landschaft überstreicht, eine Stadt, einen See, durch die Fensterflucht eines Turmes nach unten fährt in das submarine Dunkel eines Restaurants, in dem wie in einem lebendgroßen U-Boot-Modell ein Dutzend Wachsfiguren vor konservierten Mahlzeiten sitzt. Doch Fig. 4 b, ungläubiger Matrose am in die Luft der Zeit ragenden Periskop, senkt einen Arm auf den Tisch herab. Ich war und bin kein Lichtstrahl, keine bloße Projektion.

»Es bleibt noch eines, Monsieur le Professeur«, erklärte ich so bestimmt, dass ich nicht umhinkonnte zu glauben, die Augen meines Gegenübers kurz aufleuchten zu sehen. »Nämlich die Frage zu stellen, inwieweit das, was sich vor meinen Augen nicht mehr abspielt, den Anspruch erheben kann, tatsächlich die gefrorene Wirklichkeit zu sein.«

Der Professor gab sich nicht die geringste Mühe, meinen Verdacht zu widerlegen. Alles konnte so perfekt gearbeitet und doch unpassend, so seidig kühl und doch auch seifig glatt, so anschmiegsam, aber dann doch unvermutet drückend sein wie mein neuer teurer, kostenloser Anzug, die edle Unterwäsche, die handgefertigten Schuhe, die ich am nächsten Morgen einschließlich der Socken einem barfuß am Seeufer dösenden Landstreicher übereignete. Für mich selbst nannte ich es Kulisse oder Simulation, bis ich in Sperbers Bulletin Nummer 3 die Vorstellung eines enormen, mit jedem Schritt noch größer angelegt scheinenden Täuschungsmanövers viel zutreffender als *Museumstheorie* bezeichnet fand. Die Welt, in die wir mit dem Fahrstuhl am PA 8 aufgefahren waren, musste demnach nur bedingt den Gesetzen von Naturwissenschaft und Logik gehorchen. Es handelte sich ja nur um eine Ausstellung. Wie in guten Museen üblich, hatte man alles in Originalgröße aufgeboten und es unterlassen, ärgerliche Nicht-Berühren-Schilder anzubringen. Aber auch gute Museen pflegten einen Ausgang zu haben. Im Unterschied zur Dornröschentheorie, die den Stillstand eines wirklichen Areals voraussetzte und damit – unfreiwillig – eine die Erdoberfläche rasierende Katastrophenhalbkugel zur logischen Folge hatte, bedeutete die Grenzlinie hier nichts Verheerendes. Die Wirklichkeiten des Museums waren immer nur Kopien. Von der glühenden Attrappe der Sonne herunter auf den groß aufgeworfenen, blassblau bemalten Styropor des Mont Blanc am anderen Ufer des regungslosen Sees bis hin zu den römischen Säulen, die ich bei meinem Aufbruch über der Bucht von Nyon entdeckte und die mir hier so deplatziert und kulissenhaft vorkamen, dass ich ihren brüchigen grauen Stein mit den Fingernägeln prüfen musste. Einen ganzen Tag noch ging ich in meinem wenig rucksacktauglichen Anzug über Wege, Landstraßen, auf den Schattenpfaden zwischen grünen Rebbergen dahin, fast wohl im Sinne einer Demonstration, mit dem Zeichen eines gegen die Museumsordnung gerichteten Protests. Um herauszufinden, ob wir uns in einem Artefakt befanden, zu welchem lehrreichen, bösartigen, gnädigen Zweck auch immer es errichtet war, gab (und gibt) es vor allem zwei Prüfungen, nämlich die auf den Ausgang oder das Vorhandensein einer Grenze und die auf Vollständigkeit und Originaltreue in jeglicher Hinsicht. Man kann ein Weinblatt in die Hand nehmen und zerfasern wie dereinst. Die Erde krümelt wie früher zwischen den Fingern. Hinter jeder Fassade, die eine offen oder halboffen stehende Tür aufweist, entdecken wir Wohnungen und Menschen. Das aufgeklappte Buch ist beschrieben auf jeder Seite, und wenn wir es kennen, mit dem Text, den man erwartet. Dennoch brauchte ich den Beweis, dass sich die Erstarrung auch nordostwärts über die Alpen gelegt hatte, ungeheuerlich und erdrückend wie zuvor nur die Gletscher der Eiszeit. Und ich musste erst Karin ausfindig machen, sie auf die gleiche Weise vor Augen haben, in der ich seit Wochen nun schon die Leute sah, um gänzlich zu verzweifeln.

11.

Immer wieder glaubte ich zu ersticken. Ich hörte plötzlich Stimmen und Geräusche. Beim Aufwachen in der Mittagshitze sah ich einige Sekunden lang Nacht, auch wenn ich im Freien geschlafen hatte, was mir zu Anfang nur unfreiwillig passierte, als Folge der Erschöpfungszustände, in die ich durch verzweifeltes Marschieren geriet. In der ersten Woche allerdings, in deren Verlauf ich noch das Waadtland durchquerte und bis Fribourg kam, war ich zu verängstigt und entrückt, um mich mit aller Kraft auf mein Ziel zu werfen. Ich ging wie ein Schlafwandler durch die zum See hin gewürfelten Winzerdörfer der Côte, in denen es nicht so sehr verwunderte, dass jeder außer mir schlief. In Lausanne aber fürchtete ich, der Himmel über der Kathedrale würde zerspringen und das Kopfsteinpflaster und die überdachten Holztreppen, die steil zur Cité hinaufführten, jeden Augenblick entlang sich rasend öffnender Erdspalten zerreißen, so stark schien mir hinter den großen Flächen und Wölbungen der Druck der gefesselten Zeit. Sperber behauptete einmal, er habe sich hier tagelang in den Höhere-Töchter-Schulen und Mädcheninternaten erholt. Ich saß regungslos zwischen den versteinerten Leuten in einem Straßencafé, bis mir die Komposition der Arme und Beine und die unbarmherzig immer bekannter werdenden Gesichter in meiner Nähe wie Elemente eines großen Gemäldes erschienen, auf das ein genialischer Fotorealist seine Glanzlichter, intimen Tönungen und lebensechten Schattierungen verteilt hatte. Als ich mich erhob, überkam mich der Eindruck, ein Stück Leinwand mit mir zu reißen, das fest an meinem Rücken haften blieb. Solcherart erweitert, als schartiger Pappkamerad, ging ich zum Bahnhof, um mir für den Traum der Abreise eine reale Kulisse zu verschaffen. Noch gab es keinen toten Briefkasten im ersten Mülleimer rechts des Haupteingangs, aber man fand dort und findet immer Stadtpläne, Bücher, Medikamente und Verbandszeug, Nahrung und Getränke, den ausgewiesenen Weg zum Ortszentrum, also auch für unsereinen genügend Anreize, einen Bahnhof anzulaufen (auf dem Sondergleis des Irrsinns). In Lausanne ging ich sogar noch auf den Bahnsteig zu den Gleisen 7 und 8 hinaus. Ich hatte die Vorstellung einer magischen Reanimation, nichts weiter als ein Auswuchs unserer chronischen Imaginationskrankheit, die die Welt in Gang setzen, den Museumsausgang öffnen oder die Dornenhecke einfach dadurch zerhauen möchte, dass man sich wie ein kompletter Idiot benimmt, also vollkommen normal im Rahmen des nun wahnsinnig erscheinenden einstmaligen Zuvor. Womöglich hätte ich mir am Schalter noch eine Fahrkarte ausstellen und mich beim Durchqueren der Unterführung beeilen sollen, um damit den in Steinwurfweite (ehemalige hypothetische Strecke, nicht der Telefonkabinenrekord, der uns noch möglich ist) mit dem Gleis und der Oberleitung verschweißten SBB-Zug ganz heranzuzaubern. Es war aber nicht dessen vorhersehbare Unbeweglichkeit, die mich mit schwachen Knien auf eine Holzbank sinken ließ. Vielmehr entdeckte ich auf dem Bahnsteig Nummer 7 meine Frau. Wären mir nicht schon zu viele Leute in den vergangenen Wochen allein durch unbeabsichtigtes Nähertreten scheußlich entgegengewankt oder kollabiert (wie wir gemeinsam mit den versteinerten Ärzten zu sagen pflegen), hätte ich sie sofort in leidenschaftlicher Umarmung an mich gerissen. Karin hielt zudem einen

Pappbecher mit heißem Kaffee in der Hand. Sie trug mir unbekannte Kleidung: eine Jeans mit schwarzem Gürtel, eine klatschmohnblütenfarbene Baumwollbluse, ein leichtes, nur über die Schulter gelegtes Jackett. Auch schien sie sich neue, hochhackige Schuhe gekauft zu haben. Mühsam um Fassung ringend, im Sitzen vor mich hin keuchend wie ein vor Lust geschwollener Greis, starrte ich meine Frau an, außerstande, mir zu erklären, wie es sie vor drei Monaten (oder gar währenddessen) von der Ostseeküste nach Lausanne hatte verschlagen können. Niemals zuvor war sie mir so groß und ausdrucksvoll erschienen. Meine doch sehnsüchtige, verzweifelte Erinnerung hatte sie schlecht behandelt, sie geradezu verkümmern lassen. Ihr links gescheiteltes, knapp die Mitte ihrer Halsseiten berührendes Haar war noch malerischer, in einem rauchigen Dunkelbraun getönt und noch besser geschnitten, ihre Stirn höher, ihre Nase feiner, ihr Dekolleté glatter, ihre Brüste voller, ihr Becken und die in den Jeans mit den seltsamen Mysterien der grobstofflichen Umhüllung ohnehin schon betonte Gastlichkeit der Leistenregion noch herausfordernder, als ich es in meinem sträflichen und brutalen (denn es hatte sogar ihre Beine gekürzt) Gedächtnis bewahrt hatte. Die Abendsonne brannte senkrecht auf uns herab, die gleichmäßige Doppelreihe der in die Bahnsteigüberdachung eingesetzten Oberlichter wie eine wissenschaftliche Apparatur im CERN-Großmaßstab durchflutend, um solcherart gefiltert ein noch intensives, aber gekühltes, beinahe neonröhrenartiges Licht auf das Grauen zu werfen, das mich von Sekunde zu Sekunde stärker überkam. Seit dem Bulletin Nummer 5 haben wir dafür das amtliche Wort: der *Scheinklon* (Sperber vergab selbstredend keine weibliche Form). Es hilft ein wenig, wenn man sich sagen kann, dass es auch den anderen passiert und es gute Gründe gibt, mit denen sich die Häufigkeit des Phänomens erklären lässt, etwa die Tatsache, dass wir stets zu Fuß unterwegs sind und allen so nahe kommen, dass wir nichts anderes zu tun haben, als zu sehen und zu suchen, dass die anderen stillhalten und nichts einzuwenden vermögen gegen die Schamlosigkeit unseres Blicks. Die Scheinklone bleiben dennoch erschreckend, gerade die Form, die mir zuerst begegnete, nämlich die idealisierte Kopie. Auf jenem Bahnsteig in Lausanne musste ich erkennen, dass es eine Frau gab, die Karin fast bis aufs Haar glich, wie man einmal sagte, als die Gegenwart noch feiner gesponnen schien als ein solches, und in der uns zum Schrecken gegebenen Ruhe dieses Vergleichs war zu ertragen, dass jede Abweichung – zumindest in der konventionellen Sichtweise von Schönheitswettbewerben – zu Gunsten der größeren und jüngeren Frau ausfiel, der ich dann doch zu nahe trat. Augenblicklich fiel ihr der Becher mit heißem Kaffee aus der Hand.

Ich stieß mich vom Ufer ab in Lausanne. Statt mich einfach am westlichen Rand des Sees zu halten, musste ich jetzt über Land gehen lernen, nach Bern, Zürich, St. Gallen, Bregenz, Kempten. Dass man mir das Ziel – denn wenn auch München fotografiert war, dann ging es nur darum, dort genauere Hinweise auf Karins Aufenthalt zu finden – so höhnisch vervollkommnet gleich zu Beginn auf den Weg gestellt hatte, ließ mich noch oftmals niedersinken und den eigenen Kopf umklammern. Wir denken an Absicht, immer wieder. Das ist manchmal ein religiöser Impuls, manchmal nur die praktische Schlussfolgerung eines Theaterbesuchers, der die ungeheuerlichsten Kulissen sieht und nicht umhinkann, auch ein dazugehöriges Stück und die Existenz eines Regisseurs zu vermuten. Man will uns zur Verzweiflung bringen. Mit einem Aufwand, der alles Dagewesene übertrifft – nein: es einfach hinkopiert, klont, vortäuscht im Platinengewirr eines Superrechners, vielleicht haben wir die DELPHI-Kaverne ja nie verlassen –, soll nichts weiter an uns vorgenommen werden als ein soziologisches Gruppenexperiment. Zwei Todesopfer hatte es schon gefordert. Man wartete auf den ersten Wahnsinnigen. Ich hätte den Scheinklon auch ein Jahr zuvor treffen können, in der harmonisierten alten Zeit, in der sämtliche Uhren im Takt schlugen, auf irgendeinem anderen Bahnsteig, in irgendeiner anderen Stadt. Auch dann hätte ich mich vielleicht fragen müssen, ob es sich noch lohne, nach Hause zu fahren, und das Gefühl großer Enttäuschung und Entmutigung wäre wie eine Miniatur der Zustände gewesen, in die ich immer wieder auf meinen Reisen geriet, die im buchstäblichsten, alltäglichsten, mühsamsten Sinne Wanderungen sind.

Als ich – damals, vor drei Sekunden – von Lausanne aus den Weg nach Norden einschlug und das Waadtland durchquerte, schien es mir, als müsse es zu dieser noch besseren Hälfte in Gestalt des Scheinklons auch ein zugehöriges männliches Pendant gegeben haben, attraktiver und selbstsicherer als ich, und hierbei handelte es sich um meine eigene Vergangenheitsform, um das, was ich einmal gewesen war, ein schönerer oder wenigstens ansehnlicherer naiver Schwimmkorken auf den Stromschnellen der Zeit. Dieses ausgelöschte oder irgendwo festgefrorene Double hatte in München studiert, in Paris, in Berlin, Publizistik zum Schluss, als Nutzanwendung für das Vagabundieren in diversen Studienfächern, um dann den ersten Zeitungsjob zu finden und endlich auch Karin, auf dem Grund eines Schmerzes, den sie mit einem spraygekühlten Luftturbinenbohrer beseitigte. Als Mann einer Zahnärztin ist mir vor allen anderen Chronifizierten klar geworden, dass wir die modernen Bohrer einmal noch schmerzlicher vermissen könnten als unsere Ehefrauen. Ein sorgsam zusammengestelltes Zahnpflege-Set, einige Gewürznelken und ein guter Vorrat an Ibuprofen befanden sich deshalb schon in dem ersten Langstrecken-Wanderrucksack, den ich in Genf gepackt hatte und nun von Lausanne aus nach Norden trug. Solange sie uns nicht treffen, den Unterkiefer aufwühlen, uns fiebrig niederwerfen, mit den hysterischen Vorboten vermeintlicher Herzinfarkte, Blinddarmdurchbrüche, Rippenfellentzündungen und Ähnlichem bedrohen, denken wir lieber nicht an die praktischen medizinischen Probleme, an den kompletten Zusammenbruch der medizinischen Infrastruktur, soweit es das Personal betrifft, die

Datenverarbeitung und jede weitere Form elektrischer und elektronischer Gerätschaften. Im späten November des Jahres Null achtete ich vor allem darauf, nicht über die eigenen Füße zu stolpern, wenn ich eine steile oder unwegsame Abkürzung einschlug. Der große Hals- und Beinbruch war immer schon geschehen, wenn ich die ins wellige Land gestreuten Ortschaften und verfluchten kleinen Städtchen betrat mit ihren Zierburgen, rundtürmigen Schlösschen, schweigenden Brünnlein, stummen Kuhschellen-Souvenirständen und runden Käseleibern, die so viel wogen wie die in Trachten gesteckten schnittfesten Verkäuferinnen dahinter oder die steifen Touristen davor. Wann genau waren sie zu Säulen erstarrt? Immer wieder trieb es mich zu den Zeitungsläden und vor die TV-Bildschirme oder ich prüfte die Lektüre und die Armbanduhren lesender, unendlich müßiger Gäste. Es blieb Montag, der 14. August, zur gewohnten Zeit. In Romont. In Lentigny. In Fribourg, in Bern.

Phase 3: Missbrauch

1.

Sperber hat eine Phase vergessen. Natürlich weil sie nie eintritt, wenigstens nicht mit der Bestimmtheit der anderen, und weil die kleinste Überlegung, die geringste Unvorsichtigkeit, die leichteste Druckerhöhung eines Blicks sie zerstört. Es gibt keine Gewöhnung für uns. Wenn ich über Land gehe, auf einer nicht befahrenen Straße, einem dieser zugleich aussichtslosen und aussichtsreichen Wege zwischen Feldern, deren Wölbungen nur noch sie selbst und den enzianblauen Himmel übrig lassen, dann erscheinen mir manchmal die gefrorenen Dörfer und Städte, die Begegnungen mit den Erstarrten, die durchquerten Wüsten der Stille wie Elemente der ganz gewöhnlichen Erinnerung, in der doch auch früher soeben gewechselte Sätze schon wie eingebildet, vor kurzem angetroffene Menschen wie blasse Fotografien und die vergangenen Bewegungen in unzusammenhängende Bilder zerlegt wirkten. Dann hatte ich gestern eben ein interessantes Gespräch mit einem Gelehrten, der so engagiert sprach, dass er seine Hechtklößchensuppe aufzuessen vergaß, und ich musste, als wäre es im Jahre 1997 oder 1999 gewesen, mit der absurden Tatsache fertig werden, eine jüngere Zwillingsschwester meiner Frau getroffen zu haben, die auch noch schöner war (aber nicht klüger, nicht hilfreicher, wohl nicht auf die gleiche Art souverän und lebensfreudig).

Selbst wenn die Mittagssonne bis in den Abend auf die Felder und den Staub der Wege niederbrennt, wenn sich noch immer kein Halm und kein Blatt regt und die kurzen Schatten wie Ringe aus Stein hinter den Dingen liegen, hält sich in den einsamen Gegenden die Illusion oft über Stunden: falsch und glücklich, als hätte man mich in ein

Spitzweg-Bild gemalt, einen Spitzweg-Film natürlich, in dem sich prinzipiell alles bewegen könnte. Manchmal gerate ich auf offenem Gelände tief in die Nacht. In einer paradoxen Vertraulichkeit gegenüber der Einbildung und ihrem Gegenteil zugleich suche ich mir einem Platz im Schatten eines Gebüschs oder unter einem Baum wie zu einem kurzen Nickerchen, stelle aber meine Uhren um mich her auf und lege mich unbedeckt auf die dünne Spezialluftmatratze, die ich für solche Fälle in meinem Rucksack bei mir habe, im sicheren Glauben, dass es in den kommenden Nachtstunden nicht regnen und um kein Grad kühler werden wird und nicht einmal eine Ameise vorbeikommt, um mich zu stören.

Beim Erwachen kann es immer wieder den blanken Horror geben, die augenblickliche Umstellung durch die panzerbrechenden Riesentiere, die mit höhnischer Transparenz in die Luft und Leere gezeichnet sind, die Monstren der Abwesenheit, das Fehlen jeglichen Rahmens. Mit den Monaten und Jahren der Unzeit lernt man, solche Anfälle zu überleben. An einem einsamen Seeufer, auf einer Wiese oder Lichtung ist es nahezu einfach. Man sagt sich dann eben, dass man noch einen Tag Urlaub bekommen hat und dass auch heute keine Notwendigkeit besteht, den freien Fall der Gefühle aufzuhalten. Kein Beruf, kein Plan, keine Verpflichtungen, nichts. Nur die stärksten und die jüngsten Empfindungen halten dem Zerfließen stand, das, was am meisten schmerzt oder das größte Glück verspricht. Immer ist die Landschaft gleichgültig, leuchtend, tot, aus Quarz, Glas und glühendem Stein, ganz wie an jenem ersten Tag nach jener ersten Nacht, die ich schutzlos in der Nähe von Lausanne im Freien verbrachte. Der Gedanke an Karin war mein einziger Bezugspunkt. Was konnte sie dem Scheinklon noch voraushaben, wenn sie sich im gleichen Zustand befand wie dieser?

Nichts sollte unsereinem ferner liegen als Scham. So kommt es aber erst mit der Unzeit. Die heißen dampfenden Kaffeeflecken auf dem Jeansstoff. Mein Schrecken, die Kaskade aus Schuldgefühl, Angst, Einsicht, Panik, Überlegung,

Aktion, das Handeln-Müssen, weil ich doch nicht vorsichtig genug an sie herangetreten war, ihr über meine Schultern fallender Oberkörper, als ich vor ihr knie im Bemühen, ihr die Hose möglichst rasch, als sei sie mit Benzin getränkt und brenne, von den Schenkeln zu ziehen. Ich streckte sie auf dem blanken Steinboden des Bahnsteigs aus, zerrte mit fliegenden Händen an ihrem Hosenbund – bis mir endlich klar wurde, wie grauenhaft dumm ich mich anstellte, dass ich doch nur rasch zur Seite springen musste, um die Rötung der Haut augenblicklich zu unterbinden, und in aller Ruhe Wasser und Eis besorgen konnte, als einer der schnellsten Ersthelfer der Welt ebenso effizient wie als Verursacher alles möglichen Unglücks. Beim Wiedereintritt in die Chronosphäre der Frau presste ich sofort den Plastikbeutel, den ich an einem Getränkekiosk mit Eiswürfeln gefüllt hatte, auf ihren linken Oberschenkel. Eine nur von meinen drei Armbanduhren gemessene Viertelstunde lang kühlte ich die verbrühte Stelle, hockte zu Füßen gleichgültig in leblose Richtungen starrender Reisender, den labyrinthischen Wirkungen des Scheinklons ausgesetzt, schwitzend und leidend, als wäre nicht meine Unachtsamkeit an allem schuld gewesen, sondern eine venusfliegenfallenähnliche List der schönen Kopie, die sich in einer Stellung darbot, die sie sonst nur in äußerster Erregung eingenommen hätte oder als Folge der Einwirkung roher Gewalt. Natürlich rechnete man anfangs gerade in solchen Augenblicken mit dem sofortigen Wiederanspringen des Weltmotors.

Erlebnisse dieser Art unterhalten uns, wenn wir in einsamen Landstrichen unseren Weg machen. Unfähig mir auszumalen, Karin läge vor mir auf der Erde ganz wie die Frau auf dem Bahnsteig, marschierte ich ins Blaue, als könnte ich in jedem Augenblick durch eine Art Freiluft-Tapetentür hindurch den Ausgang zur Alten Welt erreichen. Wir brauchen nicht zu verschweigen, einmal die böse und unlogische Hoffnung gehegt zu haben, dass nur die Schweiz eingefroren sei. Es hätte doch so wunderbar gepasst. Die Mauern des Dornröschenschlosses, die gläsernen Ränder des Schneewittchensargs wären mit der eidgenössischen Grenze zusammengefallen als höchster Ausdruck und Vollendung der splendiden helvetischen Neutralität.

An unserem grenzenlosen Tag unterscheiden wir nur noch zwischen Stadt und Land. Solange wir nicht auf Fuzzis stoßen, können wir uns Illusionen machen. Die windstille Welt scheint dann gepflastert mit Tapetentüren oder wenigstens verspiegelt mit falschen (nicht-chronifizierten) und echten (halb-chronifizierten) Erinnerungen. Der Raum öffnet sich und bietet, verlangt fürchterliche Mengen Zeit von uns Wanderern. Die Gefahren der Wälder kehren zurück, im Sinne größerer Unannehmlichkeiten wenigstens, wenn man sich verirrt und nicht über ausreichend Vorräte verfügt, sich einen Fuß verstaucht oder gar ein Bein bricht, das mit weniger medizinischer Assistenz ausheilen muss, als einem Reisenden vormals in den fast weglosen Laubmeeren des Mittelalters zur Verfügung stand. Wir klettern auf Hügel und Bäume, um gnadenlos eintönige, Schritt für Schritt zu durchquerende Landschaften nach Lichtblicken abzusuchen oder wenigstens nach Zielen, die man sich setzen kann. Nach illusionsprallen Tagen auf Moos und Sommerlaub, unter unbarmherzig schweigenden Wipfeln ohne einen Hauch sieht es in unserem Schädelinneren aus wie in einer Barockkirchenkuppel, einer privaten, obszönen, manischen Spielart derselben natürlich, in der verzweifelte und hemmungslose Freskenmaler schinkenfarbene Körperteile angehäuft haben, Versuchungen und Chimären unserer Sehnsüchte und Begierden, fabulöse, gereizte Monstren, etwa aus den Erinnerungen an Karin, Anna und den Scheinklon gebildet auf meinen ersten deliranten Fußmärschen Richtung München. Es hilft uns ein Mittel, das einer der unsrigen, ausnahmsweise nicht Sperber, das *Gehen am Geländer* genannt hat, eine in den europäischen Kulturlandschaften leicht praktikable Technik, einsam zu bleiben, ohne sich ganz verlassen zu fühlen, indem man in subjektiv zu wählendem Abstand den öffentlichen

Transportwegen folgt. So deprimierend wie vorteilhaft sind Straßen und Autobahnen mit ihren Ortsschildern, Geschwindigkeitsbegrenzungen und Entfernungsanzeigen, mit tausenden von bunten Aquarien, durch deren geöffnete Fenster man sich das Fischfutter stehlen kann. Auf den Bahngleisen dagegen ist wenig los, oft fehlen parallel dazu die brauchbaren Gehwege und gerade die häufiger anzutreffenden klimatisierten Züge mit ihren nahtlos in die Metallwand gefügten Fenstern sind zu einer Kette geschlossener Eisschränke erstarrt. Wenn ich mutig und fröhlich bin, folge ich den Gedankenstrichen der Telefonleitungen, in denen das Summen erstorben ist, auch wenn ich bisweilen aus dem Anblick der reglos in die Luft projizierten Vogelsilhouetten nicht klug werden möchte und das Ohr gegen die hölzernen Masten presse (Geräusche! Sich lösende Materialspannungen im Areal der Chronosphäre). Noch gelassener ziehen sich die Stromleitungen zu unserer Orientierung über die Felder und Lichtungen, in sinnlosen schweren Büscheln weitergereicht von riesigen sechsarmigen Wasserträgerinnen. Sie führen oft nur zu bizarren Anlagen und menschenarmen Kraftwerken, wo man allenfalls eine Minimalversorgung finden kann oder – auch als einer der unsrigen – die Gelegenheit zum sofortigen Tod. Gedankenverloren, den Blick auf Absperrzäune, unwirklich große Transformatoren und Isolatoren gerichtet, erlitt ich einmal vor einem solchen Gelände fast einen Schock, weil ich auf der Zufahrtsstraße mit etwas völlig Unerwartetem zusammenprallte, einem im Sprung erhobenen Hirsch nämlich, der mir von nirgendwo her wie ein mächtiger brauner Sandsack entgegengeschwungen zu sein schien.

Wenn die Fantasien überhand nehmen (der Hirsch und sein beizender Ledergeruch waren allerdings echt), ist es besser, das Geländer loszulassen und zurück ins Zentrum, zu den Schrecken der Zivilisation zu flüchten, im Schritttempo erzwungenermaßen, quälend langsam. Wir müssen über das Glacis, durch die Vor- und Ausläufer, durch das Marode,

Werktägliche, Zerfranste, Putzwollhässliche der Städte. Autobahnkreuze liegen wie die unbeweglich gewordenen Gelenke erschlagener Riesen im Sommergras. Reifenlager, Schrottplätze, Tankstellen, Abstellflächen für Gebrauchtwagenmärkte folgen, um uns höhnisch an die einstige Mobilität zu erinnern. Seit langem schon erregt uns kaum etwas mehr als das Fahren, die Idee müheloser Fortbewegung. In einer negativen Erregungsphase konnte man mich auf der Autobahn beobachten, in sinnloser Wut und Eifersucht über das sonnenerhitzte Blech steigend, um besser treten zu können und den Anblick der zerspringenden Windschutzscheiben zu genießen, die sich vor den Gesichtern der Fahrer zu Spinnweben aus Eis verwandelten. Typischer Rückfall in die Phase 3. Die Ernüchterung folgt auf schmerzendem Fuße. Wir irren entlang der Rohrtrassenwüsten von Chemiefabriken und Raffinerien, über das Stahlnetz der Güterbahnhöfe, an Schlachthäusern, Baustoffdepots, Kieswerken, sauberen Fabrikhallen und ölverschmierten Werkstätten vorbei, die nur die Totenstille eint, die auf ihnen lastet. In wütend verstummten schäbigen Vorstädten gehen wir umher, in nicht enden wollenden Familienhaus-, Familiengarten-, Familienhund-Einöden, deren seifenwarme Hausfrauen uns kaum trösten, wir hasten über das Werkgelände von Elektrofabriken, als verfolgte uns einer, über die Kundenparkplätze titanischer Supermärkte auf der immergrünen Wiese unseres Tags, unseres Montags wohlgemerkt, der sein ganz eigenes Gepräge hat. Der Vorteil der so mühseligen, so langsamen Annäherung an die Zentren liegt wiederum in der von Sperber vergessenen Gewöhnung. Mit jedem ausgestopften Wandersmann, jedem stummen Figurenensemble an einer Bushaltestelle oder vor einer Imbissbude, jeder auf einem Gehsteig betäubten Kindergartengruppe, jedem Schnellrestaurant, das man mit Schaufensterpuppen überfüllt hat, und jeder Werkskantine belegt von Yoga-Asketen, die monatelang einen Bissen vor dem geöffneten Mund schweben lassen, legt sich das Bewusstsein der Vernichtung wie Kopierschwärze auf unsere Netzhaut, Schicht um Schicht in der Farbe der so lange schon ersehnten Nacht, der finstersten Depression, durch deren Pech und Teer wir uns voranschleppen.

2.

Vielleicht bis in das Innere eines Hauses. Bis vor eine verschlossene Tür. Und wir müssen klarsichtig und behend werden, um uns auf anderem Wege den Zugang zu einer Wohnung im zweiten Stock zu verschaffen, in der sich kein Mensch und kein Tier befindet. Es ist eine Überlagerung von Friedlichkeit und leisem Schmerz, die uns hier umfängt, etwas, das über verlassenen, unwirklich gut aufgeräumten Kinderzimmern schwebt, auch wenn es kein solches in der Wohnung gibt, durch die ich nun gehe, langsam, ganz wie in einem, ganz in unserem Traum. Die Möbel. Die Bilder an den Wänden. Das flüchtig mit der Hand einer Abreisenden gemachte Bett. Zwei Nachttischchen, die sich unterscheiden sollten. Der schön im gläsernen Sarg des Mittagslichts aufgebahrte Leichnam scheint ganz fern, er stimmt dich so pietätvoll und feierlich, bis du näher trittst und die eigenen Schultern siehst, den eigenen Hals, dein wächsernes kaltes Gesicht. Es gibt keinen anderen Menschen dort, auch keine so genannte gestorbene Hülle außer deiner sterblichen eigenen in der Seifenblase aus Zeit, in der du dich schaudernd bewegst. In keiner anderen Wohnung, die ich an unserem fünfjährigen Montag betrat, konnte ich so sicher sein, niemanden vorzufinden, wie in jenen Räumen, in die ich jedes Mal durch das von mir selbst eingeschlagene Küchenfenster gelangte, obgleich ich doch die Schlüssel besaß. Wie vor jeder längeren Reise hatte Karin aufgeräumt, abgespült, gewischt, um das freundliche Willkommen für unsere Heimkehr zu schaffen, das mich jetzt als sterile Abwesenheit empfängt. Nur auf meinem Schreibtisch ist das übliche Durcheinander ausgestellt, das um keine Sekunde altert und doch – wie die Zeitungen des Tages Null, wie die einmal aktuell gewesenen Papiere und Unterlagen auf den Kajütentischen eines Schiffswracks – immer tiefer abzusinken, immer unkenntlicher zu werden scheint mit Ausnahme der Informationsbroschüre *Le CERN (un exemple de coopération scientifique internationale)*, deren Umschlag mit fluoreszierender Energie neben einer auch zu lebendigen Zeiten und schon gleich nach der Entwicklung blass wirkenden Fotografie von Karin und mir auf der Pont Neuf (Hochzeitsreise, August 1995) aufleuchtet.

Nur beim ersten Besuch stürzte ich mich auf Karins Wäsche, ihre Kleider, das Kopfkissen auf der Suche nach ihrem Geruch, ihren Haaren und Härchen, den Schuppen ihrer Haut. Man muss kühl bleiben bei einer Eigenvisitation, auch wenn es so schwer zu ertragen ist wie ein Probeliegen im eigenen Sarg. Dass man sich selbst nicht sieht, ist eine Gnade, dass man ein ganz Anderer geworden ist, der Fluch. Schwitzend, in neu gestohlenen halbhohen Wanderschuhen, kurzen Hosen, den Rucksack an einem der Gurte über der Schulter tragend, ging ich durch die aufgeräumten Zimmer eines kinderlosen Paares, starrte auf die Möbel, Haushaltsgegenstände, Badezimmerutensilien, die ich in jedem archäologischen Detail verstand, reliktkundig bis zum letzten Väschen, zur absonderlichsten Fibel und dildoförmigen Grabbeigabe, barbarisch kostümiert, aber kenntnisreich wie ein durch eine pompejanische Villa stapfender Altertumsforscher aus Wien oder Chicago, an dessen Handgelenken drei uhrenähnliche Instrumente befestigt waren zur Messung von Schmerz, Paranoia, Sehnsucht und natürlich auch abweichender Zeit (12:48 Küchenuhr, 12:45 Radiowecker, 6:27 Karins goldene Armbanduhr auf dem kleinen Regal im Flur). Fotografien machen uns wütend, von Jahr zu Jahr mehr. Oder sie lassen uns verzweifeln, nämlich dann, wenn wir uns selbst darauf wieder finden, als aus dem Strom herausgefrorene zweidimensionale Miniaturen wie die abgezogenen und platt gedrückten Häute uns täuschend ähnlicher, aber gerade mausgroßer historischer Lebewesen aus dem Eozän oder dem Tertiär vor der Nullzeit an der Seite ebensolcher Geliebter, Verkleinerter, die jetzt aber wieder groß, plastisch und lebenswarm gewachsen sind, in jeder beliebigen Nähe so fern wie Komatöse, von außen wenigstens, wie klinisch Tote fast, durch unsichtbare kapillare Infusionen geschützt vor dem Verfall in der Zeit. Karins Fotografien vorzufinden erschien mir schlimmer als alles, was ich zuvor ertragen hatte (die perverse Tröstung des Scheinklons ausgenommen). Ich musste jeden ihrer Briefe lesen, ihre Tagebücher, ihre neuen und auch älteren Kalender, ihre Notizzettel, die Zeichnungen und Kritzeleien auf einem Telefonblock auswerten, jedwedes Schrift- oder Bildzeichen, das in einem genau einzuhaltenden Suchraster für jedes Zimmer, in jedem Schrank, jeder Schublade, Tasche, jedem Kleidungsstück zu Tage kommen konnte. Allein mit einer solchen kriminalpolizeilichen Vorgehensweise sind die Visitationen Erfolg versprechend.

Während des ersten Besuchs, der zehn oder elf Tage dauerte, fand ich kein System. Weil mich der Gedanke, in unserem gemeinsamen Bett zu liegen, wie die Aussicht auf einen Scheintod ängstigte, verbrachte ich die meisten Nächte gegenüber, in der Wohnung unserer Nachbarn, deren Tür offen stand. Auch wenn ich mir dort fest vornahm, an dieser oder jener Stelle nachzusehen, um einen genaueren Hinweis über den Verlauf der Reise an die Ostsee und Karins wahrscheinlichen Aufenthaltsort zu entdecken, verlor ich den Faden und vergaß das Ziel meiner Recherche, sobald ich im Hinterhof das Regenrohr bis zum ersten Stock emporgeklettert und durch das Küchenfenster wieder bei uns eingestiegen war. Wie ein Schauspieler, der eine tausendmal von ihm bespielte Bühne aufsucht, sah ich an fast jeder Stelle unserer Wohnung die Projektion von Szenen, die Karin und ich hier gespielt hatten, oft mehrere zugleich, übereinander geblendet oder mit raschen Schnitten zu einer flimmernden Abfolge montiert. Unsere Mahlzeiten, die langen Gespräche, ein erster heftiger Streit in der Küche. Der Sonntag gleich nach unserem Einzug, möbellos und unwirklich steril wie in einer Beckett-Inszenierung. Eine toskanische Nacht auf dem Balkon, für die uns die Nachbarn alte militärgrüne Schlafsäcke geliehen hatten. Die Seelenruhe, mit der ich bei hart erhitztem Unterteil auf den Schrank am Fußende des Bettes zutrat, um ein Kondom zu holen, als ob alle Welt schon in die blicklose Narkose der Unzeit gefallen sei, während Karin sich leicht dort rieb, wo meine Zunge sie gerade verlassen hatte. Es ist wie eine schwere Faust, die dir zwischen die Schulterblätter fällt oder stößt, lässig, ein einziges, völlig zureichendes Mal, um dich zu brechen. Karin lag in der Stellung des Scheinklons (den ich mühsam wieder angekleidet und auf eine der hölzernen Wartebänke auf dem Bahnsteig gesetzt hatte). Ich würde sie wahrscheinlich niemals finden, auch wenn ich monatelang mein Bermuda-Dreieck zwischen Berlin, Danzig und Rostock durchsuchte.

Jahrelang. Solche Zeitmassen in der Verwunschenheit glaubte ich damals, nach gerade einmal dreizehn Wochen ohne Nacht, unmöglich überstehen zu können. Ein weiteres Mal sank ich auf einen Stuhl in unserer Küche und starrte auf die von mir sauber und ohne Beschwerer oder Rahmen auf die Tischplatte gestapelten Geldscheine, die ich von einer entfernt liegenden Bankfiliale mitgebracht hatte. Unmöglich herauszufinden, ob es mir besser oder schlechter gegangen wäre, wenn Karin und ich im Verlauf der letzten wirklichen Monate inniger zusammengelebt hätten. Häufige Reisen, getrennte Verabredungen, zu viel gemeinschaftlich genossener Alkohol, zu viele nüchterne Gespräche. Karins sichere, zunehmend bestimmendere Art, nach so vielen Behandlungen und Patienten vielleicht unvermeidlich, eine Berufskrankheit, hatte mich allmählich in die Enge getrieben, in die träumerisch saugende Enge zwischen Annas Oberschenkeln aber wohl doch nicht zwangsläufig, nicht entschuldbar, auch nicht für fünf infrarot erhitzte Minuten in einem Fotolabor, einem für unsereinen nun so zynisch und erbärmlich gewordenen Ort. Anna würde jetzt und jetzt und jetzt, während die analoge Küchenuhr so etwa 12:48:53 anzeigte, ungleich lebendiger als in meiner Erinnerung neben Boris durch die Verwunschenheit gehen, sofern sie dort, wo sie sich gerade befanden, noch existierte. Beim Blick auf den Stuhl im Schlafzimmer, über den Karin ihre Wäsche und sonstige Kleidung zu legen pflegt, fiel mir endlich ein doch unübersehbarer roter Streifen auf. Unter einem Sommerkostüm zog ich das klatschmohnblütenfarbene T-Shirt hervor, das ich dem Scheinklon auf dem Bahnsteig in Lausanne unglücklich erregt wieder in die Jeans gestopft hatte. Natürlich war auch das ein Klon, hervorgegangen aus der nämlichen Textilfabrik in Taiwan. Dass Karin sich im gleichen Zustand befinden würde wie ihre mit Kaffee verbrühte schönere Zwillingsschwester, wie der achtjährige Christoph, der mir die Tür zur Nachbarwohnung aufhielt, wie dessen enorme, großflächige Mutter Laura, die mir mehr als eine Woche lang wärmste Gastfreundschaft und Zuflucht gewährt hatte, schien mir nun völlig gewiss, als wäre es allein durch ein Kleidungsstück beweisbar und bewiesen. Sie würde keine Ausnahme darstellen. Für die Eiszeit war sie wie alles andere gewesen.

Noch einmal ging ich zu meinem Schreibtisch. Ich drückte auf den Schaltknopf des PC, der sich immerhin bewegen ließ und knackte. Karin hatte vielleicht die gesamte ihren Urlaub betreffende Korrespondenz per E-Mail abgewickelt und damit in das vollkommen sprachlos gewordene elektronische Reich verbannt, dessen Gehirne uns ebenso wenig von ihrem Inhalt preisgeben wie es ein menschliches Gehirn tun würde, dargeboten auf dem Schneidebrett eines Anatomen. Um die machtlose Tastatur herum waren neben den CERN-Broschüren noch Fotografien, Bücher und Dokumente für andere Projekte ausgebreitet. Der Schlag zwischen die Schulterblätter zerbricht alle Panzer, Rüstungen, Schutzhüllen. Ich lege meinen Beruf ab, dachte ich, mit hängenden Armen vor meinem Schreibtisch stehend. Meine Ehe. Meine Liebe. Wir müssten uns neue Namen suchen, hatte mir Daisuke erklärt, wie die Japaner nach dem Tod, einen *kaimyō*, zu kaufen bei den Tempelpriestern, der teuerste mit vornehmster Endung ist für uns (jene fischleibfarbenen Päckchen auf dem Küchentisch) kein Problem. *Adrian-daishi*, der nach zehn Tagen quälender Nähe in sich wieder hinausklettert durch sein eigenes Küchenfenster, am seit drei Monaten vollkommen nutzlos gebliebenen Regenrohr. Die Prielmayerstraße. Quer über den Karlsplatz. Die Neuhauser Straße. Ein Hinweis in Karins Taschenkalender zeigte auf die, wie ich glaubte, einzige Chance: die Berliner Wohnung ihrer Freundin Christine, mit der zusammen sie verreist war. Womöglich hatte Christine ein Hotel gebucht oder irgendeine Art von Tourenplan hinterlassen. Ich ging durch das gelähmte, eisige, sonnige München, nah an erstickten Passanten vorbei, zu den ironischen Touristenskulpturen unter der Mariensäule, den Hungerkünstlern, die an den weißblau gedeckten Tischen im Freien Weißwurststücke und Brezeln, Leberkäse und Sauerkrautfasern vor ihren sich nicht mehr schließenden Mündern drapierten, folkloristische Thantalusse, so bunt, still und entfernt wie die Schäfflertanzfiguren in der Rathausfassade. Der Straßensänger vor der frisch erhaltenen Leiche des Feinkostgeschäfts, das ich so gut gekannt hatte, als es noch am Leben gewesen war, ließ das Publikum zappeln, er war der große Profi, der sich noch fünf Jahre Zeit ließ bis zu seinem einzigartigen Akkord. In seinem Rücken hielt mir eine gebückte alte Frau die Glastür auf. Ich füllte meinen Rucksack so hastig, als könnte ich erwischt werden, und so blödsinnig gierig, als müsste der Vorrat reichen für den gesamten zweiwöchigen Spaziergang nach Berlin.

3.

Nachdem man monatelang keinen Ausgang gefunden hat, überlegt man sich den Weg. Boris und Anna bevorzugen die gleiche Methode wie ich, um sich einigermaßen zielsicher durch die Verwunschenheit zu bewegen. E 1: Von Schweden zur Apenninenhalbinsel. E 2: Von der Nordsee zur Riviera. E 3: Vom Atlantik zum Schwarzen Meer. E 4: Von Gibraltar zum Peloponnes. E 5: Vom Atlantik zur Adria. E 6: Von der Ostsee zur Ägäis. E 7: Von Portugal und Spanien nach Slowenien. E 8: Von der Nordsee nach Südbulgarien. E 9: Von Nordspanien zur Ostsee. E 10: Von der Ostsee zum Mittelmeer. E 11: Von der Nordsee zu den Masuren. Die europäischen Fernwanderwege liegen über dem Kontinent wie das Netz einer schüchternen Riesenspinne, die ganz rasch, nur mit dem nötigsten Aufwand die gesamte Hecke des Dornröschenschlosses verschnüren wollte. Aber ihre Fäden sind unzerstörbar, nicht mehr vom Untergrund zu trennen, sie sind Risse im Zeitgranit der verhärteten Welt, denen wir folgen, um nicht tagelang über Autobahnen und Schnellstraßen zu irren oder in wüsten Gegenden, die Schritt für Schritt überwunden werden müssen, zu verzweifeln. Die Fernwanderwege bieten Unterhaltung, Schönheit, Ruhe als Perversion. Anna sagte mir, dass sie sich auch jetzt noch eines gewissen Erschreckens oder wenigstens unheimlichen Gefühls nicht erwehren könne, ganz als wäre alles schon lange vorbereitet gewesen, wenn sie an Hauswänden, an Zäunen, Holzpfählen und Baumstämmen, oft noch von Fuzzis umrahmt, als hätten diese sie verbergen wollen, die Markierungen der Wanderwege erblickt: Andreaskreuze, Rauten, grüne Dreiecke auf weißem Spiegel, gelbe Kreise, aufeinander gesetzte Querbalken, die an Flaggen erinnern. Wie die Zeichen der Apokalypse sind die kleinen Leitsterne über den Kontinent verteilt, und wo auch immer man einen sieht, oft den Verlauf eines alten Pilger- oder Salzwegs markierend, befindet man sich tief in der Verwunschenheit.

Boris und Anna haben in ihren fünf Jahren ebenso wenig eine Ausnahme gefunden wie ich. Auch sie sind fünf Jahre älter geworden, während sich alles andere um sie herum im Schönheitsschlaf konserviert. Die Gegenwart, das einmal flüchtigste, unfassbare Element, ist immer für uns da, kolossal und unerbittlich, mit steinernem Gesicht. Sie ist wie die

Eigernordwand, die sich jetzt, am blendenden Abend, über Grindelwald erhebt. Mit zehntausenden von Meißelschlägen aus dem blauen Eis des Himmels gehauen, zu Granit verbittert. Vollkommen unbezweifelbar. Wenn man es genau nehme, sagt Boris, sei die Gegenwart schon immer mächtiger als jede andere Zeit gewesen. Nur weil wir dahinflossen, weil sich alles mit uns im großen trägen Strom befunden hat, weil wir zu rutschen glaubten, im Rücken wie eine ungeheure Schlammlawine den Rest der Welt und mit ausgestreckten Armen und der Vorwölbung der Denkerstirn immer schon im aufplatzenden leeren Kokon der Zukunft zu stecken wähnten, konnte uns das Gültige und Definitive der Gegenwart verborgen bleiben. Die Gegenwart ist jedoch erhaben, sie ist präzise und gewiss, aufragend und deutlich wie die massive Speerspitze der Nordwand. Sie sagt, dass sie ist. Nichts kann so sicher sein. Das gelb getupfte Seifenblasenspiel der Vergangenheit, in der wir gerade eben noch durch den Löwenzahn einer Bergwiese stiegen, gehört in die privaten Geschichtsbücher wie der künftige Augenblick, in dem wir wiederum Genf erreichen und Mendecker zur Rede stellen für den RUCK, dieses Manöver eines befremdlichen Science-Fiction-Romans. Für uns ist kaum noch vorstellbar, dass wir dereinst an das Hackmesser glaubten, die rasende Mehrfachguillotine, die einen ohnehin schon mageren Sekundenbruchteil noch und noch einmal feiner schneidet zu Scheiben, Folien, Membranen, nicht mehr vermessbaren infinitesimalen Jungfernhäutchen der Zeit. Die Gegenwart zerfällt nicht. Sie liegt ruhig und klar in unseren Atemzügen, wähend unsere Blicke die aufeinander getürmten Felskathedralen, die zerrissenen Eisfelder und tödlichen Abbrüche der Wand überstreichen. Es gibt keine Fotografie oder Folie, die zu dünn wäre, uns zu beherbergen. Stattdessen leben wir auf Inseln, dauerhaften, komfortablen, sonnigen Refugien im Strom, die wir mit einem Schließen und Öffnen unserer Lider wechseln, stets angenehm beschattet von Erinnerung, stets die leichte Brise der Zukunft auf dem Gesicht. Boris und Anna an meiner Seite auf dem seit fünf Jahren ununterbrochen glühenden Asphalt der Grindelwalder Hauptstraße. Ihr Atem, ihre Bewegungen, der Schweiß auf ihren Gesichtern, das Schmirgelpapiergeräusch, wenn sich die Rucksäcke versehentlich berühren, das glatte leichte Schaben von Haut an Haut – wenn wir uns nah sind, jetzt, in unserer Gegenwart, in der es Bewegungen gibt und Dauer zugleich. Das Zerschneiden ist das Unnatürliche. Es treiben keine Fototapeten im Fluss. Das Standbild hat nie existiert, obgleich es sich vor uns in der blendenden Sonne erhebt, gerahmt nur noch vom Abgrund des Himmels als die von Eiger, Schreckhorn und Wetterhorn gebildete zyklopische Felsbarriere, eine Welt dahinter verschließend, die uns doch schon lange zu Stein geworden ist. Auf zwanzig Sekunden hatten die instrumentellen Schlaumeier mit ihren Enzephalographen und Laborkameras dereinst einmal die größtmögliche Ausdehnung der Insel Gegenwart vermessen, den maximalen Take, das Rekordglissando des Bewusstseins, während dessen es uns scheinen konnte, alles wäre jetzt und aus einem Guss. Nach fünf Jahren aber, in denen wir Zeit gehabt hätten, zahllose Ergebnisse und Berichte zu fälschen, quält uns am meisten, dass es doch, für uns doch, das Standbild gibt, die maßlos authentische, unmögliche Standwelt, durch die wir noch immer verständnislos gehen, wenn auch schon lange mit der Abgebrühtheit chronisch Schizophrener oder Paranoider, die sich über ihre Wahnbilder in Ruhe unterhalten und sich einladen können zur gemeinsamen Begehung ihrer Halluzination.

Der Wahn von Grindelwald tönt leise unter unseren Schritten. Eine mittelalte Japanerin kommt uns entgegen, die Sonnenbrille im Haar, drei Umhängetaschen geschultert, einen Fuß erhoben über ihrem in den Asphalt gebrannten Schatten. Auf die Hotels in ihrem Rücken, das vertraute Schweizer Durcheinander von traditionellen Holzhäusern und sauberen Betonklötzen, verweist ein Büschel aus wenigstens zehn Pfeilen, orangefarbene Grüße von Zenon, denen auf dem darunter liegenden Zebrastreifen seit Jahren eine unbeirrbare Gruppe von Touristen folgt. Es sind zwei ältere Paare und zwei junge Männer, wiederum Japaner. Natürlich ein Zufall. Aber er hat eine zuverlässige statistische Grundlage, er elektrisiert uns mit der Aussicht, dass der Tage kostende Umweg nicht umsonst ist. Wir gehen in der Mitte der von Autos nicht zu sehr verstellten Straße, in Kleeblattform, die Rucksäcke zueinander gedreht, Boris leicht voraus, verabredungsgemäß als Figuren eines absurden Wandersleute-Westerns, ein jeder also mit der entsicherten Knarre in der Hand.

4.

Keiner hat die Widersprüche und Absurditäten unserer Situation schonungsloser zum Ausdruck gebracht als Hayami während der ersten Jahreskonferenz. Und bedauerlicherweise hat niemand eine originellere Lösung, ein besser durchdachtes Konzept präsentiert – so glauben Boris und Anna und wohl auch gewisse Anteile in mir. Hayami ist die Inszenierung des RUCKS eher zuzutrauen als der gesamten Mendecker-Crew. Seine Theorie weist zumindest einen Weg, ein hypothetisches Gleisstück, auf dem man die Kolossallokomotive der Welt ein wenig hätte voranschieben können, ohne sie regelwidrig zu bedienen. Auf der Ile Rousseau, an unserem ersten hochsommerlichen Silvestertag, formulierte er mit unnachgiebiger Schärfe die Widersprüche in sämtlichen bislang vorgebrachten Theorien. Er fand Gehör, weil er als eine Art unabhängiger Spezialist angesehen wurde, da er habilitierter Physiker war, aber kein CERN-Mann, sondern nur ein in Meyrin hospitierender Kollege von der Super-K-Collaboration, jener Forschungsgruppe, die im japanischen Berg Ikenoyama einen Edelstahltank versenkt hatte, gefüllt mit 50 000 Tonnen ultrareinen Wassers. Die leisesten Protonenzerfälle darin wurden einmal von 11 000 medizinballgroßen Glaskugeln belauert, als es noch etwas zu belauern gab.

»Er ist ein Kugelmann, wie Leibniz«, sagte Daisuke einmal. »Für Weihnachten, peng! Macht er sie alle kaputt.«

An der Echtheit, der lückenlosen Authentizität unserer Umgebung war Hayami zufolge ebenso wenig zu zweifeln wie an der himmelschreienden Unlogik der Chronosphäre. Weshalb können wir atmen, wie zirkulieren Sauerstoff und Luft, während sich doch sonst nichts an der unmittelbaren Außengrenze der Sphäre rührt? Wie können sich unsere Zeitinseln widerstandsfrei mit uns bewegen, wenn doch jeder Papierflieger, jeder Ball, jedes Wurfmesser, jede Pistolenkugel in der unsichtbaren Hülle stecken bleibt? Wie ist es möglich, dass Radiowellen ausgelöscht werden, indem wir auf sie zugehen, nie aber das Licht? Auch auf der zweiten Jahreskonferenz – dieser heiklen karnevalesken Veranstaltung, die dazu geführt hat, dass ich an keinem weiteren Treffen mehr teilnahm – konnten die noch forschenden Cernianer nicht die geringste elektrische Energie erzeugen oder außerhalb der Sphären beobachten. Aber die elektrochemischen Vorgänge in unserem Nervensystem mussten sich doch weiterhin vollziehen. Magnete, die unsereiner in die Hand nimmt, werden zu kraftlosen Eisenbrocken. Unser Feld erweicht die Fuzzis, EUCH, EURE gewaltigen unchronifizierten Heuschreckenarmeen, ohne dass EUCH ein Licht aufginge, IHR die Sprache fändet oder das Bewusstsein. Wenn wir uns aber mit Mäusen zufrieden geben wollen, mit Fliegen oder Ameisen (Harriet plante ein System von geschickt im Raum arrangierten Glas- oder Kunststoffröhren, fortwährend von Insekten durchkrabbelt, deren addierte Mikrochronosphären uns immer geräumigere Freizeitgehege hätten schaffen können), dann sehen wir uns dennoch enttäuscht und halten einen regungslosen Organismus in der Hand (seit Jahren wurde keiner mehr von einer Mücke gestochen).

»Und das da draußen macht es endgültig verrückt.« Hayamis fast spitzbübische, linkische Geste, die auf die Mont-Blanc-Brücke weist. Jenes Draußen ist explosiver Wahnsinn, solange die Uhren in uns ticken, dort aber starr gefroren sind bis in die letzte hochstaplerische Dezimalstelle der auf atomaren Schwingungen basierenden Laborzeitmesser hinein. Wenn in uns Zeit ist und um uns keine Zeit, dann hätten seit fünf unmöglichen Jahren schon sämtliche relativistischen Dämonen vernichtend toben müssen, mit Gravitationswirbeln, Schwarzen Löchern und weißen Unlöchern, sich ungeheuerlich verbiegenden Koordinatennetzen, in denen die Lichtstrahlen sich selbst überholten und durch den im Fusionsfeuer schmelzenden Uhrensalat schossen. Dies nicht genug: Weshalb war Zenons Paradox falsch oder vielmehr leicht abzuschütteln? Weil es davon ausging, dass der nicht in Bewegung zu versetzende Pfeil sich in absoluter Ruhe befand. Diese Ruhe aber, der Gefrierschnitt der Welt, wäre unmöglich, niemals realisierbar, denn unter die Planck-Sekunde, eine 10 hoch minus 43 Sekunden niedrige Latte, könne der große Limbo-Tänzer sich niemals biegen, eine Fotografie der Welt somit nicht existieren, allenfalls eine Nebelkammer läge im Bereich des Vorstellbaren oder ein waberndes universelles Protoplasma, der Schaum der nächsten Zukunft, mit dem alles schon immer ausgestopft gewesen sei.

»Wenn es kein Standbild gibt, dann sind wir doch wieder im Illusionstheater!«, rief Sperber. Er warf einen Arm in die Höhe, als wäre es möglich, die Glasscheibe vor der Seelandschaft zu zertrümmern.

»Nennen Sie es Illusion. Was macht das für einen Unterschied?«, entgegnete Hayami. Auf der ersten Jahreskonferenz wollte er seine eigene Theorie noch nicht darlegen. Er habe gar keine, dachten die meisten. Über Daisuke erfuhr ich, dass er wie ich seit zwölf Monaten auf der Suche nach seiner Frau war. Eine Feuerpferdfrau, so mutig wäre Hayami einmal gewesen. Und statt froh darüber zu sein, sie verloren zu haben, wäre er an seiner mangelnden Aufmerksamkeit für ihre Schweizer Reisepläne verzweifelt. Man kann nicht behaupten, dass Hayami, ein schmächtiger, fast europäisch wirkender Typ mit Halbglatze, auf jeden unsympathisch wirkt. Er scheint nur zu allem fähig, auf eine seltsam lässige, nicht einmal humorlose Art.

Man muss Vertrauen haben. Wenn Anna mich erschießt, jetzt zum Beispiel, durch einen drehbaren Postkartenständer hindurch, dann soll es mir recht sein (das Aufblitzen, der Knall, der Schmerz-Lust-Austausch unter ihrem ruhigen Gesicht). Von Boris möchte ich nicht so gerne erledigt werden, es hätte etwas Othellohaftes. In der Nordwand, die immer wieder heranzutreten scheint wie eine eisüberkrustete schreckliche Königin, sollen mehr als 60 Bergsteiger das Leben gelassen haben. Vielleicht waren es 68, die wie wir in gefrorener Stille aufgehoben sind, in ihrer letzten kalten Gegenwart. Annas Lachen, kurz und eindringlich, das erste Lachen, das ich seit zweieinhalb Jahren höre, gilt einer Schaufensterdekoration. Unter einem zentral aufgehängten Alphorn hat man eine japanische Flagge befestigt, als handele es sich um das Wahrzeichen des 27. Schweizer Kantons. Die Flagge mit dem roten Punkt taucht in unterschiedlichen Verkleinerungsgraden immer wieder auf, an Kiosken, Hotelrezeptionen, Bankschaltern, in den Auslagen von Geschäften, in den Pfoten eines ausgestopften Murmeltiers. Als hätte Hayami das Dorf mit einem Netz von Hinweisen und Foppungen überzogen, bis hin zu den zahllosen ausgestopften Landsleuten, deren männliche Exemplare wir, sofern sie etwas älter und schmächtiger ausgefallen sind, argwöhnisch umgehen, genügt doch eine Sonnenbrille oder ein aufgeklebter Schnurrbart für den offenen Hinterhalt. Peng! – Die Feuerblume Hana-bi erblüht durch die ewig gleiche Titelseite der Neuen Zürcher Zeitung, die zur Tarnung gehalten wurde. Allein aus statistischen Gründen hätte Hayami seine Frau entweder in Zermatt oder in Grindelwald vermuten müssen, diesen vierteljapanischen Bergdörfern und internationalen Rummelplätzen, die einstmals laut, teuer und polyglott waren. Jetzt treibt uns alles frei und still entgegen, und man hört nur noch die Sprache der Fische.

In dem mir als vorletztes zugegangenen Bulletin bezeichnete Dr. Magnus Sperber die auf der zweiten Jahreskonferenz bekannt gemachten Vermutungen Hayamis offiziell als *MUFO-Theorie* (Monadologisches-Unbekanntes-zu-Fuß-Objekt-Theorie).

Il arrive de meme qve par la multitude infinie des substances Simples, il y a comme autant de different Univers, qvi ne sont pourtant qve les perspectives d'un seul, selon les differentes points de veue de chaqve Monade.

Ich fand zunächst nur eine französische Ausgabe der *Monadologie* in Genf (E. Boutroux, Paris 1881), an die ich mich gewöhnte, um sie im März des Jahres Drei einem armen Regungslosen zu schenken für den Hayamis Ansicht nach durchaus möglichen Fall, dass die Antiquariate wieder öffneten. Verschiedene Miniatur-Universen, Quasi-Weltkugeln im Umfang eines zusammengerollten Eisbären, mikrokosmische Bälle mit unsichtbarer Außenhaut, in denen wir als Fleischeinlage, als blinde Passagiere, als Flugkapitäne, wenn nicht Götter, dahinschwebten (allerdings eben zu Fuß). Die Welt spiegelte sich uns vollkommen vor. Aber wir waren nicht mehr ihr Teil und wir gehörten nicht mehr ihrer Zeit. Dass sie tatsächlich so still vor uns lag wie das Präparat eines demiurgischen Pathologen, dass wir sie verändern und verwenden konnten, dass wir nicht zerplatzten, nicht erstickten, dass unsere Sichtweisen, soweit wir es nur erprobt hatten, perfekt übereinstimmten, ließ auf etwas Aktives und ganz Enormes schließen, eine Aktivität im Leibniz'schen Sinne durchaus, die Handlung einer höheren Intelligenz, einer überragenden Zivilisation. Alle physikalischen, logischen und sonstigen Paradoxa, mit denen wir uns quälten, ohne doch die Existenz der Chronosphäre im mindesten bezweifeln zu können, würden verschwinden, wenn wir eine Technologie annähmen, die der unsrigen so sternenhoch überlegen sei, wie das Zuhause ihrer Erfinder von der Erde entfernt liegen dürfte. Der blinde ahnungslose Passagier wäre dann das Modell unserer Existenz. Wir suchten unwillkürlich nach den

UFO-Schaltpulten, den Kontroll-Displays des Bordcomputers, den Seiten- und Heckrudern, der Phaserkanone, dem roten korkenzieherähnlichen Hebel für die Schubumkehr, dem Anihilator und den dutzenden anderer in der Luft versteckter Instrumente, über die unsere Ein-Mann-Raumschiffe verfügen mussten, deren transparente Bordwand mit ihrer Erwähnung oder Benennung sich irgendwie aufzublähen schien, wohl gemeinsam mit uns im Sinne der Expansion unseres Mikrouniversums, schließlich waren wir von einfachen Zeitschiffbrüchigen aufgestiegen zu Kommandeuren einer extraterrestrischen Seifenblasen-Sternenflotte. Der verfügbare Raum auf der Ile Rousseau erschien uns plötzlich zu klein, eng wie der Fahrboden unsichtbarer Box-Autos auf einem der monadologischen Jahrmärkte, bis uns wieder einfiel, dass wir zusammen ja im gleichen Mutterschiff saßen oder vielmehr dort unnötigerweise mit der Vorsicht blinder Fahrschüler einander auszuweichen versuchten.

Wenn man einmal ihre größte Zumutung, die Existenz und das Wirken einer höheren Macht und Technologie akzeptiert hatte, erschien Hayamis Theorie so schlüssig, als hätte man gerade die unsichtbare Plasmatür des Kugel-MUFOS hinter sich ins Schloss geworfen. So glaubten wir sie etwas weniger nicht als die Museumstheorie oder andere Hirngespinste. In unserem Gespinst, das von Monat zu Monat, von Jahr zu Jahr wirklicher und dichter wurde, von keiner Heckenschere und keiner Kreissäge mehr zu schneiden, steigt der Erklärungsbedarf jedoch an bis zu den fanatischen Heißhungerfragen der Phase 5. Das unsichtbare Raumschiff gibt ihnen einen großen Ballen Futter. Es könnte *ein* UFO sein. Die Chronosphären wären dann nur Leibniz'sche Perspektivunterschiede, gleichsam Blicke aus verschiedenen Bordfenstern.

»Man will die Zuwendung«, sagt Anna. »Den großen Onkel, den man nicht sieht, die göttliche Papa-Maschine.«

»Es wird ein schlecht rasierter Mars-Biologe in fleckigem Laborkittel sein, der sich über uns Ratten beugt«, sagt Boris.

Im Grindelwalder Bahnhof, den wir mit entsicherten Knarren durchsuchen wie bewaffnete Versuchstiere oder armierte blinde Flugkapitäne göttlicher Maschinen, gibt es nur unverdächtige Steifhaltungen. Kein Papierkorbkassiber. Bei Madame Denoux hatte man vielleicht einen Justierungsfehler gemacht; bei dem Selbstmörder Silvan noch einen, der ihn aus dem CERN-Turm springen ließ. Seither funktionierte die Milieuanpassung. Die Glaskugeln des Super-Kamiokande-Detektors, auf dessen ultrareinem Wasser er wohl zu lange mit dem Schlauchboot herumgefahren sei, hätten das mysteriöse und seltsame Denkmodell Hayamis inspiriert, befand damals, auf der Ile Rousseau, der Physiker Lagrange und sprach anscheinend auch für die meisten anderen Cernianer. Hayami nahm die Verdächtigungen und Einwände seiner Kollegen gelassen hin. Er erschien immer in der gleichen, etwas kindlichen Aufmachung, wenn ich ihn zu Gesicht bekam – weiße Turnschuhe, türkisfarbene Hosen und ein kurzes gestreiftes Hemd, aus dessen Brusttasche er schon während der ersten Jahreskonferenz ein flaches Gehäuse in Notizbuchgröße nahm. Kein Cernie war imstande gewesen, ihm zu erklären, weshalb noch nicht einmal dieser Solarrechner funktionierte.

»Mendeckers Herzschrittmacher arbeitet zuverlässig«, hatte mir Boris verraten, als ich in Interlaken noch daran zweifelte, ob sich der Umweg über Grindelwald lohne. Der Teilchenboss lebte vielleicht nur noch, weil sich das Gerät tief im Inneren des Körperstammes befand (keiner von uns verspürte Gelüste, mit einer kleinen Uhren-Batterie die Probe aufs Exempel zu machen). Solche Widersprüche stützen die Theorie der MUFO-Intelligenz, die Annahme des großen Glaskugelspielers. Aber weshalb der Experimentator nichts weiter mit uns anstellt, als uns lange Jahre durch ein Standbild unserer Welt irren zu lassen, bleibt die ungelöste Frage. Ich stelle sie zum hundertsten Mal, nun wenigstens einmal wieder laut.

»Eben gerade das könnte das Experiment sein.« Boris und

Anna antworten fast gleichzeitig. Wir sind am Ende. Wir haben den östlichen Ausgang des Dorfes erreicht, sinken erschöpft auf die Plastikstühle einer Ausflugsgaststätte, lehnen uns zurück, lassen uns vor der Steinmauer des Wetterhorns, an deren Fuß sich verzweifelte Latschenkiefern klammern, nach hinten treiben in ein behagliches prekäres Imperfekt, das nur uns gehört. Auf die orangefarbene Tischdecke haben wir unsere Kanonen gelegt wie Leibwächter, die zur Abschreckung vor der Zimmertür ihres Patrons sitzen.

»Eine Kahr MK 9«, sagt Anna beeindruckt, während ich keine Ahnung habe, wie man ihre eleganten grauen Schießprügel im Partnerlook bezeichnet. Der Experimentator würde unsere absurde Gewaltbereitschaft verzeichnen, unsere Angst, aber auch das wachsende Vertrauen zueinander, da wir an einem Tisch ein Drei-Personen-UFO besetzten und uns wie Pokerspieler mit völlig unklarem Ausgang hätten beschießen können. Registriert würden vielleicht auch die Gedanken hinter Boris' kantiger Stirn, die Schweißtropfen auf Annas gebräuntem sommersprossigen Gesicht und die Nässe unter ihren Achseln, auf die ich bisweilen mit hilflosen Erektionen antworte, welche in der MUFO-Überwachungszentrale höhnisches Marsmännchengelächter auslösen. Die Idee, dass ausgerechnet an uns, den 70 Zufallsbesuchern von DELPHI, ein Experiment vollzogen würde, das den Stillstand von tausenden Städten und Millionen Menschen zur Voraussetzung hatte, kann meiner Auffassung nach nicht durch die noch kühnere Vision gerettet werden, dass ungezählte weitere Menschengruppen in ungezählten weiteren Kopierwelten umherirren, in denen wir selbst nichts anderes vorstellen als ein regungslos auf dem PA 8 festgeklebtes Rudel von Wissenschaftstouristen. Da überzeugt mich noch mehr die wahnsinnige Ansicht, das totale Experiment habe sich auf alle und alles in der *einen* Welt erstreckt und DELPHI, dessen überaus imposante technische Komponenten mit ihren wohl nicht ganz koscheren Eigenschaften mit den Versuchsanordnungen der Außerirdischen unbeabsichtigt in Wechselwirkung getreten wären, hätte uns gewissermaßen immunisiert, überzogen mit einem vorsätzlich niemals herstellbaren, aber nun patentfähig erprobten elektromagnetisch-relativistischen Mikroquantenfaserpelz gegen den Sturm der Zeit.

Wieso überhaupt DELPHI, weshalb der PA 8? Boris und Anna konnten hier nur mit Hayami argumentieren. Die Zivilisation, die so großzügig ihre durchsichtigen Telefonkabinen-Raumschiffe an uns verteilt hat, sei auf der Suche nach technologischer Verwandtschaft, nach Höchstleistungen der menschlichen Ingenieurskunst, auf die tausende Tonnen schwere, doch ganz beachtlich verzwiebelte dreistöckige Maschine gestoßen, zufälligerweise eben gerade, als wir zu Besuch gewesen waren, am 14. August des Jahres Null. Ich wollte die beiden fragen, was sie in ihrem fünfjährigen Laborrattendasein – als paarungsfähige, paarungswillige, sich unentwegt auf das Niederträchtigste (aber wohl niederkunftsfrei?) paarende Exemplare – an für die MUFO-Zivilisation registrierenswerten Aktivitäten gezeitigt zu haben glaubten. Aber wir fragen uns nichts im inquisitorischen Sinne. Für die Untersuchung des Grindelwalder Terrains setzen wir zwei Tage an. Ich leihe mir ein paniertes Schnitzel von dem Kraushaarmann, der am Tisch gegenüber unter einem Sonnenschirm sitzt. Anna trinkt das Mineralwasser seiner Begleiterin, das in ihrer Hand fröhlich sprudelnd aus fünfjährigem Koma erwacht. Der RUCK ist das stärkste Argument für Hayamis Theorie, denn auf jener dritten und letzten Jahreskonferenz, auf der ich nicht anwesend war, sagte er ihn voraus.

5.

Eine Störung der Flottenkommunikation. Könne eine Art Flackern bewirken. Alle Bemühungen auf das Nächstliegende richten: unsere genialische Außenhaut. Keine sinnlosen Gewaltmärsche nach Osten in die Nacht. Das organisierte Gefummel an großtechnischen Anlagen mit der Absicht, irgendetwas oder wenigstens irgendwelche Teile von irgendetwas wieder in Gang zu setzen, sei ohne jede Aussicht. Wenn eine überlegene Intelligenz es uns ermöglichte, jenseits der physikalischen Logik und Wahrscheinlichkeit über die zu einem Steingarten verwandelte Erde zu gehen, dann bräuchten wir doch nicht zu glauben, sie übertrumpfen zu können. Bestenfalls wäre Verständigung möglich, das Fokussieren eines Signals. Er könne nichts anderes raten, als einen individuellen Zugang zu suchen, einen Gesprächsweg, eine Meditation. Niemals, so Boris und Anna, habe sich Hayami offener und engagierter gezeigt als auf der dritten und letzten, vollkommen desaströsen Jahreskonferenz auf der Insel (nicht einmal Sperber sei dort noch erschienen). In ein bis zwei Jahren, verkündete er, würden seine eigenen Anstrengungen Früchte zeitigen. Wohl den faulenden Apfel der Gravitation, habe einer der Cernies höhnisch erwidert, woraufhin der Japaner achselzuckend erklärte, dass jeder das Ergebnis sehen würde, der imstande sei, bis drei zu zählen. – »Drei Äpfel?« soll Harriet ausgerufen haben. – »Drei Sekunden«, prophezeite Hayami daraufhin mit ungutem Lächeln.

Das Nächstliegende, die göttliche Maschine. Wenn ich im Bett liege und den Schlaf suche, ist mir unklar, an welcher Stelle, an welchem radialen Punkt in meinem Inneren, die Maschine beginnt. Zwischen den Schläfen, im Schattenraum hinter meinen Augen, tief unter meinem Brustbein, im Schwerpunkt von Lungenflügeln und stampfendem grauen Herz. Zwick dir in den Handrücken, und schon, wenigstens im ersten Moment, liegt dort das Zentrum deines Ichs, als sei es selbst wiederum eine bewegliche Kugel, das übergedankenschnelle Fühlraumschiff unter der deine halbe Unendlichkeit begrenzenden Membrane der Haut. Im Grunde erweiterte Hayamis Idee nur die Maschine unseres Körpers um eine nicht erfühlbare weitere Schale oder Kugelschicht. Als wären neue Götter hinzugekommen, die ihr an uns vollbrachtes Wunderwerk ebenso wenig erklären mochten wie die alten. Das Ticken meiner drei Armbanduhren. Lautlos dagegen meine Referenzuhr (Star Caliber 89 von Patek Philippe, 33 Komplikationen, Schätzwert 4 Millionen SFR, einem Sammler entliehen, dessen junge afrikanische Frau oder Krankenschwester bei weitem kostbarer erschien) und der rhythmische Hase von Pierre Duhamel, der mit gespitzten Ohren vor dem Champagnerkühler sitzt und durch die geschlossenen Vorhänge der Suite hinaussehen möchte, wo im hellsten Sonnenlicht vor der Kulisse der Nordwand angetrocknete Amerikanerinnen, harte deutsche Bankiersfrauen und weiche Schweizer Escort-Prostituierte betäubt auf die Swimmingpool-Liegen verteilt sind. Ich habe mich bei der Quartiersuche nicht sehr PANisch verhalten. Anna und Boris hätten ohne weiteres nach unserem Abschied verfolgen können, wie ich auf die einladenden fünf Sterne eines burgähnlichen Grandhotels zusteuerte. Meine Kahr MK 9 liegt so weit entfernt auf dem Biedermeiertischchen mit dem Sektkühler, dass mich allenfalls der Uhrenhase rechtzeitig verteidigen könnte. Nur der akrobatische, über den Balkon im zweiten Stock vorgenommene Einstieg erschwert es, mich im Schlaf zu überraschen, und der kleine Bluff, dass ich auf dem Nilpferdrücken des Sofas liege, statt auf dem Doppelbett, das zur Abschreckung mit zwei sich depilierenden Ärztinnen besetzt ist (ich komme morgen auf sie zurück).

Die Münchner Sekunden verlieren nichts von ihrer schockhaften Normalität, wenn ich annehme, dass hier in Grindelwald irgendwo eine unausdenkliche Apparatur steht (etwa das im Foyer als Kunstobjekt getarnte lebensgroße Eisenpferd in Gummistiefeln), mit der Hayami den Weltenrutsch ausgelöst haben könnte. Es beklemmt aber, dass ein so unangenehmer Bursche die Macht besitzen soll, die fein gerillte Uhrenkrone auf der rechten Außenseite des Universums zu drehen oder wenigstens mit einem Schlag die energetischen Pipelines der ganzen MUFO-Flotte abzustellen. Ein Wink, denkt man, in den immer wieder aufreißenden leichten

Opiumnebeln des Vorschlafs, ein japanischer Wink, und die 1800 Meter hohe Eigernordwand kippt über uns mit jener gelassenen majestätischen, gleichförmigen Gewalt, die vor nun schon fünf virtuellen Wochen den gesamten Marienplatz erfasst hatte wie ein riesiges Karussell. Ich war nach München gekommen, um mich zu beseitigen, fachsprachlich und im genauen Sinn gesprochen, nämlich um die Indizien meiner Anwesenheit in Karins Leben zu entfernen, als die Musik erklang, der Gitarrenakkord, die Stimmen, die Schritte auf dem Pflaster laut wurden, ich sah Tauben wie im Sichtausschnitt einer Bilderdrehscheibe auf ihrem kurzen Flug durch die Luft und dann die Menge, die unglaubliche (chaotische, gemächliche), alltägliche Bewegung der Passanten, die sich auf alles zu übertragen schien, auch als sie schon längst wieder arretiert war. Direkt vor meiner Nase, vor dem Sockel der Mariensäule, ein Mädchen mit Jeansjacke und schwarzer Baskenmütze. Ein in zarte Pastelltöne gekleideter, schlecht rasierter fetter Mann. Seine Frau mit dem Dschingis-Khan-Blick der Schnäppchenjägerin. Die schwarzen eisernen Drachen und Schlangen auf dem Säulenpodest winden sich zischend unter den Lanzenspitzen und Schwertklingen der gerüsteten Putten. Die Fürsten und Ritter der Rathausfassade sinken herab, weil sich ihr Sandstein zurückverwandelt in den bioaktiven Lehm der Schöpfung.

Wenn die Drachenschwänze den rötlichen Marienmarmor peitschen, muss ich aufstehen und das Nachtlicht suchen, die Vorhänge beiseite ziehen und solange hinausstarren in die sonnenverblendete Wirklichkeit, bis ich mir sicher bin, dass sich noch immer und wiederum kein Lüftchen regt. Der saphirblaue Winkel des Pools. Das graue Gesicht der Wand. Sonnenverwöhnte Matronen in Falllinie unter mir auf den Liegestühlen, an ihren konvexen Außenseiten das ewige Eis ihrer Drinks. Zurück in meine Vorhang-Nacht, nachdem ich den Ärztinnen einen Blick geschenkt habe, die sich gegenseitig eine mit rosafarbenen Streifen beklebte Tibia präsentieren. Sie hätten die drei Sekunden nutzen können, um sich den Kahlriss einer Wadenhaarbahn zu gönnen, einen glatten Hoffnungsstreifen wie der erste Mäherschnitt auf einem vernachlässigten englischen Rasen. Bislang haben wir in Grindelwald noch keinen wissenschaftlich eingesegneten Chronometer entdeckt. Aber man liest die Zeitungen vom 14. August des Jahres Null und es genügt auf den Fernsehschirmen die springende Katze mit gesträubtem Fell, im Schmerz ausgefahrenen Krallen und gefletschten Menschenzähnen, die im Kinderkanal bildfüllend an die Stelle der einen Hammer über ihre Schwanzspitze anhebenden Zeichentrickmaus getreten ist: 12:47:45. Weshalb nur drei Sekunden? Weshalb mehr? Hayami kann sich gedacht haben, dass ein kurzer Ruck uns stärker alarmieren und rascher nach Genf treiben würde als ein fünfminütiger globaler Schäfflertanz oder gar ein unvorstellbarer befreiter Tag, an dem wir uns hätten verständigen, telefonieren, ein Flugzeug oder Auto nehmen können, um etwas vorzubereiten, um etwas zu verhindern. Und musste er nicht damit rechnen, dass sich etliche bewaffnete Zombies in Grindelwald einstellen würden (um ihn abzufangen, um seiner Apparatur habhaft zu werden), nachdem er, wenn ich Anna und Boris Glauben schenken darf, auf der dritten Jahreskonferenz vor mehreren Zeugen lebhaft und eindringlich versucht hatte, die Ex-Alpinisten Stuart Miller und Daisuke Kubota nach Grindelwald zu locken, um gemeinsam den Eiger zu erklimmen? Ohne sich Vertraulichkeit auszubedingen, hatte er Daisuke erzählt, seine Feuerpferdfrau Keiko befände sich aller Wahrscheinlichkeit nach irgendwo zwischen Jungfraujoch und Großer Scheidegg. Wenn ich mir Hayami auf der Suche nach seiner Frau vorstelle, dann sehe ich ihn an der Brusttasche seines kurzärmeligen Hemdes zupfen, um eine spielkartengroße Suchmatrix des Planquadranten, an dem er gerade arbeitet, hervorzuziehen und den Weg einzuzeichnen, der ihn im Rahmen der peinlichsten Visitation durch jedes Hotel, jedes Haus, jedes Café, jeden Kuhstall und jeden Souvenirladen führen wird. Am Ende stehen die Sekunden der Epiphanie. Das Feuerpferd der Entdeckung rast durch uns hindurch, als wären wir nichts als Rauch. Der kleine Apparat – klack-und-klack-und-klack –, den Hayami um den Hals trug wie seine Landsleute ihre Canozukis und Nipposakis, war genau in dem Augenblick angesprungen, in dem er Keiko entdeckte. Die »Außenseite«, wie er sie nannte, die grünen Burschen aus der Leibniz-Galaxie, die ihm den einer Kamera zum Verwechseln ähnlich sehenden Weltzeitregler zum fünfjährigen Zombie-Jubiläum geschenkt hatten, taten ihm den Gefallen, seine Frau für drei Sekunden zu animieren, so dass ihr Wiedersehen im futuristischen Aussichtsrestaurant des Schilthorns einem demiurgischen und diabolischen Kurzfilm glich. Sie hatten ihm die Gelegenheit zu einem Auftritt in Keikos Gehirn verschafft. Unweigerlich musste sich das Drei-Sekunden-Stück, das er ihr vorführte, in ihre Erinnerung einbrennen, in ihr zu einer zuverlässigen biotechnischen Festplatte mutiertes Kurzzeitgedächtnis, das nun schon seit Wochen nichts anderes mehr zeigte als ihren Göttergatten in einer wie auch immer ge- oder entarteten Position. (Vor dem lichten Marmorhintergrund die Umrahmung eines Fensters, ein Schrei, die Arme, der Mann.)

Es mag alles ganz anders gewesen sein. Der Weg zu Keiko ist vielleicht noch sehr weit, so weit wie er für mich im Sommer des Sommers des Jahres Null war, als ich fröstelnd in der Hitze aufbrach, um der einzigen und falschen Spur nachzugehen, die ich gefunden hatte. 600 Kilometer nach Norden durch immer noch völlig unvorstellbare Eiswüsten, Eiswälder, Eistäler, vereiste Städte. Zweimal, im Abstand von zwei Zombie-Jahren, bin ich auf der Suche nach Karin nach Berlin gewandert. Wenn ich heute, nach tausenden von Trainingskilometern, auf die erste Tour im Jahre Null zurückschaue, ist mir unbegreiflich, wie ich es schaffen konnte. Ich ging, lief, taumelte, schleppte mich voran ohne die geringste Technik, ohne längere Pause, ohne Visitation. Erst auf dem Alexanderplatz, als einziges regsames Objekt auf der hässlichen ausladenden Betonzielscheibe, unter dem immer noch realsozialistisch tuenden Jagdhochsitz des Fernsehturms, vor der mit Graffiti beschmierten Säule der Weltzeituhr, deren starrer Drahtkorb-Hut wohl etwas mit dem Sonnensystem zu tun hat und deren zungenrote Drehscheibe zwischen massiven Camembertdeckelkiefern unerbittlich eingerastet schien auf 12 plus drei goldene Quadrate, bekam ich einen Tobsuchtsanfall, schrie die Jugendlichen an, die vor dem Eis eines Schalenbrunnens hockten, stolperte über die eigenen Füße, verprügelte einen pazifistischen Passanten, zerschlug ein Schaufenster, brach helllichten Tags in eine Apotheke ein und schluckte Valium, das mich kurz vor dem Brandenburger Tor zur Stecke brachte, auf einer vorübergehend knetgummihaften Parkbank unter den starren Linden, mit verschwimmendem Blick auf das AEROFLOT-Büro. Nach dem Erwachen gönnte ich mir einen Espresso von einem Kellner-Tablett im Café Einstein, bevor ich nach Westen aufbrach, um drei Stunden später tatsächlich auch Karins Freundin Christine in der Küche ihres Wilmersdorfer Restaurants vorzufinden. Einige Tage danach erreichte ich die Ostsee bei Stralsund, orientierungslos, allein um die verstörende Erkenntnis bereichert, dass Karin entgegen ihrer Behauptung nicht gemeinsam mit Christine verreist war. Das gläserne Meer und ein dir nah gewesener Mensch erscheinen im Augenblick des Wiedersehens wie ermordet. Vielleicht weil man nicht hat glauben können, dass die Katastrophe so weit gegangen sei.

6.

Zunächst nichts Auffälliges am zweiten Tag. Anna und Boris wirken ausgeschlafen und konzentriert. Um Zeit zu sparen (nachdem uns fünf Jahre zwischen den Fingern zerronnen sind), haben wir uns doch wieder getrennt, mit festen Terminen nach jeder Durchsuchung der Grindelwalder Sektoren. Natürlich bleiben die beiden zusammen. Am Morgen sah ich sie nebeneinander schreiben, am Tresen einer Milchbar mit Blick auf das verworren arretierte seltsame Mischpublikum vor einem Dessousgeschäft, das unmittelbar an einen Bergsportausrüster grenzt. Sie verwenden klassische Moleskine-Notizbücher, geschützt und zusammengehalten von einem flachen Gummiband. Wer nicht schreibt, wird unsere Welt kaum ertragen. Schon auf dem Weg von Interlaken hatte immer mal wieder einer von uns dreien sich kurz erleichtern müssen. An einen Baum gelehnt, auf einem sitzgerechten Stein, auf der Unterlage von Fahrradsätteln oder Kühlerhauben verrichten wir unser Geschäft, oft nur zwei, drei Sätze, einen Einfall, eine Erinnerung. Das sieht man sich nach als Notdurft der Spiegelung. Nach fürchterlichen Wodka-Tagnächten in den Seebädern bin ich der Schreibsucht verfallen, im Monat Fünf des Jahres Null bereits und glücklicherweise, denn sonst hätte ich die naive, im hohlen Glauben an irgendetwas Dringliches unternommene Rückreise nach Genf durch den Packeisblock Deutschland wohl nicht bewältigen können. Man stelle sich also einen streunenden Hund vor, wenn man sich mich vorstellt, Schleifen und Spiralen ziehend, der immer wieder das Schreibbein am Laternenpfahl der Selbstvergewisserung hebt. Boris und Anna gehören der gleichen inkontinenten Rasse an und sind längst nicht die einzigen Zombies, die ihre Rucksäcke mit Tagebüchern beschweren. Nur einige schreibenthemmte Louis-seize-Aristokraten, die sich noch den Weg zur Guillotine mit dem Verfassen von Maximen und sacht ins Kopflose stolpernden Reflexionen verkürzten, dürften ähnlich versessen gewesen sein. Sprechen wir rasch über weitere Tröstungen an dieser Stelle, über die Bücher und das tagelange ungestörte Lesen natürlich, über das Präsens, das wir schreibend mit der zum Rausch emporgekitzelten Lust gebrauchen, mit der man sich ein Kondom abzieht mitten im Geschehen, um es zukunftslos und ohne Erinnerung auf die Spitze zu treiben, es ist also die zweite Scheinnacht in Grindelwald, und ich bin zu meinen Ärztinnen zurückgeeilt, zu dem leisen Schmirgelgeräusch eines vom Schienbein gezogenen Wachsstreifens. Wie es ist. Man beginnt zögernd, die Phase 3 für sich anzunehmen. Insbesondere die anspruchsvolleren Arrangements erfordern Übung, wie hier im schönen Halbdunkel und Dunkel, das ich mir unter der Internistin Dr. Weidenstamm mache, während Frau Dr. Hinrichs, die der Fülle ihres aus weißem Frottee hervorlachenden Oberkörpers wegen mich bis zum Nabel umsorgen, mich warm quellend bedecken und passiv massieren sollte, plötzlich einen dentalen Reiz auf mich ausübt, einen Gaumen- und Labialreiz, obgleich ich ihr nichts in den Mund legen wollte, ihr Fachgebiet hatte sich auch nicht aus den Unterlagen ergeben – sprechen wir über die *Visitation*, eine weitere Tröstung.

Scheint gerade im Zusammenhang mit den Grindelwalder Nachforschungen von Belang. Man möchte wissen, mit wem man es zu tun hatte. Schon weil der Abschied mehr sein sollte als etwa nur die rasche partielle Abkühlung und ein Glasurstreifen auf den sich eifrig wieder schürzenden karamellfarbenen Fältelungen. Es ist möglich, lange intime Gespräche zu führen, wenn man sich zuvor erkundigt, indem man alle Dinge um einen Menschen herum abtastet, seinen Garten und sein Haus in den glücklicheren Fällen, sein Auto oder wenigstens den Aktenkoffer auf seinen Knien, die Handtasche im Schoß, diesen selbst und ein Portemonnaie mit Ausweis, Organspenderpass und gefalteten Liebesbriefen, das Palimpsest der Haut mit seinen Retuschen und geheimen Durchbohrungen. Keiner der Japaner, die wir durchsucht haben, angefangen bei der älteren Frau, dem Ehepaar und den beiden jüngeren Männern am Ortseingang, gab eine Verbindung zu Hayami preis, obgleich Anna davon überzeugt ist, dass irgendetwas mit ihnen nicht stimmt. Manchmal braucht es lange Zeit, bis alle Indizien und gerade die offen liegenden zu sprechen beginnen, in unserem lautlosen Sherlock-Holmes-Universum. Das in Gummistiefel gesteckte lebensgroße Bronzepferd im Foyer meines Hotels mag ja ein Zeichen sein, auch wenn es nicht brennt oder Feuer speit.

Über seine Kruppe hinweg sieht man erneut die Eigernordwand als zentrales Element eines Posters. Links daneben hängt eine Fotogalerie von Bezwingern. Die meisten werden wohl auf einer der Hauptrouten emporgeritten sein, die in verschiedenen Farben wie auf einem Schnittmusterbogen über den fotografierten Granit (!) gezogen sind. Du steigst hinauf, aber es ist schon jemand da. Dass es noch einen gibt, noch einen Einzigen außer dir, unsere ewige Angst- und Lustvorstellung. In den versteinerten Städten, wenn wir dann zum Trotz mitten auf der Straße schlafen, in Kaufhäusern oder Schulen. Aber dann auch wieder auf freiestem, hell ausgeleuchtetem Feld, wo man jeden sich Nähernden über Kilometer hin erkennen würde und nicht einmal ausruhen kann, aus Furcht vor den Tapetentüren der Luft.

Plötzlich der Fund. Boris kam auf die Idee, eine Höhle zu untersuchen, die man als Touristenattraktion im Eissturz des oberen Gletschers angelegt hat. Es war uns zunächst nur um die relative Dunkelheit gegangen, um das Vergnügen, in das Innere eines blau schimmernden Eiswürfels einzudringen, auf den engen glatten Schlittschuhbahnen dahinzurutschen und die Kälte der am Eingang gröber behauenen, dann völlig glatt geschliffenen Wände zu genießen, bis uns die unnatürlichen Positionen einiger Fuzzis wunderten und bald in Alarm versetzten. Von den annähernd dreißig Besuchern der Eishöhle schienen mehr als die Hälfte im Ausrutschen begriffen oder im Fall erstarrt. Manche sahen aus, wie von einem unsichtbaren Schneeschieber an die Wände gepresst. Wenigstens einer von uns musste hier gewesen sein, aber viel eher noch eine Gruppe, die in den schmalen und niedrigen Gängen nicht genügend Distanz hatte wahren können. Schon frierend, betraten wir die verschiedenen mit mehr oder weniger kunstreichen Eisobjekten aufwartenden Kammern und schließlich einen Raum, dessen Hauptattraktion in einem japanischen Tempel aus Eis bestand. Eine hüfthohe Glastrennscheibe hatte ihn vor der Zudringlichkeit der Besucher schützen sollen, ein kräftiger japanischer Wärter auch, der seltsamerweise auf einem Lehnstuhl hinter der Absperrung saß, den Kopf leicht schief hängend, die Arme auf den Oberschenkeln liegend und an den Handgelenken von einem roten Band, weniger an eine Fessel als an eine Zierschleife erinnernd, zusammengehalten. Um ihn wiederzuerkennen, hätten wir das zu seinen Füßen wie bei einem Bettler aufgestellte Pappschild nicht benötigt: *Daisuke Kubota – redeemed – erlost – sauvé: 11/08/03.*

Zuletzt hatte ich ihn einen ganzen Monat lang gesehen, im heißen Februar des Jahres Zwei. Redeemed. Im vergangen August. (Also brauchten wir nicht zu tun, was wir taten, nämlich ergriffen von der Panik des Wiedersehens nach unseren Kanonen zu tasten, um damit Löcher in das Eis der Zeit schießen zu wollen.) Der Erlöste fühlte sich warm an inmitten der Frostkammer, in der er seit Monaten saß, er schien am Leben wie die anderen Fuzzis der Grotte, nur wenn man ihn längstens zwanzig Minuten vor unserer Ankunft spurlos ermordet haben würde, hätte man seine Temperatur noch anders erklären können, aber er war am Leben, denn Anna brauchte nach den ersten vorsichtigen Prüfungen nur seinen Kopf in die Arme zu nehmen, schon blinzelte er und gab dieses uns kaum mehr erträgliche tranceartige Stöhnen von sich, mit dem viele Nicht-Chronifizierte auf das Eintauchen in die Sphäre reagieren. Erlöst, zurück-gerettet in das frischhaltende Koma, in dem man ungeschützt bei 37 Grad Körpertemperatur fünf Jahre lang zwischen Eiswänden schlafen konnte, träumen, fantasieren, fiebern oder was immer IHR dämlich ungerührten Fuzzis tut, während IHR stillsteht oder in der Luft zu hängen pflegt. Hayami hätte kaum einen effektvolleren Rahmen wählen können für sein Zauberkunststückchen. Der Fehler in dem deutschen Wort, die japanischen Schriftzeichen auf dem Schild, die Vorgeschichte, der Ort – nur der Kugelmann konnte das Mysterium bewirkt haben.

Es gibt eine Gletscherbar-Terrasse am Ende der langen Holztreppe, die zur Grotte führt. Dort nahmen wir wahllos

Getränke zu uns, wärmten uns auf, warteten, gingen zurück, tranken, debattierten den Vorgang (Mord? Rettung? Ein Experiment mit Daisukes Einverständnis? Erlösung oder Erstickung?), den Sinn (Demonstration? Altarschrein? Pilgerziel? Versteck?), die Methode (?). Nach zweifelsfrei von unseren Armbanduhren vermessenen drei Stunden und zehn Minuten hatte sich Daisuke nicht im Geringsten abgekühlt, aber dafür mein Blut so weit, dass ich ihn noch einmal ganz genau betrachten konnte. Er war fast perfekt, gewiss (der Bürstenhaarschnitt, die zirkumflexartigen buschigen Augenbrauen, die wulstigen Lippen, die Lachfältchen). In jenem beinahe glücklichen Monat zu Beginn des Jahres Zwei, im unmittelbaren Anschluss an die zweite große Konferenz, hatte ich gemeinsam mit Sperber und Daisuke philosophierend, zechend, schändend und badend den Genfer See umrundet. Badend. Anna und Boris stützten den Oberkörper des Eiswundermannes, so dass er nicht vom Stuhl kippte, als ich das Hemd in seinem Rücken aus der Hose zog. Dem Scheinklon fehlten die beiden direkt übereinander liegenden großen Muttermale rechts der Lendenwirbel.

7.

In der *Jägerstube* eines 4-Sterne-Beton-Hotels sitzen wir allein und haben den Zugang durch das davor liegende Restaurant im Blick. Bezüglich des Hinterausgangs bräuchte ich mir keine Sorgen mehr zu machen, erklärt Boris, nachdem er kurz mit seinem Rucksack im Arm verschwunden war. Was er jenseits der Schiebetür aus Eichenholz deponiert hat, ist nun die Sorge, die ich mir nicht machen soll, meine einzige fast auch, da ich nicht daran glaube, dass Hayami sich noch in Grindelwald befindet. Meines Erachtens hat er den Daisuke-Scheinklon bereits vor Jahren entdeckt, vor der zweiten Jahreskonferenz jedenfalls, auf der er in Gegenwart etlicher Zeugen so tat, als wolle er

Kubota, das Original, zu einer Bergtour auf den Eiger überreden.

Anna stimmt mir zu, während Boris skeptisch bleibt, gläubig vielmehr, denn er möchte wohl doch den Bordcomputer des Mutterschiffs vor sich sehen, dessen Bedienung ihm Hayami erklären soll, um anschließend sämtliche MUFOS zurückzuschießen in den Stand und übergangslos gleich schon Lauf der Dinge. *Redeemed. Sauvé.* Die Vorstellung, uns durch Erstarrung zu befreien. Eingefroren wie der Daisuke-Klon und im Augenblick der kompletten Paralyse schon wieder beweglich zu sein, gemeinsam mit dem Rest der Welt. Wir trinken weiter, um uns zu beruhigen, eng beieinander sitzend unter den Gamshörnern und Flintenattrappen der Jägerstube. Sich plötzlich auf einem Lehnstuhl wiederfinden, unmittelbar vor einer halbhohen Terrariumsglasscheibe, Eiswände um sich herum wie das Perlmutt einer dicken Muschelschale, hinter sich das Pkw-große Modell eines japanischen Tempels, Touristen, die verwundert lächeln und den Kopf schütteln, als man sich erhebt, peinlich berührt über den durchsichtigen Gartenzaun steigt, aber in den Eisgängen, in denen heute überdurchschnittlich viele Besucher ausgerutscht oder zu Fall gekommen sind und sich gerade wieder aufrappeln, unterscheidet man dich schon von niemandem mehr und du trittst bald hinaus unter die Gäste der Gletscherbar, die ihre Getränke erheben oder senken, an ihren Zigaretten saugen, sich über die Münder fahren, ins Gesicht fassen, am Bart zupfen, einen Schritt zur Seite machen, als du an ihnen vorübergehst, den Blick kurz zum Wetterhorn richtest, das wie ein Stein gewordenes Jahrtausend einige bunt leuchtende Helden ausschickt, Paraglider, die ihre Kreise und Schleifen ziehen durch die wieder flirrende, atmende, von einem fast meereshaften Rauschen und Brausen erfüllte Sommerluft. Wieder im Strom sein. Ohne Schmerz des Übergangs. Bewegend bewegt. Wir, die wir Daisukes Puls prüften, die Temperatur an Wange und Stirn, seinen Kopf hielten und ihm das Hemd aus der Hose zogen, sind allenfalls ein Flackern gewesen, ein kaum zu Bewusstsein gelangter Schattenriss der Vergangenheit, und sind jetzt schon wieder nur: die Anderen, die einmal waren.

Erst nach einiger Zeit, nach dem zweiten oder vierten Glas wallisischen Rotweins, wird mir klar, dass Boris und Anna mir bezüglich der Muttermale vertrauen müssen. Aber welches Interesse sollte ich daran haben, Hayami seiner übernatürlichen Fähigkeiten zu berauben? Welchen Vorteil zog Hayami daraus, andere an sie glauben zu machen? Wen?

»Die Ahnungslosen. Wir sollten zur Siedlung aufsteigen, morgen oder übermorgen«, schlägt Boris vor. »Wenigstens nachsehen.«

»Nachsehen«, sage ich unwillkürlich. »Ich mache seit fünf Jahren nichts anderes.«

»Man kann auch etwas tun.« Anna kommt mir unangenehm beflissen vor mit einem solchen Einwand.

Ich will es gar nicht herauskriegen. Unter den Gamshörnern der Jägerstube wird mir klar, dass mich die anfänglich so brennende Frage, was die beiden unternommen und angestellt haben in den stillen, unbezeugten Momenten und Monaten der Unzeit, kaum mehr interessiert. Am meisten liegt mir noch an den Orten, die sie gesehen haben, die weißen Flecken in meiner narkotischen Landkarte, die lebenden Leichentücher von Warschau, Budapest, Zagreb, Athen. Ich gebe ihnen den Bericht über die vollkommen waagerecht verlaufende Herz-Oszillographenlinie für Mailand, Rom, Florenz. Und aus den komatösen Orten und Landschaften, die wir zu unterschiedlichen Scheinzeiten besucht haben, entsteht der in der Sonne glühende Kontinent der Lähmung, auf dem wir die lächerliche Ausnahme sind. Was unsereiner tut oder lässt, ist ohne Belang. Etwa auf den Arc de Triomphe steigen, die große Achse hinabstarren, über die festgelötete Blechlawine auf den Champs-Elysées bis zu den pointillistischen Bummlern auf den Parkwegen der Tuilerien, von denen sich immer wieder einer herauszulösen scheint, um auf fadendünn entstehenden Beinen dir entgegenzukommen, schon wie winkend, ein akrobatischer Flimmerpunkt, der von deinem unteren Augenlid aus emporsteigt in der Wasserwand der Tränen.

»In Paris wäre ich fast krepiert«, sage ich heftig.

Zum Trost legt mir Anna ihre elektrische Hand auf den Unterarm.

Es gebe wenigstens zwei Möglichkeiten oder Vorgänge, Vorgangsmuster, bei denen wir Zombies doch sehr von Belang seien oder sein könnten. Boris, merkwürdig umständlich oder schon angetrunken. Der RUCK und jede denkbare Maßnahme, ihn herbeizuführen, sei das Erste, deswegen seien wir ja hier auf Hayamis Spur. Zweitens sei jedem von uns eine erschreckende Macht zugefallen, leider vor allem in parasitärer und destruktiver Hinsicht, jeder Zombie könne, wenn er es darauf anlege, sein tägliches Massaker verrichten, in einer knappen Woche beispielsweise die lautlose Exekution sämtlicher Touristen und Einwohner von Grindelwald. So gesehen wäre es verwunderlich, dass wir von nur wenigen Übergriffen wüssten (in dem von uns häufig besuchten Genfer Raum jedenfalls). Ich hatte die Rose neben dem von einer Fechtklinge durchbohrten serbischen Emissionär im Palais des Nations mit eigenen Augen gesehen, der blutige Schock im Anschluss an das durchaus erheiternde Entrée nackter Diplomaten im Grünen. Von zwei weiteren Rosenopfern wurde auf der letzten Konferenz, an der ich teilgenommen habe, berichtet, eben jenem alten SS-Mann, den Boris nun erwähnt, und dem etlichen Aussagen nach nicht sehr gefühlvoll durch den Kopf geschossenen Mittagstischgast im Restaurant La Belle de jour, dessen Anblick ich mir erspart habe, auch wenn ihm Dornröschen den Nachweis seiner miesen Waffenhändlerexistenz in Form beweiskräftiger Unterlagen neben die rosig und grau besprühte Serviette gelegt hat. Was darüber hinaus seit meinem letzten Genfer Besuch im Sommer des Jahres Zwei geschah, liegt in jenem Dunkel, das Anna und Boris nur zögerlich erhellen, das ich ertasten muss, ohne den rechten Willen voranzugehen. Der RUCK. Der auf seine Eiswände starrende nahezu perfekte Scheinklon von Daisuke. Die von Anna weiterhin beharrlich vermuteten Unstimmigkeiten, Veränderungen, Seltsamkeiten im Zusammenhang mit den japanischen oder wenigstens asiatisch aussehenden Touristen im Dorf. Dass wir zu dritt sind, so oft beieinander, eine Zelle, eine Gesellschaft schon fast. Es ist etwas Aufweichendes, Sich-Lösendes in allen Dingen, als könnte sich die verwirrende, mich immer wieder überfordernde Interaktion dreier Körper auf die Heere der Fuzzis übertragen, als läge Tau auf den glühenden Sommerwiesen, als hörte man überall, wie an den Rändern der zerbrochenen titanischen Eisschilder, die von den Bergen herablasten, das leise Rauschen des Schmelzwassers.

Die Vergangenheit kümmert uns also immer weniger angesichts der Drohung, der Verheißung kommender, alles erfassender Zeit. Die Streitigkeiten, die schon damit begonnen haben, dass das bloße Berühren eines Nicht-Chronifizierten ihn später einmal töten könne, erscheinen belanglos, obgleich sie nichts aktueller machen sollte als der eintretende Wiederbelebungsfall. Keiner von uns hat (vermutlich) ein ganzes Dorf niedergemetzelt. Was wir getan haben mögen, wird leicht übertönt werden vom Weltendonner der einsetzenden Zeitlawine. Und plötzlich – oder nachdem wir eine sensationelle Flasche Dôle entkorkt haben – erscheinen die Jahre der Unzeit fast schon wie etwas, das man bedauernd verlieren würde, in ihrer vernichtenden Schönheit, mit ihren bizarren Schrecken. Eine Art von Zombie-Nostalgie kommt uns an.

8.

Rückflug zur Rousseau-Insel. Mit einem gelangweilten Passagierblick durch das Bordfenster auf sieben Brücken gleichzeitig hinabsehen, die zwischen den wundervoll zu Eierkartons geschrumpften Hotelklötzen und perspektivisch kleinlauten Repräsentationsbauten die Rhône überspannen, am exzentrischsten natürlich das geknickte Spagat des Pont des Bergues, über den allein wir zu unserem Konferenzort gelangen konnten, jenes auf die Mont-Blanc-Brücke weisende Pik-Ass mit seinem grünen Schamhaarbüschel aus Pappeln und Trauerweiden. Wir vergleichen, um uns zu erinnern, wir unterscheiden, um nicht das Fürchten zu verlernen. Etwa fünfzig Zeitgespenster hatten an der ersten Jahreskonferenz teilgenommen (Silvester Eins, wie Boris sagt). Siebenunddreißig genau erschienen noch zwölf Monate später, einige davon bereits Tage zu früh, da sie ihren Privatkalendern misstrauten oder nicht sauber trianguliert hatten. Hayamis Theorie drängt sich jetzt natürlich vor, die Tatsache, dass er erst beim zweiten Silvester sein Weihnachtsgeschenk enthüllte, dutzende glänzender MUFOS, zum allseitigen Bestaunen wie Neuwagen um das Denkmal des Jean-Jacques aufgereiht, unsichtbar in der Sonne blitzend. Um uns Platz und Übersicht zu verschaffen, Sicherheit (allseits eingestandenermaßen), hatten wir, einem Antrag der Thillet-Leute folgend, gut aufgeräumt, das heißt sämtliche Fuzzis, die sich auf der Insel befanden, vor einem kleinen Holzhüttencafé versammelt, siebzehn mit den Rücken (um sie nicht erschossen aussehen zu lassen) zueinander gesetzte warme Eismumien, denen es nichts schadete, bis zur nächsten Jahreskonferenz in der prallen Sonne zu lagern. Die Bedenkenlosigkeit, mit der wir den Transport vorgenommen hatten, oder wenigstens die rasche Einigung darüber, sei schon ein markanter Unterschied zur Versammlung am Ende des ersten Jahres gewesen, meint Anna, gewisse Streiterein galten als erledigt, bevor Hayami seine virtuellen Fahrzeuge aufstellte, hätte man überhaupt an eine weitgehende Annäherung der Standpunkte glauben können, schon rein äußerlich glichen wir uns stärker, mit drei, vier Ausnahmen allesamt braun gebrannt und in Safari-tauglicher Kostümierung, selbst Mendecker trat auf wie ein Pfadfinder von peinlichem Riesenwuchs und Thillet brillierte in einer Art Tennismontur. Auf der zweiten Jahreskonferenz wirkte er vollkommen unverändert, während seine Gattin Catherine schon um einiges angeschwellter und ausgezogener erschien, rosafarbener, blonder und feuchter, die Kinder seien ja auch nicht mehr dabei gewesen, sagt Boris, ebenso wenig wie der Leibwächter Möller, der wohl in der Villa bei ihnen geblieben sei, erstaunlicherweise, wirft Anna ein, unbedacht, denn das hat wohl etwas mit den zweieinhalb Jahren zu tun, in denen ich nicht mehr nach Genf gekommen bin, und wir wollten doch nur in den gemeinsamen Erinnerungen schwelgen unter den Gamshörnern der Jägerstube, in den violetten Spiralnebeln des Rotweins. Irene müsste jetzt sechzehn sein, ihr Bruder Marcel vierzehn. Wie soll man sich eine Pubertät und Jugend vorstellen, in der man so allein übrig geblieben ist, als wäre man ins All gesprengt worden (nebst einem bejahrten philharmonischen Orchester)? Wie die frühen Jahre der Elfenkinder, deren erstes, dem Ehepaar Stiegler zugehörig, das sich von den Thillets nicht trennte, noch mit einem denkwürdig melancholischen Fest gefeiert wurde im Anschluss an die Konferenz des Jahres Eins. Manuela Stiegler und das Elfenkind fehlten am darauf folgenden Silvester. Berini war nicht gekommen, sonst aber sämtliche Cernies, wir zählen sie an sieben von Annas Fingern ab, weil sie, erhitzt oder wenigstens errötend zwischen uns Männern sitzend, mit dem Zählen begonnen hat, sieben von anfangs acht CERN-Leuten, Mendecker eingeschlossen, dem nach nunmehr zwei Jahren praktischer Ergebnislosigkeit gerade noch mit der unwilligen Routine zugehört wurde, mit der man den Cernies auch (noch) die Spitze der Insel, gleichsam die Podiumsposition überließ. Noch immer logierten sie im Think Tank der Villa Moynier, ihr harter Kern wenigstens, der aus Mendecker, Karoline Haselberger, Harriet, Kalkhoff und Lagrange bestand. Noch immer pilgerten Harriet und Kalkhoff in regelmäßigen Abständen zum CERN und zum PA 8, um dort ihre Experimente anzustellen, so verzweifelte und komplizierte, dass ihr Sinn und Zweck ebenso wenig erklärt werden konnte wie die Gründe ihres unausweichlichen Scheiterns. Mir wurden sie dadurch sympathischer, der dürre amerikanische Rotschopf und der wuchtige Nürnberger, die in ihrer halb irren und halb stillen Weise an Brüder eines würdigen Apparate- und Kabelsalatordens erinnerten, denen der fette Zentralbuddha in seinem unterirdischen Tempel dahingegangen war. Abgespalten hatte sich offenbar schon vor längerer Zeit der nicht erschienene Berini (womöglich aus seinem achten Päderastenhimmel direkt in das Messer einer HIV-Infektion gefallen) und erstaunlicherweise auch Patty Dawson, die als einziger Cernianer noch die Achtung von Anna und Boris zu genießen schien und – soweit ich es am Ende des Jahres Zwei ersehen konnte – den ehrfürchtigen Respekt der meisten anderen Zombies, denn das Leuchten eines kleinen roten Kreuzes auf dem Totenhemdweiß unserer Stille war mehr als ein Trost. Im März des Jahres Drei soll ihr gemeinsam mit Antonio Mitidieri sogar eine Blinddarm-OP gelungen sein, das Nadel-und-Faden-Meisterstück zweier abgebrochener Medizinstudenten, von denen einer einmal ein mittelprächtiger Wissenschaftsjournalist wie ich, die andere eine glänzende theoretische Physikerin gewesen war. Thillets Tochter Irene ist durch ihren waghalsigen Eingriff gerettet worden.

»Nur um mit ansehen zu müssen, wie …«, sagt Anna und schweigt, denn weiterhin besteht die Übereinkunft, nur über die beiden ersten Jahre zu sprechen.

Es hatte auch zahlreiche weniger spektakuläre Unternehmungen der freiwilligen Ärzte gegeben, etwa eine Zahnextraktion, eine erfolgreiche Sepsis-Behandlung, die Beratung in pharmakologischen Angelegenheiten bis hin zur Bestückung einer mit genauen Anleitungen versehenen Reise-Notapotheke, die auch den Unkundigsten helfen sollte, in freier Natur und den Wüsteneien der großen Städte (Kondome, Schmerzmittel, Pflaster und Binden, Skalpell und Jod, dagegen umstritten und nicht im Standardsortiment enthalten: das suizidale Lutschbonbon). Schon zu Silvester Eins hatten Dawson und Mitidieri, der mit seinem Froschmund und der Dreiviertelglatze zunächst doch gar nichts Gutes verhieß, die Praxis an der Place du Bourg-de-Four eröffnet, mit täglich inspiziertem Briefkasten und Anwesenheitsgarantie an sämtlichen Mittwochen. An eben diesem Wochentag begrüßte dann auch die zweite wirklich soziale Institution ihre Gäste, Daisukes Kellerbar *Schildkröte* nämlich, unter deren Panzer man sich mit seinesgleichen verkriechen konnte vor den Lichtspeeren der Nacht.

Die Forschungen der Cernies beeindruckten im zweiten Jahr nur noch eine Handvoll Naiver, die Expeditionsberichte, gesammelt und verbreitet von den Thillets, waren nichts weiter als die Ausdehnung des immer gleichen Schreckens, neue Aussichten auf ein sich weiter vergrößerndes und verdichtendes Spinnennetz. Wo wir einmal philosophiert hatten, enttäuschten wir uns, wo wir gehofft hatten, resignierten wir in Erwartung tieferer Resignation. Ein Witzbold war auf die Idee verfallen, Champagner zur Feier der zweiten Jahreswende mitzubringen. Aber die Lage wurde nicht von heiterem Moussieren und erfrischenden kleinen Polemiken bestimmt, sondern vom gefrorenen Blut Dornröschens. Die drei Morde fanden sich eindringlich in Sperbers Bulletin beschrieben (in dem jedoch, aus Pietät mit uns allen, niemals eine Fotografie ihr widerwärtiges Koma darbieten sollte).

»Viel Lärm um Nichtsnutze«, erklärt Boris jetzt und erhebt sich schwankend, stößt mit dem Kopf in den umgedrehten Melkeimer, der hier eine Jägerlampe darstellen muss, die Blase drückt ihn. Ich entsinne mich nicht mehr genau, wie Anna und er auf die Bekanntmachung der Liquidationen (kurze Verflüssigung und schon kristallisiertes Sterben) reagiert haben, obwohl wir bei den Silvesterkonferenzen nebeneinander standen, mit Durétoile, Sperber und Daisuke. Unwillkürlich bildeten wir die Zufallsfamilie der ersten Genfer Wochen nach. Das Entsetzen über die Attentate war bei der Gruppe am stärksten, die in unserem

Rücken Aufstellung genommen hatte, zum Neujahr Eins wie zum Neujahr Zwei, einem ähnlich konservativen Impuls der Wieder-Zusammenrottung folgend, einem viel größeren, wie ich seit unserem Treffen in Interlaken weiß. Sophie Lapièrre, Carl Gutsrand, Herbert Karstmeier und ihre klägliche oder glückliche Landkommune der Ahnungslosen, unsere Sorge jetzt, nicht weit von hier, wie Anna mir erklärt, mit der Fingerspitze den Weg weisend, den wir morgen oder übermorgen nehmen werden, über einen lang gezogenen tannengrünen Wellenkamm auf die Verschneidung zweier rechtwinklig zueinander verlaufender Grate, zwischen kreisrunden Scheiben hindurch, aus deren Zentren funkelnde sechseckige Säulen emporwachsen, die den rubinroten Himmel in Glasballons tragen. Ein Sprung führt über sie hinweg, schwebt, landet kühl an meiner rechten Halsseite, ein wenig feucht, hoch elektrisch, schon glühend. Anna küsst mich, und jedes Erwidern eines Erwiderns ist wie das Vordringen in eine neue innere Dunkelkammer der Dunkelkammer, eine verrückt fraktale Penetration der Penetration, einmal packten wir uns entschlossen wie Henker zwischen den Beinen und waren doch nicht entfernt so glückszitternd und aufgelöst wie bei diesem Pennälerkuss am Jägertisch, bei dem ich umso fester mit einer Kugel in den Hinterkopf rechne, je länger er dauert. Boris kehrt aber erst nach unserer hastigen Wiederherstellung zurück (eine leicht verrutschte Bluse, eine Haarsträhne auf Annas Wange), so präzise danach, als greife er im Anschluss an den dreifachen Salto der Abwesenheit das von uns hinübergeschwungene Trapez. Er macht einen selig betrunkenen Eindruck, einen alles wissenden und schon verzeihenden sogar. Das ist entweder ein Zufall oder die Clownsmaske des Todes. Er muss eifersüchtiger sein als je ein Mann zuvor. Oder erschöpfter. Am Ende der zweiten Jahreskonferenz hatten wir noch gemeinsam mit einem Dutzend anderer Teilnehmer Daisukes wunderbar finstere Bar besucht. Sperber persönlich spielte Saxophon, im engen Kreis eines chronosphärischen Zelts, aus dem nun für unsere Erinnerung der lang gezogene goldbebrillte Schädel Hayamis hervorsticht. Wir haben alle gehört, wie er einen von Daisuke gemixten Time-Breaker lobte, dessen kräftige Schulter tätschelte und von der Eigernordwand schwärmte, deren Bezwingung unter den Umständen unseres ewigen sonnigen Mittags ein Kinderspiel sei. Den Wächter des Eistempels vor Augen, erscheint uns die Szene erschreckend kannibalisch, aber sie ist natürlich nur rätselhaft, da wir eben nicht Daisuke, sondern einen Scheinklon gesehen haben und einen lebenden noch dazu.

Boris erinnert sich noch daran, wie ich gemeinsam mit Sperber und Daisuke aufbrach, um den See zu umrunden. Er fragt nicht weiter, es fällt unter das Tabu, Rechenschaft für die Zeit zwischen dem RUCK und dem drei Jahre davor liegenden Augenblick zu verlangen, in dem wir aus der *Schildkröte* hinaustraten in unseren zweiten Neujahrstag. Sperber muss den beiden sehr wichtig sein. Also kann ich davon ausgehen, dass er weiterhin eine bedeutende Rolle unter den Zombies spielte – und wohl seit längerem verschwunden ist. Vor dem Hotel taumeln wir wie damals in ein vom Alkohol noch intensiviertes grelles Licht, das uns als Mittagssäufer in den Asphalt brennen will, Boris schief an mich gelehnt. Einige Sekunden lang wäre es leicht, zu glauben, er gönne mir den Kuss seiner Frau, weil er sich vorstellen kann, was es bedeutet, seit fünf Jahren und vier Monaten keine wahrhaftige Antwort aus Fleisch und Blut erhalten zu haben. Aber vielleicht beneidet er mich auch, weil ihm sein wahnsinniges Eheglück zur Fessel geworden ist, ganz wie Anna, die schon die erste, riskante Gelegenheit genutzt hat und jetzt ohne eine Spur von Verlegenheit zum Abschied an mich herantritt, so nah, dass mich ihre linke Brustspitze berührt. Morgen die Ahnungslosen.

9.

Aus der Vergangenheit taumle ich auf mich zu. In das Gitter der Buchstaben, die ich gerade schreibe, ihren Elektrozaun. Der Ahnungslose bin ich. Als betrunken Gewesener, in dem andere Vergangenheiten, von denen ich nur noch die Glimmspuren sehe, als lebendiges Feuer brennen. Annas Kuss, die kissenweiche Deformation der Lippen, das beiderseitige Ansaugen, das leise Klacken der Schneidezähne, die Zungentiere, die sich im süßen Speichel umeinander wälzen. Wie man es auch nachmacht, es ist erbärmlich ohne die tastende, unberechenbare Software der anderen Seite. Zumeist jedenfalls. Verstört und vom Kurs gebracht wie eine übel bemannte Venussonde suche ich die Landebahn meines Hotels für die letzte Grindelwalder Nacht. Vor dem Treffen in der Jägerstube hatte ich mir eine schöne Überraschung für meine Ärztinnen ausgedacht, eine Art Ampelstellung, die mich jetzt nicht mehr freuen wollte. Stattdessen kehrten die Skrupel des Anfangs zurück und die Erinnerungen an die grausigen und komischen ersten Experimente. Die Gräfin im Hotel des Bergues. Mein Sündenfall nach drei Monaten Stillstand und ohnmächtiger Versteifungen. Zuckende Möwenschwingen, der mit den Läufen ausschlagende Hase, den Marcel am PA 8 in die Arme schließen wollte, die hinwegkippenden oder zusammenbrechenden, sich in irre Gefrierstürze werfenden Passanten, denen wir versehentlich zu nahe gekommen waren, hatten genügend Anschauungsmaterial geboten, um die peinlichsten Fehler zu vermeiden. Sie lag. Sie war nur mit ihren zahlreichen Fingerringen bekleidet und dem kleinen feuchten Nerz. Nach einem Tennismatch und einer Pflegestunde im Bad hatte sie sich um 12 Uhr 47 noch einmal in das Bett der Suite begeben, um sich ihre gefügig ausweichende leichte Hand zu gönnen. In einem solchen einfachen und dankbaren Fall ist die Reaktion beinahe vorhersehbar, es kann sogar eine heftige, jedoch stets raptusartig kurze *Begrüßung* geben, die hervorgerufen zu haben oder gar systematisch hervorrufen zu können, unsere Satyre, Phallochonder, Penetranten und Penetrantinnen mit Stolz und fieberwarmen Flüssigkeiten erfüllt, umso mehr als das Bewillkommnen oder gar -kommen die initiale und einzige aktive Regung der von uns Besuchten zu sein pflegt, welche sich auch bei einem neuen, noch ganz unbekannten Gast nicht zu wiederholen scheint. Die Gräfin zum Beispiel hatte eine so herzliche, schier frohlockende Art, bei der sich das Brustbein hob, der Hals reckte, die Lippen öffneten, dass man jenen unvergleichlichen Sekunden lange nachtrauerte und ich mir alles Erdenkliche jedoch Vergebliche einfallen ließ, um noch einmal begrüßt zu werden. Selbst im Fall der maximalen chronosphärischen Überlappung, die etwa die Form der doppelten Schere hat oder der zwei Löffelchen, wenn nicht gar (bei Sperbers oder Mendeckers Anatomien) die vollkommene Bär-überrollt-Rotkäppchen-Innigkeit, sind die einmal Besuchten nicht mehr aus der Reserve zu locken. Unter ihrer nackten Haut bleiben sie verloren wie unter einer Eisschicht, die zunächst den Schlaf zu versiegeln scheint, dann die Narkose und bald schon das Koma, denn man verliert sie immer mehr, erhält immer weniger Reaktion, wird von immer größeren Zweifeln geplagt, je näher man ihnen sein möchte. In die Gräfin hatte ich mich geradezu pflichtschuldig verliebt, um mein Gewissen zu beruhigen. Ich schlief sieben Nächte bei ihr, in der Woche, die ich vor meiner ersten großen Wanderung noch in Genf blieb. Immer wieder erwachte ich in unserem luxuriösen Doppelbett, um zu fürchten, was ich erhoffte, nämlich dass es auch dann dunkel bleiben würde, wenn man die Vorhänge zur Seite schob, dass das Telefon klingeln könnte (der Portier, um einen Anruf Karins durchzustellen, die keineswegs wissen konnte und sollte, wo ich mich befand), dass die Gräfin sich plötzlich frei unter der leichten Bettdecke bewegte, um aufzuschreien, als wäre ich ein riesiger Käfer, oder ganz im Gegenteil schlafverworren über meine Brust zu tasten, in dankbarer Erinnerung an unsere Erlebnisse, um dann endlich einmal über mich zu kommen, sich sitzend aufzurichten, so dass ich das Schaukeln ihrer Brüste hätte beobachten können, noch bevor ich recht begriff, wie unmöglich gerade diese Stellung war oder mit welch garstigen Prothesen und Gerüsten nur man traurige Karikaturen von ihr herstellen konnte. Das Versinken unter der Haut, eine Art Tod durch Nähe, trifft uns am schlimmsten. Gerade diejenigen, die Sperber *Familientiere* nennt, sind die wahren Killer, weil sie in animalischer Rücksichtslosigkeit glauben, ihre geliebte Frau (lediglich zwei weibliche Zombies, Sophie Lapièrre und eine mir nicht klar erinnerliche Norwegerin, hatten fotografierte Ehemänner zu beklagen) würde unbedingt wieder zu sich und ihm kommen, wenn ihr sie berammelnder Prinz in wochenlangen Zungenküssen die Reanimation besorgte und nicht von ihrer Bettkante wich. Mann musste jetzt nachsehen, was in der Folge des RUCKS aus den ins Koma Geliebten geworden ist. Mit Boris und Anna wollte ich zu diesem Punkt noch keinen Austausch, und die Spur meiner Verfehlungen oder Begünstigungen ist so verwickelt, dass mir auf der geplanten Route die Gräfin noch am nächsten liegt. Abstand ist erforderlich, gerade wenn man sich den Genuss erhalten will. Am schonendsten dürfte nach wie vor die Methode Kurz und Bündig sein, die pornokinetische Konzentration und Distanz, die nur das Entscheidende zusammenbringt, dafür aber vehement. Mit ihr werden auch längerfristige Besuche möglich, Koexistenzen, die fast schon Beziehungen gleichen, vorausgesetzt einen gewissen Sinn und das praktische Geschick für Hygiene. Nichts fließt, nichts fließt mehr aus, man muss das Wasser in Schüsseln heranbringen oder den Klienten transportieren (chronosphärisch korrekt nach der sogar durch eine schematische Zeichnung im Bulletin Nummer 4 dargestellten Methode für Einzelpersonen durch Einzelpersonen, nach der man den Fuzzi in eine verschränkte Hockstellung bringt, sich in seinen Rücken begibt, um ihn unter die Knie zu fassen und möglichst babuschkaähnlich beim Zieh- und Schleppvorgang zu überdachen versucht), falls man in der

Nähe eine verwendbare, in glücklichen Fällen (die gerade benutzte Zwei-Personen-Komfort-Version der Gräfin) sogar noch gefüllte Badewanne findet. Allein das Bewohnen, das Beiliegen und Betütteln im keuschesten Sinn kann und wird infolge einer chronosphärischen Induktion, eines Einbeziehens oder Anfaulens, um es so deutlich zu sagen, wie es für manchen Not tut, den Fuzzi in Mitleidenschaft ziehen, man halte sich doch vor Augen, wochenlang im Bett zu liegen, ohne die Leistungen einfühlsamer Krankenpfleger. Das fröhliche Begrüßen, der flinke Gebrauch, die Meise, die sich rasch das Körnchen aus dem Kringel pickt, so halten es die rücksichtsvollen Schänder. Eine romantische Nacht, in der man nichts weiter tut, als sich in der selbst angelegten weichen Klammer schlanker weiblicher Arme zu wälzen, in einem Märchenbuchschlaf nach dem Wehlaut, Rehlaut der Begrüßung, muss doch wohl genügen, man stelle sich nur vor, mit einem Augenblinzeln so zu sein, als hätte man sich zehn Tage lang oder nach zehn Männern nicht gewaschen. (In eine Hotelzimmerecke gekauert, wutzitternd, trotzig verzweifelt. Ungeheuerliche Vorgänge im großen Rahmen des Fensters, die Nackten tragen einen strahlenden Gegenlichtflaum auf der Haut wie Figuren von Tintoretto, wären es nicht Plastiken, setze an auf der Brust des Mannes zum korrigierenden letzten Hieb, aber unter dem Ballen deiner Hand, die den Meißel hält, schlägt schon sein Herz, zweimal, infolge der chronosphärischen Induktion, gleich begrüßt er dich. Durch das Fenster siehst du den Campanile in tiefer perspektivischer Flucht, seinen weißen, rosafarbenen und matt grünen Zuckerbäckermarmor. Abstand halten, in der Zimmerecke. Abstand.)

Das Gegenteil von Nähe. Ich gehe am gestiefelten Pferd in der Lobby vorbei, vorbei an den Fotografien der Eigernordwand, um mir draußen das Original zu betrachten, bevor ich zu meinem Zimmer emporklettere, falls es mir in meinem Zustand gelingt, der das Glas eines Durchgangs wie von Dunstschleiern getrübt erscheinen lässt, die mir entgegenstehenden Hotelgäste unscharf wie Spiegelungen auf dem Wasser des Pools. Die funkelnde saphirblaue Oberfläche wirkt unruhig, scheint infolge innerer Spannungen zu vibrieren, als könnte man den Quader, dessen Abschluss sie bildet, aus dem Becken heben, ihn auf ein Luftkissen verschieben und emporschweben lassen mitsamt den eingelagerten Matronen und höheren Töchtern wie einen leuchtenden Eisblock, in dem ich hastige Schwimmzüge mache als betrunkenes, schier ertrinkendes Insekt, bevor er sich beschleunigt, an Höhe gewinnt, noch stärker beschleunigt, um am Granit der Nordwand zu zersplittern. Es wäre nicht absurder als das gnadenlose Außerhalb, in dem wir gefangen sind, in dem sich nichts und keiner mehr erhebt, in dem die Sehnsucht nach dem Zersplittern unserer Kristallkugeln so quälend wird, dass wir immer wieder die dürftige und grandiose Art von Leben gefährden müssen, die uns geblieben ist. Das schwerfällige Klettern zum zweiten Stock und das Hinüberhangeln zu meinem Balkon strengen mich immerhin so sehr an, dass ich dankbar meine Ärztinnen grüße, die in den vergangenen Stunden nicht aufgehört haben, es sich bequem zu machen. Für die Besucher von außerhalb wusste Daisuke einen schönen traditionellen Namen, den ich vergessen habe und der etwa wie Mosquito klang, göttliche Zombies waren jedenfalls damit gemeint, Outside Persons, auf die man schon immer gewartet hatte, um ihnen die Jungfrauen des Dorfes auf die Strohmatten zu legen. Als ein solcher liege ich zwischen meinen Leibärztinnen mit geschlossenen Augen. Weil mich der Alkohol wie eine enorme purpurfarbene Wolkenhand in die Kissen drückt, hebt sich der Jadestab nicht mehr und wird heute Nacht kein Reiskuchen mehr gestoßen. Nichts mehr mit Binbin-daze, dem Mr. Boing-Boing, der flugs das Zelt hebt. Daisuke hat mir viel beigebracht auf unserer Drei-Mann-Tour um den See und durch die mittagsschläfrigen Klöster und Bordelle. Ihn wie ausgestopft in einer Eishöhle gesehen zu haben ist auch als Irrtum quälend genug. Ich wüsste nicht, dass er je von einem Bruder oder gar Zwillingsbruder erzählt hätte. Der Scheinklon war ein Glücksfund für Hayami, zu welchem Zweck auch immer. *Erlost. Sauvé.* Unsereiner nimmt das als Versprechen. Meine erlösten Ärztinnen dürften träge geworden sein am Ende dieser Nacht, freudlose Schläferinnen. Der Himmel über ihnen wird sich verdunkelt haben, und sie hören die Leiber der Götter nur so entfernt auf sich dahinrubbeln, als glitte einer mit der Fingerkuppe über die Glasscheibe eines benachbarten Zimmers. Wie in einen Sarkophag eingesperrt, so stelle ich es mir vor. Zunächst in einen sehr eng anliegenden, nah wie die eigene Haut und erfüllt von jenem rieselnden Zitronen- und Orangenlicht, das IHR spüren könnt, wenn ihr die Augen geschlossen haltet, draußen, an einem strahlenden Mittag im August. Dann verdüstert sich die Umgebung, die erkaltende Außenfläche wird zum Panzer, der sich schon nach Sekundenbruchteilen nicht mehr bewegen lässt und sich auszudehnen scheint, um einen immer schwächer empfindenden, immer weiter verfinsterten Hohlraum.

Der chronoaffizierte Körper, der missbrauchte oder wenigstens längere Zeit von Beiwohnung betroffene Fuzzi, liegt wie zerschmettert als winzige nackte Figur in sich selbst, auf dem eigenen Grund, über dem sich eine weite Dunkelheit erhebt bis zur Ballonhülle der eigenen Haut. Aber sie sind warm, Boris, so nah und tröstlich. Keine Puppen, nichts Künstliches. Ihre Haut ist die einmalige Landschaft, in der sie wohnen und verschlossen sind, die Schnee- und Sahnehügel von Dr. Hinrichs, die flachen Dünen und hitzigen schwarzen Zisternen von Dr. Weidenstamm. Ihr hundertfacher Geruch, Boris, zwischen Berlin und Neapel, das, was du versäumt hast im täglichen Triumph deiner dir hoffentlich abgrundtief langweilig gewordenen ausweglosen Wander-Ehe. Schwarzes und aschblondes Haar fließt auf meiner Brust zusammen. Es gibt viele Arme unter der Decke, die ich über uns oder den überwiegenden Teil von uns gezogen habe. Ich kenne die Fragen, die Anna mir unmittelbar nach unserem Kuss stellen wollte. Hast du sie gefunden? Wann? Wo? Über unseren sechs Füßen sitzt auf der zu einem Regal verbreiterten Bettlade der kleine Hase von Pierre Duhamel, unsichtbar im künstlichen Dunkel und so regungslos wie die Welt, die er mit seinem ovalen inneren Uhrwerk bewacht.

10.

Auch ich habe noch einige Fragen zu stellen. Etwa ob Boris und Anna während der ganzen Unzeit beieinander waren, ob sie jeden Tag gemeinsam gealtert sind, bis sie von sich sagen konnten, ihre Ehe habe nun wirklich drei Sekunden länger gehalten. Wann hatten sie Sperber zuletzt gesehen? Wann Thillet und Mendecker? Wie verlief die dritte Jahreskonferenz, von der ich immerhin nun weiß, dass sie die letzte war, die stattgefunden hat? Weshalb Hayami so wichtig nehmen? Wespenstiche, die mich zu früh aus dem Schlaf jagen, aus den Sahnearmen von Dr. Hinrichs. Die kleine Schwarzhaarige scheint zu Boden gefallen. Ist zu Boden gefallen. Nachdem ich vergeblich den Lichtschalter gedrückt und schließlich die Vorhänge zur Seite gezogen habe, sehe ich die Wespe dann auch, in die mein Hase über Nacht verwandelt worden ist, wie im Kurvenflug schräg auf einen ihrer fein durchbrochenen Flügel gestützt. Die Uhr in ihrer Körpermitte hat ein Scherzbold auf 12 Uhr 47 gestellt. Bei mir ist es drei mal acht macht vierundzwanzig, die Geisterstunde der bösen Überraschung. Der Tag, an dem Boris und ich uns im Genfer Uhrenmuseum unter all den erlesenen und teuren Exponaten zwei Wappentiere aussuchten (während Anna sich nichts nehmen mochte, obgleich sie eine Zeitlang mit einer Halsuhr in Totenkopfform geliebäugelt hatte), ist plötzlich so nah, dass ich das, was sich seither, seit mehr als vier Jahren, verändert hat, noch einmal in der Form eines einzigen harten Schlags akzeptieren muss: wie wir uns aus den Augen verloren, wie die Verwunschenheit uns geprägt, versucht, korrumpiert hat, wie wir älter wurden vor unseren makellos konservierten Lieben, wie das Misstrauen immer größer wurde, die Furcht, die bizarren Ängste zwischen Millionen von weichen Salzsäulen. Am Kopfende des Bettes liegt auf einem Nachttisch unberührt oder wenigstens ziemlich genau wie zuvor meine geladene Kahr MK 9. Der Zettel darunter befreit mich von dem Alpdruck, Hayami hätte, angetan mit seinen lautlosen Turnschuhen und blankem Samurai-Schwert, vor unseren nackten Körpern gestanden: *Frühstück in der Halle. Sandwiches und Nachrichten. Tempus fugit.* Die Handschrift und der Tonfall von Boris.

Kein Vorwurf in Annas Blick. Sie war bei der nächtlichen Visite nicht dabei oder litt nicht unter den Nachwirkungen unseres Kusses. Vielleicht wusste sie sich auf ihre eigene Art zu amüsieren, wenn Boris gerade einmal die Zeitung holen ging, es ist schließlich machbar, einen Zombie partiell auferstehen zu lassen (eines lustigen Mittags in Coppet überraschten wir ein bukolisches Pärchen hinter einer Scheune, und Daisuke, kichernd und schnaubend, fortwährend die Seriosität des Experiments unterstreichend, bescherte mit Hilfe einer im Wind bereitsteckenden Habichtfeder dem offensichtlich noch nicht genügend erstrotzten Landmann einen so praktikablen Zustand, dass er die drei Sekunden nach dem RUCK wohl genutzt haben könnte, sich tief im Gezottel seines Maidis zu verfangen). Ich bedankte mich dafür, dass sich noch sämtliche Patronen im Magazin meiner Pistole befanden, verlangte aber meinen Hasen zurück, den Anna mir lächelnd reichte, um die von mir im Austausch offerierte Wespen-Brosche so selbstverständlich am Kragen ihrer schwarzen Safari-Bluse zu befestigen, als wäre sie schon immer da gewesen. Vertrauen ist das Wichtigste – oder eine besonders schöne Art zu sterben. Die interessantesten Dinge in meinem Hotel seien mir offensichtlich entgangen, erklärte Boris. Er führte mich um das Pferd in Gummistiefeln herum zum großen Eigernordwand-Helden-Foto-Panorama. Noch einmal bestaunte ich die Normalroute von

1938, den John-Harlin-Climb von 1966, die Japaner- und die Tschechen-Diritissima aus den Jahren 1969 und 1976, die sich vierfarbig und dünn wie Luftschlangen über die zerfurchte Riesenhaiflosse der Wand fädelten. Erstes Eisfeld. Zweites Eisfeld. Rampe. Götterquergang. Spinne. Und endlich fiel mir eine akkurat über den West-Teil des Gipfelaufbaus gemalte tintenblaue Linie auf, die über die Ausstiegsrisse hinweglief. Auf neun in Form einer kleinen Sonderreihe zu den Originalen der Kletterheroen geschmuggelten Aufnahmen sah man in Abständen von einer halben Seillänge bis schier zur Kussnähe das unsäglich triumphierende Gesicht Hayamis mit der hohen Stirn, den glatten Wangen, der goldenen Brille, dem fliehenden Kinn. Anscheinend war er der Normalroute über den West-Grat gefolgt, ein im Vergleich zur Nordwand gewiss leichter Aufstieg, dessen Tiefblicke von einer schartigen, schneeverbrämten Messerklinge auf das in Flugzeugperspektive geschossene Grindelwald dennoch erschreckten.

»Was ist die Frage?«, fragte Boris.

Wer das Seil hielt, das sich von Hayamis Brustgurt zum nahen Betrachter schlängelte. Oder weshalb Anna und Boris sich den Scherz mit dem Hasen und der Wespe machten, anstatt mich unverzüglich zu wecken, nachdem sie Hayamis Quartier gefunden hatten.

Unsere Abscheu vor Fotografien (die auch von unsereinem mit rein mechanischen Mitteln in fast jedem Labor herstellbar sind) überwinden wir nur in Ausnahmefällen, auf Gipfeltouren, vor den gefrorenen Augenblicken eines Schmerzes, einer Lust, die wir mit uns führen, bis wir es nicht mehr ertragen, oder in Situationen, die bewiesen sein wollen. Anna dokumentierte professionell und fast ohne Anzeichen innerer Anteilnahme alles, was wir in den Räumen, den Kabinetten des Dr. Hayami vorfanden, nachdem es uns durch die koordinierte Überlagerung unserer Zeitfelder gelungen war, die drei Eingangstüren zu öffnen (ohne herauszufinden, wie Hayami allein sie hatte schließen können). Es mag sein, dass wir diese Aufnahmen in Genf verwenden können, um vor Hayami zu warnen. Wahrscheinlich hat er Menschen (unsrige, echte Zombies) benutzt, ihnen die Eishöhle mit dem gefälschten Daisuke vorgeführt, mit ihrer Hilfe den Eiger bezwungen, sie wohl auch zu beeindrucken versucht, indem er ihnen die beiden ersten der Chalets zeigte, die als besonders luxuriöse Appartements dem Hotel angegliedert sind. Boris glaubt allerdings nicht, dass Hayami so leichtsinnig oder kaltblütig gewesen sein könnte, andere Chronifizierte nahe an das dritte Chalet heranzuführen, jene äußerlich unauffällige Luxushütte der Exzesse. Es sei überhaupt nicht klar, wann Hayami welches Chalet eingerichtet habe, meint Anna, so wenig wie wir tatsächlich beweisen könnten, dass er allein der Schöpfer jener Interieurs sei, obgleich sie auch ihr als Widerspiegelung des Zerfalls eines einzigen Menschen erscheinen, als exotische künstlerische Variation zu den Sperber'schen Gesetzen.

Die gemeinsten Riemen sind durchschnitten, die Fesselungen, deren Anblick zu tief ins Herz schnitt, gelöst. Das erneute Wandern beruhigt und gibt uns den verlässlichen Takt vor, den unsere überreizten Nerven benötigen. Zum Dorf der Ahnungslosen sollen es fünf Stunden Gehzeit sein, am Ende liegt ein Aufstieg auf 1700 Meter. Anna hat sich das Haar zu einem Zopf geflochten und diesen streng am Hinterkopf hochgesteckt. Wenn ich es richtig sehe, trägt sie auch eine neue, sehr feine goldene Halskette, die zur Wespenbrosche passt. Sie war wohl ebenfalls einkaufen, als Boris und ich uns frische Wanderkleidung bei einem Sportausrüster besorgten. So stiehlt sich ein jeder seine Façon.

Die erste Hütte überraschte uns am wenigsten. Wie in den anderen Chalets gab es eine Freitreppe, eine lange Fensterfront, den Whirlpool auf dem Weg zur offenen Küche, die Ledersofa-Ecke und das große TV-Gerät (12:47:45, das schmerzverzerrte Gesicht der Katze). Sämtliches Dekor aber, alles Tragbare und Überflüssige bis hin zu den Grafiken an den Wänden und Vasen in den Regalen, hatte Hayami beseitigt, um Platz für seine Experimente, seine Bücher und das Dutzend vierbeiniger Schreibtafeln zu schaffen, das er sich wohl von den Konferenzräumen umliegender Hotels besorgte. Ein Wissenschaftler dachte nach. Er manifestierte sich in Versuchsanordnungen und Aufzeichnungen, Skizzen, hingekritzelten Gestalten und Formeln. Ein Denklabor, nüchtern, aber auch fieberhaft, mit dem Imprimatur einer kontrollierten intellektuellen Raserei umgab uns, wir standen in einem heftig arbeitenden Kopf, dessen Besitzer nur kurz nach draußen gegangen schien, um die Escort-Girls auf den Swimmingpool-Liegen zu quälen (oder und aber-natürlich die Damen im Chalet Nummer 3), und das Verwunderliche lag darin, dass uns nicht wenige der mit japanischen Schriftzeichen bepflasterten Skizzen etwas sagten, sogar manche Formeln, die mit dickem roten Filzstift auf die Papierflanken der kopflosen Gazellenherde vor der Fensterfront gemalt waren. Unverkennbar ist für uns alle der PFEIL:

$$S_B(M(x)) = k \log |\Gamma_M|$$

Mendecker schrieb einfacher:

$$S = k \ln P$$

Woraufhin wir immer noch nicht viel mehr verstanden als Bahnhof, dadurch aber richtig lagen, denn es handelte sich um den einmaligen großen Zentralbahnhof der explosiven Erstzeit, der alle Züge mit annähernder Lichtgeschwindigkeit auf relativ ewig auseinander schoss in einer Orgie von anwachsendem Chaos. Unsere Denkerphase kehrte zurück, als wir – erneut mit entsicherten Kanonen – zu begreifen versuchten, was Hayami hier zu begreifen versucht hatte. Wir sahen uns wieder durch das Genf der frühen Eiszeit irren, die für uns doch auch eine warme, soziale, noch vertrauensvolle Zeit gewesen war, in der wir uns auf den Gefrierdocks der Welt aneinander klammerten und die Köpfe zusammensteckten. Der Pfeil war in der Luft stehen geblieben. Auf Sportplätzen und Kindergartenhöfen konnten wir seine regungslosen wirklichen Stellvertreter besichtigen, die so still und haltlos in Brusthöhe in der Luft schwebten, als wandelten wir durch Zenons Gehirn. Dass sich gar nichts bewegen kann, dass umgekehrt alles fortwährend in Unruhe ist – soweit hätten wir mit den alten Griechen denken können, aber eben nicht bis zu unserer eigenen Hand, die ungläubig unter unserer Nase in den Raum hinausbalancierte, um mit fünf Fingern den bleistiftdünnen Schaft des Pfeils zu umschließen (energisch abgeschossene Exemplare vibrierten leicht und wollten uns immer ein Stückchen mitnehmen in den Traum ihres Impulses). Der maßgebliche Pfeil war natürlich: die Richtung der Lawine der ganzen Welt. Und wie es sich Hayami in diesem ersten Chalet anscheinend noch einmal verdeutlicht hatte, glaubten die meisten CERN-Physiker, die den Mut oder die selbstmörderische Freundlichkeit besaßen, uns aufgewühlte, halb wahnsinnige Chronofreaks etwas über den kosmischen Leichnam um uns her lehren zu wollen, dass der Herzschlag, der Puls, der ihn immer in die gleiche Richtung getrieben hatte, die unabdingbare Voraussetzung von Zeit, in dem einzigen physikalischen Gesetz begründet sei, dem es nicht gleichgültig wäre, ob man es in die Vergangenheit oder Zukunft drehe, nämlich im 2. Hauptsatz der Thermodynamik, demzufolge die Unordnung des Universums, die Entropie, jenes von Hayami wohl in Wiederbelebungsabsicht fett und blutrot auf die Tafel gemalte S, unaufhaltsam zunehme, einsinnig orientiert, das Kommende definierend als den Ort, an dem das Chaos noch größer sei, wenigstens mit überwältigender Wahrscheinlichkeit. Der Pfeil flog immer in die Ruinen. – »Weshalb?«, hatte Sperber eingeworfen, auf seine überwältigende Art, sich dumm zu stellen, als Mendecker und Lagrange uns jenen Sachverhalt im Hilton-Konferenzsaal zum dritten oder vierten Mal auseinander setzten.

Expansion des Universums. Sagte Anna, ihre Pistole in der Rechten. Lapidar, gelangweilt, allenfalls hinter dieser Doppeltür mit einer leisen Verzweiflung angesichts der Fotografien, Skizzen und Formeln, mit denen sich Hayami im Chalet Nummer 1 noch von der Sperber'schen Phase 1 zur Phase 2 zu bewegen versucht hatte. Im Hilton-Konferenzsaal blies Harriet an dieser Stelle der Diskussion einen Luftballon auf, und das darauf gemalte grinsende Gesicht (das Thillet irgendwie ähnlich sah) verzog sich und stellte damit auf der Gummihaut den Pfeil der Entropie dar, der den Pfeil der kosmischen Ausdehnung im Nacken hatte oder in der Fiederung. Man hätte das alles jetzt glauben können, wären nur wir nicht gewesen. Stell dir vor, das Weltall macht die Tür zu und du stehst draußen. Der Augenblick, in dem die Expansion zum Stillstand kam – um Luft zu holen, um Gottes Lungen eine Pause zu gönnen, um sich in verkehrter Richtung zu entwickeln, bis der Kosmos als schrumpelige Hülle im Nichts trudelte –, musste ganz so aussehen wie das, was wir seit fünf Jahren mit ermüdender Verzweiflung anstarrten und durchwanderten, ein Universum als Skulptur.

Fotos von Spiralnebeln, Dutzende von Uhren, eine ganze Reihe von angeschalteten tragbaren Fernsehgeräten, die allesamt die schmerzerfüllte Katze zeigten, eingesammelte und auf Stative gesetzte Touristen-Videokameras, auf die Katzen und Uhren und andere, uns nicht so recht eingängige Arrangements gerichtet, die äußerst ertüftelt wirkten und verschiedenartige Gegenstände zum observierten Fall, zum Kippen, Zerreißen, Brechen, Hinwegrollen gebracht hatten, diese Experimente und Apparaturen begriffen wir intuitiv, ihren Sinn vielmehr, der mit dem Eintreten des RUCKS in Erfüllung gegangen war. Im Whirlpool Nummer 1 sah man eine grellrote Lache und die Scherben und Splitter eines Glasgefäßes. Es war an einem elastischen Gummiband aufgehängt worden, dessen Stärke gerade ausgereicht hatte, um den Rückzug der Chronosphäre des Experimentators zu überbrücken, nicht aber drei Sekunden entfesselter Gravitation zu überstehen. Im Whirlpool Nummer 3 glücklicherweise heißes Wasser. Das entsetzte Paar im Pool Nummer 2.

11.

Anna und Boris scheinen sich im Nachhinein nur für das zweite Chalet zu interessieren (es sei denn, sie schreiben in unseren Wanderpausen ganz andere Dinge in ihre Notizbücher). Das enttäuscht und erschreckt mich, denn ich hätte sie für kritischer gehalten. Anna war nie eine klassische Pressefotografin, eher eine Porträtkünstlerin, die auch genügend schnell und zuverlässig arbeiten konnte, um Politiker, Popstars, Sportler und Literaten rasch einzufrieren, als die ganze Welt noch etwas anderes war als die Zeitung des niemals kommenden nächsten Tages. Während sie aber vor und über den feuchten Opfern Hayamis routiniert und kühl drei Filme verschossen hatte, wirkte sie ergriffen im Angesicht des großen MUFO-Hokuspokus, desgleichen Boris, dem ich nach fünf Jahren Unzeit nicht mehr zugute halten wollte, dereinst hauptsächlich für das Wirtschaftsressort tätig gewesen zu sein. Niemand, keiner, nicht einmal die Clique sämtlicher mumifizierter Konstrukteure von DELPHI einschließlich der Zombie-CERN-Eggheads war imstande gewesen, den RUCK zu inszenieren. Hayamis Auftritt auf der dritten Jahreskonferenz mochte noch so überzeugend ausgefallen sein, seine Ankündigung eines dreisekündigen Revivals schockierend prophetisch. Ich glaubte ihm gar nichts, allein schon wegen der unmenschlichen Kürze der Wiederbelebung. Dreißig Sekunden, eine göttliche Minute, das wäre das Mindeste gewesen, was sich der große Experimentator gegönnt hätte, auch wenn es ihm nur darum gegangen sein sollte, uns allesamt aufzuscheuchen und nach Genf zu locken. Dass die andere Seite vielleicht nicht mehr zugestanden habe, konnte man glauben, wenn man an die ANDERE SEITE glaubte. Das nackte Paar im Whirlpool Nummer 2, achtzehn- oder zwanzigjährige Asiaten, war allem Anschein nach unter Wasser konserviert worden, nebeneinander, mit friedlich schönen Gesichtern wahrscheinlich, die jetzt aber puterrot, schmerz- und schreckverzerrt mit emporgerissenen Oberkörpern aus dem splitternden Glassturz auftauchten. Die weit ausgestreckten Arme hatten Halt in der Luft gesucht und gleich darauf, noch bevor die panischen Gedanken ihre zahlreichen kleinen Enterhaken in den vorbeischießenden rosaroten Katarakt werfen konnten, schon im blanken Raum gefunden, infolge der Wiedervereisung der Welt. Was der Künstler uns mit seiner verwässerten, fernöstlichen, feigenblattlosen Adam-und-Eva-Variante hatte sagen wollen, erschien mir weniger bedeutsam als die Tatsache, dass an dem Zerrbild der sich verzweifelt in die Luft Krallenden keine Korrekturen mehr vorgenommen worden waren.

Boris und Anna jedoch umrundeten die MUFO-Attrappe und den sie umgebenden ontogenetischen Kreis mit der Ehrfurcht von Tempelbesuchern. Vier abwehrende, mit Glöckchen behängte armdicke Seile, geflochten aus gelben Reepschnüren anstelle des traditionellen Reisstrohs, die Mikos, acht oder zehn mit weißen Kimonos und orangefarbenen Röcken gekleidete, gekidnappte und zum Knien gebrachte japanische Touristinnen, die wie die Schnürpakete und Gestöpselten im Chalet Nummer 3 Annas anfänglichen Grindelwalder Eindruck bestätigten, dass etlichen Besuchergruppen etwas oder vielmehr jemand zu fehlen schien, jene mit beschrifteten Papierrollen bestückten Baumzweige, ein typischer schlichter Penis-Altar auf einem Hocker und kalligraphisch bearbeitete weiße Kartontafeln ließen mehr an einen Schrein denken als an eine Startrampe für das kugelförmige Objekt im Zentrum. Es mochte eine Kommunikationsanlage vorstellen, ganz wie Hayami es auf der dritten Jahreskonferenz gefordert hatte, eine nicht-technische allerdings, eine magische oder shintoistische meinetwegen. Ich stieg über das westliche Seil und die ausgestreckten Beine der kleinen Kinder hinweg, um Anna und Boris dadurch zu erschrecken, dass ich inmitten des MUFOS Platz nahm. Sie erschraken zu sehr, ich hatte den Eindruck, ihre Revolvermündungen kehrten sich sacht in meine Richtung. Das mit Wimpeln und

Bändern verzierte Fahr- oder Stehzeug war nicht mehr als ein schwarz lackierter Schemel in der Mitte einer von Drahtreifen angedeuteten Kugelhülle, die wohl unsere Chronosphäre in Originalgröße darstellen sollte, nichts weiter als ein Witz, auch wenn der mit zwanzig menschlichen Körpern gebildete Kreis oder Alterszyklus einen starken Eindruck machte, insbesondere aus der Perspektive des MUFO-Pilotenstuhls, von dem ich herabsah, während meine Begleiter wohl fürchteten, eine Zeitbombe würde nun gezündet oder ich könnte ihnen in einem Lichtschauer davonflimmern, wie man das früher einmal in den Pappmachékulissen von Science-Fiction-Serien hatte bestaunen können. Aber die Nullzeit ist ernst. Sie hat den technischen Schnickschnack zerschlagen, die Maschinen lahm gelegt, die Ströme und Blutbahnen gefroren und nichts übrig gelassen als unseren nackten parasitären Körper, dessen Produktions- und Zerfallsweg Hayami hier nachzeichnete, mit mühsam herbeigeschleppten Darstellern unterschiedlicher Altersstufen und Rassen. Auf das verzweifelte Whirlpool-Paar folgten zwei Koitierende in Missionarsstellung, die es in den drei Sekunden des RUCKS geschafft hatten, auszusehen wie in flagranti ertappt, ihre Zeit jedoch nicht zu dem doch sehr kleinen Ruck zu nutzen, der genügt hätte, auseinander zu bringen, was erst vom Arrangeur mit Hilfe von Vogelfedern oder gar eigenhändig präpariert und zusammengefügt worden war. Wie Hayami eine Gebärende für die dritte Station seines Zyklus hatte herbeischaffen können, ist mir unbegreiflich. Gefangen in ihrem Schmerz, schien die zierliche rothaarige Frau während der kurzen Augenblicke, in denen sich ihr Muttermund noch stärker hatte weiten und die enorme Melone unter ihrer Haut tiefer ins Becken sinken können, nicht bemerkt zu haben, dass sie verschleppt und in die Figurengruppe eines bizarren Karussells eingefügt worden war, ganz wie die beiden fünfjährigen Kinder, die Schulter an Schulter, nackt, mit den Köpfen nach außen weisend, an ihrer Seite lagen. Acht weitere Paare, ebenfalls nackt und auf die gleiche Art angeordnet, bildeten die weiteren Stationen des Kreises um das Kugelobjekt, in dem ich saß. Hayami hatte Abstände von schätzungsweise sieben bis zehn Jahren gewählt, welche eine Altersstufe der Paare von der nächsten trennten. Obwohl er Schwarze, Weiße und Gelbe für sein Kunstwerk eingesetzt und sogar die Kerzenwachsfarbe des Todes nicht gescheut hatte, sahen sich die Kinder, Jugendlichen und Erwachsenen des gleichen Geschlechts auf eine verblüffende und seltsam bewusstseinserweiternde Art ähnlich, ganz als könnte man im Laufe des Lebens mehrmals Rasse und Hautfarbe wechseln. *Mono no aware*, die Erbärmlichkeit der Dinge, der Körperdinge, die uns geblieben waren. Das Zeitraumschiff sind immer nur wir, diese unauflösliche Verknetung von Bewusstsein mit Fleisch, Knochen, Mark und Gallerte, in der 100 Billionen Zellen im Takt ihrer Schrittmacher schwingen. Wir sind Rhythmus, Sound, Melodie, raffiniert dirigierte Koordination, die triumphiert und zerfallen muss im kakophonen Schlussakkord. Holt uns also heraus, herauf, hinweg oder schießt uns zurück in den Ozean, unter die Milliarden von intakten, pulsierenden Kreisläufen, aus denen ihr uns am PA 8 entführt habt – so etwa verstand ich die ganze Botschaft des Arrangements, es war ein Gebet und keineswegs ein Flugplatz, es stand nicht für die Orientierung der Sperber'schen Phase 3, sondern für den Fanatismus des finalen Stadiums. Dass er zwei einigermaßen frische Leichen von Achtzigjährigen aufgetrieben, herangeschleift, entkleidet und zurechtgelegt hatte als letztes Paar des Kreises, genügte mir vollkommen für die Diagnose von Hayamis Geisteszustand. Aber Boris und Anna schienen mir erst zu glauben, nachdem ich eine Viertelstunde lang unversehrt und unverbeamt im Drahtskelett des MUFOS gesessen hatte, mich über sie lustig machend, indem ich imaginäre Schalthebel bediente. Die MUFO-Hypothese ist fantastisch, aber nicht irrsinnig genug.

Man geht angenehm zum Dorf der Ahnungslosen. Der Weg verläuft in gemächlichen Kehren, durch rasch wechselnde Licht- und Schattenzonen. Wenige Fuzzis verunzieren die Pfade. Immer wieder öffnet sich zwischen den Nadelbäumen der weite Ausblick auf die Eiskegel von Eiger, Mönch und Jungfrau, eine dreifache Ekstase des Raums, der man die Köpfe abgeschlagen hat, und doch könnte man fast den Ekstatiker und Gipfelstürmer Hayami verstehen, den es die Wände hinaufzog in die blendende Kälte der Gletscherzonen. Dort oben entkam er wohl den Erhitzungen und wahnhaften Verirrungen seiner Installationen. Während des Aufstiegs gehen Anna und Boris nun öfter gemeinsam vor mir her. Das Vertrauen muss noch größer werden, ohne die wespenflugartigen, jähen Distanzierungen. Annas geflügelte Brosche hebt und senkt sich unruhig, wenn wir anhalten. Es war sinnlos und verstörend, sie zu küssen. Die Bilder aus dem Chalet Nummer 3 erhalten dadurch eine scheußliche, entwaffnende, bewaffnende Wirksamkeit, fast als wären sie aus einem Lebensfilm geschnitten, wie es ihn dereinst einmal gab, in den Zelten der Erinnerung, und dann schweben wir dahin als der befruchtende, befeuchtende Schmetterling, als der Hayami sich gesehen haben muss, wenn er über die von ihm Verschnürten, Verpackten, systematisch Sortierten, kunstvoll Drapierten, Gespreizten und Gespundeten kam, die Blüten das Rapses, wie das alte Lied sie nennt. Weil ich einige Wochen mit Daisuke unterwegs gewesen bin, erwarten Boris und Anna landsmännische Auskünfte von mir. Das den heiligen Bezirk abgrenzende Seil. Die Glocken, die das Fließen der Zeit als mächtigen goldenen Puls in die Frühjahrsluft von Kioto übertrugen. Die Ewigkeit der Steingärten, über die der Strom hinwegging, ohne sie zu verändern. Durch den fallenden Schnee der Kirschblüten, die Tränenschleier, das herabsegelnde Laub, den zerblasenen Schaum sieht man die obszönen Bilder der Vergänglichkeit, Ukiyoe, Holzschnitte, Fleischschnitt: aus dem Grindelwalder Petrifakt pflückte sich der Meister die Paare zusammen, die er zur Umrahmung seiner Schmetterlingsflüge wohl brauchte, ephebenhafte, asiatische oder wenigstens so anmutende schwarzhaarige Mädchen, in den klassischen Shunga-Stellungen mit jeweils ein oder zwei enormen Steifmännern unterschiedlicher Rassen montiert. Der innere Kreis, gebildet aus achtzehn Schönheiten, war dazu gemacht, den Nektar des Meisters zu vergießen. Anders als die Paare im MUFO-Chalet orientierten sie sich mit den Köpfen nach innen, so dass der auf ihnen flatternde Schmetterling stets das Zentrum des Raums im Blick haben konnte, das hier keinen freien Schemel bot, sondern auf eine Weise besetzt war, die meinen Flügel (den Zeltheber *tento-wo-haru*) augenblicklich hätte erlahmen lassen. Unter Verwendung von Bändern, Stricken, Bandagen, Lederriemen, Schaumstoffkissen, gynäkologischen Gestellen, Gummimatten und zusammengerollten Handtüchern hatte der Kugelmann erstaunliche Posen geschaffen. Einige davon erschienen so bizarr und schmerzlich, dass wir zu den Frauen eilten wie Sanitäter und sie herausschnitten, losbanden und von den knallig bonbonfarbenen, halb durchsichtigen Gegenständen befreiten, deren Rücknahme in der chronosphärischen Intimität von schwer erträglichen Lauten begleitet wurde. Andere Kabinettstückchen, wie etwa die nur mit Hilfe der gegenseitig verknoteten Schnürsenkel ihrer Stiefeletten zu einer Schaukel Gebundene, theatralisch Geschminkte und Glänzende oder die so natürlich über einen Stuhl gebundene Chinesin, deren rotgoldene, an Oberarmen und Hals dicht schließende Seidenbluse über dem Steißbein einen perfekt gerundeten Hintern wie ein Pralineepapier einfasste, würde uns, zumindest Boris und mich, außerordentlich ertüchtigt haben, wären wir nicht zur Neutralität verpflichtet gewesen, als hätten wir himmelblaue UN-Kondome getragen. Annas Fotografien zeigten möglichst viel von der Umgebung und Einrichtung der Chalets und immer wieder uns beide, als bemühte Neutren und Rucksacktouristen, vor den gespreizten Schenkeln, den Backen, den zusammengeschnürten Brüsten und dem y-förmigen Kettchenzug einer dreifach mit goldenen Ringen Gepiercten. Zu beweisen war durch solche Aufnahmen nichts, solange uns der MUFO-Schmetterling fehlte. Hayamis Systematik befremdete uns am meisten. In diesem Raum offenbarte sie sich erst bei schonungsloserem Hinsehen genauer, denn die zum Beflattern arrangierten Frauen schienen dem Alter, der Haarfarbe, der Figur, der Rasse nach zunächst verblüffend unsortiert. Eines Nachts in einem Weinkeller bei Vevey aber hatte Daisuke für Sperber und mich ein altes Geisha-Lied gesungen, in welchem die Mädchen eines Bordells Namen trugen, die nach der Art ihrer unteren Kau- und Saugwerkzeuge gebildet waren, und so fanden wir auch hier *kinchaku*, die geräumige scharlachrote Geldbörse, *kawarake*, dreifach gleich, als Gefäß ohne haarigen Saum, *atago-yama*, die mit kissenhaftem Schmollmund Empfangende, zwei wahrscheinlich die Bezeichnung *tako* Verdienende, die wie ein Polyp zu umschlingen versprachen, drei – soweit erkenntlich – aufgrund ihrer einzigartig symmetrischen und knospenartigen Chrysanthemen Heimgesuchte, die ich *fujiamas* nennen würde, und endlich ein Paar *maedare-bobos*, irgendwie Lefzige, bei denen die inneren Labien schürzenartig herabhingen und alles – um es mit dem unübertrefflichen Sperber zu sagen – aussieht, als stünde dir eine Fellatio durch eine Boxerhündin bevor.

12.

Wenn wir uns auszumalen versuchen, auf welche Art Hayami seine Frauen botanisierte (durch Grindelwald streifend wie ein Hund und ein gynäkologischer Maßschneider in einer Person), um sie dann mühsam in die Chalets zu schaffen, dann irren wir zwangsläufig durch das Labyrinth unserer eigenen Schändungen. Boris und Anna sind viel rätselhafter als ich, als wir, die Strohwitwer von Statuen, deren Anblick ebenso unerträglich ist wie ihre gefrorenen Blicke (und gerade unter solchen vollbrachte Hayami seine Taten). Ich frage mich, ob sie sich bisweilen trennen, langsam und scheinbar bedauernd, um sich hinter der nächsten Ecke, im nächsten Hotel, Schwimmbad oder Kloster gierig auf das unerschöpfliche Sexy Soufflé zu werfen, das alles verspricht und immer zusammenfällt, kaum dass die Zunge die äußere Wandung durchstoßen hat. Die Sucht nach Begrüßung. Die erste Reaktion, die einzige, gerade noch einen Funken von Bewusstsein schlagende, vortäuschende, noch wie persönliche Antwort ist der stärkste Anreiz des Wiederholungstäters, einnehmender als das individuelle Aussehen oder die noch so intime Typologie, ob es sich nun um glatte Ohrmuscheln oder maedare-bobos handelt. Die Ahs und Ohs und Uhs und Jajas und Umpfs. Die AUA!s und NICHT!s. Das tiefe Uruha!ah! Zwei, drei Sekunden höchstens, vielleicht auch immer ganz genau drei, als stünde die uns nach dem RUCK gegebene Äone, der kosmische Atemzug und das einmalige Aufschrecken der Subjekte, das ihnen der von uns gegebene RUCK beschert, in einem quantenmechanischen Zusammenhang, vermittelt über die Mendecker-Konstante oder nanotechnisch präzise abgeschnitten am Schwanz einer Harriet-Einheit. Es kommt darauf an, keine Zeit auf dem Glacis zu verlieren. Wenn sie schon liegen, möglichst auch nackt, wenn sie eine Hand schon am Schatzkästlein haben oder gar dort eines oder einer anderen Mund, Finger oder Etcetera, dann kann der Coup, der geölte Blitz, wie Sperber sagt, mit der denkbar schönsten und sinnträchtigsten Erwiderung belohnt werden. Dass sie kurz, entsetzlich kurz ist, muss man wissen und hinnehmen. Mit dem Diminuendo des anderen Bewusstseins das Crescendo des eigenen zu koppeln, darin besteht eine in gewissen Maßen erlernbare Kunst. Man muss begreifen, dass die Welt des anderen nichts weiter ist als ein Fall, dass sie zu sich kommt, sofort empfängt und schon zergeht. (Sie, die Frau. Er, gerade noch Karins verwundertes Gesicht im Schatten des Hotelzimmers erfassend, im Rahmen eines hohen Fensters sich selbst, im Rücken die helle Luft.) Im Victoria-Jungfrau vor vier Tagen gelang es mir so vollkommen, mit Hilfe der Schere, die jene schmale glänzende Brücke des Badeanzugs durchschnitt. Die kleine Rothaarige errötete tatsächlich, als ich an ihren Busch klopfte, unter dem Netz von Sommersprossen auf ihren Wangen, ihrer Nase und ihrer Stirn hatte sich eine schöne, wie künstliche Blütenfarbe gezeigt, die nicht zu ihren kupferfarbenen Locken passte, ein erregend sich wiederholender Farbwiderspruch, so nah an ihren ein wenig verächtlich wirkenden schmalen Mündern.

Die Anfangsversuche, mein Gott. Eine Folge von Stümpereien, glücklichen Ausnahmen, albernen Verkehrsunfällen, zweifelhaften Verklemmungen. Jene verdrehte Art von Nekrophilie, dieser Vampirsex, den wir Untote mit EUCH inszenieren, der Modellfall Zombie nimmt Fuzzi von Null auf Hundert in null Sekunden, ist nur eine, wenn auch die persönlichste unserer parasitären Verhaltensweisen. Wir mussten das rechte Essen und Trinken lernen, das Baden, das umweltfreundliche Defäkieren ohne Spülung, die Kunst, immer frisch gekleidet zu sein, ohne je die Wäsche zu waschen. Am Ende, und das Ende kam bei manchen sehr schnell, die nicht zwei Jahre und zwei Fußmärsche nach Berlin benötigten, um den Weg hinaus durch den Fensterrahmen ihrer anachronistischen bürgerlichen Skrupel zu finden, verlieren wir leicht die Bedenken. Eine reizvolle Geste, eine einladende gefrorene Position, schon sind wir zu Gast. Eine Weile ist man noch empfindlich, sucht in schattigen Hotelzimmern oder schleppt gar in dunkle Zonen und Räume oder wenigstens parkende Autos ab. Fleißig und scheu wie die Biber oder Katholiken rumpelt man hinter Hecken und Zäunen, bis man weitest gehend an die Tragfähigkeit des Stillstandes glaubt. Jeder von uns (Schändern) erinnert sich wohl an seinen ersten wahrhaft öffentlichen Verkehr. Sie stand hinter dem marmorverkleideten Tresen eines meiner geliebten Gourmetrestaurants, die sich auf ausgezeichnete Menüs verstehen und den verschwitzten, unrasierten, schnaubenden Wanderer stets mit der gleichen Dezenz bewillkommnen. Die aschblonde, ondulierte Enddreißigerin führte gestrenge Aufsicht über die schlimmen Schlemmer, die unter ihrem eisgrauen Blick erstarrt waren. Ein Leben lang rufen solche schmal gebauten, perfektionierten Damen halb verärgerte, halb konfirmandenhaft erschreckende, halb besinnungslos erregte Gefühle in uns hervor, bis wir endlich wie um den Faktor eins Komma fünf über das übliche Maß hinaus vergrößert zur Rechten einer Anti-Pasti-Vitrine rückwärts in sie einparken, in dieses tief gelegte teuflisch glatte Rosa unter dem schwarzen Rock mit seiner überraschend freundlichen, ja gar lässigen Empfänglichkeit. Von einem der Tische aus hätte der Feinschmecker im Falle eines RUCK-ähnlichen Entr'acts oder gar Wiederanspringens und Nicht-wieder-enden-Wollens des Weltfilms zunächst nur vermutet, ich hälfe der Dame des Hauses, die elektronische Kasse zu kalibrieren, über die gesunken, gerade noch stehend, aber säuberlich wieder hergestellt, ich sie verließ. Mit der Anzahl der geglückten Besuche nimmt die Furcht vor dem Erwachen der Zuschauer ab. Eine Zeitlang neigt man dann wohl zu Extremen und Provokationen, etwa indem man sich am aufgedeckten mächtigen Euter der Angetrauten eines stierschädeligen Biergartensäufers melkt, dessen Oberarme den Umfang von Gorillababys haben, indem man inmitten einer von Dutzenden von grillsüchtigen Faulenzern belegten Wiese in das knusprigste Hühnchen hineinfährt, indem man sich in Beichtstühlen, Fahrstühlen, Touristenbussen oder ähnlichen Idealräumen des Klaustrophilen eine kleine *rush minute* gönnt oder gerade umgekehrt die Weite eines prominenten und belebten Platzes wie des Gendarmenmarkts, der Piazza della Signoria oder des Altstädter Rings (Besuchen Sie dort jene buschige Lehrerin im lustigen Wäldchen ihrer Schulklasse!), die das einzige wirkliche Risiko des Agoromanen bergen kann, nämlich die beobachtende Nähe eines anderen Zombies, der danach trachtet, die Situation auszunutzen. In diesen Zusammenhang fällt – auch bei den ausgewiesenen Gegnern des parasitären Eros – das *Flitzen*, jenes ganz besondere Spekulieren auf die Verlässlichkeit der universellen Starre, das man sich geleistet haben muss, bevor man es für albern hält, etwa auf einer Tagestour durch das komatöse Paris ohne eine Faser am Leib, vorbei an, hinein in, hinauf auf alle Touristenattraktionen. Solche Spaziergänge sind steigerungsfähig durch Kombination, man nehme etwa eine Drogeriemarktkassiererin auf dem kurzen Rollband ihrer Kasse, fasse sich beim ungewaschenen Hinausschlendern in die Menge der hochsommerlich gekleideten Passanten die Cola-Dose aus der Hand einer selbstgefährdend entwickelten Oberschülerin, gehe trinkend durch ein Kaufhaus oder eine Einkaufspassage, manchmal in voller Absicht so nahe an den einen oder anderen heran, dass die chronosphärische Induktion ihn respektvoll einknicken lässt wie jene allein durch Fadenstraffung aufrecht gehaltenen vielgliedrigen Spielzeugtiere in dem Augenblick, in dem eine Kinderhand den Boden ihres Sockels nach oben drückt. Die Getränkedose wegwerfend, ist man schon wieder frei, ohne den geringsten Besitz am Leib, elektrisiert und zerschmettert in der sonnenüberglänzten Flut, die niemals über deinem Kopf zusammenschlägt, nicht um 12:47, als du, erneut ermannt, eine langbeinige Mulattin an den Riesenbohnen packst und die Purpurnacht dazwischen suchst, nicht um 12:47, nachdem du zwei weitere Stunden befriedigt und maßlos aufgepeitscht durch die Straßen gelaufen bist und dich, so wie Gott, dein Zahnarzt, dein Blinddarmoperateur und die unaufhörlich weiter in deiner Sphäre tickende Zombie-Zeit dich schufen, an den Gartentisch eines Restaurants setzt, um gierig die Jakobsmuscheln zu verschlingen und die kleine Flasche Chablis eines in den Kies gestürzten Geschäftemachers zu leeren, nicht um 12:47 des späten Abends, an dem du mit Hilfe einer großen Schere das panzerartig enge Hummerkleid der Empfangsdame oder gar Chefin eines Luxusmodehauses knackst, deren tiefgefrorene, sorgsamst gezupfte Noblesse noch einmal die Buschtrommel in dir rührte, zu einem kurzen finalen Wirbel anstachelte, nachdem sie dich mit dem Brunftlaut eines tollwütigen Rentiers begrüßt hat – und hier spätestens sollte ich der Aufrichtigkeit halber anmerken, dass unsereiner auch beim aktiven Flitzen (wie in zahllosen kontrollierten und präparierten Fällen sonst) sich bei der Drogerieverkäuferin ein Schächtelchen annehmlicher Kondome und eine Creme nach Tagesgeschmack zu entleihen und etwa in einem kleinen Umhänge- oder Umschnallbeutelchen mit sich zu führen pflegt, unparfümierte Vaseline in Naturhonigfarbe zum Beispiel für die liegende Acht, für die im türkisfarben marmorierten Weiß jenseits der Strumpfbänder in erstaunlicher Macchia geborgene Unendlichkeit der Haute Couture.

Du bist der unedle Wilde, den DELPHI auserkoren hat, um mit den Glasperlen der Welt zu spielen. Du bist frei, so fürchterlich frei, dass sich mit einem Mal die vergessene Philosophie bewahrheitet, nach der deine Angst nichts weiter sein sollte als das Erschrecken vor den eigenen Möglichkeiten. Die *Gabrielisierung*, über deren für den Spender gefahrlose, fade, klinische Variante hier kein Wort verloren werden soll (hier, wo ich mit endlich wieder verschämten Blicken Annas vor mir aufsteigende Waden, Knie, Pobacken betrachte, im schmerzlichen Bewusstsein, dass unser Elfenkind tatsächlich möglich, wenn auch völlig wahnsinnig wäre), ist eine früh entdeckte Überschreitung der Grenzen professioneller Heiratsschwindler oder osmanischer Tyrannen. Jeder von uns männlichen DELPHInen könnte dereinst einmal, wenn der Adler wieder fliegt und die Spermatozoen wieder bergauf schwimmen, um ihren Kopf zu verlieren, hundertfacher Vater werden, mit einem Schlag von so flächendeckender Fruchtbarkeit, als wäre Zeus wie eine Schwanenarmee über die Töchter des Mittags im Jahre Null gekommen.

Im Chalet der Ekstasen ist Hayami mit aller Konsequenz vorgegangen, so als habe er sich infolge der kreisförmigen, kollektiven, synchronen Empfängnis etwas wie einen fokussierten Laserblitz erhofft, der das MUFO und seine

Herrin im Zentrum der Installation treffen und weiß der Himmel welchen Modifikationen unterwerfen sollte. Die Grenzen zu bestimmen ist das Schwierigste, wenn niemand antwortet und niemand die Zeit hat zu leiden. Wenn niemand bestraft. Ich hörte – und mir ist, als habe es mir Boris erzählt in den Wirren der zweiten Jahreskonferenz – von einer so genannten *Degustation*, bei der man zwei Dutzend Frauen mit durch Seidenkapuzen verhüllten Köpfen den Testern rückwärts zugewandt in die Reihe brachte. Es wird noch ganz andere Dinge gegeben haben, von denen Anna und Boris wohl bessere Kenntnis besitzen als ich. Vielleicht sind die Auswege, die ein jeder für sich finden musste, interessanter als die Untaten, von denen sie fortführen sollten.

Bei meinen beiden Wanderfreunden will ich immer nur an das Glück des sich zu einer murmelhaft glatten, kompakten, steinharten Kugel abschließenden Paares denken, auch wenn es viel schlimmer gewesen sein könnte. Auf das Dorf der Ahnungslosen zuwandernd, wissen wir voneinander keineswegs, wie böse wir sind oder gewesen sein mögen, bevor wir – bis jetzt wenigstens und durch den Austausch von Hase und Wespe in einem Fall auch bewiesenermaßen – darauf verzichteten, uns auf plumpe Art ermorden zu wollen. Ethik ist nur eine Frage des Zusammenhangs. Hat Sperber das gesagt? Er hätte es wohl pikanter ausgedrückt. Sich abschotten, sich einsperren. Die Ahnungslosen sind weiter gegangen als wir einsamen Schänder und moralischen Praktiker im Falle der *Adoption*, die uns für Tage und gar Wochen menschenwürdige Existenz und zivilisiertes Verhalten beschert. Wir zügeln, beruhigen, moderieren uns, indem wir Mitglieder einer frei gewählten Familie werden, uns damit erleichtern, was uns einstmals beschwerte, die Fessel suchen, das Spezielle, das uns aus der maßlos geöffneten Welt schafft. Ein Leben zur Miete nehmen, ein Schneckenhaus mit sämtlichen Windungen und Bewohnern. Unfassbar glatt, schleimig, reibungslos durch seinen inneren Perlmutt gleiten. In den wenigsten Fällen – hier loben wir uns die Mittagsstunde – ist es notwendig, den Paterfamilias, den wir nicht Wirt heißen können, sondern allenfalls Pelz, da wir ja in seine Haut schlüpfen, aber unsere eigenen Hände durch seine Ärmel schieben, zu beseitigen (etwa durch Abstellen in der Garage). Er weilt bei der Arbeit, wir in seinem Sessel, seinem Bett, seiner Frau, die uns nicht so sehr im Allgemeinen reizt, wo wir sie ja auch allein unter Büschen oder auf einer Parkbank besuchen könnten, als im Besonderen und Privaten, inmitten ihrer Rosenbeete, ihrer Bücher, vor ihrem Kleiderschrank, in ihrem Badezimmer. Wir ruhen uns aus. Daheim, zwischen unseren Tapeten, an unserem Küchentisch. Die private Unordnung, das spezielle Sammelsurium, die stets nur im Prinzip, niemals im Detail vorhersehbare Gestaltung und Ausschmückung der eigenen vier und acht und sechzehn rechteckigen, von Fenstern und Türen durchbrochenen Wände, ist der Trost, den wir benötigen, um uns zu erholen. Gerührt betrachten wir die Fotoalben unserer Familie, auf deren Glanzstücken, wie beispielweise den Urlaubsaufnahmen von Kreta, Rom, Venedig und London oder den wundervoll intimen Schnappschüssen in der Badewanne, im Wald, unter dem Tisch im Esszimmer, wir uns nicht so recht getroffen fühlen (mal in die Länge, mal in die Breite gezogen, verfärbt bisweilen oder wie kosmetisch schlecht operiert), aber IngeMonikaEva-MarieunddieKinder so lebensecht wirken. Die alten Briefe wieder lesen. Den Speicher aufräumen. Die Blumen auf der Terrasse gießen oder sogar die Hecke schneiden. Da wir den kleinen Swimmingpool im Juli gefüllt haben, brauchen wir für unser abendliches und morgendliches Bad das Grundstück nur zu verlassen, wenn uns die Gedärme auf die Zweibis Viermal-Toiletten freundlicher Nachbarn drängen und wir unlustig sind, uns eine Grube zu graben. Unser Kleiderschrank bietet zumeist genügend Wäsche und das Wenige an sommerlicher Ausstattung, das wir anzulegen gewohnt sind. Männliche Alkoholika, Necessaires und Utensilien erleichtern uns im Stellvertreterfall, bei der Adoption durch

Substitution, das Leben, und so war ich Immobilienhai mit Stefanie, Fußballprofi mit Christine, Restaurantbesitzer mit Gabriele, Manager in der Petrochemie mit Daisy, einem ganz reizvoll auf ihrem blauen Veloursofa welkenden, in den Gelenken knickenden, weiße Ambra spendenden 47-jährigen Mädchen. Die Villen, die ruhigen Gärten, in denen außer einem Chauffeur auf einem Au-pair-Girl hier und da kein Fuzzi den Blick beleidigt und die Totenstille der Welt ganz natürlich erscheint, haben mir nicht immer helfen können, diese eine Wohnung in München zu vergessen, zuzuschütten mit anderen Unverwechselbarkeiten, Intimitäten, geheimen feuchten Interieurs. Manchmal wurde ich ein kleiner Beamter oder Angestellter. Ich ging zur Müllabfuhr und war (abwesender) Taxi-Chauffeur. Zwei Wochen lang lebte ich bei einer anmutigen Lehrerin. Ihr Sohn war tödlich verunglückt, ihr Mann kurz darauf an einem Karzinom gestorben. In solchen Fällen bleibt man wie zum Trost, dezent, einfühlsam, nicht-invasiv.

Die Toten der Lehrerin sind auf eine gesündere, radikalere Weise verloren als unsere Angehörigen und Lieben. Wir haben keinen Kult, der uns den Umgang mit ihnen durch Vorschriften und Tabus erleichtert (Was stellte Lot mit seiner Frau an?). Hayami fand seine Feuerpferd-Frau oder jemanden, der ihr außerordentlich ähnlich sah, denn wie sonst könnte man sich die säuerlich dreinblickende Endvierzigerin erklären, die die Zentralposition seines Chalets der Exzesse einnimmt? Er hatte Keiko oder ihren Scheinklon mit Hilfe von Seidenbändern auf einem Stuhl in richterlicher Strenge und Orthogonalität installiert, angetan mit einem klassischen weißen Kimono, die Hände im Schoß gefaltet. Vor ihrem flachen, fast konkav wirkenden ältlichen Angesicht die achtzehn Schönheiten des inneren Kreises bis zum ersichtlichen Füllstand zu beflattern, muss Hayami ein ungeheuerliches Vergnügen bereitet haben, dem sauberen Kugelmann. Was soll man von ihm halten? In dem Augenblick, in dem du vor dem am meisten geliebten Menschen stehst wie vor einer Wachsfigur oder einer perfekt bemalten Skulptur, zerbricht ein zweites Mal der Zusammenhang. Wie auf dem Areal des PA 8 spürst du die vernichtende, explosionsartige Ausweitung des Nullpunktes, den Raum deiner endlosen Gegenwart, der alles von dir je noch Erreichbare umfasst. Das Gesicht deiner Frau ist die Maske, die der Tod aufgesetzt hat, um dich zu verhöhnen. Wer den Medusenblick überlebt, wird böser, es gibt die Moral davor und die danach. Hunderte von zu Fuß zurückgelegten Kilometern können, in meinem Fall wenigstens, ein gewisses Maß an Vernunft einsickern lassen und verhindern, dass man solche frankensteinartigen Installationen verfertigt wie gewisse Typen, denen die Kugeln durchgehen. Das vagabundierende Schänden ist mir schon durch die idiotische Prozedur nahe gelegt worden, der ich mich unterziehen musste, um Karin zu finden. Ich wanderte nach Berlin, möchte ich Anna erzählen, um in der Wohnung von Karins Freundin Christine einen Hinweis auf den Verlauf ihrer gemeinsamen Ostseereise zu entdecken. Ich traf Christine persönlich und stieß auf die schöne Stelle in ihrem Tagebuch: *Brigitte hat mir gerade von Karins Liebhaber erzählt. Schon bittet mich Karin, ihr Alibi zu sein. Nun ja, wenn es akut ist …* Ich musste nach München in Brigittes Wohnung, deren offene Balkontür über den Stamm einer freundlichen Kastanie zugänglich war. Ich lernte aus Briefen und Taschenkalendern, dass Brigittes Ex-Mann Franz für Karin seit Monaten akut geworden war und in Berlin lebte, wohin ich ein weiteres Mal zu pilgern hatte, um mit Hilfe eines mechanischen Bohrers und mehrerer abbrechender kurzer Sägen mein Ungeschick als chronoaktiver Türknacker unter Beweis zu stellen, bis ich neben entsetzlich eindeutigen Indizien für Karins zeitweilige Anwesenheit in einem Friedrichshainer Dachgeschoss dann auf das Hotel genau herausfand, wo ich die beiden ertappen konnte. Südlich durch den Fläming, die alte Route. Geriet aber in westlicher Richtung aus der Fassung, tagelang, so dass ich den E 1 bei Siegen kreuzte. Auf ihm zielbewusst und hasserfüllt, Mordwerkzeuge und Vernichtungsgedanken sammelnd, weiter über Pforzheim, Konstanz, Lugano, Tortona. In quälend schöner Zeitlupe dann hoch und aussichtsreich vor dem Fall über den Apenninenkamm nach Bologna und über La Verna und Bocca Trabaria durch die rosafarbenen Giftschleier von Fieber- und Schwindelanfällen hindurch nach FLORENZ, die letzten Kilometer entgegen der Fahrtrichtung als Geistergeher auf einer blechstarrenden toten Autobahn.

13.

Das Dorf der Ahnungslosen liegt zu unseren Füßen. Vorsichtshalber haben wir einen bergauf führenden Haken nach Westen geschlagen, bevor wir auf der fast unangenehm leeren Zufahrtsstraße das Ortsschild erreichten. Nur Lieferanten- und Hotelfahrzeugen war in der Zeit der rollenden Räder die Auffahrt gestattet worden. Ein halbes Dutzend davon können wir in den engen Straßen zwischen den Holzhäusern und Chalets ausmachen. Niemand scheint in ihnen zu sitzen, so wie auch nirgendwo, trotz unserer Feldstecher, der Zipfel eines Zombies oder die Ferse eines Fuzzis zu entdecken sind. Auf keiner Bank, keinem Platz, in keinem Gartenlokal, auf keinem der einsehbaren Wanderwege, auf keinem Hausdach und keiner Bergwiese ist ein Exemplar der einen oder anderen Spezies zu erblicken, aus dem autofreien hat jemand das menschenfreie Dorf gemacht, Hayami natürlich, denken wir gebrannten Grindelwalder, er wird sie in einen anihilierenden Transformator gesteckt haben, um seinen MUFO-Antrieb aufzuladen. *Säuberung*, Sperber hat den Begriff nicht gescheut, um das vollständige Entfernen Nicht-Chronifizierter aus einem gegebenen Areal zu bezeichnen. Das Dorf hatte zu Lebzeiten wohl 300 Bewohner und wenigstens noch einmal so viele Touristen hätten sich in und vor den Hotels und Ausflugsrestaurants befinden müssen. Zwischen Wiesenblumen und hohen Gräsern sitzen wir drei wie Wanderer, die sich in eine evakuierte militärische Zone verlaufen haben, so benommen, als müsste gleich ein Bombenhagel den alpinen Paradiesblick auf die Eis- und Felszacken von Mönch und Eiger zerstören. In der Gegenrichtung scheinen die Gondeln der zum Schildhorn hinaufführenden Bergbahn leicht vor der Weltallbläue des Himmels zu schaukeln. Wir finden eine, in der mit Hilfe eines Fernglases Menschen auszumachen sind. So sehr es beruhigt, dass die Säuberung nicht so hoch hinaus konnte, so unangenehm sind mir die in der Luft Eingepökelten, ich ertrage den Gedanken an sie so wenig wie den an Flugzeugpassagiere. Uns ist nach einer kurzen Rast zumute, bevor uns etwas erstickt und zu Staub zerkrümelt wie die 300 Dörfler und 300 Touristen unter uns womöglich. An Felsbrocken und unsere Rucksäcke gelehnt, sitzen wir im offenen Dreieck, Boris in der Mitte, trinken aus derselben Wasserflasche, berühren uns mit den Bergstiefeln, starren auf unsere nackten Waden. Die beiden sehen erschöpfter aus, als man es nach der einfachen Höhenwanderung erwartet hätte, schließlich sind sie Profis wie ich. Oder es verhält sich so, dass ich mir im Angesicht der Gefahr noch einmal ganz klar machen muss, dass wir unser Leben fortgeführt haben seit dem Vorfall am PA 8, dass fünf Jahre in uns verflossen sind, während der Rest des Universums sich frisch hielt wie in Gottes Tiefkühltruhe.

»Die nächste Station wäre dann Montreux«, sage ich laut und deutlich. »Wenn wir das hier überstehen.«

»Sperber!« Sie wissen es im gleichen Moment, schließlich hatten sie den Chronisten gemeinsam mit Daisuke und mir zur Seeumrundung im Anschluss an die zweite Jahreskonferenz aufbrechen gesehen. Der Hase und die Wespe wurden vertauscht, unsere Knarren hätten sich schon mehrmals gegenseitig ins Auge schießen können, wir waren einmal Kollegen, fast Freunde, und bevor wir jetzt Rivalen und Opfer werden, sollte man doch die Chance nutzen. Sperber sei zur dritten Jahreskonferenz nicht mehr erschienen, aus gutem Grund auch, erklärt Anna, ohne den Versuch zu machen, sich zuvor mit Boris zu verständigen. Sie ist mir ganz zugewandt in ihrer ärmellosen schwarzen Bluse – und allein das stört empfindlich die Konzentration auf die äußerst wichtige, endlich erfolgende kurze Zusammenfassung der langen Geschichte der vergangenen zweieinhalb Jahre der Nullzeit, wenigstens sofern Boris und Anna sie kennen oder mir nun erzählen wollen, nachdem ich Sperbers wahrscheinlichen Aufenthaltsort preisgegeben habe, den vor unserer Ankunft in Genf aufzusuchen mir bislang unbedingt ratsam erschien.

Nun muss ich einsehen, dass es auch in Montreux gefährlich werden könnte. Die blutigen Aktionen von Dornröschen hätten nicht zwangsläufig zu der Entwicklung geführt, die im Eklat der dritten und letzten Jahreskonferenz gipfelte. Ein sauber von einem Florett durchstoßener serbischer Kriegsverbrecher, der über 80-jährige SS-Mann, dem man eine Kugel in die Stirn, und jener ausgewiesene Waffenhändler, dem man sie beim Mittagstisch in die linke Schläfe gesetzt habe, seien keine hinreichenden Gründe gewesen, einander zu misstrauen. Im September des Jahres Zwei aber wäre dann einer der unsrigen eliminiert worden, verdientermaßen, nämlich der Ex-Leibwächter Thorgau. Der riesige blonde Kerl habe sich von den Tillets abgesetzt, sich (durchaus nicht zufällig) in einer Stadtvilla an einem belebten Platz niedergelassen, den er zunehmend entvölkerte, um Material für seine Installationen, Lebendplastiken, perversen, sadistischen und endlich mörderischen Tableaus zu gewinnen, gegenüber denen sich Hayamis Arrangements wie kindliche Spielereien ausgenommen hätten. Noch bevor man aber in größerer Zahl zusammengefunden und über irgendeine Art von Justiz und Polizei entschieden hatte, die mörderischen Kriminellen unter uns das Handwerk zu legen vermochte, entdeckte eine zu Thorgau geschickte Abordnung, der auch Boris angehörte, den im eigenen Fall gescheiterten Leibwächter auf der Straße vor seinem Haus. Ein halb auf dem Bürgersteig geparkter Wagen hatte dem Attentäter genügend Deckung geboten, um seinen Schuss anzubringen. Die herumliegenden abgefeuerten Kugeln aus Thorgaus Pistole und die meterlange Blutspur zeigten, dass er erst nach einer Weile tödlich gewesen war. In einer Distanz von vier, fünf Metern zu dem Schwerverletzten, war der Vollstrecker außer Schussweite und konnte das Ende abwarten, bevor er wieder näher herantrat und eine langstielige Rose auf den massigen Sadisten und Killer fallen ließ, den man später wegschaffte und getrennt von seinen Opfern begrub.

Im Bulletin Nummer 11 soll Sperber bezweifelt haben, dass die Gruppe Dornröschen tatsächlich für die Hinrichtung verantwortlich gewesen sei. Im Bulletin Nummer 12 bestritt er dies auch im Falle der Ermordung Thillets, die erheblich mehr Unruhe, ja Panik hervorrief, bei der die Garnierung mit einer Rose vollends sinnlos und zynisch war. Es entstanden bald Gerüchte, nachdem sich die Konstellation in der bislang von den Thillets, ihren beiden Kindern, den zwei Leibwächtern, dem Ehepaar Stiegler und der Dolmetscherin Christine Jarrige bewohnten Seevilla nicht änderte – abgesehen natürlich vom erledigten Thorgau und dem ermordeten Nationalrat. Dann verschwand auch der Leibwächter Möller, den viele verdächtigt hatten, in jeder Hinsicht Thillets Stelle einnehmen zu wollen. Sperber habe an einem weiteren Bulletin gearbeitet, in dem er (einer Auskunft Daisukes zufolge, der seine Schildkrötenbar nach dem Attentat auf Thillet endgültig schloss) die Existenz einer so genannten Gruppe 13 mutmaßte. Deren Ziel sei aus der Übertreibung des Rührt-bloß-nichts-an-Prinzips entstanden, wie es gerade die Cernianer zu Anfang verkündet hatten, und bestünde schlicht darin, sämtliche Zombies/UNS im Interesse der Menschheit/EUCH und der störungsfreien Zeitordnung auszumerzen. Dornröschens Erbfeindin, die sich am Ende ihrer Aktionen notwendigerweise selbst beseitigen musste, sei das florale Bekennerzeichen gerade recht gewesen, um Verwirrung unter uns allen, ihren potenziellen Opfern, hervorzurufen.

»Seither leben wir im Wilden Westen. Seither hat jedermann das –«, Boris zeigt auf die Pistole in der Außentasche seines Rucksacks. »Du trägst die Knarre offen am Gürtel oder gleich in der Hand, sobald du nach Genf kommst. Du hast dich gewundert, als ich in der Jägerstube versprochen haben, den Hintereingang zu sichern?« Aus größeren Tiefen des Rucksacks holt er eine graue Scheibe hervor, die an einen Eishockey-Puck erinnert. Anti-Personen-Minen dieser Art (den anscheinend reichhaltigen Beständen der Schweizer Armee entnommen und chronotechnisch modifiziert) waren nach Thillets Ermordung in Genf zur Konvention geworden, um Schlafräume oder ganze Villen abzusichern. Auf der dritten und letzten Jahreskonferenz vereinbarte man immerhin noch als offizielles Warnzeichen den *blauen Handschuh*, den man entweder auf abschreckende Tafeln malen oder in seiner gegenständlichen Form auf Stöcke oder Zaunpfosten setzen konnte. Sonst hatte es auf der Ile Rousseau nur noch erbitterten Streit gegeben, das Aufkündigen aller gemeinschaftlichen Unternehmungen, die Bankrotterklärung der Cernianer, aggressive und wohl zur Verwirrung eingesetzte Mutmaßungen darüber, wer zu Dornröschen und wer zur (auch ohne Sperbers Bulletin schon so genannten) Gruppe 13 gehörte. Viele nahmen an, dass die Abwesenden, mit deren Teilnahme man hatte rechnen können, allen voran Sperber, der Leibwächter Möller und der Mathematiker Berini, das Schicksal von Thorgau und Thillet teilten. Erfüllt von Panik und Hass, ging man auseinander, auf eine noch lächerlichere und kompliziertere Art, als man auf der Insel zusammengefunden hatte. In Sperbers 12. Bulletin war ein Vorschlag für den Ablauf und die Organisation der Konferenz bekannt gemacht worden, eine logistische Meisterleistung Harriets, so verzwickt und paranoid, dass immerhin noch ein Großteil der Zombies daran teilgenommen, sich, nur beispielshalber, auf die Eröffnungsprozedur eingelassen hatte, bei der man von der unbekleideten zarten Christine Jarrige auf der Brücke empfangen wurde, sich ebenfalls nackt ausziehen und der Vertrauen erweckenden Führerin dann möglichst auf den Schritt genau auf einem nur ihr bekannten und erkenntlichen Weg durch ein Minenfeld zum eigentlichen Versammlungsort folgen musste.

Boris und Anna waren im Laufe der beiden letzten Jahre noch zweimal nach Genf gewandert. Die früher übliche Sitte, sich zunächst zu einem der Kioske zu begeben, hatte ihren Sinn verloren, denn neben dem Herrn aus Zaire im Salle des Conseils im Palais des Nations, neben der sich ihrem doppelläufigen Weichteilinstrument hingebenden Opernsänger-Gattin im Hotel Les Armures, einem schwer mit Brüsten bepackten Dornröschen, das früher ein Dutzend Mal im Jahr, bei der chronosphärischen Annäherung der Bulletin-Abonnenten, in eine grandiose fast vierjährige Lustverzögerung hinein hatte erwachen dürfen, auf dem Lesetischchen im Salon des abgelegenen Schlosses Coppet wie auch am vierten (und absurdesten) Ausgabeort des Bulletins gab es keine druckfrischen Hefte mehr. Nummer 12 war allem Anschein nach Dr. Magnus Sperbers Vermächtnis. Man ging jetzt, nachdem auch Daisukes Bar nicht mehr öffnete, zur Place du Bourg-de-Four, unbewaffnet und anständig gekleidet, also fast nackt, um bei der Arztpraxis von Patty Dawson und Antonio Mitidieri Ratschläge und Auskünfte einzuholen. Einzig diese unbeirrbar wohltätige Institution, die auf zwei Menschen beruhte, denen man es zunächst nicht zugetraut hätte, stand noch für die großherzige, humanitäre Tradition der Stadt Genf.

14.

Wir stießen auf eine Art Montessori-Kinderkrippe (Holzspielzeug, Bilderbücher, Perlen und Klangkörper), einen enormen Kramladen in Supermarktpotenz, für den man anscheinend alle Vorräte und brauchbaren Utensilien des

Dorfes zusammengetragen hatte, eine rührende Bibliothek in einem ehemaligen Verwaltungsgebäude, schließlich auf eine Asservatenkammer oder ein Zeughaus vielmehr, denn es handelte sich um ein geräumiges Hotel, so verriegelt und verbarrikadiert, dass wir einen der zugenagelten Fensterläden aufbrechen mussten, um ins Innere zu gelangen. Man dachte an einen Schrottplatz und die Lagerräume eines Großhehlers zugleich, da sämtliche Geräte rücksichtslos übereinander getürmt waren, aber nicht defekt oder veraltet zu sein schienen. Fernseher, PCs, Kühlschränke, Toaster, Stereoanlagen, Küchenmaschinen, Videorecorder, Kameras, CD-Player, Eierkocher, Mikrowellenherde, Föhne, Telefonanlagen, Handys, elektrisches Spielzeug, Faxgeräte hatte man hier entsorgt. In einem Raum entdeckte Boris eine Menge von Plakaten, fotografisches Werbematerial und zerlegte Schaufensterdekorationen. Das ohnehin schon krankhaft malerische Dorf, das mit seinen knarr- und seufzerfreien Holzhäusern, totstillen Brünnlein und kristallisierten Geranien wie eine Farbstummfilmkulisse auf dem Gebirgsbalkon zum Jungfraumassiv lag, war durch die zeithygienischen Maßnahmen ein gutes Stück ins 19. Jahrhundert zurückgesunken, auch wenn man den Asphalt und die Telefonmasten nicht hatte beseitigen können, ja nicht einmal die fünf von ihren Fahrern befreiten Lieferwagen und die Taxis auf den Straßen, die wegzuschaffen wenigstens zwanzig chronifizierte Athleten nötig gewesen wären. In keinem der Häuser, die wir durch die offen stehenden Türen oder Fenster betraten, war ein Fuzzi zu erblicken. Zwei repräsentative Holzgebäude in der Hauptstraße gehörten ganz eindeutig zu den von allem elektronischen Tand befreiten Objekten. Ihr unglaubwürdiger Berghüttencharme ärgerte mich, so wie mir das ganze Dorf mit jedem Schritt mehr auf die Nerven ging. Durch die mühsam aufgebrochene Sakristei-Tür gelangten wir endlich in die Kirche, die Anna verdächtig erschienen war, weil man sie so schlecht von außen einsehen konnte. Im Schatten des Kirchenschiffs saßen, hockten und lehnten die Objekte der Säuberung, gewiss sechs- oder siebenhundert Menschen, die grabesstille Gemeinde, die erschreckend fanatisch oder wenigstens enthusiastisch wirkte, da sie jeden verfügbaren Platz, selbst die Gänge und den Freiraum vor dem Altar belegte, da sie denkbar unfeierlich zusammengeströmt schien, in Badehosen, T-Shirts, Uniformen, Anzügen, Wanderhosen, Bermudashorts, Unterwäsche, Trachten, Kitteln, halbnackt oder halb in Laken oder Badetücher eingewickelt, ungeachtet des Alters und Geschlechts, da sie keinerlei Scham oder Distanz wahrte und fast alle Mitglieder den entgeisterten Gesichtsausdruck aufwiesen, den die Fuzzis nun einmal bevorzugen, wenn wir mit kalten Absichten zu ihnen herantreten durch eine perfekt getarnte Einstiegsluke der Zeit. Aber sie hatten ja gemeinsam den RUCK erlebt, drei vollkommen irre Sekunden, in denen sie sich von einem Augenblick auf den anderen zu einem total überlaufenen Blitzgottesdienst vereint sehen mussten. Sie waren am Leben, dafür entwickelt man einen Blick. Man hätte sie natürlich auch in einer Scheune oder einem großen Stall einpferchen können. Statt sie hinzusetzen und ihnen eine gewisse Haltung anzumodellieren, wäre es möglich gewesen, sie einfach auf den Boden zu werfen. Dennoch machte mich die Verschleppungsaktion außerordentlich wütend. Die Kahr MK 9 in der geballten Rechten, lief ich hinaus in das Bergwiesen-, Holzhütten-, Murmeltier- und Kuhschwanz-(nirgendwo einer zu sehen, gab es auch eine Wiederkäuerkirche?)Idyll und durchsuchte Haus um Hütte um Haus, in der Absicht, irgendjemandem die Leviten zu lesen, die savonarolesken Strafpredigten eines alten parasitären Gourmets und abgebrühten Schänders zu halten oder ihm wenigstens ein paar Löcher in den Wams zu ballern. Boris und Anna folgten mir, amüsiert und vielleicht auch ein wenig besorgt.

So fanden wir dann ziemlich rasch Sophie Lapièrre und ihren sterbenden dritten Mann. Wir müssen zu Sperber nach Montreux. Das heißt, es ödet mich an, *Lap Lapièrre* (wiederum Sperber) und ihre Saubermänner und Reinigungsfrauen zu Protokoll zu nehmen. Schon als sie damals, auf der zweiten Jahreskonferenz, angekündigt hatten, sich zurückzuziehen, um (in einer fuzzifreien Umgebung) eine Gemeinschaft echter, wirklicher, lebendiger Menschen zu gründen, die den Tag X, an dem unser denaturiertes Parasitentum durch das Wiedereinsetzen der Echtzeit beendet würde, in Abgeschiedenheit und weitest gehender Autarkie erwarten wollten, konnte ich nur mit Mühe meinen Ärger hinunterschlucken. Solange sie nicht einmal imstande waren, ein Kaninchen wiederzubeleben und zu halten oder nur ein einziges ihrer Kinder durch die Erträge ihrer Pflanzungen zu ernähren, fand ich den Anspruch, sich von uns hohlen Nutznießern und irrenden Schädlingen der Gesellschaft zu unterscheiden, arrogant und lächerlich. Nur das Tragisch-Eifrige von Sophie Lapièrre, deren (erster) Mann ja noch immer im Fahrstuhl zur DELPHI-Kaverne steckte, dämpfte meine Aggression, und so war es auch dieses Mal wieder, nachdem wir sie in einem flachen modernen Gebäude zwischen den Holzhäusern entdeckt hatten, das vor und nach dem Einzug der Ahnungslosen (selbstredend eine Sperber'sche Bezeichnung) als Krankenstation gedient zu haben schien, in einer ganz und gar pietàhaften Rolle, denn ihr zweiter Mann lag schon unter der Erde beziehungsweise auf dem Tisch neben den andern Opfern der Seuche, an der gerade ihr dritter verstarb, schweißbedeckt, abgemagert, uns nicht mehr kenntlich als der Journalist Herbert Karstmeier. Da die Krankheit womöglich auch in ihrem eigenen Körper um sich gegriffen hatte, bat uns Sophie, gebührend Abstand zu halten. Sie wirkte erschöpft, aber nicht krank und auch kaum gealtert. Mit ihrem lackschwarzen, streng links gescheitelten Haar, der Stupsnase, der runden Brille, in einem einfachen Leinenkleid auf einem Bürostuhl sitzend, erschien sie wie die überarbeitete Dienst habende Ärztin im Rahmen des modern eingerichteten und offenbar gut ausgestatteten Behandlungszimmers. Dass sie es fertig brachte, uns in zusammenhängender Form die Geschichte ihrer Katastrophe zu erzählen, während im abgedunkelten Raum nebenan ihr Drittmann in den letzten Zügen lag, stürzte uns in Verlegenheit und verbot jede Kritik an dem gescheiterten Projekt der Ahnungslosen. Neun erwachsene Chronifizierte hatten daran teilgenommen, drei Frauen und sechs Männer. Die kühnste und folgenreichste Innovation war die von der sexuellen Asymmetrie doch nahe gelegte Einführung des Traar- statt Paar-Prinzips, so dass sich also zwanglos drei Familien um die bigamistischen Frauen hatten bilden können. Fünf Elfenkinder waren einmal die größte Freude der Dorfgemeinschaft gewesen. Die drei jüngeren, hier oben und nach der – doch niemand verletzenden oder gefährdenden! – Säuberungsaktion geboren, hatten gar nicht gewusst, wie ein Fuzzi aussah oder vielmehr sich verhielt oder stillhielt. Keineswegs hatte man beabsichtigt, den Kindern auf Dauer die wahren Verhältnisse zu verschleiern, den Kontakt zur Außenwelt zu verbieten oder ihnen die Ereignisse am PA 8 zu verheimlichen. Alles, was die Ahnungslosen, die sich selbst keinen sektiererischen Namen gegeben hatten, zu leben versuchten, war eine abgeschiedenere, würdevollere, befriedigendere Form des Abwartens ohne die Versuchungen und grauenhaften Depressionen, zu denen notwendigerweise das Leben unter Millionen Nicht-Chronifizierter führen musste. Der Respekt vor DEMDADRAUSSEN (Sophies linke Hand zuckte in die Höhe) und die Hoffnung, alles möge wieder beginnen (das Portal der kleinen Kirche auffliegen und 600 maßlos verwirrte Deportierte hinauslaufen in das wie von einer amerikanischen Wunderwaffe in drei Sekunden komplett evakuierte Dorf), seien die Grundpfeiler der Gemeinschaft gewesen, auch wenn man längst das Vertrauen in die CERN-Leute um Mendecker verloren habe. Nur deshalb sei es für Hayami relativ leicht gewesen, das Unheil anzurichten. An dieser Stelle merken wir natürlich auf.

Keiner von uns hat genügend medizinischen Sachverstand,

um der Krankheit einen Namen zu geben, die nach der Expedition im Dorf der Ahnungslosen ausgebrochen war. Auf Fieber und Appetitlosigkeit folgten Bauchschmerzen und Koliken. Dann kamen Erbrechen und Durchfall, beides mit Blutausscheidungen. Nach einer apathischen Phase oder auch regelrechten Krampfanfällen hätte sich ein einziger Mann, nämlich Xaver Marioni, erholt, aber zwei Frauen, drei Männer und drei Kinder seien in rascher Folge gestorben. Wir konnten uns nur zu genau die Panik und Hilflosigkeit vorstellen, die im Dorf ausgebrochen war, die verzweifelten Maßnahmen, das Gefühl einer nicht mehr zu steigernden, katastrophalen Verlassenheit, die dilettantischen Heilungsversuche und gefährlichen Laien-Medikationen, zu denen man am Ende Zuflucht nimmt. Nur bei ihrem dritten Mann, der sich im abgedunkelten Nebenzimmer matt bewegte, lautlos, aber wahrscheinlich doch nur unhörbar, zöge sich die Krankheit länger hin, nun schon beinahe fünf Wochen. Da von den beiden am Leben gebliebenen Männern, die ihre dreijährigen Elfenkinder mitgenommen und Hilfe versprochen hatten, keine Nachricht zu ihr gelangt sei, befürchte sie das Schlimmste, denn sie wären ja gemeinsam mit Hayami aufgebrochen, den sie für diabolisch und höchst gefährlich hielt. Er habe das Verderben über sie gebracht. Zunächst sei es nur eine Art guter Nachbarschaft gewesen. Man wusste, dass er in Grindelwald und Umgebung auf der Suche nach seiner Frau war, man hatte Respekt vor seinen physikalischen Kenntnissen, die MUFO-Theorie, die er weiterhin vertrat, schien einigen Ahnungslosen durchaus plausibel oder wenigstens erwägenswert, denn schließlich sei es jedem im Dorf darum gegangen, zurückzufinden in die Echtzeit. Weil Hayami sich von den CERN-Leuten abgesetzt habe, sei man ihm gegenüber sehr offen gewesen. Von Menschenverschleppungen, Körperinstallationen und so fort wusste Sophie nichts, traute Hayami mittlerweile jedoch alles zu. Längere Zeit habe es mit ihm nur einen scheinbar unbedeutenden Konflikt gegeben, der darin bestand, dass

Hayami Bergkameraden oder Sherpas gesucht habe, da er unbedingt den Eiger, am liebsten direkt durch die Nordwand, ersteigen wollte. Es sei aber keiner der Ahnungslosen Alpinist gewesen und so wäre seine Bitte wohl bis heute folgenlos geblieben, hätte er nicht – sieben Wochen sei es her – plötzlich äußerst geheimnisvoll getan und schließlich verkündet, dass es einen *Transfer* gäbe, eine Art Tunnel in die Echtzeit, der sich mit Hilfe gewisser technischer Arrangements auf der Grundlage der MUFO-Theorie öffnen ließe. Zum Beweis habe er Daisuke vorgeführt, den befreiten, tatsächlich erlösten Zombie, Daisuke in der Grindelwalder Gletscherhöhle (wir ersparten Sophie die Aufklärung), woraufhin sich zwei Männer bereit erklärten, als Gegenleistung für den Transfer aller willigen Ahnungslosen die Eiger-Expedition mitzumachen, wenn auch nicht durch die berühmte Wand, sondern auf der Normalroute über den Grat. Diese beiden seien zuerst gestorben, wenige Tage nach ihrer Rückkehr. Nein, nichts beweise Hayamis Schuld an der Seuche, auch wenn er selbst nicht krank geworden sei und niemanden in den Zustand von Daisuke versetzt habe, entgegen seinen Versprechungen, nicht einmal die erkrankten und sterbenden Kinder, die auf diese Weise, durch den Transfer in die Echtzeit, vielleicht hätten gerettet werden können. Mit jedem weiteren Toten wäre der Hass auf den Physiker größer geworden. In einem gewissen Sinne sei Hayami im Dorf inhaftiert gewesen, das heißt, man befahl ihm zu bleiben und er habe die mehrmalige Gelegenheit zu fliehen nicht genutzt. Am Ende, als gewalttätige Auseinandersetzungen unmittelbar bevorstanden, sei aber schließlich das WELTBEBEN (wie Sophie den RUCK nannte) geschehen, genau wie und genau so lange wie Hayami es vorausgesagt hatte. So sei man mit Sophies Einverständnis, ja auf ihr energisches Betreiben hin zur Reise nach Genf aufgebrochen, der Physiker, die zwei letzten gesunden Männer des Dorfs, die die beiden verwirrten und traumatisierten Elfenkinder auf den Schultern trugen.

Boris fand es unumgänglich, die Leichenhalle zu besichtigen. Tatsächlich gab es diesen Raum in dem von Sophie beschriebenen Haus, in dem auf zusammengeschobenen Werkstatttischen die acht Leichen ruhten, in weiße Tücher eingeschlagen. Die Gesichter schauten wie aus Nonnentrachten heraus, fahl und mager, so dass die geschilderten Todesqualen glaubhaft wirkten. Wir wagten es nicht, einen der Verstorbenen näher zu untersuchen. Draußen in der Mittagssonne lehnten unsere drei Rucksäcke aneinander, seltsam konspirativ, ganz als hätten sie uns bereits im Stich gelassen. Nicht zu den Leichnamen auf den Tischen zu gehören und nicht zu den sechshundert in die Kirche Gepferchten – unser ganzes Zombiedasein in der gefrorenen Weite erschien für einige Minuten wieder einmal so niederschmetternd glücklich und befreit verzweifelt wie in den ersten Tagen des Jahres Null. Wir machten uns auf den Weg durch die evakuierten Dorfstraßen. Eine Art Vertreibungslicht kam hinter uns her, es war eine merkwürdige Gewissheit, dass in unserem Rücken die Stein- und Holzfarben der Häuser, das Wiesengrün, das Himmelsblau und Gletscherweiß immer intensiver zu leuchten begannen. Sophie hatte es abgelehnt, uns zu begleiten, und auch nicht gewollt, dass wir länger bei ihr blieben. Wenn ihr Mann gestorben oder gesundet sei, würde sie nach Genf kommen, ganz bestimmt. Keiner von uns wollte sie beim Abschied fragen, ob sie die Mutter eines der toten Kinder gewesen sei. Sie wirkte noch immer so eifrig und beflissen, als konzentriere sie sich auf einen besonders guten Auftritt für die Minute mit dem Todesengel. Wie unter einem stummen Befehl zog ich plötzlich meine Pistole heraus und legte sie samt der verfügbaren Munition auf einen Schreibtisch nahe der Eingangstür des Sanitätsraums.

Wir nehmen einen abenteuerlichen Steig zum Kiental hin. Über Zweisimmen und Saanen werden wir dann nur drei Tage brauchen bis nach Montreux.

Phase 4: Depression

1.

Was also ist, verflucht noch mal, die Zeit? Der Abgrund, in den wir fallen, seit dem Augenblick unserer Geburt. Unser tagtägliches, nachtnächtliches, sekundensekündliches Problem, das uns dereinst mit einem Zeigersprung um die Ecke bringt. Die Ecke liegt im Raum und diesen hätten wir nicht, gäbe es keine Zeit. Was um uns herum ein Herum formt, seine Tiefe, Höhe, Breite, der Schacht und Würfel, Abgrund und Kasten, der durchsichtige Block ohne Grenzen faltet sich nur auf, wenn die Uhren ticken, wenn der vorbeifliegende Ball in seinem Rahmen etwas anderes ist als die unhörbar donnernde Folge immer neuer, totaler, ungeheuerlicher Welten – die sich allein durch die Position eines kreisrunden Flecks unterscheiden und nirgends wären ohne das große Regal der Zeit –, nämlich stets derselbe Ball in stets derselben Welt, in der nur etwas um etwas verrückt ist, in der sich aber jeder einzelne Punkt, jedes Staubkorn, jede Pore der Pore und jedes Haar des Haars verändert hat um den Hauch eines Hauchs, den winzigen kosmischen Glockenschlag, der für jeden gilt. Die Zeit, dachten wir, damals, als der Apfel noch unbeschwert normal beschwert vom Baume fiel, die Zeit also – plötzlich schien die Luft knapper zu werden und der Boden unter unseren nackten Philosophenfüßen zu knirschen –, das ist der große Fluss, der durch den endlosen gläsernen Schacht des Raumes strömt, der jedes Ding erfasst, überspült, mitreißt auf seinem unumkehrbaren Lauf in die Zukunft. Ein Fluss ohne Ufer, weil nichts nicht in ihm treibt. Der also gar nicht fließt, weil er an nichts vorüberfließt. Um den Fluss zu messen, brauchen wir den Fluss, die Zeit müsste in sich selbst fließen und wiederum in sich. Also gibt es keinen Strom, keinen Pfeil, kein Verrinnen? Sieh auf deine Hand, bis sie zerfällt.

Werde bescheiden, verzichte auf die Bilder, verwende die Zahlen. Eine einzige Dimension genügt, die Skala, die uns nichts weiter zu geben braucht als einen Punkt und noch einen Punkt und noch einen Punkt (12:47:42 – 12:47:43 – 12:47:44) und immer noch einen natürlich (12:47:45) und am Ende dreht sie aus der kurze Leine, die sie uns ließ, den Strick, mit dem sie uns hängt. Ruhe sanft. Die Zeit aber hat kein Bett, sie schläft nicht, sie strömt nicht, sie zeigt nur an, dass wir uns aufrichten, losmarschieren, stolpern, vergehen. Sobald wir sind, steckt sie in uns. Wie sämtliche Windungen unseres Gehirns und Gedärms. Wie das Innerste unseres Auges. Wie der Schrittmacher unseres Herzschrittmachers, das Blut unseres Bluts und alle Spiralen unserer DNA. Kein Fühlen, kein Denken ohne Zeit. Kein Atmen. Großherzig gibt sie uns mit einem Schlag immer Vergangenheit, immer Zukunft, immer Gegenwart, die Ekstasen, in denen sie uns verschwendet. Wir sind Zeit, Zeitmacher, Zeitgemachtes, Eingemachtes der Zeit. Gibt es sie denn ohne uns, außerhalb unseres Körpers, unserer Maschinen, unseres Lieds? Punkt für Punkt für Punkt. Wer denkt sie für uns weiter, wenn wir uns weggedacht haben? Zeugen gesucht, Zeugen gefunden, nehmt die Milliarden von Inseln im Strom, den es nicht gibt: die Tiere, die Bäume, die Felsen, den ganzen Planeten, den flimmernden Staub aus Galaxien, in dem sich unser Sonnensystem versteckt. Alles zerfällt, schwindet, dehnt sich, erstarrt, hängt so schief in der Welt wie wir in der Neige der Asymmetrie und den Vernarrtheiten der Dekohärenz. Und auch draußen, im Weltall, bei den Monstren und Riesen ist schier nichts zu gewinnen. Sie sind Opfer wie wir bis auf die quantenrelativistischen Wüstlinge des ewig schluckenden Schwarzen Lochs und der alles spendenden weißen Erektion. Die Hoffnung muss bis ins Kleinste zertrümmert werden, um wiederzukehren in zeitfreier Gestalt. Eine Art Licht hätten wir gern. Im Kernpunkt des Kerns aller Kerne, am Anfang des Anfangs. Stellt euch vor, es gibt keinen Anfang, sondern nur das Phantom des Punktes eines Punkts.

Alles glättet sich, und aus den Falten fällt das Nichts der Zeit, das nur eine dieser Falten war. Eine Ansichtssache nur, ein Knick im dünnen Tuch des Alls, über den das Bügeleisen Gottes hinwegfährt ohne den kleinsten RUCK.

Harriet, mein Lieblings-Cernie, schrieb das spaßeshalber so:

$$H_0 \Psi = \left(16\pi\hbar l^2_{planck} G_{abcd} \frac{\delta}{\delta h_{ab}} \frac{\delta}{\delta h_{cd}} + \frac{\hbar \sqrt{h} R^{(3)}}{16\pi l^2_{planck}} + \sqrt{h}\, T^{00}\left(\phi, \frac{\delta}{\delta \phi}\right) \right) \Psi = 0.$$

Ob das nun bedeute, dass Harriet und seine Freunde Max, Gustav und Thomas alles Nullen seien, erkundigte sich Sperber. Die Null überzeugte uns durchaus, auch wenn wir Schwierigkeiten hatten, der Idee zu folgen, dass die Zeit nichts weiteres sei als eine Gestaltungsdeformation des universalen Blätterteigs. Sie ist Null, für EUCH DA DRAUSSEN, an die zu glauben wir nicht umhinkönnen (und wir bitten doch sehr um einen schmalen Notausgang unten links, das dunkle Treppchen vor der Bühne), da wir die Erklärungen für unseren Zustand, diese Denk- und Rechen-Spiralen, die wir in der Unzeit um unsere Fragen wickelten wie die Cernies die fünfte bis elfte Dimension der Welt, bislang noch allesamt wie Lakritzrollen aufgefressen haben, mit der Entschuldigung, in ihren Widersprüchen hätten sie sich ja ohnehin schon selbst verzehrt. Dass das, was wir sehen, keine Zeit hat, ist logisch, denn nur wenn es keine Zeit gibt, sieht man, was wir sehen: einen einzigen Zustand des Universums (abgesehen von uns). Natürlich muss es unendlich viele dieser Zustände geben (nur nicht für uns). Der springende Punkt mag nun sein, dass sie eben nicht springen, sich nicht ineinander verwandeln, dass das große Regal nicht geliefert wurde und sie bleiben, was sie sind, totale Momente ohne äußeres Medium, ohne die sie verbindende, anordnende, zu einem grandiosen Kartenfächer spreizende Zeit. Verstehe ich dich so recht? Und natürlich muss es aber doch etwas wie Zeit geben, die Illusion, die wir uns gemacht haben, die uns macht. Eine Kapsel, eine Sphäre. Schon immer also haben wir uns in MUFOS befunden, und in einem gewissen Sinne könne man nun sagen, dort eben liege der Defekt. Du glaubst also nicht an die Raumschiffe und die kleinen grünen Männchen? Es seien niemals Raumschiffe gewesen, sondern immer Zeitschiffe. Was geschehen ist, als das Geschehen endete – am PA 8, durch eine Einwirkung der DELPHI-Maschine wahrscheinlich, denn weshalb sonst hätten wir an keinem anderen Ort Zombies gefunden? –, würde als Störung, als Schadensfall noch am besten einleuchten. Schließlich bewiesen die erfolgreichen Veränderungen und Manipulationen, die wir vorgenommen hätten, zum Guten wie zum Bösen, dass wir nicht mit unendlicher Geschwindigkeit vorgegangen seien, als wir einen Diplomaten mit der Klinge durchlöcherten oder ein Kind, das dem sicheren Unfalltod geweiht war, von der Straße zogen.

»Sondern mit was?«

»Mit was?«

»Mit welcher Geschwindigkeit?«

»Mit gar keiner eben«, sagt Anna und zeigt sich damit als subtilere, nachdenklichere Kugelfrau, zu meiner Erleichterung, so dass ich sie nicht an die Hayami-Jünger verloren geben muss. Ihr Gesicht ist ganz nah, errötet, das Wandern und Diskutieren hat sie sehenswert erhitzt. Jetzt, wo sie ihre ausgeglichene, distanzierte Fotografinnenhaltung endlich einmal aufgegeben hat, ist mir, als wollte sie mir noch vieles mehr anvertrauen. Soweit die Hoffnung, die ich nicht lassen kann, auch wenn sie keine Rolle mehr spielt. Boris, der sich – wie stets, wie schon zur Vorzeit – ganz aus den philosophischen Spekulationen heraushält, tritt an unsere Seite, in dem Augenblick, in dem wir freie Sicht haben, über den Abbruch der Bergflanke hinweg auf Sperbers mächtige Burg.

2.

Wenn man sich Sperber – so wie wir ihn kannten – vergewärtigt, dann errichtet sich in seinem Rücken aus dem Märchennebel und Disneyland-Styropor der Fantasie fast automatisch das Château de Chillon als sein wahres Domizil. Für die meisten Menschen findet sich wohl ein solcher Ort, ein ihnen angemessener idealer Wohnraum. Von oben betrachtet, erschien uns das Schloss mit seinem überragenden Bergfried und den kompakt darum gelagerten Wehrmauern und Spitzdächern wie eine turmreiche mittelalterliche Stadt, die zwei Riesenhände zusammengepresst und auf einen ufernahen Fels gesetzt hatten. Man hatte den Eindruck, alles dort besitze doppelte Stärke, doppelte Kraft und zweifaches Gewicht, es war eine Art Burgbesäufnis mit hochprozentigem Stoff, das ideale Monstergemäuer für einen Zombie mit erhöhtem Sicherheitsbedürfnis. Jeden Augenblick konnte Dr. Magnus Sperber vor seine Hütte treten, hinaus auf das von Fuzzis vollkommen gesäuberte Glacis einer kopfsteinbepflasterten Straße. Er musste den einzigen Zugang nehmen, die überdachte, auf zehn gemauerten Pfählen im Wasser stehende Brücke. In deren Mitte er zerplatzte. Sich in eine Art blutig marmorierten Rauch- und Feuerball verwandelte, der für einige Sekunden wohl die gesamte Einzelsphäre erfüllt und sich auch kurz nach rechts oben bewegt haben muss, da die Glas- und Steinfront des an die Brücke angesetzten Wärterhäuschens, in dem man naturgemäß die Kasse und Eingangskontrolle des Schlossmuseums untergebracht hatte, zersplittert und rauchgeschwärzt war. Der Kassierer, den es doch um 12:47 Uhr Nullzeit hier gegeben haben sollte (Oder hielt man dereinst die Burg an Montagen geschlossen?), war zu seinem Glück noch vor der Explosion aus Sicherheitsgründen entfernt worden. Wir fanden 43 Zivilisten und 5 Uniformierte in einem unweit der Brücke stehenden Haus, darunter wohl auch die Fahrer und Beifahrer der Autos, die in Sichtweite auf der Zufahrtstraße geparkt oder gefroren waren und einem sich anpirschenden Aggressor durch Imitation hätten Deckung geben können. Nichts lässt sich für unsereinen besser verteidigen als eine Wasserburg. Mit guten Nahrungsmittelvorräten, praktischen Latrinen, einer anständigen Bibliothek, einem Dutzend gut gewarteter Touristinnen und dem unbegrenzten Reservoir des Sees konnte man es Jahre auf Chillon aushalten, vorausgesetzt man brauchte niemals Schlaf oder war eine Gruppe, die es sich rein zahlenmäßig leisten konnte, eine durchgängige Wache zu stellen. Den Einzelgänger Sperber schien es erwischt zu haben. Erst als wir den präzise umgrenzten, wie von einem perversen Künstler gestalteten Trümmerkreis näher untersuchten, der sich aus dem Zusammenwirken der Physik der Chronosphäre mit der Physik der Tretmine ergeben hatte, konnten wir unsere anfängliche Befürchtung zerstreuen. Radikal zerstreut, auf eine abscheuliche und pornografisch fragmentierte Art, war der Ex-Leibwächter Möller, den wir anhand der noch halbwegs zusammenhängenden Schädel- und Gesichtspartien identifizierten.

Zwei Stunden Pause. In Montreux gab es neben geriatrischen Spezialgeschäften und Juwelieren auch noch lebensfrohe Bergsportausrüster. So konnten wir (nach Abdeckung der Leichenteile) die Klettertour über den First des Brückendachs antreten, die Außenstehenden wohl lächerlich erschienen wäre, denn zum einen besaßen wir nur schüttere oder verschwommene Kenntnisse der alpinen Seiltechnik und hämmerten Haken, hängten Trittleitern, klemmten Spreizgeräte mit anschnallbaren Karabinern auf die abenteuerlichste und ängstlichste Weise in jeden denkbaren Halt, wobei wir noch wie halluzinierende Spinnen eine Unmenge buntes Seilzeug mitschleppten, zum anderen erzwingt die chronosphärische Mechanik, gemäß den von Sperber in den ersten Bulletins dargelegten Elementarregeln der Zombie-Physik, dass man im engsten Verbund klettert. Der Letzte und Dritte muss immer noch eine Extremität des Mittleren berühren können, bevor er lossteigt, um maximal so weit über den Ersten hinauszugehen, dass ihm dieser mit ausgestreckten Fingerspitzen die Fußsohlen zu kitzeln vermag. (Unsereiner, der sich das Ende eines am Boden liegenden Seils um den Bauch bindet und davonzulaufen versucht, wird nach drei Schritten gebremst, als hätte sich ein Elefant auf die Reserve gesetzt.) Schon deshalb war es Hayami so schwer gefallen, Bergkameraden für den Eiger zu finden, Leute, die mit ihm wie in einem Ochsengeschirr hatten gehen mögen. Die engen Kletterschuhe, die anzulegen uns etliche Werbefotografien des Bergausrüsters empfahlen, dürften wohl die Hauptrolle bei unserem letztlich erfolgreichen Versuch gespielt haben, das etwa zwanzig Meter lange Brückenstück bis zu jenem leicht einschlagbaren Fenster einer Wachstube zu verfolgen, durch das wir ins Innere des Schlosses gelangten.

Boris hielt nicht viel von meiner Vermutung, dass die Mine gar nicht von Sperber gelegt, sondern dem Leibwächter versehentlich explodiert war (Für die Chronosphäre taugliche Minen müssen strikt mechanisch ausgelegt sein und bedürfen einer raffinierten Abänderung der Konstruktion.), als er die für den Burgherrn tödliche Überraschung verbergen oder justieren wollte. Ungeachtet der Identität des Minenlegers musste man im Inneren des Schlosses wohl kaum mit einer Verseuchung rechnen. Dennoch zitterten meine Knie und mein Herz raste. Also glaube ich noch immer an ein Jenseits des Jenseits. Wenigstens an den Schmerz der Übergänge. Vor einem gotischen Spitzbogenfenster, das auf den funkelnden, ungeschiedenen Aquamarin aus See und Himmel führt, erscheint Anna so überwirklich, als wäre sie die Astronautin eines mittelalterlichen Steinraumschiffs. Sperber hatte auf Chillon die Aufhebung von Zeit in einem sehr romantischen Sinne inszeniert, als Kontinuum, das Jahrhunderte umfasst und durch museale Bewahrung immer weiter zu überdauern verspricht. In den verschachtelten Innenhöfen, durch die wir zuerst gingen, unter schön gemauerten Torbögen, auf überdachten Gängen, entlang der efeugefiederten Mauern kam uns die unzeitliche Totenstille schier angemessen und friedlich vor. Anders als die Zivilisationsmüden um Sophie Lapièrre hatte Sperber nicht umständlich Elektrogeräte und anderen zeitgenössischen Tand zu entsorgen brauchen, denn in der Wachstube und in der Kapelle, im Schlafgemach und im Wappensaal, im Chambre à coucher und im Chambre à torturer befanden sich nur äußerst original wirkende Instrumente (Kupferpfannen, geschmiedete Zangen, Harnische, Äxte, Halseisen, Säbel, Hellebarden, Schürhaken, Kessel, Schilde, Zinnkrüge) und die ritterlichsten Möbel wie etwa das dreifach belegte Baldachin-Holzbett. Die Irritation wurde durch die Gestalt des Schlossherrn selbst ausgelöst. Da Sperber nahezu sämtliche touristischen Fuzzis beseitigt hatte, wirkten die ersten beiden Gemächer, die wir betraten, leer. Erst nachdem ich Annas Profil vor dem Fenster zum See genügend bewundert hatte, entdeckte ich, dass einer der beiden Holzstühle mit mannshohen Lehnen, die vor einem mächtigen offenen Kamin standen, besetzt war. Der enorme Fuzzi darin, welchen wir zu zweit visitierten, während Boris mit gezogenem Schießprügel in unserem Rücken für Sicherheit oder Unsicherheit sorgte, glich Sperber in einem solchen Grade, dass wir nur deshalb einen Scheinklon vermuteten, weil er offenkundig am Leben war, ganz auf die tumbe Art der Nicht-Chronifizierten. Er trug Sperbers weißgrauen Bart, Sperbers dicke rote Ohren, Sperbers Augen und runzelte starr die zugehörige breite Stirn. Die behaarten Pranken, der Bauch, die feisten Oberschenkel, die einfallslose Art, sich zu kleiden (Cordhose, kariertes kurzärmeliges Hemd, sokratische Ledersandalen ohne Strümpfe), passten wie angegossen. Mir fehlte eine Erinnerung an ein besonderes Kennzeichen wie Daisukes Muttermal. Noch einmal prüften wir die Fuzzi-Vitalfunktionen: Grunzen beim Nähertreten, hart nach rechts fallender Kopf mit Knacken im vierten Halswirbel, die animalische Wärme einen großen Hausschweins. Keinem fiel ein weiteres (biometrisches) Merkmal ein, das den

Scheinklon als solchen hätte entlarven können. Um unseren überreizten Nerven eine Pause zu gönnen, gingen wir in ein angrenzendes Zimmer, dessen Blumen- und Vogelfresken und geschwungenen Ornamente uns vielleicht beruhigt hätten, wäre uns nicht ein zweiter Dr. Magnus Sperber entgegengekommen, stehgehend nach Fuzzi-Art, in genau derselben heimeligen Montur und ganz so, als trüge er das Glas Rotwein und das Buch, die er in Position 1 (Wappensaal) unsichtbar in den Pranken zu halten schien. Rein physisch gesehen unterschied sich die Figur an Position 2 nicht von der ersten. Boris wechselte denn auch den Raum, um uns an der Schwelle schon zu bedeuten, dass der Scheinklon wirklich einen Scheinklon hatte. Die beiden Sperber ergaben einen sehr unangenehmen Effekt, eine Art zeitliches Schielen, das sich zunehmend verschlimmerte. Position 3 (eigentlich 8) zeigte den Meister im weißen Fechthemd, in gymnastisch erstaunlicher Ausfallstellung, ein unsichtbares, gewiss aber historisches Stechinstrument in der Rechten, mit dem er eine auf einem Ständer befindliche Rüstung angriff, sie allerdings in der gedachten Verlängerung des Stoßes um einen halben Meter verfehlend. Position 4 (recte) zeigte ihn dagegen treffsicher (?) im Rektum eines enormen schwarzhäutigen Burgfräuleins im Turmschlafzimmer des Herzogs (»camera domini«), eben in jenem Baldachinbett, in dem sich noch eine nicht minder enorme, sehr weiße (nicht klonierte) Schwester in Dulderstellung befand (hier spielte er offenbar Schach). Wir sind keine Genetiker und hätten noch nicht einmal die den mustergültig stillhaltenden Sperbern mühelos entnehmbaren Blutproben auswerten können. Anna verfiel aber auf die bei fast allen Kopien praktikable Idee, mit Schlossherrentinte und Papier einen Abdruck des rechten Daumens einzuholen. Er war elf-, wahrscheinlich zwölfmal, also stets, identisch. Abgesehen von Kleidung, Ort und den unmittelbaren körperlichen Folgen der gerade ausgeübten Tätigkeit, unterschied sich das Sperber'sche Dutzend nur durch den Zeigerstand der sechsunddreißig Armbanduhren, die es trug.

Triangulationsfähigkeit in jeder Lebenslage war eine ständige Forderung des Chronisten gewesen, den es nun zu zwölf verschiedenen Zeiten gab, anscheinend am gleichen Mittwoch, denn die Uhren (immer die gleichen Modelle) zeigten Tag und Kalenderwoche mit an. Das infinitesimale Rudel, das wir mit uns selbst im gerade letzten Sekundenbruchteil gebildet haben. Die transparente Schleppe, die Schattenarmee unserer Vergangenheiten, mit denen die Erinnerung und die Auslöschung ihre Kriege führen. Sperber war fragmentiert oder vielmehr diskret, das heißt sehr genau auf die Stunden eines halben Tags verteilt, immer in der fatalen 47. Minute und nahe der 42. Sekunde, beginnend mit unserem Mittagsschlag, 12:47, am PA 8. Anhand der Uhrzeiten konnten wir die apostolischen Kopien sortieren und erhielten den Eindruck eines typischen Schlossherrentags in zwölf Standbildern, ein figurengeschmücktes Chillon'sches Ziffernblatt und Stundenbuch, angefangen bei dem nicht mehr sinnvoll aufgedeckten Mittagessen in der mit Kupferpfannen und riesigen Holzlöffeln dekorierten, jedoch mit zeitgenössischen Lebensmitteln reichhaltig bevorrateten Küche, in der Sperber sich zu einer späten Mahlzeit noch einmal eingefunden hatte, um 21 Uhr 47 nämlich, glücklicherweise nicht auf dem gleichen Platz, so dass wir nur den Anblick eines pantomimisch dinierenden Zwillingspaares ertragen mussten. Die Gegenstände, Objekte oder Partner der Sperber waren gleichsam an diese nicht mehr adaptiert, hatten sich verschoben, in Luft aufgelöst oder selbständig gemacht, um an anderen, zumeist nah gelegenen Orten zu erstarren. So lag das Buch der 17:47-Version (Montaignes *Essais*) unweit des Lesesessels, hatte sich die mit der Luftversion des wieder an der Wand befestigten Degens attackierte Rüstung ein gutes Stück, die schwarze Königin (15:47) dagegen (wahrscheinlich) ganz wenig verschoben und der Latrinensitz (22:47) gar nicht, bis auf eine geschickt eingesetzte Plastiktüte (wir fallen, aber was von uns fällt, fällt nicht tief). Die Punktfolge der über das Schloss verteilten Eigenwerte gehörte höchstwahrscheinlich zum letzten Tag des Schlossherrn auf Chillon. In der zugehörigen Nacht hatte sich wohl Möller angeschlichen, um auf seiner mitgebrachten eigenen oder einer Sperber'schen Mine das chronosphärisch beengte Weite zu suchen (als explodierte man in einer Taucherglocke). Kurz darauf muss der Schlossherr in das blau glitzernde Wasser gesprungen sein, von einem nordöstlich gelegenen Erker der äußeren Festungsmauer aus. Man schaut noch einmal kurz und melancholisch zurück und hinüber nach Clarens, wo am Ende einer grün und weiß in der mitternächtlichen Sonne schimmernden Landzunge sich skrupellose Appartementkomplexe erheben, und lässt los, sieben, acht Meter über der Wasseroberfläche, so dass man im Gegenschuss eine kleine, periphere Breughel'sche Fallfigur in einem überaus romantischen Kolossalgemälde bildet, das die machtvolle Schlossburg zeigt, auf ihrem Fels wie auf einem Tablett in den See hinausgehalten, vor den bewaldeten Höhenzügen in der Nähe und den ferneren, schroff und eiskalt gebleckten Gipfeln der Dents du Midi. Wie wir anhand der Position 9 (20:47) mit Recht vermuten dürfen, gehörte der Sprung zu Sperbers festem Repertoire, als eine Art abendlicher Badezimmerroutine, denn das rücklings im Wasser steckende Albino-Walross hielt ein Stück fliederfarbener Seife in der Hand. Der Schlossherr konnte auch über die Brücke zurückgegangen sein. In Kenntnis der genauen Koordinaten der von ihm selbst eingebetteten Anti-Personen-Minen, vermutete Boris, wohingegen ich und auch Anna weiterhin für die selbsttotschlägerische Dummheit des Attentäters plädierten. Meines Erachtens hätte Sperber wenigstens den blauen Handschuh am Aufgang zur Schlossbrücke angebracht. Er war immer zynisch in der Theorie, doch nie ganz grausam in der Praxis gewesen. Auch seine Vorlieben der Phase 3, denen er schon während unserer Tour de Lac mit Daisuke in den Lausanner Internaten gefrönt hatte, widersprechen dem nicht. Gewisse 15- oder 16-Jährige – ich habe keine Feingefühle für dieses Alter –, ein durchaus schon im Flaum stehender, immer blonder, immer ein wenig rundlicher Typ, stellten für ihn an gewissen Partien und auf eine gewisse leicht beklemmende Weise ein aphrodisierendes Lutschbonbon dar, das er nur die Zungenspitze, nie die Zähne und schon gar nicht das grobe Klempnerwerkzeug spüren ließ, welches er in der Regel den Systemen ihm gewichtsmäßig ebenbürtiger Damen, siehe die schwarze und weiße Königin, angedeihen ließ. Historische Bildung und Geschmack, wenn auch befremdlicher, hatte die schier mitternächtliche (23:47:42) Szenerie (schlossweit die einzige regelrechte *Installation*) in jenem auf Wasserebene liegenden Kerker- und Gefängnistrakt geschaffen. An der bekanntesten der Säulen, die wie zwei Reihen mächtiger steinerner Palmen das Gewölbe tragen, hing beinahe, das heißt lehnte sich mit von unsichtbaren Eisenringen emporgerissenen Armen eine (bis auf die Armbanduhren) nackte Sperber-Bonivard-Version. Der Bart wirkte überzeugend für einen Genfer Prior des 16. Jahrhunderts, die schutzlosen bewaldeten Achselhöhlen, der helle Walrossbauch. Jedoch hatte ihm das Mädchen, das von Kissen gestützt auf einer samtroten Decke zu seinen Füßen ruhte, einen Zustand beschert, der nicht mehr in einem der Schulbücher hätte abgebildet werden dürfen, die um ihre hoch gezogenen Knie verteilt waren. Ihre gestärkte weiße Bluse war mitsamt BH über die linke, hagebuttenfarbene Brustspitze heruntergezogen, der karierte Rock peinlich artifiziell umgeschlagen, um das mit zwei hölzernen Wäscheklammern realisierte Wunderwerk eines wie versehentlich, aber natürlich höchst zwingend und grob die Schamlippen freigebenden Slips darzubieten. Anna hielt auch diesen stehenden Sperber und seine pubertäre Blondine fotografisch fest, die ich nach einem vielleicht von ihr selbst beschrifteten Schulheft Maschenka nannte. Erwarteten die beiden womöglich, dass ich als Vertrauter, als immerhin über den geheimen Rückzugsort Sperbers Informierter etwas zu seiner Verteidigung anführen würde? Fünfzehnjährigen Mädchen entgegenzukommen wie feuchtes Toilettenpapier mochte eine Sünde sein, aber ich hielt sie für uninteressant und bescheiden. Die spannende Frage – abgesehen von dem wahnsinnig machenden, letztlich zwölfdimensionalen Schielen, das einen vor jedem einzelnen Sperber zurücktreiben wollte zu allen anderen – betraf den Aufenthaltsort des unsrigen, chronifizierten, echten und wirklichen Sperber (sofern er nicht mit einer seiner Vergangenheitsformen zusammengefallen war). Als Tag seiner Flucht konnte man nach dem Uhrenstand den 8. November des Jahres Zwei ansetzen, denn kurz zuvor war auch der Leibwächter Möller aus Genf verschwunden, nun ganz offenkundig, weil Sperber in den Bulletins 11 und 12 ziemlich deutlich darauf hinwies, dass er seinen Beruf im Falle Thillets wohl krass ins Gegenteil verkehrt hatte.

In einem mit tiefer Kassettendecke versehenen, großen und behaglichen Schlosszimmer waren wir schließlich auf die Redaktion des Bulletins gestoßen. Zweimannschwerter und Hellebarden lehnten an der Wand, Zinnkrüge wucherten wie Pilze auf einem mächtigen Eichenholzschrank. Die handliche, aus zahlreichen tragbaren Einzelteilen hier zusammengeführte Druckerpresse mit dem erforderlichen Zubehör befand sich unter einem Fensterbogen, in dem man über eines der Burgdächer hinweg einen waldigen Hügel sah, horizontal durchschritten vom grauen Dutzendfüßler einer Autobahn, als hätte sich Sperber daran erinnern wollen, dass noch ganz andere Zeiten stillstanden, jenseits der Glanzperiode der Herzöge von Savoyen, die um ihn herum mit einigen gröberen futurischen Fehlern erstarrt war. Auf Tischen, Bänken, hölzernen Truhen und Teilen des Dielenfußbodens lagen Exemplare des uns vertrauten Bulletins. Wir konnten uns nostalgischer Anflüge nicht erwehren, als wir in den einzelnen Ausgaben blätterten, deren Titelseite stets denselben zerbrochenen Pfeil im Kopf trug. Auch die Nullzeit, unsere Zeit, die auf 70, 69, 68 ... doch dank der Elfenkinder wieder aufwärts zählender Mikrokosmen beruht, hat ihre Patina und Geschichte. Die Geburtsanzeigen der Elfenkinder. Die ersten Konferenzberichte. Die anfänglich noch heftig diskutierten Verhaltensmaßregeln. Einige theoretische Abhandlungen der Cernies zur Chronomechanik. Hilfestellungen zur Selbstmedikation. Auflistung und Erklärung von Fachbegriffen *(Wirt, Visitation, Gabrielisierung, Sukkubierung, Adoption, Installation ...)*. Reiseberichte der ersten Thillet-Expeditionen, spätere Reiseberichte, die uns zwangen, das Ausmaß der Verheerung immer noch weiter zu fassen. Sehr ausführlich sogar noch die Darlegung der MUFO-Theorie Hayamis und der Einwände dagegen. Am meisten rührten uns die ersten Todesanzeigen (Madame Denoux, Matthieu Silvan) und die Liste, *das Complette Verzeichnis der Menschenheit (insofern sie chronifiziert ist) zu Genf.* In der 12. Ausgabe, der letzten zum Druck gebrachten, waren der Tod des Leibwächters Thorgau und der bald darauf erfolgte seines Chefs ausführlich beschrieben. Wir suchten neues und unpubliziertes Material, fanden aber wenig oder nur Krakel in Sperbers vollkommen unlesbarer Handschrift auf Konzeptpapier. Für einen sehr kurzen, scharf umrissenen Moment glaubte ich etwas gerade nicht zu sehen oder ganz präzise zu vergessen, es war wie das Aufblitzen einer Befürchtung in der Wirklichkeit und der sofortige Versuch, sie auszublenden. Zwischen Boris und Anna schien mir da ein (unhörbares) Getuschel zu entstehen, es gab eine zu rasche, zu reflexartige Bewegung, die nicht anders gedeutet werden konnte als das hastige Verschwindenlassen von ein oder zwei Blatt Papier.

Springen wir! Von jenem hölzernen Erker an der Seeseite des Schlosses, so dass wir einen weiten Blick über den achatblauen Schild genießen bis hinüber nach Lausanne. Wir fallen sieben oder acht Meter, Sperbers täglicher Badespaß, aus beachtlicher Sprungturmhöhe. Unsere Körper drehen und wenden sich, ungewollt oder im ungeübten Versuch, sich aufrecht zu halten. Es ist, als würden wir (ein wenig) ausgewickelt, als verlören wir den Zusammenhang, als stürzte ich neben Anna einher mit der gleichen Berechtigung und Freiheit, mit der Boris in der Luft vor den grauen Festungsmauern dahintrudelt. Wir sind nach rechts, mit der Orientierung nach Clarens gesprungen, um nicht auf die 12. Kopie des entflohenen Schlossherrn zu prallen. Unsichtbare Hände zupfen an Annas Haaren und heben ihre Brust. Keiner von uns hat in der Nullzeit einen Wassersprung aus vergleichbarer Höhe ausgeführt. Vielleicht ist der sich fliederbeseifende Sperber ja auch um das Schloss herumgeschwommen, vielleicht hat er es, trotz der Minengefahr oder weil er eben jede verminte Position kannte, auf anderem Wege verlassen oder steckt – auf diesen subtilen Gedanken kommt man plötzlich so leicht und schnell, wie das blaue Eis oder meterdicke Glas heranschießt – in einer 13. Version drei Meter unter der Wasseroberfläche fest als konservierter Riesenembryo, ein Umstand, der uns nicht gleichgültig sein sollte für den Fall, dass jede in einen See katapultierte Chronosphäre ab einer gewissen Eindringtiefe eine Art Schwebebedingung findet und in einer Tiefe verharrt, die proportional der Sturzhöhe und dem Gewicht des Fliegers ist. Taucher unter einer Packeiskruste. Sah ich einmal in einem Film.

3.

Die zwölfte Sperber-Kopie hatte bei vorsichtiger Annäherung dreimal 20 Uhr 47. Etwa um diese Zeit unserer Zeit erreichten wir dann auch das Montreux Palace und nahmen uns protzige Art-déco-Suiten zur Erholung. Wir kommen zu uns. Immer nur zeitweilig, immer nur mit dem Schauder, der uns gleich wieder aus der Haut fahren lässt, in der Hoffnung, draußen sei in der vergangenen Sekunde irgendetwas besser geworden. Die Verrücktheiten mehren sich, irgendwo liegen ihre unsichtbaren Geschlechtsorgane herum und wir befruchten sie, ohne das Geringste zu spüren. In einer Welt leben zu müssen, deren Leichenstarre – unter gewissen, völlig unklaren Umständen – nun auch noch durch die reglosen multiplen Vergangenheitsformen menschlicher Individuen gesteigert werden kann, gibt einem das Gefühl, inszeniert zu sein oder gar ausgedacht. Die zwölf Sperber erscheinen mir wie der Fleisch gewordene höhnische Scherz eines Schreiberlings, dem einige Gartenzwerge Modell standen, die er vorm Fenster seiner kläglichen Sozialbauwohnung erblickte. Boris dagegen glaubt, dass mehr Hoffnung bestünde als je zuvor. Der RUCK und die Schlossherren-Kopien scheinen ihm die zunehmende Fehleranfälligkeit des »Systems« anzukündigen, Risse in den MUFO-Kabinen täten sich auf, durch die hindurch bald die bewegte, klare Winterluft der wirklicheren Wirklichkeit und realeren Realität einzudringen vermöge. Wo wir sind, das könnte wenigstens so kompliziert sein wie die Vorstellung, auf dem samtig aquamarinblau bedeckten Doppelbett meiner Suite zu liegen und zugleich doch auch draußen vor dem Hotel zu stehen, die schwanenstolz geblähte weiße Fassade mit dem wie auffliegenden Schwarm gelber Markisen im (womöglich gar zwölffachen) Blick. Lieber bleiben wir auf der Bettkante sitzen.

Die Tür meiner Suite hoch oben unter der opernhausähnlichen Dachkuppel des Hotels hatte offen gestanden, alles dort empfing mich wie einen willkommenen Nachfolger, ich war nicht einmal genötigt, einen Fuzzi aus dem Weg zu räumen. Etwas an oder in dem fast hundertjährigen, großspurigen, verschnörkelten und anachronistisch üppigen Gebäude lässt mich annehmen, es sei wie ein grandioses umgekehrtes Märchenschloss, der unverwunschene Ort, an dem die Dinge nicht stillstehen, an dem sich, geschützt durch eine vollkommen transparente Dornenhecke, die Diener endlos auf und ab bewegen, die Gäste an- und entkleiden, die Köche die Küchenjungen ohrfeigen ohne Unterlass. Schon als wir unter einer blechstarren Schweizer Flagge zwischen Marmorsäulen hindurch und über eine Jaguar-Kühlerhaube hinweg das Hotel betraten, war der Übermut, mit dem wir die Erinnerung an das widersinnige Sperber'sche Dutzend und die Leiche auf der Brücke zurückzudrängen versuchten, von etwas wie einer ehrfürchtigen Ahnung zersetzt worden, etwas vollkommen Ungreifbarem, das man dennoch zu spüren oder wenigstens spüren zu müssen glaubte, als ginge man durch das angekündigt starke Magnetfeld einer Kontrollstelle oder Schleuse. Da Anna und Boris gleichermaßen eine Art Perforationserlebnis hatten, brauche ich nicht an meinem Geisteszustand (sofern er noch klassifizierbar ist) zu zweifeln. Mit einem Mal fühle sie sich wie ein Kind, sagte Anna, wie eine Vier- oder Fünfjährige. »Wie ein Hund«, sagte Boris, kaum dass wir in die Halle gelangt waren, die unter der großen goldenen Spinnwebe eines Glaskuppeldachs pompös und sakral zugleich wirkte mit ihren Kristalllüstern, Stuckornamenten, Karyatiden und allegorischen Wandgemälden. »Ein pneumatischer Hund«, verbesserte er, außerordentlich treffend. Das Gefühl von Minderjährigkeit und Transparenz steigerte sich tatsächlich noch zu dem schwer erträglichen Verdacht, selbst irgendwie automatisch oder zu Teilen wenigstens technisch hergestellt zu sein, wobei diese Ingenieurskunst etwas veraltet wirkte, hydromechanisch und vorelektronisch, so anachronistisch und Jules-Verne-haft eben wie die Empfangshalle und die Säle des Jahrhundertwende-Hotels. Unsere Arme bewegten sich zu steif entlang der künstlichen Rippen. Die Kautschuk-Kniescheiben wackelten im Scharnier. In der Brust keuchte die alte Pumpe, deren Filialen matt und hastig in den Schläfen dengelten. Das alles schien nicht mehr lange gut gehen zu können, schon trübte sich auch das Okular und womöglich quoll weit unten bereits der Rauch aus dem Maschinenraum. Hätten wir in der unmittelbaren zeitlichen und räumlichen Umgebung eine dem CERN zuzutrauende High-Tech-Apparatur entdeckt, wären wir unweigerlich dem Schrecken verfallen, an uns vollziehe sich nun der Übergang, die Phase 1 der Fuzzifizierung sei erreicht, und bald stünden und hockten wir da wie die noblen Gäste um uns her. So aber erlitten wir nur eine beklemmende Irritation, als seien mehrere zusammenhängende Teile des Körpers leicht betäubt oder durch nicht in jeder Hinsicht zufrieden stellende Prothesen ersetzt.

Wir begannen nach einer Ursache oder einem Verursacher zu suchen, mit einer schwer beschreiblichen Mischung aus Anbetungs- und Vernichtungswillen. Ein bestimmbarer Grund unserer Unruhe war ein Scherz, den wir bald unter den ganz unauffällig und orthodox gefrorenen Hotelgästen entdeckten. Zwischen einem der marmorverkleideten Empfangsschalter und einem üppig geblümten Sofa befand sich ein stabiles, golden gerandetes Podest, wie man es von Zirkusmanegen kennt. Darauf hatten witzige Chronifzierte, Sperber persönlich oder Harriet, einen kapitalen Fuzzi so geschickt installiert, dass man in den ersten Augenblicken nicht umhinkonnte zu glauben, der massige und groß gewachsene, wohl über 60-jährige Bursche mit dem Netz sei tatsächlich in der Hotelhalle auf der Jagd nach Schmetterlingen gewesen und ganz zufällig auf das Podest geraten. Er trug lächerlich knappe Shorts, hatte die strammen nackten Altmännerbeine in einem sehr überzeugend wirkenden Ausfallschritt gespreizt. Sein mit einem gestärkten weißen Hemd und einer leichten Strickjacke bekleideter delphinartiger Oberkörper war nach vorn gebeugt, und wenn man sich, gleichsam flatternd, in die Opferposition begab, in den Bereich des virtuellen Zylinders, den der zuschnappende Rand des Netzes demnächst zu bilden schien, dann traf einen unter dem Rand einer Schirmmütze hervor ein so tagheller, durchdringender Blick aus dem fleischigen Gesicht eines ehemaligen Profiboxers, dass man sich schon aufgespießt wähnte und eingereiht unter dutzende anderer Zeit-Schmetterlinge, von denen es einmal heißen sollte, sie flatterten ganze drei Sekunden lang. Es war nicht – bedenken wir Hayamis komplizierte und orthopädisch peinliche Stütz- und Haltevorrichtungen – die selbst von mehreren geschickten Zombies kaum arrangierbare Jagdposition des bubenhaften Greises, die uns so irritiert hatte, auch wenn sie uns schon beim entfernten und noch desinteressierten Vorübergehen zu beschäftigen begann. Gleichsam aus den Augenwinkeln heraus, durch den Anblick tausender und abertausender Fuzzis geschult, spürten wir noch eine tiefere, sekundäre Falschheit an der erhöhten Gestalt. Ob und wie man die außerordentlich starke, geradezu psychotische Roboter-Empfindung, die uns beim Betreten der Halle so verstört hatte, auf den Fänger allein zurückführen kann, bleibt wohl unbestimmt. Kopfschüttelnd, aber so schweratmig, als müsse er, als furchtloser Missionar, den sagenumwobenen Gott eines Eingeborenenstammes attackieren, zog Boris sein Messer aus der Tasche und schnitt dem alten Burschen auf dem Podest einen Keil aus der Wade. Keiner von uns hatte zuvor eine auch nur ähnlich perfekt gearbeitete Wachsfigur gesehen. Im Jahre Null musste es hierzulande ein Faible für Kunst in der Hotellerie gegeben haben. Der anonyme Schmetterlingsfänger war so abstrus wie das Grindelwalder Bronzepferd in Gummistiefeln, auch wenn er uns – aus sehr subjektiven Gründen – viel stärker beeindruckte.

4.

Eine schier existenzielle Übelkeit bleibt mir auf der Kante meines Bettes zurück. Die krumm gebundenen Opfer Hayamis, die zusammengepferchte Kirchenversammlung im Dorf der Ahnungslosen, die unsägliche Fußballmannschaft von Sperbern, denen wir gar nichts aus der Wade hatten schneiden müssen, um ihre verrückte Echtheit zu glauben. Ich setze mich vor einen Spiegel mit vergoldetem Holzrahmen – und erscheine. Das Licht schießt nach wie vor ungehindert durch die chronosphärischen Panzerwände (Daisuke wollte einmal sein »Bild stehen lassen«, indem er sich blitzartig, mit grotesken Sprüngen »überraschend« aus der Spiegelzone zu entfernen versuchte). Was da erscheint, muss EUCH so verborgen bleiben wie das Innere EURES Auges, ICH, der ICH

EUCH jederzeit so nah kommen kann wie ein Liebhaber, Lustmörder, Leichenwäscher, sollte mir doch immer wieder in der unsichtbaren Kabine den Spaß machen, ganz neue Haut und fremdes Haar über den Schädel zu ziehen. Vor EUCH in der Luft steht JETZT der gorillaähnliche, filzig Rothaarige mit schiefen Zähnen, ein Zwei-Zentner-Mann, wie geschaffen für die Ackerfurche. IHR wollt zurückzucken, aber da greift auch schon seine Neugestalt nach EUCH, ein flinker kleiner Bärtiger mit silbern gerahmter Brille und sonst nichts Hervorragendem außer einer Art graugrünem Saugrüssel, der EUCH nun schon gegen den Oberschenkel drückt, aber jetzt doch eigentlich zu MIR gehört, einem überaus ansehnlichen, langhaarigen, drahtigen Tennislehrer-Typen mit römischer Adlernase und olivenölfarbenem (graugrünem) Teint. Ein Zerbrechen, das kann man fühlen, wenn sich die Marionetten vor den Spiegel niedersetzen, die Fäden über ihre Schultern gleiten wie der Speichel einer großen Spinne und sie darauf warten, dass sie das herabfallende Spielkreuz erschlägt. Nein, ich sitze nur da, vor dem geschlossenen Vorhang der Welt. Unbehelligt seit fünf Jahren. Mit grau werdenden Haaren und bedrohlich ungewarteten Zähnen in einer Zeit, die nur noch mir und meinesgleichen gehört. Im Spiegel lösen sich die Hüllen meiner herbeifantasierten Körper auf. Zurück bleibt die vertraute, nicht einmal klägliche Gestalt. So genau gezeichnet, so echt, in so haarfeinen präzisen Strichen, dass ich jede Sekunde aufschreien möchte vor Empörung darüber, in diese widerwärtige, komatöse Scheinwelt verbannt zu sein, in der man neuerdings damit rechnen muss, dutzendfach kopiert und in den Raum gestellt zu werden als seine eigene Wachsfigur. Meine schwitzende, atmende, Blut pumpende Echtheit verlässt den Schneewittchensarg des Spiegels und kommt mir entgegen, zwölffach, zur kannibalischen Eucharistie, zur Verspeisung einer Gegenwart, die ihren Vergangenheiten zum Fraß vorgeworfen wird, denn sie werden mich nicht haben wollen, die bösen alten Adrians, sie werden mich mit zwei oder vier meiner Hände erwürgen, um sich mich zu ersparen, den Letzten, der sein Abelsmal schon weitergibt an den Vorletzten, ihren neuen Ältesten und sie mit mir Bedrohenden – Schluss. Die Vergangenheiten der letzten Minuten würden bei ihrem Eintritt in die Jetztzeit meinen sitzen gebliebenen Körper zerreißen, zersetzen, zu einem grotesken hundertarmigen Schiwa verwandeln, dessen breit gezogener Kopf aus einem Tausendauge in den Spiegel starrte. Sperber hatte Glück, weil man ihn in Stundenintervallen kopierte und er sich selbst dort nicht im Wege stand. Er muss zum Zeitpunkt, zu den Zeitpunkten der Replikation überhaupt nicht mehr auf Chillon gewesen sein. Die Idee, auch nur einen seiner lebenden Vergangenheits-Zombies zu verletzen oder gar zu terminieren, um die Auswirkungen auf die Zukunft zu sehen, ist keinem von uns gekommen, solange wir auf der Burg waren. Das scheint mir ein gutes Zeichen, die Logik der Eingriffe ist ja nicht mehr zu durchschauen. Was wohl mit meinen alten Formen geschieht, wenn sie – in der Münchner Wohnung oder dem kleinen Palazzo in der Via Ricalosi – von irrlichternden Gestalten betrachtet werden, die wochenlang dahinwandern können in keinem Augenblick? (Stell DIR vor, wie DICH Hayami besucht. Keine Gleitcreme.) Ich bin, was ich war, und ich bewege die Hand vor meinen Augen, um zusehen zu können, wie sauber und spurlos die Gegenwart ihre älteren Schwestern beseitigt, ohne dass ich verschwinde. Der pneumatische umgekrempelte Affe, der mich so perfekt im Spiegel äfft, kann ebenso gut jetzt gerade erfunden werden wie die schlecht in ein Seil gebundene Gestalt, die zwischen den schon leicht verblassten Kopien von Anna und Boris das Schloss Chillon über das Dach der Zugangsbrücke zu erklettern versucht, wie der Begutachter der Grindelwalder Installationen, wie der Hallenbadschwimmer in Interlaken und der hysterische Wanderer auf dem Gewaltmarsch von München nach Zürich, dem das Karussell des RUCKS in den Knochen sitzt wie ein nicht enden wollender Schwindelanfall.

Ich will nicht an Florenz denken und nicht an Berlin. Verzichten wir einfach auf 1700 nachtlose Tage, die aber doch in meinen Körper eingegangen sind, mit zwei neuen Stirnfalten, der Lichtung meines trotz langjähriger Übung grausig geschnittenen Haars (Anna versprach, meine Frisur aufzubessern), den weiteren untrüglichen Beweisen, dass ich mit 35 Jahren, den kleinen Koffer für die Genf-Reise schon gepackt, mich von Karin an der Wohnungstür verabschiedet habe und Ende nächster Woche meinen 40. Geburtstag feiern muss unter unsäglichen Umständen. Immerhin wiege ich drei Kilo weniger, meine Waden, meine Oberschenkel, alle zum Laufapparat gehörenden Teile der Maschine sind durch das unausweichliche, unerbittliche Training verstärkt und verbessert worden. Die Zeit steckt im Körper, in jeder Nacht könnte sie rückwärts gelaufen sein, wären wir am nächsten Morgen nicht hungrig, bartstoppelig, ein Stück weiter den auf- oder absteigenden Ast der parabolischen Uhr entlanggefahren, deren Rippengehäuse einmal in der Erde zerfressen wird oder im Krematoriumsfeuer zerspringt. Als Leichen kehren wir heim in die FOLIE (ein neuer Begriff von Anna, der mir sehr imponiert); dort kann auch uns Zombies, unbegraben in Fußgängerzonen oder Parkanlagen, die DELPHI-Zeit nichts mehr anhaben. Damals, am PA 8, könnte ich den Gipfel und Umkehrpunkt der Parabel gerade erreicht haben. Schwer, es anders zu sehen. Aber der Trost, der damit verbunden sein müsste, bleibt aus, die erlösende Trennwand, die sich herabsenkt, um meine echte von meiner falschen Vergangenheit zu scheiden. Ich war es, davor und danach. Zwingende Adoption des Rudels einsamer Wanderer, das über die Eiszeit verstreut ist von Genf bis Prag, von Stralsund bis Rom. Wenn ich meine Gestalten in der Unzeit lösche, muss ich auch den mittagsschläfrig in einem CERN-Bus sitzenden Wissenschaftsjournalisten ausradieren, der auf die Felder bei Cointrin hinausschaut, blind für das Wunder der sich in einer Sommerbrise bewegende Halme, der darüber schwirrenden

Mücken, der mit einer leichten Kopfdrehung lebendig, fantastisch, hyperrealistisch ins Bild schießenden, heftig gestikulierenden, hörbar sich streitenden Gruppe von Straßenarbeitern zwischen flatternden gelb-schwarzen Wespenbändern. Die ganze Schneckenspur der Vergangenheit, von der in der Sonne glühenden Betonpiste des PA 8 aus gesehen, wäre zu beseitigen, Millionen von dicht hinter- und ineinander gestaffelten älteren jüngeren Körpern, die nie als verschmolzenes, ungeheures Fleischkonglomerat auftauchen, sondern als flackernde Filmsequenzen, als an einem wirren Zeitmischpult herangeholte Videoclips meiner Kindheit, Jugend, meiner gestrigen, vorjährigen, der eben gerade aus dem Jetzt geschnittenen Erfahrung. Es sind die Filme, von denen ich unbedingt glauben muss, dass sie echt und dokumentarisch sind, dass sie eine lebensfüllende Grundlage hatten. Der mir doch immer schon etwas fremde, linkische, unverletzliche, garantiert überlebende Hauptdarsteller, den ich, als seine Gegenwart, erwarte wie ein ihm unbekanntes Happy and Crazy End, überschreitet die Zeitlinie am PA 8, ohne zu stolpern. Alle Vergangenheit ist gleichermaßen erfunden oder real. Ich kann einen Steglitzer Grundschüler beim Kastaniensammeln auflesen, mit zwei umpflasterten Fingerspitzen, sehe den Brotschneidemaschinen-Unfall in einer Art Schmerzflammen-Mandorla und die feinen weißen Narbenlinien über den Nägeln an der rechten Hand, die ich wie aus einem Traum vor meine Augen und den Spiegel hebe. Der am Zürcher Bürkliplatz eine wehrlose Asiatin mit Hut küssende, einzig bewegliche Mensch im toten Häusergebirge vor dem leuchtenden, blank geschliffenen Eis des Sees ist gleichermaßen wirklich und nah. Am JFK-Airport, im Juli 1985, steigt aus einer TWA-Maschine von Frankfurt her kommend eine schon mit 22 Jahren seltsam gediegen und brav wirkende Anglistik-Studentin, an ihrer Seite ein mir in seiner aufgeblasenen, selbstverliebten Milchbubenart kaum noch sympathisches, unausweichliches ICH, das eigentlich nach einer Möglichkeit gesucht hat, sich der Freundin zu entledigen, stattdessen aber zwei Monate lang mit ihr durch die Staaten fährt, sie schwängert, sie zur Abtreibung in einen schier lichtlosen Amsterdamer November begleitet, wo ihn ein Mädchen, das ihm auf einem eiskalten Blumenmarkt den Rauch eines Joints ins Gesicht bläst, mit aufs Zimmer nimmt, während zwei Grachten entfernt Julia noch im Krankenbett blutet, beim Vögeln so zerkratzt, dass er später eine absurde Geschichte auftischen muss, die Julia glaubt, weil sie ihn nicht verlassen will, so wie er sich bald an sie klammern wird, als seine Eltern bei einem Autounfall ums Leben kommen. Die noch immer tastbare Verknorpelung in der Mitte meines linken Schienbeins rührt von einem Motorradsturz in Paris her, gleich zu Beginn des dortigen Studienjahres, vier Monate nach der Trennung von Julia. Der satyrische Wanderer in den zahllosen (1000?) Betten der Totzeit, Nullzeit, immer weiter tickenden Eigenzeit, sieht hin und wieder beim Einschlafen lächelnd auf die alberne Liebe zurück, die er in Saint-Germain lebte, schon weil es Saint-Germain und eine waschechte Pariserin waren, Christine mit ihren ungeheuer wichtig tuenden Verwandten, allesamt nun pompös zu Lebenddenkmälern erstarrt in ihren Schuhkarton-Neubauwohnungen auf gefälschten Louisquinze-Möbeln, Christine, unsere liebste Tochter, brave Nichte, bezaubernde Patin, hungrig, schmalbrüstig, antilopen-edel, mit Sommersprossen-Tupfen über dem Nofretete-Gesicht, aber so unrettbar stupide, dass nur der Asche-und-nasses-Laub-Geruch ihrer Umarmungen tröstete, indem er einem das Gefühl gab, mit ihrer klügeren älteren Schwester beisammen zu sein. Christine, meine ausgestopfte Edel-Antilope vor einem Mittagstisch, den ich nicht gefunden habe, nirgendwo während meines Eiszeit-Monats in Paris. Verworrene Affären in München und Berlin. Gut wurde es erst mit Karin, vier Jahre lang, seltsam, bis auf das Jahr der Stunde Null, seltsam und folgerichtig, weil ich nicht viel arbeitete und plötzlich genügend Zeit hatte zu sehen, dass sie schon nicht mehr bei mir war.

Fünf Jahre ohne Beruf. Meine Vergangenheiten sind tiefer in der Welt verankert als meine Erinnerungen. Eines der wenigen auf der Hochzeitsreise aufgenommenen Fotos, auf denen Karin und ich gemeinsam zu sehen sind, jene in der Münchner Wohnung auf meinem Schreibtisch stehende Aufnahme, die uns in einer verrutscht wirkenden halben Umarmung auf der Pont Neuf zeigt, wurde vom Panoramablick meines Gedächtnisses immer in Richtung Norden erweitert, auf der Suche nach dem zerbröckelnd luxuriösen Doppelzimmer im ersten Stock. Erst in der Unzeit habe ich den Irrtum eingesehen und fand in der entgegengesetzten Richtung, zwischen Saint-Sulpice und dem Palais du Luxembourg das Hotel unserer Flitterwochen wieder, unrenoviert auf eine blasiert rechthaberische Art mit seinem springenden Gips, staubbedeckten Marmor und den sich schuppenden Blattgoldleisten, als hätte es gewusst, dass ihm demnächst einmal die große Konservierung bevorstünde. In einer Ecke der Rezeption stieß ich auf das Gästebuch des Jahres 1995 und darin auf Karins genaue und fröhliche und meine eigene, gartenzaunähnliche Unterschrift. Zimmer 11 lag im zweiten Stock. Es muss die nicht mehr nachprüfbare Lautstärke der Straße gewesen sein, die meine Erinnerung ein Stockwerk nach unten verschoben hat. In der Augusthitze jener Tage glaubten wir manchmal, unser traditionell quietschendes und wie ein Citroën federndes Doppelbett stünde mitten auf dem – dafür doch zu schmalen – Bürgersteig, ein klingelnder Fahrradfahrer, ein hustender Hund und eine heiser bellende Concierge drängten sich zu uns in die Kissen. Es ist wieder August, es ist wieder ein Hotelzimmer, die schlimmere Vergangenheit kennt aber nur einen Sekundenbruchteil und von Karins nacktem Körper nur ein einziges Bild, das ich nicht angetastet, nicht einmal durch einen chronosphärischen Windhauch in Mitleidenschaft gezogen habe. Die vernichtende Stärke des Florentiner Bildes liegt in seiner skulpturhaften Massivität, seinem Festgefrorensein, der (scheinbaren) Unerschütterlichkeit, die seine Figuren befallen hat wie eben alles andere auch. Ich komme nicht dagegen an. Sieben Nächte und Tage in jenem Pariser August können es mit dem ganzen Katalog sprechender, stöhnender, gemeinsam atmender Doppelwesen nicht überdecken. Wie über einen kurzen Flur in der vierten Dimension sind die Hotelzimmer der Hochzeitsreisestädte miteinander verbunden, glühender Anfang und kaltes Ende, und manchmal, auf dem Gipfel eines zerstörerischen Selbst-Exorzismus, kommt es mir so vor, als wäre ich selbst weder in dem einen noch dem anderen Raum gewesen, wodurch ich dem Mann auf dem Fensterbrett auch noch Karins fünf Jahre jüngeren Körper schenke, der mich nie wieder so begehrt hat wie in jenem Bett auf der Straße, im Schatten von St-Sulpice. Die nach frischem Gras und Moschus duftende Straße, die wir mit einem Augenaufschlag verließen und zu deren Hupen, Motorengebrumm, Klingeln wir unweigerlich zurückkehrten, sobald das Keuchen und Stöhnen des anderen, das Rauschen des eigenen Bluts in den Ohren leiser wurde und unsere Lider sich schlossen, hatte keine Flitterspur von uns bewahrt. Im Zimmer 11 lag ein unrasierter junger Typ im Unterhemd mit seit Jahren kokelnder Gauloise im Mundwinkel und der ewig gestrigen Titelseite der *Libération* vor Augen. Der Seidenfächer von Körperbildern, den meine Erinnerung an Karin in dieser einen Woche aufbewahrt hat, ist zerschlissen und fadenscheinig geworden, seit ich das Hotel in Florenz gefunden, die Zimmertür auf demütigende Weise (mechanischer Bohrer, mechanische Stichsäge, Herausbrechen einer Art Hundeklappe) geöffnet und auf allen vieren bekrochen habe. Wie eine Statue, eine vollendete farbige Skulptur vielmehr, geschaffen vom größten Florentiner Meister, dessen Name die Welt lähmt, sitzt meine Frau auf der Kante eines zerwühlten Doppelbetts. Sie hält die übereinander geschlagenen Beine ausgestreckt, die Arme sind in den Ellbogengelenken durchgedrückt und auf die waagerecht aufliegenden Handteller gestützt. Rechts und links berühren die Innenseiten der Handgelenke ihr Becken, eine Stellung, die nur bei hochgezogenen Schultern möglich ist, von denen sich eine, die rechte, stärker zum Fenster hin gedreht hat. Ein mittäglicher Schatten, verursacht durch eine nicht ganz in die Zimmerecke geschobene Vorhanghälfte, teilt ihren gesamten Oberkörper vom Scheitel ihres links wie schwarzen, rechts kastanienfarbenen Haars bis zum Nabel, dem sich infolge der vorgebeugten Sitzhaltung sanft, wie bei einer Schwangeren in den frühen Monaten vorwölbenden Bauch, dem glänzenden (mir wie ausgewechselt oder gefärbt vorkommenden) Pudelfell der Scham. In ihrem gespaltenen Gesicht, das sich dem Mann zuwendet, regt sich nichts, aber ich kann mich auch, ohne stärkere induktive Wirkung, so stellen, dass es ganz im Schatten liegt und sich die Illusion verflüchtigt, ein Zweifel oder gar die Anzeichen von Reue wären darin auszumachen. Karin sieht auf Franz, den Berliner Dachgeschosswohnungsbesitzer und Orthopäden, und ihr Blick ist schon wieder interessiert, neugierig, gierig, die Ungewissheit liegt nur in der Intensität, nicht in der Art der Zuwendung. Der nackte Mann hat annähernd mein Gewicht. Er mag etwas größer und etwas schmaler sein. Hätte ich ihn nicht schon von Fotografien aus seiner Wohnung gekannt, wäre es möglich gewesen, ihn für einen Italiener zu halten, seiner braunen Locken, seiner merkwürdig jungenhaften und doch schweren Figur wegen, die wie die maßstabsgetreue Vergrößerung des Körpers eines 16-jährigen Florentiner Gassenjungen wirkte und ebenso in Hell-Dunkel-Zonen unterteilt war wie die Gestalt meiner sitzenden Frau, jedoch wegen der parallel zum Fensterbrett gedrehten Schulterlinie so, dass die gesamte Vorderseite – zunächst – im Schatten lag, eine beinahe graphitfarbene Reliefstatue bildend, aus der ein halb erigierter Penis gekrümmt heraustrat wie ein Wasserhahn aus Bronze, mit einem von den Falten der zurückgeschobenen Vorhaut gebildeten kurzen Schraubgewinde und dem herausquellenden dunklen Tropfen der Eichel. Hellste, brennende Sonne, über den Dom und den blendenden Marmor des Campanile flutend, verwandelte den Rücken des Mannes in eine Fläche von papiernem Weiß.

5.

Aber Florenz sei für eine solche Entdeckung doch ein guter Ort gewesen. So viel Kunst! So viel Trost! Sich erholen, sich aufgehoben und repräsentiert fühlen in den großen Gesten der Gewalt, Giambolognas Statue *Raub der Sabinerin* etwa, mit dem in die Höhe gerissenen Frauenkörper, dem hilflos in die Luft greifenden runden Arm, oder gegenüber, im linken Torbogen der Loggia dei Lanzi, jener dunkle Perseus, der den abgehauenen Kopf der Medusa emporhebt. Auf einem kleinen Holztäfelchen im neunten Saal der Uffizien, unter Glas wie die Welt, bei kostenlosem Eintritt, sah ich *Herkules im Kampf mit Antäus*, gemalt von Antonio del Pollaiolo, der den Helden mit gefletschten Zähnen seinen Gegner in die Höhe stemmen ließ, ihn so fest an der Hüfte umschlingend, dass er ihn zu zerbrechen droht.

»Ein gutes Pflaster, eine Trostpflasterung wie zum Aufkleben auf eine Wunde.« Immer schlechter werde sein Deutsch in all den Jahren unter Deutsch gesprochen Habenden, die niemals mit ihm redeten. Daisuke erschien so einfach und selbstverständlich.

Im Montreux Palace, sobald etwas geschieht. Das war unsere Abmachung gewesen, ein Arrangement auch mit Sperber, der jetzt »eine ganze Fußballmannschaft und noch ein Schiedsrichter« geworden sei. Seit zehn Tagen kannte Daisuke die Lage auf Chillon, das er (im Vertrauen auf den nicht aufgehängten blauen Handschuh und die sich selbst sprengende Tölpelhaftigkeit des Leibwächters Möller) ohne Klettertour über das Brückendach betreten und verlassen hatte. Auf allen Streifzügen durch die Verwunschenheit wäre ihm kein ähnlicher Fall eines »unsichtbaren Menschenkopierers« untergekommen. Er habe Sperber – die dreizehnte Kopie, das vielleicht noch lebende Original – zu keinem Zeitpunkt mehr gesehen, der nach dem »Herstellungsdatum« des Schlossherrn-Dutzends lag, und Genf auch nicht mehr besucht seit dem Fiasko der dritten Jahreskonferenz und der erzwungenen Aufgabe seiner Schildkrötebar.

Wir lassen die Beine zum Wasser hinabbaumeln, sitzen auf der äußersten Kante des Bootsanlegers. Daisuke hatte hier schon Platz genommen, als ich mich entschloss, den wirklichen und imaginären Spiegeln des Hotels für eine Weile zu entkommen. Unter den gelben Markisen, die jenseits der Uferstraße zum Bootsanleger führen, war mir bei jedem Schritt die wie auf einem Sprungbrett im blauen Panorama sitzende Gestalt vertrauter erschienen, so dass es mich weniger erschreckte als erleichterte, sie plötzlich den Kopf drehen zu sehen. Sein rundes Gesicht mit den zumeist einen Spalt offen stehenden Lippen geht mir noch immer so tröstlich auf wie ein Kinderbuch-Mond. Er schafft es, seine Bürstenfrisur im Do-it-yourself-Verfahren so gleichmäßig kurz zu halten, dass man ihm kaum glauben kann, schon zwei Jahre allein zu leben, zumeist in Deutschland, fast immer auf Wanderschaft »wie ein Müller«, nachdem sich die Lage in Genf so trostlos und mörderisch entwickelt habe. Er sei noch immer froh, dass seine Frau und die beiden Söhne in Tokio wären, vollkommen unerreichbar, vollkommen unverletzlich. Die Art und Weise, in der Hayami seine Feuerpferd-Gattin installiert hatte, überraschte ihn nicht. Einmal habe er eines der Familientiere besucht, nämlich den CERN-Mann Lagrange, der zwei Jahre vor dem Stillstand der Ereignisse am PA 8 für sich, seine Frau und die drei Töchter ein schönes Haus mit Garten nahe bei Cointrin angemietet hatte. Nichts stimme trauriger als eine derartige »Tantaloo-Quälerei«. Ob ich denn lange in jenem Hotelzimmer in Florenz geblieben sei? Er hoffe nicht. Die Schildkrötebar sei das Beste gewesen, was er selbst in den ganzen Jahren der Unzeit habe aufbauen können, ein Treffpunkt für lebendige Menschen. Sperbers Saxophon fehle ihm mehr als die Bulletins. Aber nun werde ja wohl einiges anders werden, nach dem RISS. Als ob das gläserne Wasser des Sees unter unseren Füßen einen Sprung bekäme. Als wäre ein Film über einem

Film plötzlich zerrissen worden, ein Stehbild wie bei dem Maler »Magri-Tee«, das nur verdeckt habe, was darunter genauso aussehe wie es selbst, und als wäre im Augenblick, in drei Augenblicken – ichí, ni, san – der darunter liegende Film frei über die planetarischen Projektorspulen geglitten.

»Wo warst du?«, frage ich ungewollt vorwurfsvoll, als bräuchte er ein Alibi für die einzigen drei Sekunden wirklicher Vergangenheit, in denen wir uns während der vergangenen fünf Jahre nicht gesehen haben. Er habe in Basel auf der Terrasse eines Restaurants gesessen, direkt am Barfüsserplatz, vor einem Salat Niçoise, den er einem wohl zum WC entlaufenen Touristen verdankte. Dessen Begleiterin hätte sich mit einem Glas Mineralwasser begnügt, das sie schräg in einer Hand hielt, während die andere gerade aus einer kleinen Flasche nachgoss oder vielmehr einen Strang durchsichtigen Kunstharzes, durchsetzt mit kristallisierten Bläschen, zwischen den beiden Gefäßen balancierte. Das plötzliche Sprudeln des Wassers! Wie ein Aufkochen sei es ihm vorgekommen, wie die Vorstufe einer Explosion, man habe ja damit rechnen müssen, dass Schwarze Löcher mitten im Gesichtsfeld erscheinen und einen auffressen oder mit Milliarden von Trümmern gestörter Vergangenheiten überschütten würden »wie aus einem Wundersack«. Stattdessen sei alles folgerichtig gewesen, sei er, ein Salatblatt im Mund wie eine Schweizer Kuh, selbst erstarrt, während die grünäugige Blonde ihm gegenüber in einem einzigen Schreckensanfall ichí die Flasche, ni das überschäumende Glas habe fallen lassen – er selbst blitzartig vom heranschießenden Dickicht der Restaurant- und Straßengeräusche überwuchert und gelähmt wurde durch den über der Schulter der Frau unvermeidlichen Anblick einer tatsächlich fahrenden eidechsenfarbenen Straßenbahn, einer solchen enormen Bewegungsmasse –, san den Mund geöffnet habe zu einem Schrei, dessen deutlicher Ansatz dann aber schon gefroren wäre wie alles übrige auch, so dass sie mit oval verzerrtem Gesicht zu einem Gemälde geworden sei wie von »Munk«, dem finnischen Maler. In ihren Augen habe er noch lange Zeit die stecknadelkopfgroße Schattenkopie des mondgesichtigen Fremden betrachten können, in den sich ihr Begleiter, vielleicht Mann, verwandelt hatte. Immer wieder, vielleicht zwei, drei Stunden lang, sei er an den Tisch mit der vereisten Mineralwasserlache getreten und habe jenes in das verspiegelte Schreckensauge eingeprägte Bild seiner eigenen Vergangenheit betrachtet, eine Miniatur-Dokumentation der einzigen drei wirklichen Sekunden, in denen er da gewesen war, um dann stets wieder an das Metallgeländer der Restaurantterrasse zurückzukehren und auf den Barfüsserplatz zu starren, jeden Pflasterstein unter den Verdacht einer möglichen winzigen Bewegung stellend, aber am Ende wäre dann nur eines geblieben, das zu ihm gesprochen habe, so unvergesslich wie eintätowiert seit fünf Wochen, nämlich die schwankende Laufzeile der Werbeschriften auf den Fassaden der schmalen hohen Bürgerhäuser: *Coiffeur – Solarium / Damen und Herren – McDonald's – Zum braunen Mutz – Rio Bar – Apotheke – Bodega-Strauss – don't worry be happy Bar – Basler Zeitung – Versicherung Vorsorge Vermögen – Zum alten Stöckli – Vögle.*

»Alles, worauf es ankommt«, sage ich. »Mit dem braunen Mutz in die Rio Bar.«

»Hast du Vermögen gemacht?«, fragt er und breitet die Arme aus, als wollte er über den See davonfliegen wie ein asiatischer Riesenpelikan. »Versicherungen? Vorsorge?«

Man glaubt wieder, man rechnet wieder. An was, mit was, an noch einen RISS oder RUCK zumindest, an weitere Störungen des Gewebes, an dessen Echtheit, millimetergenauer, jeder Bohrung, Sondierung, Obduktion und Vivisektion standhaltender Faktizität nicht gezweifelt werden kann, das aber doch wenigstens einen Haarsprung bekommen hat und plötzlich auch, auf Chillon, groteske Knospungen oder Wucherungen. Daisuke musste ebenfalls die schockierend authentische Wachsfigur des alten Schmetterlingsjägers prüfen – er glaubt, es handele sich um einen schottischen Schriftsteller namens McPerson, dessen Familie das Hotel gehöre –, wenn auch nur mit einem kratzenden Fingernagel. Einen der falschen Sperber hat er auch getestet, mit einer Nadel, weil er es einfach nicht glauben konnte, dass er blutete. In drei Sekunden hätten sich in Tokio Millionen von Leben um ein kleines Stück weiterbewegt, durch die Nacht, die frühe Nacht, es sei dort jetzt 19 Uhr 47, die Glut zehntausender von Neonröhren über der Ginza sei einen kurzen Moment aufgeflackert, es musste ausgesehen haben, als würde ein kolossales Raumschiff einen Systemcheck durchführen und gleich wieder vereisen, seit fünf Jahren hielten sich die Fische auf dem Tsukiji-Markt frisch. In der Dunkelheit gehen zu können, durch die glühenden Steinwüsten von Tokio. Nichts reize ihn mehr, nach nichts sehne er sich so stark.

»Fünf schreckliche Jahre lang. Verrückt wie die Familientiere«, sage ich hilfreich. »Und in ganz Japan gibt es kein Tageslicht.«

Er stellt sich dennoch vor, durch die Straßen ohne Namen bis nach Setagaya-ku zu kommen, zu einem kleinen traditionellen Haus (ich denke mir Seidenpapierwände, Lampions, Tuschebilder, Bambusmatten) und durch die Wände zu gehen, die Zeitwände, in sein Arbeitszimmer. Seine Frau sitzt im Kimono vor dem PC, neben ihr die beiden Jungen, denen sie die Mail zeigt, die er um 7 Uhr 30 noch im Genfer Hotel abgeschickt hat. Drei Wochen hatte er in Europa verbringen wollen, hauptsächlich auf sprachwissenschaftlichen Kongressen, eine in Heidelberg, dann eine in Basel, wo ihn die Bitte eines Freundes, Herausgeber eines Wochenmagazins, erreichte, als Ersatz für einen erkrankten Journalisten – reizvollerweise als ganz Fachfremder – an der CERN-Vorführung teilzunehmen. Ob ich glaube, dass Japan existiere? Oder Amerika? Er wisse von einem Zombie (Nr. 62, mir unbekannt), der in die *Nacht* gegangen sei, um dort zu leben, tausende von Kilometern zu Fuß in ein sich unendlich langsam tönendes, sich im Gegenlicht rötendes, sich entfärbendes, sich fahl und fahler entziehendes Medium hinein, das wohl noch nicht einmal in Kasachstan und in der östlichsten Mongolei wirklich Dunkelheit genannt werden konnte. In Asien zu sein, Südkorea bestenfalls, und niemals das Japanische Meer überqueren zu können sei ihm ein so unerträglicher Gedanke, dass er nie weiter als nach Prag gen Osten marschiert sei. (Wann? – Wir hatten uns um drei Monate hypothetisch verpasst.) In der Woche vor der Entfaltung der Verwunschenheit war er durch die ihm damals noch unbekannte Schweiz gefahren und hatte 16 Filme zu 36 Bildern verschossen, die er seiner Frau, seinen Söhnen, den Universitätskollegen präsentieren wollte, um schließlich in der totalen Fotografie zu landen wie der Königsjunge (Prinz/Dornröschen), so dass ja eigentlich alles umgekehrt sei, dass man immer glaube, stillhalten zu müssen, damit einen die Welt fotografieren könne, diese riesige Linse vor unseren Augen, das Wasserauge des Sees, des Himmels, in dem wir und der Bootsausleger, auf dem wir saßen, wie ein Balken steckten.

Die Dauerbelichtung zu ertragen ist unsere hohe Kunst, die uns von Tag zu Tag mehr abverlangt wurde, nachdem die besten Mittagsmahlzeiten, die schönsten Schlafenden, die edelsten Weine nicht mehr verhindern konnten, dass wir in die Sperber'sche Phase 4 abrutschten, in der nur noch die eigenwilligsten und absonderlichsten Maßnahmen helfen, das heißt ablenken, vorübergehende Linderung verschaffen. Auf Friedhöfen zu schlafen, das beruhige ihn manchmal, vor einem alten Grabstein oder in einer schönen Familiengruft. Einmal habe er sich auf die Überholspur einer dicht befahrenen Autobahn gelegt. Wir entdecken eine Gemeinsamkeit, nämlich den speziellen Trost der Kaufhäuser. Im Alter seiner kleinen Zwillingssöhne hatten wir beide den Traum, von unseren Müttern einmal in einem Kaufhaus vergessen und dort über Nacht eingeschlossen zu werden, so dass uns alles allein gehörte, die Truhen und Vitrinen der Lebensmittelabteilung, die Bücher, die Kleider, das Stockwerk für

Spielwaren und Sportartikel, die Labyrinthe der Damenunterwäsche und die Tiere in der zoologischen Abteilung. Kaufhäuser, Daisuke zufolge die japanischen noch mehr als die europäischen (Sexpuppen und Urnen gleichsam ineinander neben Blumen, Walfischteilen und essbaren Affen), waren einmal das Versprechen des irdischen Paradieses, das wir in himmlischer Einsamkeit für uns haben wollten als die idealste Insel, auf der Robinson Crusoe hätte landen können. Jetzt sind sie wie unglaubwürdige freundliche Erinnerungen. Ihr Halbdunkel tröstet, das künstliche Licht, ihre U-Boot-Atmosphäre, als könnte man tatsächlich mit ihnen hinabtauchen ins Erdreich. Schlemmen in der Lebensmittelabteilung, albernes Ein- und Umkleiden, der Schlaf auf einem Stapel persischer Teppiche oder in einem Campingzelt neben der Rolltreppe, in das wir ein paar schöne Bücher mitgenommen haben, Schokolade, Champagner und seidenbezogene Daunendecken. Die Kinderfantasien wollten die Nacht als Voraussetzung der Ungestörtheit. Wir haben das Schweigen der Fuzzis, ihre in Kauftrance verfallenen Körper mit den Porzellangesichtern, die uns nicht mehr so arg belästigen, schließlich kann man sich vorstellen, eine große Lieferung Schaufensterpuppen sei eingetroffen und aus schierem Platzmangel oder vielmehr von einer Gruppe ironischer Alltagskünstler auf sämtliche Stockwerke verteilt worden, sogar auf die Toiletten, die Büroräume, die Umkleidekabinen. Praktische Gesichtspunkte, der Konbini-Aspekt, wie Daisuke es nennt (Alles-in-einem-Laden, *konbiniensusutua*), sprechen noch immer sehr für den Kuraufenthalt in den Einkaufstempeln, die an unserem Montag, zu unserer Zeit, angenehm schwach bevölkert sind. Vielleicht ist es aber noch mehr der Reiz der Miniatur, die perspektivische Verharmlosung der Dinge, die uns zu Globalo, Kaufrausch, Cortez-Ingles, Kargstatt und so weiter zieht, seit eben die ganz Welt ein Kaufhaus geworden ist, die Menschen zu Puppen, ihre Autos, Computer, Maschinen, Motoren zu ruhender Ware, nirgendwo und überall versehen mit der einzigen, unsichtbaren Kasse, vor dem einzigen Ausgang, an dem mit dem Leben bezahlt wird. Daisuke kennt die schwarzen Tage und Wochen ebenso gut wie ich, die Totzeiten in der Totzeit, in denen es ratsamer erscheint, freiwillig zur Kasse zu gehen, als noch länger ausgespien zu sein vor die steinerne Maske der Welt. Er hat sich keine neue Theorie gemacht, sagt er, aber seit dem RISS/RUCK wieder häufig an die traditionellen japanischen Nullzeitpunkte denken müssen. Ein außergewöhnliches Ereignis konnte den Nullpunkt setzen oder das Bedürfnis nach Abschluss einer unglücklichen Epoche. Auf jeden Fall begann mit einem neuen Tenno immer eine neue Ära, der Kaiser war stets Herr der Zeit. Sperber könnte so ein neuer Herrscher sein, man müsse es wenigstens in Erwägung ziehen. Sich selbst zu vervielfachen könne nur jemandem gelingen, der außerordentliches Wissen erworben habe, eine Macht, die, chronomechanisch betrachtet, alles übersteige, was der Menschheit vor dem Punkt Null gelungen wäre.

Die Klone seien aber doch nicht *in* der Welt, die wir am PA 8 verlassen hatten, dieser einen FOLIE, durch die wir uns bewegten, werfe ich ein.

Wenn die zwölf Sperber echt wären, dann wären sie auch in der FOLIE, glaubt Daisuke, oder sie markierten zumindest, was wir uns am sehnlichsten wünschten: einen Ausgang.

»Und dann? Was wirst du tun, wenn er uns das Mauseloch zeigt? Zu deiner Frau zurückkehren als ihr blitzartig um fünf Jahre gealterter Mann?«

»Älter, aber reicher«, sagt er und klopft auf die Tasche seiner Shorts. Auch er ist wohl auf Diamanten gekommen. Wir sehen uns an und wenden uns dann zurück zum Land, um nicht zugeben zu müssen, dass keiner von uns an eine Rückkehr glaubt. Das Montreux Palace erhebt sich mit seinem milchweißen vollbrüstigen Operndivenstolz, den schwellenden Dächern, den leuchtenden Markisen, die über sämtliche schmiedeeisernen Balkons gezogen sind, als hätte man im letzten Augenblick noch versucht, die Gäste vor einem gleißenden Sonnensturm zu schützen, der vom See her kam. Aber nichts in seinem Inneren wurde verschont, noch nicht einmal der Schmetterlingsfänger, auf den kein Stäubchen gerieselt ist in all den Jahren. Wie kleine Puppen aus einer riesigen Spieluhr werden Boris und Anna aus dem Haupteingang herausgefahren. Sie lösen sich von der zu erwartenden Halbkreisbahn und treten auf die Straße vor einen Mercedes in vollem Halt.

6.

Wir nehmen den Weg am nördlichen Seeufer. Auf diese Weise kommen wir in zwei Tagen leicht nach Coppet und zum dritten Ausgabeort des Bulletins. Mittagessen in Lausanne. Der wuchtige Glockenturm der Kathedrale erhebt sich über uns, vom Donner gerührt seit 700 Jahren. Daisuke will einmal hinaufgestiegen sein. – »Wann?«, fragt Anna, etwas zu scharf und zu rasch, die jüngeren Vergangenheiten, unsichtbare Giftschlangen, winden sich um die verchromten Beine des Restauranttischs im Freien. Durch die Zeitlupe meines Weinglases sehe ich eine honigfarben und schamrot getönte Viertelstunde auf einem gerade fünfhundert Meter entfernten Bahnsteig. Es wäre möglich, dass dort eine den Sperbern vergleichbare Mannschaft von Adrians vorzufinden ist, zwölf Exemplare, stramme Mittdreißiger noch, in Minutenabständen erzeugt, von denen die meisten den virtuellen Oberschenkel des mit heruntergezogener Jeans auf den Boden gelegten Scheinklons mit unsichtbaren Eiswürfeln kühlen, wegen der kaum veränderten Sitzposition zu einem vielarmigen Riesenkäfer mit zusammengewachsenen Köpfen erstarrt. Allein die elfte Kopie steht aufrecht, weil sie gerade die schöne Frau auf eine Bank gesetzt hat und sich davonmachen wollte, während Nummer zwölf schon wieder am Boden kniet, in gesteigerter Geburtshelferstellung, kurzsichtigst, so dass der weiße Slip anliegt wie ein Mundschutz. Es ist ein zarter, leicht brackiger, moschushaltiger Geruch, ganz wie bei Karin und doch fremd, aber so, dass man sich leicht, viel zu leicht vorstellen kann, in ihm heimisch zu werden. Und damit erhebt sich das Grauen der Vertauschbarkeit, das mich damals noch in die Knie oder vielmehr von den Knien zwingen konnte und hinwegjagte bis nach München, Berlin, Usedom, Berlin, München, Florenz, das – so viel Trost, so viel Kunst – jedoch auch übersprungen werden kann und umgemünzt, so dass du dahintreibst im Fluidum geiler Anonymität wie ein Fischmännchen in einer milchtrübe ausgespritzten submarinen Eierwolke. Dass du verzichten lernst. Dass du ruhig wirst, manchmal für Wochen, müde und gelassen beim Anblick der gefrorenen ubiquitären Gesten des großen Balztanzes, von dem du nur ein lächerlicher Teil gewesen bist.

»… ist ja am frühesten gegangen.«

Sie meinen mich. Der Luxus, nicht hingehört haben zu können! Anna, Boris und Daisuke Kubota sehen mich an, im ersichtlichen Bemühen, herauszufinden, was ich gerade dachte. Wir sollten auspacken, rückhaltlos, angefangen bei den vier erstaunlich gleichartigen Rucksäcken, die wir an einen Brunnentrog mit gläsernen Geranien gelehnt haben. Zum Vorschein käme womöglich auch ein nahezu identischer Inhalt, die chronosphärisch optimierte eiserne, diamantene, mörderische Ration (meine Kahr MK 9, jetzt in Sophies Hand, fehlt). Das Thema Mord und Totschlag hat uns beschäftigt, während wir Fisch zerkleinerten und in die Zeitmaschinen unserer Körper schickten, gänzlich unbeobachtet von den direkt auf uns zuschreitenden Damen, von deren Tellerchen wir aßen und deren weißhemdige Begleiterchen bei den Geranien am Boden sitzen. Wir zählen zwanzig finale Akte, zunächst die mehr oder weniger konventionell gewaltsamen wie den Tod von Madame Denoux (Mord durch Möwe), den des Fensterspringers Matthieu Silvan, den der drei Männer, zwei Frauen und drei Kinder, die im Dorf der Ahnungslosen an der unbekannten Seuche verstarben, welcher vielleicht auch Sophies dritter Mann schon zum Opfer gefallen ist (Daisuke wirkt bei dieser Nachricht betroffen). Dann spekulieren wir über den aktuellen zwielichtigen Fall des Leibwächters Möller (inzwischen glauben wir jedoch alle an Exitus durch Eselhaftigkeit) und über die Morde, von denen drei (der SS-Mann, der Serbe, der Waffenhändler) unbestritten von Dornröschen begangen wurden, zwei (an Thillet und Thorgau) jedoch Annas und Daisukes Meinung nach nicht, trotz der vorgefundenen Rose. Vier Nicht-Chronifizierte sind offenbar den wahnsinnigen »Installationen« Thorgaus erlegen, bevor man ihn hinrichten konnte. Und sonst? Sperber kann man vielleicht noch halb zu den Lebenden rechnen oder zu zwölft, wenn nicht zu dreizehnt, sobald die Schlossherren erwachen und ihre Freakshow auf Chillon veranstalten. Leichen im Keller, Halbleichen im Fenster, Todeskandidaten auf Urlaub, die der nächste RUCK zerreißt oder RISS zerruckt, man denkt wohl an sie, unsere Gesichter verkommen zu Fassaden, ein, zwei Minuten lang, bis mir zum willkommenen Themenwechsel auffällt, dass Daisuke nur eine einzige Uhr trägt. Eine japanische natürlich.

»Ist das ein Tipp von Hayami?«, frage ich. »Eine ultrastabile MUFOkiri?«

»Der Kugelmann weiß gar nichts. Es ist einfach nur verrückt.« Daisuke gibt nichts auf die Tatsache, dass sein Landsmann – wie von Anna und Boris berichtet – auf der dritten Jahreskonferenz den RUCK zum richtigen Zeitpunkt und in der richtigen, dreisekündigen, bloß glissandohaften Dauer und Form angekündigt hat. »Er hat Glück gehabt, das war alles.«

»Aber er konnte bis drei zählen«, sagt Anna nüchtern.

Man wird sehen. Hayami müsste jedenfalls mit den beiden Elfenkindern und den beiden ahnungslosen Männern längst in Genf sein. Weshalb ist Sperber nicht auf dieser dritten Konferenz erschienen? Während der Vorbereitung seines

13. Bulletins habe er, Daisuke zufolge, mehrmals den Verdacht geäußert, Thillet sei keineswegs von Dornröschen ermordet worden, sondern von Möller, was sich uns allen ja angesichts des Tretminenunfalls auf der Brücke zum Schloss drastisch bestätigt habe. Sperber musste sich in Sicherheit bringen.

»Auch vor der Gruppe 13?«, möchte Boris wissen.

Daisuke hält die Existenz einer solchen Gruppe von Leuten, »die alle Welt von uns putzen wollen«, für unwahrscheinlich. Zwar passe die Hinrichtung von Thorgau wirklich nicht zu Dornröschen. Wer aber wisse schon von wem ganz genau, wie er sich in den letzten zwei, drei Jahren der Unzeit entwickelt und was er darin angestellt habe.

Morges, Saint Prex, Übernachtung in der Nähe von Rolle. Zu viert zu gehen ist beinahe wie zu Anfang in Genf, auch wenn die weißen Flecken auf der Zeitlandkarte der anderen bedrohlich erscheinen könnten. Mit der Waffe bin ich – und hätte es mir schon viel früher denken sollen – die Angst losgeworden, die jemand in meiner Phase ohnehin besser an der Garderobe (PA 8, linker Schuppen) abgeben sollte. Die Vierer-Chronosphäre, in der es ein fast zwangloses Hinter- und Nebeneinander geben kann, ohne dass der akustische Kontakt abreißt, ist wunderbar und luxuriös, und immer häufiger verzichten wir sogar auf sie, im Vertrauen auf ihre leichte Wiederherstellbarkeit, indem wir in größerem Abstand zu Paaren gehen. Erst jetzt kann ich mich länger und ungestört mit Anna unterhalten, sogar in der Nachhut, die beiden ungleichen Männer vor Augen, eine jahrelang nicht mehr erlebte Unruhe und Vitalität des Gesichtsfeldes, die sich reflexhaft auf die sonnenhelle Umgebung zu übertragen scheint wie ein noch helleres Licht und die Angler, Badenden, vor Tankstellen und Imbissbuden Schwitzenden, an Mittagstischen Tafelnden und an den Stränden Liegenden so unheimlich belebt, als ginge man mit einer starken Taschenlampe nachts durch ein Wachsfigurenkabinett (alle Gestalten so lebensecht geformt wie jener McPerson). Annas Rucksack scheint leichter geworden zu sein, vielleicht um einige Knarren, Wurfmesser und Anti-Personen-Minen. Sie trägt verderblich kurze Shorts und ein T-Shirt in der modischen Karikatur eines Bauarbeiterunterhemds. Wenn ich an ihrer Seite gehe, dann fällt mir auf, wie sehr das erigierte Helium meiner Fantasie ihre Gestalt aufbläht. Sie ist schlank und sehnig, nicht milchig und Monroe-haft. Einige tausend Kilometer zu Fuß mögen sich auf ihre Figur ausgewirkt haben. Wir spielen nicht das Spiel Ich-hätte-dich-lieber-nicht-Geküsst, sondern ein anderes, das ich doch für gleichermaßen sinnlos oder akademisch halte, während wir vielleicht auf die Vernichtung der Unzeit zumarschieren. Aber nehmen wir es als Testament: Was wir hätten tun können und was nicht (in der Großartigkeit unseres Zombietums). Etwa der Menschheit eine neue, bessere Geschichte schreiben, indem wir fünfhundert Millionen Geschichtsbücher in 150 Sprachen fälschten. Alle Armen reich machen, statt nur einige, uns bekannte. Jedes potentielle Unfallopfer retten, in einem systematischen Verfahren entlang den Bürgersteigen und Leitplanken, anstatt nur die Fahrradfahrer und in der Luft erstarrten Kinder außer Gefahr zu bringen, die wir zufällig entdeckten als von einem nahen automobilen Tod gezeichnet (manche wohl nur noch zu retten, wären wir Chirurgen gewesen).

Im positiven Sinne könne man wenig ausrichten, meint Anna, nicht einmal im aller-egoistischsten, was der Fall des Journalisten Fönix zeige, an den ich gar nicht versuchen solle mich zu erinnern, da Sperber den Namen geändert habe. Im 11. Bulletin wäre die ganze Affäre beschrieben, ein öffentliches Bekenntnis, das einem die Folgen des *Rebirthing* vor Augen führe. Fönix sei von der Idee besessen gewesen, beim etwaigen Wiedereintritt, in der Wieder-Anflutung der Zeit augenblicklich als Multimillionär mit grandioser Villa, Fuhrpark, Privatflugzeug, Swimmingpool etc. dazustehen, und habe sich geeignete Objekte und Subjekte gesucht. Zuerst dachte er an einen möglichst unbekannten Krösus, der seine Besitzungen in alle Welt verstreut hatte und sein europäisches Domizil selten oder nie aufsuchte. Dann dachte er an die Fingierung des Ankaufs einer leer stehenden Behausung (die er ja in aller Ruhe mit Diamanten, Gold und Geld ausstaffieren konnte). Die möglichen Aufdeckungen waren immer so zahlreich, die erhältlichen Informationen – ohne Tresore öffnen, Computer anschalten, sämtliche erforderlichen Akten und Dateien auf allen zuständigen Ämtern einsehen und fälschen zu können – so unzureichend, dass am Ende nur das Spiegelungsphänomen Erfolg zu versprechen schien, das uns mit seinen Scheinklonen, Wachsfiguren und Menschenkopien immer wieder begegnet, erfreut und beunruhigt, seit wir die Unzeit betreten haben. Er musste das *Rebirthing* durch Substitution erreichen, durch die Beseitigung und den Ersatz eines real existierenden Doppelgängers oder wenigstens eines Typen, den er soweit würde imitieren können, dass ihn Außenstehende und noch entfernte Bekannte, die er sich tunlichst vom Leib zu halten gedachte, aus der Ferne verwechselten. Nach dreijährigen Recherchen in Deutschland, Frankreich, Italien und der Schweiz fand Fönix einen allein stehenden reichen Mann, ironisch nahe bei Genf, dessen (im *Bulletin* nicht preisgegebene) Muttersprache die seine war, Inhaber einer elfzimmrigen Traumvilla am See, von Sperber schlicht O. genannt. Fünf Jahre Altersdifferenz waren vorzutäuschen, in der biologisch einfacheren Richtung. Es gab einen Gärtner, eine Häushälterin und Köchin in praktischer Personalunion, eine junge Sekretärin, die Fönix allesamt vor die Gartentür der Villa verfrachtete, wo die schwarze Limousine von O. in zumutbarer Entfernung wartete. Ein Attentat würde verübt werden, mit einer enormen Menge Plastiksprengstoff, knapp drei Sekunden nach der globalen Zündung der Echtzeit (so dass wir nun recherchieren müssten, ob die Spanne des RUCKS ausreichend gewesen war). Über O., für den bestimmt man die Bombe im Auto halten sollte, die nun unglücklicherweise seinen Chauffeur und die einzigen drei Angestellten, mit denen er Kontakt hielt, in Stücke riss, wäre dann schon längst Gras gewachsen, da Fönix ihn im eignen Garten begraben, ihn eigentlich durch Begraben (also mit ungewissem, vielleicht noch gar nicht eingetretenem Tatzeitpunkt) auch ermordet hatte, zwei Meter unter der Erde. Weil er einige Wochen lang über seinem Opfer auf einem Liegestuhl schlief, erschien die chronosphärisch gepflegte Rasenfläche über dem Grab wieder vollkommen intakt. Die Probleme für Fönix begannen in dem Augenblick, in dem er auf die Idee verfiel, noch einmal das Innere der präparierten Limousine nach verdächtigen Anzeichen zu untersuchen. Dabei fiel ihm die Handtasche der Sekretärin auf, einer vielleicht gerade 25-jährigen Frau, die den Garten der Villa hatte betreten wollen, bevor er sie im Auto unterbrachte. Ein zusammengefalteter, sechs Wochen alter Brief darin stammte von der offensichtlich ungeliebten oder verdrängten, verschwiegenen, nirgendwo in der Villa ein Bild, ein Zeichen, einen Text hinterlassen habenden Tochter des O., die ihre (verdeckte) Anreise vermeldete und das Logieren in einem nahe gelegenen Hotel, mit der Versicherung, jederzeit, als sein einziges Kind, zu dem todkranken Vater zu eilen, falls dieser nach ihr verlange. Fönix, dem der verscharrte O. nicht sonderlich leidend vorgekommen war, suchte die Tochter anhand der Briefadresse, fand sie in ihrer Wohnung in Bern, schoss ihr eine Kugel in den Kopf und hinterließ ein Bekennerschreiben der gleichen Terrorgruppe, die (in einem im Briefkasten der Villa auffindbaren Schreiben) den Tod des Vaters verantwortete. Nach einer nochmaligen gründlichen Untersuchung der Wohnung, die er besser vor dem Mord vorgenommen hätte, musste er anhand schriftlicher Unterlagen annehmen, dass die nie mit O. verheiratet gewesene Mutter der Frau in den Vereinigten Staaten, außerhalb seiner Einflusszone, lebte. Als seine Hoffnung, nicht identifiziert beziehungsweise nicht enttarnt werden zu können, gerade dahingegangen war, kam ihm die Idee, eine verschlossene Tür der Wohnung aufzubrechen, hinter der er zuvor nur ein zweites Bad vermutet hatte. Es handelte sich um ein Gästezimmer, darin lag die aus den Staaten angereiste Mutter auf einem Sofa. Sie überlebte, weil Fönix zwei Dokumente auf ihrem Nachttisch fand, die selbst ihn schockierten. Bei dem ersten handelte es sich um einen Zeitungsausschnitt mit der acht Tage alten Todesanzeige von O. Das zweite war eine ausgedruckte E-Mail des Bruders von O., einem bekannten Genfer Anwalt mit großer eigener Familie, der seiner inoffiziellen Nichte versprach, sich um die Angelegenheiten des verstorbenen Vaters persönlich zu kümmern. Offenbar hatte Fönix den Akt brüderlicher Nachsorge mörderisch unterbrochen.

Ob man die Geschichte glauben soll, bleibt dahingestellt. Man muss jedenfalls zugeben, dass sie klar aufzeigt, wie begrenzt unsere Macht ist. Wir sind nur die Wilden der Zeit, die relativistischen Barbaren. Was in der FOLIE ist, kann von uns benutzt, verschleppt, gebraucht, geschändet werden. Wir sind aber nicht in der Lage, uns dort, hier, in dieses Schlösschen mit Weingut, in dieses Hotel am Yachthafen, in diese schäbige Altbauwohnung über der *Coiffure/Boutique* hineinzumontieren mit guten Chancen auf soziale Haltbarkeit. Die FOLIE kennt die Vergangenheit, sie wird sich erinnern, an alles, wie eine Nebelkammer, wie ein unsichtbares, unabsehbares, kompliziertes Pilzgeflecht aus Daten und Sedimenten umgibt sie jeden Fuzzi, den wir substituieren wollen, jedes auch nur halbwegs wertvolle Objekt. Die FOLIE erscheint nur der kindlichen Fantasie noch wie ein Schlaraffenland. Sie ist das große Kaufhaus, das demnächst öffnet, mit sämtlichen Verkäufern, Kassiererinnen, Abteilungsleitern und Detektiven, die uns aus dem Campingzelt mit den Seidendecken holen werden. Noch nicht einmal die bescheidenste Negation ist möglich, unsere eigene Beseitigung, der saubere Scherenschnitt um die Silhouette der Figur, die wir selbst einmal dargestellt haben und vielleicht nicht mehr sein mögen (Bücher, Unterlagen, Kleider, Fotos, alle persönlichen gegenständlichen Hinterlassenschaften können immerhin aus einer Wohnung verschwinden und damit das Erstaunen einer Art Verpuffung auslösen). Weshalb mich gerade das so brennend interessiere, will Anna wissen, eine unnötige, trotzige, vergebliche Selbstauslöschung, eine bloße Gebärde des Verschwindens, die niemandem etwas nütze. Als Vorstellung eines Extremwerts hätte mich die Idee gereizt, nicht als praktische Übung, versichere ich. Wir drei würden uns ja bald in der Redaktion unserer Zeitung wiedersehen, mit unbezahlbar rasch erweiterten Weltkenntnissen und Erfahrungen. Anna macht nur eine unwillige Bewegung mit dem Kopf, eine Edle-Stute-Geste für mich, den verhinderten Hengst.

7.

»Deprimiert waren wir schon immer«, sagt Boris. »Die Frage ist nur, was man sonst noch tut.«

Aber der Schock und die Verzweiflung der ersten Tage und Wochen sind etwas anderes gewesen als das Leben in der Phase 4, in die doch anscheinend jeder von uns geriet, als hätte es für alle ein Hotelzimmer in Florenz gegeben, dunkel und gleißend hell zugleich, zwei geteilte nackte Körper im Chiaroscuro-Stil des sarkastischen Malers der Eifersucht. In der Depression siegt die Vergangenheit über die Gegenwart, positiv, hell, als verklärendes Licht über einem unwiederbringlichen Glück, negativ, dunkel, als schwarzes Blut einer Wunde, die sich nicht schließen lässt. Für beides mag es Therapeuten geben oder wenigstens Linderung. Die strahlende, alles überdeckende, unerbittlich gleichförmige Wirklichkeit der FOLIE kann aber von niemandem bewältigt werden, das sagte Sperber richtig voraus. Das reine Ansehenmüssen zwingt uns zu Boden wie vor einem unzerstörbaren Schild. Zwang uns. Vor dem RISS, vor dem RUCK. Es sei der vorletzte Abend vor unserer »Heimfahrt«, meint Daisuke. Wir stoßen uns nur am Begriff des Fahrens, gerade jetzt, wo wir sehr straff nach Genf marschieren. Dass es auf irgendeine, vielleicht sehr ungute Weise nach Hause geht, daran zweifelt keiner. Die letzten fünf Jahre wollen heimgeführt werden, die verwirrten, verrotzten, verheulten Kinder des PA 8, Nachkommen einer öden Betonfläche zwischen Lager- und Forschungshallen.

Folglich können wir nicht mehr ruhig werden, können wir uns nicht mehr trennen. Wir beschließen ein Dinner, ein abendliches Luxuspicknick nicht der parasitären, sondern der uns romantisch vorkommenden Art des Erbeutens und Herbeischleppens von Delikatessen und sagenhaften Spirituosen und sogar – in der Vierer-Chronosphäre möglich – eines Tischs, den wir so auf die Terrasse des Weingut-Schlösschens stellen, dass sich in unserem Rücken einer der vier runden efeubewachsenen Türme erhebt und unser vorgelagerter, von keinem Fuzzi belästigter Blick hinabstreicht über die Smaragdzeilen der Rebhänge, die geschwungenen Steinmauern, die Bahngleise am Ufer und eine von alten Bäumen umgebene Villensiedlung, von deren Bootsanlegern her grüne und rosafarbene Segel leuchten. Das Wasser des Sees scheint manchmal in Bewegung, seine türkisblaue, achatblaue, ultramarinblaue, silbrige Oberfläche von kurzen Strömungen erfasst, die in der Sekunde erstarren, in der man sie näher betrachten möchte, und sich genau dann, wenn der fokussierte Blick verwässert und das Bild zu flimmern beginnt, wieder zu beleben scheinen, so raffiniert getarnt, so perfekt und rhythmisch im Flimmern verborgen, dass man sie nie aufrichtig wird glauben können. Jeder von uns kennt das und kennt ähnliche Phänomene. Es ist das Zittern der Erinnerung, die potenzielle Selbstauflösung vor der trügerischen Maske der Vergangenheit.

Meine Zombiefreunde haben keine Lust, die Realität der FOLIE zu diskutieren. Was in Genf geschehen wird, interessiert sie viel mehr. Ob jemand es, den RUCK, hat geschehen lassen. Was er, wenn er uns damit nach Genf locken wollte, weiterhin im Schilde führt.

»Im Schild eine Kröte«, sagt Daisuke. »Ich will meine Bar wieder eröffnen. Deshalb habe ich euch wachgeruckt.«

Das Weingut befindet sich im deaktivierten Besitz einer vielköpfigen Familie mit Geschmack, Stil, Swimmingpool und ergiebigen Kleiderschränken, so dass wir alle baden konnten und an dem schattigen Tisch vor dem Türmchen in vollendeter Abendgarderobe sitzen, die Herren im dunklen Anzug mit gestärkter weißer Hemdbrust und Schlips, wodurch Daisuke an einen wissenschaftlichen Riesenpinguin erinnert, kurz vor Empfang des Ikebana-Nobelpreises, Boris mit Schnurrbart und Brille an einen leicht bekümmerten Bestattungsunternehmer in Festtagsstimmung und ich selbst nur kurz zwischen meinen Eigenwerten als rothaariger Gorilla, schlauer kleiner Halbglatziger und cäsarischer Tennislehrer schwanke, um Letzteren dann entschieden hervorzukehren und damit – sichtlich als Einziger – zu der Dame im roséfarbenen, paillettenbesetzten, schulterfreien Abendkleid zu passen, das sich wie eine Haut aus unseren Reptiliengehirnen zungenrot und schuppig an ihren Körper schmiegt. Anna trägt Brillantohrringe, feine Handschellenarmreife, ein Collier aus von silbernen Spinnweben gerahmter Nacht. Sie ist geschminkt, und wir sind ihr ausgeliefert, mehrfach stranguliert wie der an ihrem Hinterkopf hochgesteckte Zopf ihres Haars. Was wir auf den Tisch gehäuft haben, auf Vorrat, in Ermangelung brauchbaren Personals, als Parallelmenü oder simultanes 8-Gänge-Dinner, sieht aus wie der Erntedankfestaltar einer dekadenten aristokratischen Sippe: Gänseleber und Austern, Hummerscheren, eingelegte Garnelen, Wildpasteten, exotische Früchte, aufgeschnittene Hühner-, Fasanen- und Ochsenbrust, schottischer Lachs, englisches Roastbeef, französischer Käse, Schinken aus Parma und Jabugo, Kaviar in fünf Farbtönen, Honigmelonen, Sternfrüchte, Granatäpfel, Tournedos von Reh und Hirsch, ein Salat aus Pfifferlingen, Cremes aus Steinpilzen, frischen Kräutern, gefülltes Dies und Das und Jenes, Feigen beträufelt mit Olivenöl und Limettensaft, Petits Fours, edelste Schokoladen. Die Pralinen, die in der Chronosphäre schmelzen, hätten wir leicht besser temperieren können, indem wir sie auf ihrer silbernen Etagere zu den Champagnerflaschen und Weißweinraritäten stellten, welche eine Armlänge von Daisukes Sitz entfernt in praller Sonne so kühl bleiben wie in den Kellertiefen, in denen wir sie fanden, während die dort aufgestöberten Rotweine, feurige, wahnsinnige, feinstnervige Geschöpfe, unsere Körper brauchen, unsere streichelnde, staubpustende Nähe, um ihre Lava in Fluss zu bringen, unter den Funkenflugschauern ihrer präorgiastischen Tannine. Das verfluchte Paradies, in dem wir uns allenfalls mit einem lausigen Campinggaskocher etwas garen konnten, das nicht schon von den Küchen der 12-Uhr-47-Welt erhitzt worden war, hat ein letztes Füllhorn über unserer Tafel ausgeschüttet – so erscheint es uns, muss es uns erscheinen mit den zwiespältigen Vorahnungen fast schon Vertriebener, Entflohener.

Morgen, in Coppet, kann uns das 13. Bulletin, falls es zustande gekommen ist, bereits in eine neue Dimension befördern, eine Sprengladung beschriebenen Papiers auf dem zartbeinigen Tischchen der Madame de Staël.

Eine solche »Salonistin« stelle Anna heute Abend für ihn dar, versicherte Daisuke gerührt, in der linken Hand einen marinierten Froschschenkel, in der rechten ein Glas Crémant. Vor zwei Jahren habe er einige Tage auf dem nah gelegenen Château Voltaire verbracht und sogar im Bett des Patriarchen geschlafen, unter einem schlafmützenähnlichen Baldachin, zwischen Wänden mit »springenden Hirschen in Teppichen«. Madame de Staël, Voltaire, Rousseau, Diderot, sie alle hätten in unserer unmittelbaren Umgebung gewohnt und gewirkt, sich untereinander gekannt (leicht angetrunkene Recherche in einem zerfledderten Konversationslexikon schließt Madame wieder aus, nein, nicht ganz, schlägt Zusammenkünfte eines Kindes mit schon recht tattrigen Philosophen vor), sich wie wir an einem Tisch versammeln können. Bewegliche Vorausdenker, lebendige, bürgerliche, individualistische Intellektuelle in einer erstarrten Welt am Vorabend der Revolution – das passe doch sehr auf uns, befindet Boris und hebt sein Glas. Was wollten sie doch gleich, die verblichenen Herren? Wir lesen im Konversationslexikon reihum. Der Donner des 20. Jahrhunderts erstickt die frühen Pfeifenmelodien der Aufklärer. Dabei ging es ihnen doch um das, was man uns als endlich geschaffen nicht müde wurde anzupreisen, die politischen und sozialen Voraussetzungen für individuelle Freiheit, unabhängiges Denken, mündige Entscheidungen souveräner Staatsbürger. In der FOLIE ist uns das alles zur Besichtigung freigegeben. Der Staat, die Gesellschaft, die Institutionen. Mit schon verrutschten Gala-Monturen sitzen wir im gnadenlosen Prüflicht der Sekunde Null, tafelnd um elf Uhr nachts, korrumpierte Vollzugsbeamte der Großen Revision, und erklären uns für nicht zuständig, zumindest was meinen Teil betrifft. Die Menschheit, ihre west- und mitteleuropäische Vertretung, befindet sich beim Mittagessen. Die 12-Uhr-47-Mahlzeiten sind von unterschiedlichster Qualität, aber in fast jedem Fall kann man sich einfach dazusetzen und mittun. Ich habe kein Urteil mehr, keine Theorie. Die Leute essen, arbeiten, dösen, kochen. Einige sterben, wenige pflanzen sich fort um 12 Uhr 47. Was sie wollen oder ob sie zufrieden sind, kann ich ihnen nicht ansehen, und ich will es mir auch nicht erschließen. Ein Junge, der unter dem Basketballkorb eines Schulhofs über dem Boden schwebt, den Ball gerade noch mit den Fingerspitzen berührt, ein stilles Fliegerdenkmal kindlicher Energie und Konzentration, scheint mir etwas zu sagen. Ebenso ergeht es mir beim Anblick einer erschöpften jungen Mutter, die auf einer Bank sitzt und sich für eine (fünfjährige) Sekunde gestattet hat, die Augen zu schließen, während ihre Töchter auf der Erde in ein Mauseloch spähen, oder angesichts eines 70-jährigen Mannes, dessen Hände sich um die bibliophile Ausgabe eines Buchs schließen, das mir als Jugendlicher wie die Offenbarung eines dunkleren und intelligenteren Planeten erschien.

Voltaire-san und die blondierte Madame de Staël wirken

schier berührt. Rousseau aber, mit einer legendären Flasche Chasselas auf dem Schoß, aus der er eifersüchtig allein trinkt, hält meine Sichtweise für ein klassisches Symptom der Phase 4. Das Niederdrückende, springt mir Voltaire-san bei, seien die stillen und starren Massen, ihre blanke Zahl, ihre Undurchdringlichkeit, ihr Schweigen, all die Menschen in den Büros, Fabriken, Schulen, Universitäten, Gefängnissen, Kasernen, Kliniken und Heimen, die endlosen Blechschlangen der Autos, die den Kontinent überziehen. X-beliebige Einzelne anzuschauen oder ihre bloße, freilich überwältigende Summe führe zu nichts anderem als zur Depression, befindet Rousseau, man müsse dagegen die Orte der Entscheidungen aufsuchen, die Netzknoten und Schaltzentralen, die Parlamente, Ministerbüros, Vorstandsetagen –

»Um was dort zu tun?« (Moi-même.)

»Um zu verstehen«, sagte Jean-Jacques-Boris, woraufhin die hastige Szene vor der Druckerpresse auf Schloss Chillon unweigerlich wieder auftaucht, sinnlos, weil ich nichts darauf gebe, ob Sperber auf einigen Bulletin-Seiten Mutmaßungen angestellt hat, meine Freunde betreffend, meine früheren Arbeitskollegen, diesen undurchdringlichen ironischen Chasselas-Trinker und seine – »Marquise de Pompadour! Natulich!«, ruft Voltaire-san, der sich in Tokio mehr über die »Aufgeklärten« gemerkt hat als wir auf unseren deutschen Schulen. Eine Mätresse haben, eine lebendige, gebildete, schöne, das macht den armen Jean-Jacques zweifelsohne zum König unserer Tafelrunde, zumal er auch noch mit ihr verheiratet ist. Es wird endlich dunkler, virtuell dunkler, die Fensterscheiben der Wahrnehmung tönen sich und sind zugleich weiter entfernt, so dass sich ein kostbarer abendlicher Schimmer über die Dinge (die silbernen Schalen, das Rembrandt'sche Obst, die glitzernden Wölbungen von Annas Bauch) legt und man sich immer mehr aufraffen und immer weiter bewegen müsste, um jemanden, der anklopfte, noch hereinzulassen. Ein wattiges, an den Rändern angenehm prickelndes Versinken im eigenen Körper macht unser Gespräch langsamer und unvorsichtiger, nimmt ihm Schluck um Schluck die lästige Furcht und Genauigkeit. Über die Angst, krank zu werden oder sich ernsthaft zu verletzen, lässt sich nun ganz leicht sprechen, über die Träume, die Fesselungsfantasien, in denen man zur Salzsäule erstarrt, gerade in dem Augenblick, in dem Mendecker den Schalter für das große Karussell gefunden oder Hayami die MUFOS durch gelungenen Funkkontakt zersprengt hat. Bei Rousseau, bei Voltaire, bei Diderot gab es doch das Bild von den Wilden, die eigentlich die Guten gewesen seien, die Unverfälschten und Unverbildeten, nicht in den Ketten der alten Gesellschaftsverträge Liegenden, Freie und froh Gemutete wie wir, die ihre Vorgesetzten und Untergebenen, die Gläubiger, Vermieter, Zahnärzte und Rechtsanwälte losgeworden sind, um nackt unter ihnen dahinzugehen, unverletzlich und nicht mehr zu kolonialisieren. Der zerbrochene Goliath der Zivilisation liegt zu unseren Füßen, und wir können ihn bemalen, schänden oder auffressen, ganz wie es uns beliebt.

»Man kann auch studieren, endlich in Ruhe. Ich las High-Decker in Frai-Bu.« Voltaire-san, dessen weinrote Fliege davongeflogen ist, während sich seine Hemdbrust öffnete, als wollte er sich kraulen lassen, erinnert sich sogar an den Kinder-Tick der Aufklärer. Immerzu hätten sie von den Kindern des Königs, Kindern der Natur, Kindern des Staates und des Vaterlands gesprochen. Wir, die letzten Kinder von Chronos, die Spottgeburten von DELPHI, wären ja doch wie ein entlassener oder entlaufener Kindergarten, weil wir nicht völlig wild oder fremd seien, sondern halb- und viertel- und achtelwissend –

»Ob man so bleibt, ob man sich zum ewigen Kindsein verurteilt! Das ist doch die Frage!« Jean-Jacques muss von der Marquise durch sanftes Ziehen am Revers in die Chronosphäre zurückgeholt werden, oder sie meint etwas anderes, möchte ihn am Umkippen oder gar am Sprechen hindern, scheint ihn so aber zu beidem zu animieren, denn er wedelt mit den Armen, kehrt zurück und doziert über die gefressenen Kinder der Revolution zu Genf, die erst noch kommen wird, kippt, wedelt erneut, fordert ein … (unhörbar) … oder vielmehr ein »Gericht!« Um endlich mitsamt dem Stuhl rückwärts zu fallen, gebremst von einer Hand seiner Frau oder noch mehr wohl und doch auch vergeblich von der Tischdecke, die ihm folgt mit einem Gutteil unserer Tafelfreuden wie die Schleppe eines lukullischen Gürteltiers. Voltaire-san und Ich-Diderot haben Dinge ergriffen und gerettet (zwei Gläser, eine leere Flasche, eine Ananas am Schopf), die wir, bei plötzlich wieder schmerzhaft gleißendem Sonnenlicht betrachtet, nicht unbedingt mehr benötigen und nach einer gegenseitigen Verbeugung auf den Rasen stellen, so dass wir helfen können, Jean-Jacques in das Innere des Schlösschens zu transportieren, wo uns, gegen zwei Uhr morgens Zombie-Zeit, wenigstens nachmittägliches Dunkel umfängt, dann, in mit Teppichen belegten Gängen und Kammern, so etwas wie Abend und halbe Nacht. Es ist die Angewohnheit, sich des besseren Schlafs wegen an schummrige Ort zu begeben, die uns einige weitere Stufen und Halbtreppen hinabführt, denn wir haben vor dem Gelage kein festes Logis bezogen, sondern nur unsere Rucksäcke sicher (in einem Gebüsch draußen vor der Tür) abgestellt, bevor wir die Kleiderschränke der Schlaf- und Ankleidezimmer plünderten, die wir jetzt wieder zu erreichen versuchen, den volltrunkenen Rousseau hilfreich, jedoch überzählig oder irgendwie durcheinander unter den Achseln stützend, von denen er nun einmal nur zwei hat, oder ist es der gewichtigere Voltaire-san, weil sich Boris wieder aufraffen konnte? Fuzzis stehen herum und geraten unter unsere wankende Vierer-Gruppe, was ihnen bekanntlich nicht gut tut. Aus einer Nische fällt uns ein dicker Weinverkoster an und plötzlich, endlich halte ich eine lebendige, erhitzte Frau in den Armen, die mir etwas ins Ohr stammelt, nicht mehr als eine Begrüßung jedoch, bevor sie, ein enorm kräftiges Geschöpf, schlappmacht und auf ihren Brüsten wie auf zu schwach aufgeblasenen Ballonreifen meine Hemdbrust entlang nach unten rutscht auf die Knie, um dann eine Art Trocken-Fellatio zu versuchen, während ich noch immer bemüht bin, Rousseau zu stützen und dabei möglichst viel von meiner wirklich lebendigen, kühlhäutigen Marquise mitzubekommen, wobei mir Voltairesan, vielleicht, nein bestimmt mit ganz ähnlichen Absichten, doch sehr wenig helfen möchte. Es war – erneut bauen wir uns eine Hängebrücke in die verflossene Zeit und treten stets nur auf die tanzenden Bretter – äußerst unübersichtlich geworden in den halbdunklen Halbkellern des Weinschlösschens, vor den Privaträumen der Familie, in denen wir uns heillos mit Fuzzis vermengt sahen und uns selbst untereinander bald nicht mehr recht zu entwirren wussten ... bis es eine seltsame, aber gleich schon selbstverständliche, irrsinnige, allerdings auch sehr behagliche, zerstörerische und zusammenfügende Teilung ... oder vielleicht Knospung ... der Verhältnisse (Mensch, Raum, Alkoven der Zeit) gab, in denen wir wundersam allein, zu zweit, zu sechst waren auf die uns allen angenehmste erregendste intimste Weise, es begann damit, dass ich mit Anna widerstandslos mitten durch eine Granitwand ging (womit unter Umständen der Rauschzustand erwiesen wäre) und in ein erschreckend rosafarbenes, barbiepuppenhaftes Zimmer geriet, ohne unter dem Eindruck leiden zu müssen, sie (Anna) irgendjemandem weggenommen zu haben, denn sie offenbarte sich Voltaire gleich nebenan in einer Bibliothek vor der Chaiselongue, ohne den armen Jean-Jacques gänzlich zu verlassen, mit dem sie sich einfach nur fallen ließ, wie es lang erprobte Ehepartner tun können, die ihre gemeinsamen Knochen stets und unter allen Umständen zu sortieren verstehen. In einem gewissen Sinne war ich der auf einen Bären- oder Bisonrücken, ein jedenfalls mit üppigem braunen Fell bedecktes, dann doch sehr nachgiebiges und kojenähnliches Objekt gesunkene Jean-Boris, an dessen Seite und Front Anna umsichtig zu experimentieren begann mit Knopföffnungen und medizinischen Griffen, während der linke Träger ihres Abendkleids von ihrer Schulter glitt und sie nebenan hinabsah auf die Chaiselongue, um dem dort ausgestreckten Voltaire-san, dessen maßloses Staunen ich nachempfinden konnte, als hätte es mich selbst in der erregenden Gewalt, zu versichern, es sei wesentlich klüger und gesünder, den eigenen Garten zu bestellen, anstatt der besten aller Frauen in Tokio nachzuweinen. Mir-Diderot, in meiner Eigenschaft als zu ungefähr zwei Dritteln in jenem Barbiepuppenzimmer vorhandenem Enzyklopädisten der Unzeit, wünschte sie einige Tage zu früh einen schönen 40. Geburtstag. In der fantastischen Umkehr unserer wirklichen Alpträume liegen wir drei, Voltaire-san, Ich-Diderot, Ich-als-Voltaire – denn Rousseau, als dessen »Maman« sie sich nun bezeichnet, dessen bekümmertes Rüsselchen sie an der Naht sanft mit einem rot lackierten Fingernagel kratzt, ist es ja in der Natürlichkeit seines unnatürlichen Eheglücks gewohnt – starr auf dem Rücken und wachsen wie die Chefrepräsentanten aller Zuchtchampignons zu den schön geweißten Gewölbedecken empor, steif vor Ehrfurcht vor einem mit uns flüsternden, sich frei und unabhängig bewegenden, sich uns öffnenden weiblichen Wesen, Anna, niemand sonst, durchaus betrunken, aber wohl noch zurechnungsfähig (wie alle, die uns begehren), ja sich perfekt ausrechnend, sich harmonisch über die Räume verteilend und doch zu einem verschmolzen, u, u, d, up, up, down, so verhalten sich die drei Quarks am Muster Mark, down-Boris auf seiner Bärenhaut wohl nicht mehr fähig, die notwendige ödipale Komponente für seine Maman zu aktivieren, zu stumpf, um noch Annas sehnige und sahnige Reize zu bewundern, die Energie ihrer außerordentlich waagerechten Schultern und schlanken Arme, die wehrlose, leicht fröstelnde Mildtätigkeit ihrer Brüste, die sich wie Tauben auf ihren krallenlosen Fußstummelchen niederlassen, um mein Nest zu bebrüten. Dreifaches Glück überwältigt uns-mich, auf einer Chaiselongue vor einem grüngoldenen Buchrücken-Lianen-Vorhang, auf dem konkaven Rücken einer Braunbärenmutter, in einem Mädchenzimmer voller Tüll, rosa Seide, bonbonfarbener Kissen, das alles Erregende in einer Art Babypuder-Wolke ersticken könnte oder sterilisieren, wäre es nicht doch so hell und freundlich, dass wir die Pforten, die Anna uns in zwei getrennten Räumen in umgekehrter Anordnung (sich auf Voltaire-sans knubbelige Knie stützend und im Folgenden seine Entenfüße und den hölzernen Globus, auf den sie weisen, beobachtend) vorhält, in aller Farbe und Deutlichkeit anbeten können, jene rote, mürrische, senkrecht stehende Muschelöffnung nämlich und das geschürzte, strahlenkranzartig gefältelte Braunhäutchen um den leicht verknotet und nabelartig wirkenden Sattelpunkt eines klassisch und makellos aus einem festen Rücken schwingenden Birnenhinterns, den ich bei Anna so, in dieser Fülle und stark drängenden, kuhschnauzenhaften Zutraulichkeit nicht vermutet hätte, ich meine, was sich da nun über und um uns schließt, mit uns verschmilzt, an uns pumpt und zupft, ist mehr als alles, was wir in den fünf Unjahren erlebt haben und erhoffen durften, ist die ganze andere Seite der Welt, in die wir, schwach werdend infolge eines in uns auf- oder aus uns herausschießenden Glücksstrahls, eintreten durch die dunkel glühende Brücke unseres Körpers. Ein Raum, vielleicht nur eine Kammer, einzigartig in der FOLIE, wir sind dort allein mit Anna, Kubota, Boris und ich, die Wände, der Boden, die Decke der Kammer sind nur die Leinwände oder Netzhäute unserer innigsten, wichtigsten Erinnerungen. Kubota wird umgeben von dem Tag, an dem er Natsuo kennen lernte und dem Tag, an dem er sie und seine beiden Söhne verließ, um nach Europa in die Unzeit zu fahren, Bilder aus einem Waggon der Keisei Electric Railway und vom Flughafen Narita durchsetzt mit technicolorgrellen und doch verschwommenen, wie über die Ränder der Figuren (Fischer, Taucher, Touristen) und Objekte (Boote, Palmen, Bambushütten) gemalten Szenen an einem Strand auf Okinawa, an dem sie die Ankunft der

Tsunamiwelle erwarteten, um wahnsinnige Surfer zu fotografieren, die aus einem Riss zwischen Meer und Himmel fielen. Zwischen den Tagen liegt ein kompaktes, straff organisiertes, bis auf das Keuchen zwischen den dünnen Wänden geregeltes Familien- und Arbeitsleben, das ihm schon lange unzugänglich geworden war, bevor er nach Genf reiste, ihn abwies in der Art eines schön bestickten, jedoch eiskalten Kimonos, den man seit der Hochzeit tragen muss, ohne dass der luxuriöse Stoff von doppelt erfülltem Kinderwunsch, vorzeigbarer Universitätskarriere, eigenem traditionellen Haus je erwärmte. Natsuo besaß immer noch den kleinen Dolch, den man ihr als Braut in den Obi gesteckt hatte, um ihr zu bedeuten, dass es nur eine Alternative zu einer glücklichen Ehe gab. Er hatte einen ganz anderen, totalen Ausweg entdeckt, das lustige, wahnsinnige Leben in der FOLIE, in das nur ganz allmählich wieder, mit den Monaten und Jahren, die Zeit eingesickert war, eingedrungen vielmehr wie die mikroskopisch langsam vorangetriebene, gleichsam einwachsende Klinge eines Harakirischwerts, deren tiefer Stich erst schmerzen würde, wenn man sie herauszog. Dagegen gibt es für Anna und Boris den weißen gefängniszellenhaften Raum der Gewissensfrage, den sie immer wieder betreten müssen, nackt und wütend, als könnten sie sich nur retten, wenn einer den anderen mit bloßen Händen erwürgte. Statt füreinander sind sie aber nach außen hin gefährlich geworden, in der Manier des Fönix vielleicht oder gar wie der Leibwächter Thorgau, den man hatte beseitigen müssen. Ich sehe nicht so recht deutlich in diesem Raum, weil sich in meiner eigenen Kammer mit Anna nun etwas Entscheidendes vorbereitet, etwas, das hinter der FOLIE geschieht und wiederum hinter der zu einer Art Folie verflachten Umarmung, Durchdringung unserer Körper, denn es scheint mir dort, am vermeintlichen Ziel meiner Wünsche, doch noch weiter zu gehen, als könnten wir durch uns hindurch fallen und – während die Lokomotive unserer Vereinigung mit ihren kreisenden

Pleuelstangen, rosa und blau geäderten Wellen, haarigen Schwungrädern in erhitzter weißer Schmiere auf den Gleisen der Bettstatt schuftet – als das naive Kinderpaar auf die blumenlose, atemlose Wiese einer einzigen gemeinsamen Gegenwart Erster Klasse (Nichtraucher) hinauslaufen, wo wir uns ganz entspannt die richtigen Fragen stellen oder die Antworten geben und erhalten, zu denen sie erst noch aufkommen werden, weil man so leicht aus der Zukunft in die Vergangenheit zurückkehrt wie mit der Hand vom Bauchnabel zur Scham. Es war nicht geplant, ich hatte nichts beabsichtigt, als ich durch meine aufgesägte Hundeklappe in das Florentiner Hotelzimmer kroch, in dem ich, wie ich im Voraus wusste, Karin nicht allein antreffen würde. Den nackten Körper meines Mitarbeiters (gab er doch wie ich sein Bestes zu Karins Zufriedenheit) zu berühren, kostete mich seltsam wenig Überwindung. Fast war mir, als hätte ich die Unterstützung meiner Ehefrau, die gleichwohl ziemlich ungerührt auf der Bettkante sitzen blieb. Der Fuzzi-Leib des Berliner Orthopäden erwies sich als professionell und kooperativ, das heißt, er konnte mit wenig Schwung und etwas Geschick (auch einer gewissen Achtlosigkeit, zum Beispiel den halbsteifen Penis betreffend, der ruckelte und den Kopf an seinem rosa Bändel in die Höhe zu ziehen versuchte, als könnte er unabhängig von seinem Herrchen erwachen, was uns ja nicht unbekannt ist) mit dem Hintern auf der Bank des offenen Fensters platziert werden. Il Duomo und der Campanile, im Flug betrachtet, vorbeitrudelnd wie ein gewaltiges Marmorraumschiff in freundlichstem blauen Weltraum, erschienen mir als würdiges letztes Bild, und anders als der vom zähnefletschenden Herkules emporgerissene Antäus auf dem Holzbildchen Pollaiuolos, der aufschrie und den siegreichen Heroen an Ellbogen und Haarschopf packte, gab der Berliner Lover sich ganz entspannt geschlagen, in jenem Augenblick, in dem das Licht, das noch immer Karins Gesicht und Oberkörper in eine Hell- und Dunkelzone teilte, von seinem Rücken her übergriff und die Brust in ein wie aufflammendes Weiß tauchte.

»Dornröschen, das bin ich«, sagte Anna, nahe an meinem Mund.

8.

Halb aufgewacht und durch das Schloss gelaufen. Der Schädel dröhnend, als hätte der Koch mich mit Ohrfeigen versehen. In den Pool gesprungen und durch die Dornenhecke gestiegen, aber der Schlaf lähmt immer noch das ganze Land. 12 Uhr 47. Stöhnende Zeitgenossen mit ihren Rucksäcken. Halten sich ebenfalls die Köpfe. Verzerrtes Lächeln, keine Unterhaltung, wir sind uns einig, marschieren in einem wie ein Schweißbrenner blendenden und schmerzenden Gegenlicht weiter an der Küste, ohne aufgeräumt zu haben. Nach uns die Sintflut, sagt die Pompadour mit Schatten unter den Augen. Sie geht zumeist voran, ganz tintenblau (Kopftuch, T-Shirt, weite Leinenhose) gekleidet, als Einzige ohne Sonnenbrille, während wir hinterdreinstolpern mit der Höflichkeit und Schweigsamkeit verkaterter Ehebrecher. Keiner spricht darüber, es könnte ja ohnehin nur Anna alles zusammenfügen, wenn es etwas zu fügen gibt aus den Scherben der Nacht. Ich bin mir über nichts sicher. Das dreifache Raumempfinden, die Trinität der Ereignisse, die Vervielfachung der Marquise. Lauter einzeln zu untersuchende Sachverhalte. Kubota und Boris grinsen blöd und entrückt unter ihren Brillen hervor. Man muss alles Mögliche in Betracht ziehen, sogar die schlimmste Option, dass wir uns zu dritt nacheinander in drei Zimmern befunden haben. Alles Unsinn, alles Rausch, pollutive Fantasie. Die halluzinogene Wirkung sechzig Jahre alter Rotweine. Anna geht weiterhin voraus, leichtfüßig und bestimmt, an einer Gruppe Fuzzis vorüber, die zu beabsichtigen scheinen, das von uns verlassene und etwas verwüstete Schloss zu besuchen. Ich werde sie provozieren, bei der nächsten

Gelegenheit. Kann man sich Geschlechtsorgane so genau einbilden. Ja. So genau einprägen, dass man jemanden, böte sich dann erneut die Gelegenheit, daran wiedererkennen würde? Kubota läuft wie ein fröhlicher Roboter mit kleineren Softwarefehlern auf einem glatt geschmirgelten rosa Fahrradweg dahin (kippt versonnen einen Biker ins Gras, ohne sich zu entschuldigen) und erinnert sich vielleicht nicht mehr an das traditionelle Bordellbesucher-Lied, das den Unterschied zwischen einer Schürzlippigen und einer *atago-yama* (Aprikosengeschlecht) noch genau zu fassen wusste. Aus einigen Gründen erscheint es mir unangebracht, Boris auszufragen. Schließlich hat er nicht mehr unternommen in dieser dreigeteilten Nacht, als unter melkenden Händen halb aufzuerstehen und schon wieder dahinzusinken, etwas, das nur er sich leisten kann, während Kubota und ich, die Heroen der einmaligen Chance, nun auf unserem Weg schwanken, unter der Last des Gewinns und dem Triumph der Einsamkeit über uns an allen folgenden Tagen. Die vollkommene Ununterscheidbarkeit von Traum und verschwommenen (teils auch versunkenen, denn ich weiß nicht, wie es mit Anna oder ihrer Kopie oder der Vision ihrer Gestalt endete, ich wachte nur so klebrig auf wie ein Mönch) tatsächlichen Ereignissen ist außerordentlich beunruhigend. Es hat nichts mit den charmanten Gedächtnisausfällen von erotischen Kavaliersdelikten zu tun, sondern ähnelt mehr der mulmigen Befangenheit, dem Schauder, der uns angesichts der Figur des großen Schmetterlingsjägers ergriff, bevor wir in ihr Wachs schnitten. Von den zwölf Sperbern auf Chillon wollen wir gar nicht reden, müssen sie aber denken, weil sie ein Alptraum hätten sein müssen, es aber prüfbar, betastbar, niederdrückend real in jeder Faser nicht waren. Einige Marktflecken, strenge Kirchlein, Weingärten, Bootshäuser, kleine Badestrände, Ausblicke auf Hochwälder und grauen Fels. Die perverse magnetische Verbundenheit zwischen uns ändert sich nicht. Es ist nur nicht so, als hätten wir zusammen etwas erlebt, sondern als hätte ein jeder die anderen bei einer höchst intimen Verrichtung beobachtet und als wüssten es diese auch, zeigten aber eine grimmige Entschlossenheit, es unter keinen Umständen zuzugeben. Stattdessen erwarten wir die Aufklärung, Lösung, die nihilistische Explosion der Widersprüche vielleicht, nur noch aus der Richtung, in die wir gehen. Als ich es endlich über mich bringe, einen chronosphärisch günstigen Moment zu nutzen und Anna mitzuteilen, ich hätte geträumt, mit Dornröschen zu schlafen, erwidert sie nur: »Das tut ihr doch alle schon seit Jahren.« – Auch ihr Boris womöglich, der ironische Druckser und Heimlichtuer, an dem sie sich nun endlich gerächt hat, was ihr aber – wenigstens in der üblichen beleidigten Form – gar nicht ähnlich sieht, so wie auch ihre Feststellung unserer gabrielischen Praktiken kaum nach einem Vorwurf klingt. Das Blau, in dem sie heute durch die Fuzzis geht, wirkt abkühlend und steril, so dass ich, als sie am Mittag, kurz vor Nyon, doch eine Sonnenbrille aufsetzt, jene weiche Rosenblatt-Linie und den strahlenden, eingemuldeten Punkt, ihr über meinem Nabel schwebendes intimes Ausrufezeichen, für gänzlich erträumt halten muss. Ich hatte, habe nichts in ihr zu suchen und sie nichts auf, unter mir, um mich herum, solange es Boris gibt, den sie wohl nicht aus dem Fenster werfen will, auch wenn solche Verhältnisse und Rücksichten längst keine Rolle mehr spielen, in der ganzen Unzeit schon und jetzt erst recht, wo unsereiner, wenigstens manche von uns, dreifach oder im Dutzend vorkommen können, brauchen wir schließlich, falls es weiter so geht, eine neue, großzügigere, multiplikatorische Moral.

Nyon sahen wir alle mit echter Zombie-Wehmut. In den Gässchen der Altstadt war es angenehm kühl und die Nicht-Chronifizierten wirkten so frisch, dass Kubota auf die Idee verfiel, sie und der Fuzzi-Rest der Welt könnten sich ja wirklich fünf Jahre lang ausgeschlafen haben. Wenn Mendecker oder Harriet übermorgen den roten Kippschalter in den Eingeweiden der DELPHI-Maschine umlegten, dann erwachte nicht nur alles, sondern fühlte sich nach einem halben Jahrzehnt Schlafkur auch so sehr erholt, dass man mit einer Erneuerung, Verbesserung, Aufwertung aller Dinge rechnen dürfe, mit einer »Großen munteren Revolution«.

»Dornröschen erwacht und ergreift die Trikolore«, sage ich leichthin, beim Kaffeetrinken auf der Schlossterrasse, mit Blick auf ein kleines Nonnenrudel im Vordergrund, dann auf abfallende Dächer, den tief schlafenden See bis zum komatösen Stumpfzack des Mont Blanc.

»Man hätte ihr schon helfen können, die Sache vorzubereiten«, erklärt Anna mit unangenehmem Eifer, woraufhin mir nichts Besseres einfällt, als zu behaupten, dass der negative Zombie der wahre Zombie wäre und das Effektvollste, was wir hätten ausrichten können, der Terror, nicht etwa nur im herkömmlichen, gleichsam handwerklichen Sinne jener bislang bekannt gewordenen Mordstümpereien einer gewissen Gruppe von Blumenfreunden, sondern im Großmaßstab, als wahrhaft verheerende und industrielle Aktion: Dynamit in ganzen Wagenladungen in die Villen und unter die Konferenztische der Mächtigen schaffen, bei knapp eingestelltem Zeitzünder; Sprengköpfe, gar Atomsprengköpfe organisieren und schärfen; B- und C-Waffenlabore ausfindig machen und über die Trinkwasserversorgung ganze Städte auslöschen, natürlich nur in unliebsamen Ländern oder Regionen. Man reagiert empfindlich, wenn ich mich nicht irre. Aber nachdem Kubota mir scherzeshalber die Stirn befühlt und einen frischen Schümli-Café vom Nachbartisch verordnet hat, springen wir versöhnt wieder auf und ergreifen unser Ränzel mit dem Nötigsten. Depots zu bilden, Bargeld, Juwelen, Schmuck und Edelmetalle in wasserdichten Beuteln und romantischen Schatzkisten an originellen Orten (letzter Mülleimer vor dem Mont-Blanc-Tunnel in Fahrtrichtung rechts, unter der 17. Birke eines Wäldchens bei Köln, in Hansis Gartenlaube hinter dem Wasserfass) zu verstecken scheine ihm die einzige sinnvolle Vorbereitung für die Stunde X zu sein, sagt Boris ganz freundlich, unabhängig davon, ob man nur sich selbst etwas Gutes tun oder dann als potenter Mäzen die Welt verbessern wolle. (Vergessliche oder einfallslose Zombies springen hier unvermittelt los zum finalen Hamstern. Keiner von uns.)

Coppet, das Grab, in dem man Post bekommt, soll seine Herrin geschrieben haben, verbannt aus der großen lebendigen Welt. Sperber, unser Abgefeimtester, hat sie wörtlich genommen, und ihren Salon zum Briefkasten gemacht. Vor langer Unzeit, im Jahre Zwei, vom CERN her kommend, bin ich hier einmal gewesen, um das siebte oder achte Bulletin abzuholen. Dennoch scheint alles seltsam vertraut vor und in dem massiven und soliden Schloss, dessen von wildem Wein umranktes hohes Eingangstor nach wie vor gastlich wirkt. Voltaire geht munter voraus, Rousseau, der ihn bewundert und hasst, weil er ihm seine Heimatstadt verleidet, folgt auf dem Fuße, während die Pompadour, gerade mit dem Gedanken spielend, in China ein neues Service mit grünen Karpfen und den königsblau gehaltenen Genitalien ihrer (drei) Liebsten zu ordern, einen Augenblick lang unvermittelt stehen bleibt, so dass ich sacht, aber mit der Zwangsläufigkeit eines zur Kollision gebrachten Elementarmännchens, meinen Zoo (d, d, d) auf ihrem Back-End-Detektor prallen zu lassen genötigt bin. »Danke für den Kuss«, flüstert sie, verschwindet im Schlossinneren und gibt mir (d, u, d) das Problem auf, ihr nicht so recht folgen zu können, während ich ihr folge. Was, wodrauf nennt sie Kuss?

Im Salon wie gehabt die rotsilbrigen Polstermöbel, die zahlreichen kleinen Tische, darauf die polypenartigen Kronleuchter, der strenge Spiegel mit der verwirrten golden geflügelten Stutzuhr (9 Uhr 23), die fast zwei Wände einnehmenden Gobelins mit ländlichen Szenen, die wie Panoramafenster mit Blick auf ein trübes, matt-friedliches, ländliches Jahrhundert wirken. Nach wie vor sitzt Germaine de Staël in ihrer dritten Inkarnation als stämmige immer errötete englische Touristin auf einem Empire-Sesselchen in der Art, in der Gérard sie gemalt hat, authentisch bezüglich des schwarzen Kaschmirschals, des dekolletierten milchschokoladenfarbenen Kostüms und jenes turbanartigen Kopfputzes. Sie liest das 13. Bulletin, was sonst, Sperber lebt also noch, es handelt sich allerdings mehr um ein Flugblatt, einen Appell:

!CHRONIFIZIERTE!
Gezeitete!
Zombies, Auserkorene, Delphinisten, Cernianer
Und Anti-Cernianer!

Anstelle des
13. BULLETINS
Erfolgt hier an Euch von Eurem
Für tot geglaubten, tötungswert erschienenen
Tödlich ernst zu nehmenden
Dr. Magnus Ignatius Sperber

Der
AUFRUF
Infolge des mutmaßlich allseitig, allerorten
Allenthalben verspürten
EREIGNISSES
Einer 3-sekündigen
INTERMINATION
Infolge schier noch erstaunlicherer, bewegenderer
Frappanterer
VORKOMMNISSE
Unverzüglich, ohne Furcht, ohne Waffen
Als freie Zeitbürger und ehrbare Gestalten
Und Gestaltende
IN DIE STADT GENF ZU KOMMEN!
Denn:
Was geschah, ist ungeheuerlich
Und
KANN WIEDERHOLT UND FORCIERT WERDEN
Womöglich bis zum

EINSATZ ALLER TAGE!

Kommt, strömt, ergießt Euch!

SEID ENTHUSIASMIERT!

In Genf werdet bitte vorstellig in der ehrbaren, alles Vertrauen zu Recht genießenden, höchst verdienstvollen Praxis eben solcher Dottores Dawson & Mitidieri

Dr. Magnus Sperber
Sich mit einem Abdruck seines
Rechten Daumens und dieser Signatur

Bekräftigend.
Coppet, im April des fünftes Jahres
12:47:45

9.

Die Gelassenheit ist die Folge einer entschiedenen und bestimmten Ansicht. In der Phase 5 mussten wir zwangsläufig etwas entwickeln, das uns aus der Depression in Nachfolge unserer vergeblichen, immer verzweifelteren Exzesse herauszufinden half. Kubota behauptet, er sei einfach ein ganz fanatischer Fatalist geworden. Also könne er unbesorgt nach Genf gehen und seine Bar wieder eröffnen. Anhand der Fingerabdrücke, die wir auf Chillon von den Sperbern genommen hatten, wäre die Echtheit des Flugblattes und die Existenz des Verfassers erwiesen. Was auch immer »zuhause« geschehe, es verspreche, sehr interessant zu werden, und er wolle auf jeden Fall dabei sein.

»Unbewaffnet?«, fragt Boris.

Noch nie in seinem Leben, auch und erst recht nicht in den Zombie-Jahren, habe er etwas so Blödsinniges und Widerwärtiges wie eine Waffe angefasst, ruft Kubota. In Japan sei schon einmal die Zeit stehen geblieben, um 8 Uhr 15, zwei Tage früher, vier Stunden früher, vor fünfundfünfzig und fünf Jahren. Waffen seien immer das Elend.

»Und du?«, möchte Anna von mir wissen.

Sie meint nicht so sehr meinen militärischen Standpunkt. Denn es überrascht sie kaum, dass ich Sophie Lapièrre armiert habe und seither ebenfalls (praktischer) Pazifist bin. Das Darunterliegende soll zum Vorschein kommen, mein Credo, die Resultate der fanatischen Delirien, die ich durchfiebert habe, bis mich der RUCK, der RISS, die INTERMINATION aus meiner ehemaligen Wohnung in München trieb, die ich doch nur halbherzig von mir, den Indizien und Relikten meiner lächerlichen Vergangenheit gesäubert hatte, weil ich eben schon längst nicht mehr der Ansicht war, Karin würde sich bald in jenem Florentiner Hotelzimmer erheben (die strahlende Leere des Fensters) und einige furchtbare Tage später nach Hause fahren können, um zu sehen, wie ich mich dort zu löschen versucht habe.

»Vielleicht ist es egal, was sie in Genf machen, vielleicht ist etwas ganz anderes schon längst passiert«, erkläre ich. »Eine Menge versteckter Zukunft.«

»Wie? Das glaubst du?«

Sie bevorzugt die Drachenblut-Theorie, das hatte ich schon wieder vergessen. MUFOS ohne kleine grüne Männchen. Ein Unfall, eine komplizierte, völlig unvorhersehbare Störung an der haushohen Maschine. Riss ihr die Schlagader auf, das DELPHI-Blut überschüttete uns, unsichtbar, unfühlbar (ein Gas aus purer Eigenzeit), umhüllte uns mit der Sphäre, die sich auf dem Areal des PA 8 in 70 monadologische Einzelkugeln teilte. Geschützt sind wir nur vor der Starre der anderen, vor dem Permafrost im Innersten des winzigen Sekundenbruchteils der FOLIE, der die Welt konserviert.

Als ein so wahrhaftiger wie dilettantischer Fanatiker kann ich nur sagen, dass ich die FOLIE nicht glaube, dass sie nicht meine Welt ist, nicht die Welt, in der es einmal darauf ankam, was wir taten oder unterließen. Ich argumentiere physikalisch – was ungefähr so angebracht und bescheiden wirkt, als trüge ich einen Elefantenrüssel zwischen den Beinen –, also mit der abgrundtiefen oder noch tieferen, wahnsinnigen UNRUHE des Universums, seiner grundsätzlichen Unwilligkeit stillzuhalten, seiner wildpferdigen, umtriebigen, hypernervösen Struktur, die sogar noch aus dem Vakuum immer neue abstruse Teilchenwinzlinge hervortreibt und statistisch zwanghaft wieder vernichtet. Je genauer wir hinsehen, desto fahriger und farbiger benimmt sich die Substanz. Zenons Pfeil steckt nicht fest und kann nicht fliegen, sondern zuckt und ruckelt, niemals innehaltend im Brodeln des Quantenschaums. Alles ist immer in Bewegung, und die FOLIE, das Standbild, durch das wir zu wandern glaubten, Jahr um Jahr, existiert einfach nicht, wenigstens nicht so, nicht als die wirkliche angehaltene Welt.

Wir übernachten darin, verflacht zu relativistischen Zigarettenblättchen, ein letztes Mal vor den Toren von Genf (die Ex-Cernianer, die Ex-Thillet-Leute, die chronopathischen Ex-Journalisten). Wir schlafen wieder gemäß PAN in verschiedenen Häusern. Keine Teilung, Knospung in der Nacht. *Sukkubierung* war der Fachbegriff, ganz für die aktiv greifende Zombiefrau gedacht. Keine Anna, keine besonderen Träume. Ich bräuchte auch keine Diskussionen mehr. Denn das ist das Schöne am fanatischen Zustand: Man muss seine Meinung nicht mehr ändern.

Die FOLIE, die es nicht geben kann, strahlt aus allen Fugen, heller, so scheint es, als an jedem Untag bisher. Karges Frühstück. Aufbruch um sieben Uhr ZT. Noch zwei Gehstunden bis Genf. Wir sind gleich weit vom Stadtzentrum wie vom CERN entfernt, der PA 8 läge sogar näher, kurz hinter Voltaires Schloss, aus der Luft markiert durch zwei Verkehrsmaschinen über den Landebahnen von Cointrin (noch immer verursacht mir der Gedanke Übelkeit, in einem solchen fliegenden, ins Nichts geklebten Käfig eingeschlossen zu sein). Aber die Anlaufstelle ist Genf, wir vertrauen Sperber weiterhin. Auch wenn er sich in eine Fußballmannschaft verwandelt hat. Boris und Anna tragen Weiß, offenbar wollen sie zur Kommunion oder ein Zeichen der Unschuld setzen. Kubota und ich haben Schwarz (T-Shirts und alberne Fußballershorts) gewählt, unabhängig voneinander, so kommt der Humor gleich wieder ins Spiel. Eine Königin, ihr Turm und zwei Bespringer. Beim Schach gibt es seltsamerweise nicht die fatalistische perfekte Figur, die dem Spiel inniger und tiefer verbunden ist als jede andere, nämlich den Kreis. Jetzt, wo er sich mit uns schließt, wo wir fast den Punkt berühren, an dem vor fünf Jahren alles endete und unser irres künstliches Leben begann, glauben wir ihn spüren zu können, tief in uns, mit den hoch verletzlichen Detektoren unserer Eingeweide. Hundert und hundertfünfzig Meter unter der sanften Hügelwelle, die im Westen emporsteigt, im Kalkpanzer ihres massiven unterirdischen Skeletts, läuft der LEP-Tunnel dahin, mit seinen kilometerlangen Röhren, lastwagengroßen Magneten, Rechenhallen, glatten Treidelpfaden, auf denen versonnene Techniker erstarrt sind und kleine Elektrokarren mit aufgeklebten Cernies, die aus Jux noch ein Rennen hatten fahren wollen. Wie zyklopische Monstren, Polypheme aus abertausend Wicklungen und Windungen, harren die Prüfmaschinen nun vergeblich auf den ionisierten Strahl ihrer Schäfchen, die sie befummeln und zerfasern wollten. Der Pfahl der Nullzeit ist in ihr Auge gerammt, ALEPH, L 3, OPAL und DELPHI sind nichts weiter als tote Walfische, ausgestopft mit Elektroschrott, gestrandet an der Küste ihrer letzten Sekunde. Aus was hätte ihr Drachenblut denn bestehen können? Aus dunkler Materie, unberechenbaren WIMPS (Wüst Interagierenden Mörder-Partikeln), einem plötzlichen Strom aus schlecht aufgelegten Anti-Quarks, der uns in die Nacht des nicht mehr endenden Tages riss?

Wäre man ein Photon, das hatte sich ein junger Mann an den Schweizer Seen einmal ausgedacht, dann verschwände die Zeit zu nichts, ins Nichts, dann wäre einem nichts seit dem Urknall geschehen, dann wäre man da, wo man immer gewesen ist, nämlich am äußersten Rand, immer an der Frontlinie des immer voranexplodierenden Seins. Dann verschwände die Zukunft, die Vergangenheit. Der Raum, jedes Bild.

Sagt uns aber nichts. Wir sind nämlich hier geblieben. Wir gerieten nur ein wenig aus der Kreisbahn, nicht aber aus der Zeit, in deren gähnenden Abgrund unser Körper immer noch unerbittlich fällt, ohne den zyklischen Trost, ohne die heimelige Wiederholung der vorbeihuschenden Muster an der Tunnelwand: Herbst, Winter, Frühling. Der Kreislauf, die Jahre, die Feste, das frische, trocken glühende, welke Laub, das Gras, das zu sprießen beginnt, manchmal schon an einem einzigen aprilverrückten sprühregnerischen Januartag, war die Schädelmahnung und die berechtigte Illusion, noch einmal und noch einmal leben zu können, wiederzukehren und wieder zu sterben und aufzuerstehen mit dem nächsten Sonnenlauf. Das Leben ist Zyklus – oder in äußerster, tödlicher Gefahr. Als würde der Atem gefrieren oder das Gewimmel einer ganzen Stadt. Wir haben das ermordete Paris gesehen. Das gefesselte Madrid. Amsterdam ohne Bewusstsein. Rom in seiner komatösen Agonie. Ohne den Verstand zu verlieren, an vielen Tagen sogar ohne Furcht und Depression. Das blasierte, enge, bigotte kleine Genf mit seiner xenophoben Internationalität und seinem mondänen Provinzlertum aber ist etwas anderes für uns. Wie eine riesige weiße Meeresspinne kommt es uns vor. Die Bootsausleger und Kais sind ihre weit ausgestreckten Scheren und Beißwerkzeuge, die Brücken, die den Fluss in dem sich verengenden Inneren überspannen, erscheinen uns wie die halb durchlässigen Kammerwände ihres Verdauungstrakts, in den wir hineinwandern müssen, ohne zu verstehen. Kommt, strömt, ergießt euch. Seid enthusiasmiert. Denn es droht, winkt, donnert herab der EINSATZ ALLER TAGE.

Irgendwie vertraute Passanten am Quai Wilson. Keine Explodierten, keine Klon-Fußballmannschaften. Keine perversen oder humorigen Installationen. Man hält an sich. Drüben der Jet d'eau hoch und starr in die Luft ergossen. Die Dornenhecke hat gehalten, auch am Quai du Mont-Blanc. Hier kennen wir die Leute wirklich, gingen wir so oft vorbei an ihren treu versteinerten Seelen. Es scheint, als ob man auf uns gewartet hätte. Unbewaffnet? Behalten wir die Nerven. Offenbar hat Kubotas fanatischer Fanatismus auch das weiße Pärchen beruhigt, sie nesteln jedenfalls nicht an ihren seitlichen Rucksacktaschen und haben die Hände frei. Ich traf Genf so an, wie ich es zweieinhalb Jahre zuvor verlassen hatte. Kann nicht jeder behaupten. Ist natürlich auch in unseren Fällen etwas voreilig, aber leicht zutreffend zu etwa 99,999999 Prozent. Um drei Sekunden allerdings hat sich wohl alles verändert. Dem einen oder der anderen glaubt man etwas anzusehen, gerade den hübschen Frauen mit und ohne Hut. Weil die Armbanduhren selbst hier vor dem ROLEX-gekrönten Haus oder der PATEK-PHILIPPE-Manufacture im Feinstbereich nichts taugen (wer stellt sie schon richtig), lesen wir stichprobenhaft die Fernsehschirme ab: sieben Mal das schmerzverzerrte Cartoon-Katzengesicht, zehn Mal der Schweizer Auslandskorrespondent, der auf dem anderen Planeten Florida gerade wieder nach unten blickt. Der Stadt Genf scheint der Hammer auf den Schwanz gefallen zu sein wie allen anderen Städten auch. Keine besondere Unruhe in den Straßencafés. Keine halb von fliegenden Schwarzen Löchern verschluckten Passanten. Zwei, drei verdutzt auf dem Bürgersteigpflaster sitzende, keineswegs Chlochard-mäßig Anmutende sind klassische korrigierte Fuzzis (KF), chronosphärisch Versehrte und Gekippte, denen man zu einer einigermaßen schicklichen Haltung verholfen hat (man kann sie unmöglich wieder aufrecht hinstellen). Dennoch spürt man etwas, gerade weil so wenig zu sehen ist. Die Ile Rousseau. Jeder Zombie wird intuitiv zuerst diesen Konferenzort aufsuchen und sich ebenso intuitiv vor ihm fürchten. Vor dem Hotel des Bergues überfallen mich Erinnerungen, ich will doch nach der Gräfin sehen, mein erstes, liebevolles Opfer mit den zahlreichen Fingerringen. Am Pont des Bergues ist kein Pfahl mit einem blauen Handschuh aufgestellt. Boris und Anna weigern sich dennoch, hinüber zur Rousseau-Insel zu gehen. Wir wollen allesamt schon kehrtmachen, als uns endlich ein doch markantes, mitten auf dem Trottoir stehendes Plakat auffällt. Sperbers Flugblatt ist dort vergrößert wiedergegeben. Darüber befinden sich zwei handtellergroße Zahlentafeln, so als würden an uns Zeit-Eistänzer endlich die Haltungsnoten vergeben. 37 ist eingestellt. Davor, auf dem Plakat, liest man in Handschrift: *Sie sind Besucher Nummer:*

10.

Kubotas Bar-Traum von der *Neuen Schildkröte* wird kaum in Erfüllung gehen. Man versammelt sich weiterhin nicht an vorbestimmten und vorbelasteten Orten in größerer Anzahl. Keiner betritt die Ile Rousseau, ein großes Klassentreffen im Hilton, wie ganz zu Anfang der Unzeit, scheint niemandem mehr vorstellbar. Aber die Stimmung ist außerordentlich. Gläubig. Positiv. Mitreißend. Die festen Positionen sind aufgelöst. Die verbliebenen Thillet-Leute haben die Villa im Parc des Eaux-Vives geräumt, die Cernianer residieren nicht mehr in ihrem Prunkbau in Parc Moynier. Kaum einer geht noch über die Brücken zur Altstadt oder überschreitet in nördlicher Richtung die Bahngleise um die Gare de Cornavin. Alle, jeder Mann, jede Frau, die Elfenkinder und die beiden jugendlichen Zombies, halten sich in Seeufernähe, in Saint Gervais oder im Quartier Les Pâquis auf. Zumeist trifft man sich direkt an den Kais, wo man – ungezwungen, planlos, rasch die Zimmer wechselnd – im Hilton wohnt, im Hotel des Bergues, im Hotel de la Paix, im Le Richemond oder bei Privatleuten mit angenehmen Zimmern und Organen.

Die üble Gewohnheit, Waffen zu tragen, ist verschwunden, allmählich, nachdem die Mörder verschwunden waren. Man weiß von keiner Dornröschen-Aktion im Genfer Raum während der vergangenen zwei Jahre mehr. Allgemeine Sicherheitserwägungen, das Vermeidenwollen allzu hoher, allzu verführerischer Risiken haben bislang, in den Wochen nach dem EREIGNIS, die Generalversammlung verhindert. Aber der Nachrichtenfluss ist zuverlässig, man trifft sich spontan, immer wieder, in den Restaurants, den Hotelcafés im Freien, an den Promenaden, sich von den Fuzzis abhebend durch die südliche Bräune, lässige Verwahrlosung, Robinson-Crusoe-haften Manieren und die souveränen Darbietungen unserer einmaligen relativistischen Bewegungskunst, die zehntausende von Genfern mit starrem Staunen erfüllt wie das in jede Kapillare gegossene Kunstharz der neueren anatomischen Präparation.

Kaum einer (der unsrigen) ist ängstlich oder auch nur scheu. Man kann wohl sagen, dass sich die Erregung, wie sie vor dem Start einer großen Rakete, einer Weltraumfähre herrscht, verbindet mit einer neuen Zärtlichkeit oder wenigstens Zurückhaltung den Fuzzis gegenüber, die man kaum noch umwirft, auf offener Straße schändet oder zu Scherzen missbraucht. So hat jemand freundlicherweise die Gesichter und Hände der vier bemalten Polizisten auf der Place Neuve halbwegs abgewaschen, bevor sie sich in drei Sekunden zu einem ziemlich blöd dreinschauenden, rosa gestreiften Kleeblatt zusammenfinden konnten. Den nackten Diplomaten vor dem Palais des Nations ist aber nicht geholfen worden und auch denen nicht, die, von Dornröschen bestimmt, den RUCK nur zum Sterben nutzen konnten (etwa der serbische Emissionär mit dem Blick auf den durch seine Brust getriebenen Degen). Sperber, dessen Flugblatt alle gelesen und für vertrauenswürdig befunden hatten, löste sogar den vierten (und geschmacklosesten) Ausgabeort seines Bulletins auf. Man erwartet ihn übermorgen von einem »Test« zurück, mit einer Spannung, die man als fröhliches Fieber bezeichnen könnte, als gesteigerte Adventslaune oder circensische Erwartung, die unbedingt ansteckend wirkt.

Nur ein Ort in Genf ist noch hervorgehoben und bestimmt, Patty Dawsons und Antonio Mitidieris mechanische Arztpraxis. Sie wurde an den Quai des Bergues verlegt, in die von schönem Totlicht erfüllten Räume der ehemaligen Gemeinschaftspraxis zweier Nobelchirurgen, wo man sich im Schmerzensfall oder bei akutem Informationsbedarf hinwenden und auf weißen Ledersesseln zwischen einigen wenigen ausgestopften Privatpatienten (Erinnerungsstücke an erfolgreiche spektakuläre Operationen) gerne noch etwas gedulden und in den ausliegenden Bulletins (sämtliche Nummern) stöbern kann. Das Vertrauen, das einmal Mendecker oder zu Lebzeiten auch Thillet zugeflossen war, hat sich auf die glückliche Verbindung zwischen der entlaufenen theoretischen Physikerin und dem ehemaligen Wissenschaftsjournalisten zurückgezogen, die ihre medizinischen Fähigkeiten auf nicht-elektronische Weise neu aufzubauen verstanden. Sie waren die Ersten, die wir, die uns spontan in die Arme schlossen, kaum dass wir zu viert ihre Praxisräume durch die offenen Türen betreten hatten. Die Sechser-Chronosphäre mit ihrem doch noch einmal frappierenden Komfort, ihrer jähen akustischen und emotionalen Erweiterung, versetzte uns in eine Hochstimmung, als wäre es mit dem Augenblick des Wiedersehens möglich geworden, die hohen Altbaufenster der Praxis aufzureißen und mit einem Schlag zu hören und zu sehen, wie der Verkehr über die Mont-Blanc-Brücke donnerte und der Jet d'eau, dessen Eissäule wir fern im Blick hatten, froh gelaunt noch zehn Meter höher stieg, um dann den Schaum seiner Spitze tief hinabklatschen zu lassen ins wieder unruhige, fließende, sich kräuselnde, Wellen austreibende, strudelnde Wasser. Die beiden Chrono-Mediziner schienen von der gleichen Euphorie ergriffen. Patty, kaum gealtert und allenfalls noch ein wenig draller, strahlte so sehr, dass wir unwillkürlich auf ihre eleganten Sommerschuhe sahen, um zu prüfen, ob sie noch den Parkettboden berührten. Dagegen wirkte Antonio, wohl frisiert und perfekt in chirurgisches Weiß gekleidet, weltlicher entrückt, aber nicht minder optimistisch. Sie bewirteten uns mit Tee und Gebäck, versorgten rasch eine kleine entzündete Schürfwunde an Kubotas Unterarm, berichteten.

Nummer 38 bis 41, wir selbst, sind ein Grund für ihre Freude. Vierzig Chronifizierte zusammenzubekommen, war eine große Hoffnung der hier ansässigen zwanzig und der siebzehn seit der INTEMPORATION (umständliche Terminologie, RUCKEN wir glatt hinweg) angereisten Zombies. Weitere Hoffnungen betrafen Sperber, der sein französisches Exil verlassen hatte und immer noch so starkes Vertrauen genoss, dass er ausgewählt worden sei, den TEST durchzuführen, von dem man ihn im Laufe der kommenden zwei Tage zurück erwarte, von einer Ein-Mann-Mission (nicht der ersten allerdings) zum CERN und PA 8, durchaus vergleichbar einer Mondlandung oder einer physischen, persönlichen Erkundung des Meeresbodens an seiner tiefsten Stelle, nur dass es noch viel mehr bedeute, wenigstens für uns, die Eroberung eines Raums in der Zeit nämlich, das Betreten der Brücke, die wir verloren hätten, kurz: Es bestünde zum ersten Mal seit dem EREIGNIS so etwas wie eine MÖGLICHKEIT.

»Du bist doch Physikerin«, sagte Anna. »Was redest du da?«

Patty geriet nicht in Verlegenheit. Sie gab uns zu bedenken, dass sie als Erste dem CERN-Team der Nullzeit entlaufen und praktische Ärztin geworden sei, weil sie rasch die Aussichtslosigkeit der Lage begriffen habe. Bis zum Zeitpunkt des RUCKS wäre nicht die geringste Chance für eine Veränderung unserer chronosphärischen Situation zu erblicken gewesen. Aber der RUCK selbst und die damit verbundenen PHÄNOMENE am PA 8 hätten nun etwas völlig Neues, Aufregendes, Verheißungsvolles in die Totenstarre der FOLIE gebracht. Wie, was, wodurch genau könne sie zum Teil und wolle, dürfe es zum anderen Teil noch nicht sagen. Mit uns vieren, mit der Überschreitung der Vierzig, mit der für morgen schon möglichen Rückkehr Sperbers seien jedoch definitiv neue Zustände eingetreten, würden sich Aussichten eröffnen, die wirklich ENORM genannt zu werden verdienten, wert zu tun, was Sperber für sich, für uns alle gerade wohl tue, nämlich sein Leben aufs Spiel zu setzen, um zu sehen, wohin die Brücke führe.

»Am PA 8? Die Brücke ist dort?«

Morgen, spätestens übermorgen wüssten wir alle genau Bescheid, versicherte man Boris, der so misstrauisch ausschaute, dass ich ihn (ein Geheimfach seiner Shorts) doch noch für bewaffnet hielt. Es werde eine Vollversammlung geben, sobald Sperber zurück sei. Dort würden Mendecker, Harriet und Kalkhoff im Detail über die bisherigen Vorfälle und Experimente berichten. Man werde Beschlüsse fassen müssen, aber zuvor Beweise einsehen und alle erdenklichen Fragen stellen können. Auch Hayamis abweichende oder besser andersartige Meinung fände Gehör.

Der Bursche war also tatsächlich angekommen. Wir drei Grindelwalder, die perversen, verzweifelten, irrwitzigen Arrangements und Installationen der Chalets vor Augen, im Besitz von Fotodokumenten, die festhielten, was im Grunde (gerade sehen wir es ein) belanglos, da nach den Maßstäben der Zombie-Moral nicht sonderlich kriminell war, taten uns etwas schwer mit der Entscheidung, was wir an Ort und Stelle berichten sollten. Antonio kam uns zuvor, erzählte, dass der japanische Kugelmann vor einer Woche eingetroffen sei, gemeinsam mit zwei Elfenkindern. Er wusste auch schon von der Seuche im Dorf der Ahnungslosen. Patty und er hätten als »Wald- und Wiesenärzte« nicht die Kompetenz, aus der Entfernung eine tödliche Infektionserkrankung zu bestimmen. Obwohl seine beiden erwachsenen Begleiter noch auf dem Weg nach Genf verstorben seien, habe man Hayami und die beiden Elfenkinder für gesund befunden. Allerdings entschied man sich, nicht eigens nach Sophie Lapièrre zu schicken. Es gebe keine Gewissheit, dass man die Krankheit heilen oder die Ausbreitung der Seuche verhindern könne. Aber so wie der Physiker und die beiden Kinder untersucht worden seien, werde man sich auch um Sophie kümmern, falls sie hier am Quai des Bergues auftauchen sollte. Im Übrigen bestünde gar keine geringe Chance dafür, dass sie, falls sie noch am Leben sei, in Mitleidenschaft, in positive Mitleidenschaft, gezogen würde durch die AKTIVITÄT, die in wenigen Tagen vielleicht schon von Genf ausgehe.

Ohne Sperbers mit Fingerabdruck authentifiziertes Flugblatt und die große Schüttelerfahrung des RUCKS hätten wir die beiden Dottores womöglich für einlieferungswürdig gehalten. Sie standen vor uns wie elektrisiert, Antonio Mitidieri, zugleich an einen Star-Chirurgen und an einen größenwahnsinnigen Pizzeria-Kellner erinnernd, Patty umhaucht, durchwirkt, eingefasst von einem irgendwie transzendentalen Strahlen, gegen das ich gerne angegangen oder tagelang angewandert oder lieber noch besinnungslos getrudelt wäre wie ein kleiner brummkreiselnder Komet, der in eine intelligentere Sonne stürzt (rein geistig, denn Anna stand an meiner Seite, so viel schöner, fern, hoffnungslos).

Wir gingen nach draußen, ohne über die Grindelwalder Installationen und die Fußballmannschaft auf Schloss Chillon berichtet zu haben. Auf der Straße trennten wir uns, ohne uns zu verabreden, ganz wie es der neuen Spontaneität entsprach, die angeblich seit Wochen erfolgreich das Gleichgewicht zwischen Sicherheitsbedürfnis und Wunsch nach Begegnung herstellte. Man würde sich an den Kais schon zu Gesicht bekommen.

In der Tat trafen wir in den folgenden Tagen fast jeden Genfer Zombie. Zu Anfang waren die Gefühle nur schwer zu kontrollieren, selbst bei Leuten, die uns ganz gleichgültig, wenn nicht unsympathisch gewesen waren, stiegen uns Tränen der Rührung in die Augen, überwältigte uns eine wie injizierte, schlagartig im Nervensystem verbreitete Wiedersehensfreude. Ich umarmte das gesamte Ehepaar Stiegler und ihr 4-jähriges Elfentöchterchen und küsste unwillentlich den Cernianer Lagrange auf den Brillenbügel. Thillets enorm füllig gewordene Witwe, mit der ich kaum je einen Satz gewechselt hatte, drängte mich in der Rue Rousseau in der zweiten Sekunde unserer Begegnung gegen einen Lieferwagen und umfing, umquoll und stieß mich so arg mit dem Schambein, dass ich Mühe hatte, mich wieder aufzurichten und ihre Begleiter zu begrüßen, Irene und Marcel, die mir unendlich blasierte, ungut an inzestuöse Infanten Spanischer Hofmalerporträts erinnernde Jugendliche geworden zu sein schienen, und einen Mann, wohl Catherines neuen Beschäler, den kleinen Australier Stuart Miller. Fast hätte er mich so rammbockig begrüßt wie die Witwe. Mir fiel ein, dass Anna mir erzählt hatte, er sei studierter Physiker und damals, vor drei Sekunden, wohl stärker an einem Job am CERN interessiert gewesen als am Verfassen von Zeitungsartikeln über den LEP oder den geplanten LHC. Er wies mich darauf hin, dass wir uns gerade im klassischen Uhrmacherviertel befanden, stellte amüsiert fest, dass ich aufgehört hatte zu triangulieren und nur noch ein, nicht einmal mehr das teuerste Modell am Handgelenk trug. Zwei meiner Texte, die damals in populärwissenschaftlichen Magazinen erschienen waren, hätten ihn ihrer Verständlichkeit und Klarheit wegen sehr beeindruckt. Der Schatten meiner seltsamen Ex-Existenz fiel auf mich, zu plötzlich, zu nah, etwas, das ich von mir stoßen wollte wie den ziemlich fanatisch wirkenden, schwarzhaarigen, glubschäugigen Australier, obwohl mir weder das eine noch dieser andere völlig unsympathisch war.

Auf dem Weg zur Rue du Mont-Blanc kamen wir an einem sehr kleinen, von durcheinander gekippten Fuzzis verrammelten, also wohl und übel von unsereinem häufiger besuchten Restaurant vorbei, das sich *La Crise* nannte. Es gab dort nur noch eine einzige Tarte aux fruits, die sich die missmutigen Infanten teilten. Für uns Erwachsene blieben lauwarme Espressos. Wie die Heuschrecken seien wir geworden, versicherte Catherine, in Genf könne man das am deutlichsten sehen. Für sie, für Stuart Miller, für die beiden finster kauenden Infanten, gebe es nichts Wichtigeres und Hoffnungsvolleres als das große Experiment, das Sperber gerade stellvertretend für uns alle mit sich anstellen lasse.

Es wäre von außerordentlicher Bedeutung, unterbrach Stuart sie, dass Leute wie ich, die als besonnen und distanziert galten, die früh ihrer eigenen Wege gegangen und nie mit einem der Clans (leicht indignierter Blick der Witwe) verbandelt gewesen seien, sich für die gemeinsame Sache entschieden, für den gemeinsamen Schritt. Gerne könne er mir seine Ansichten über die Struktur unseres Problems erläutern, nicht aber den bevorstehenden Test, darüber wüsste noch niemand außer Mendecker, Harriet, Kalkhoff und Sperber Genaueres –

»Stuart war einer der beiden Kletterer. Die DELPHI-Expedition«, unterbrach ihn Catherine, stolz und abwehrend zugleich. »Sie brauchten zwei Wochen für 100 Meter Schacht. Mussten die Haken mechanisch einbohren und betonieren. Immer nur kurze Seilstücke. Sie kletterten bei Kerzenlicht, im Jo-Jo-Verfahren. – Der andere? Kanishi, der dritte Japaner. Hat sich umgebracht.«

»Aus Liebeskummer und Heimweh«, beeilte sich Stuart zu versichern. »Er war ein Romantiker.« DELPHI, das zeige ihre umfangreiche Fotodokumentation, sei ohne jeden Hinweis auf außerordentliche Vorkommnisse, nichts weiter als ein haushoher, tief im Fels eingebunkerter Detektor, ein friedliches Riesenmikroskop oder Femtoskop vielmehr. »Man kann unendlich viele Fotografien von ihm machen, ohne etwas Besonderes zu sehen ... Wir müssen aber ausführlicher reden, bald.«

»Wir müssen uns vor allem entscheiden. Vertrauen ist das Beste, was wir noch haben.« Catherine Thillet, groß, blond, füllig, Himmelfahrtsnase, noch immer Politikerfrau.

11.

Vierzigster Geburtstag. Anna hatte daran gedacht, einige Tage zu früh und in dem noch immer undurchdringlichen Traum-Wahn-Gewebe der Ereignisse auf dem Weingut. Kubota verliert kein Wort über jene Nacht, und ich glaube, ich frage ihn besser nicht, wenn ich den Rest meiner Illusion nicht verlieren will. Aber wir haben jetzt die Möglichkeit, seinen anderen (falls er je, aber wie sollte er nicht, einen Anna-Traum hatte) Traum wahr zu machen, nämlich die Wiedereröffnung der *Schildkröte* – als Hot Spot, als spontanes, einmaliges Bar-Event. Natürlich ist Patty auf die Idee, den Algorithmus gekommen, mit dessen Hilfe man möglichst viele Zombies, dem hysterischen Sicherheitsbedürfnis einiger (unter anderem meiner scheuen Freunde Anna und Boris) entsprechend, an einem zuvor nicht bestimmten und folglich für ein Attentat nicht präparierbaren Ort bringen konnte. Wir promenierten am Seeufer, bis wir mehr als ein Dutzend Leute zusammenhatten, um dann den Letzten, den wir in unseren Kreis aufnahmen und dem zu vertrauen wir uns rasch einigen konnten, zu bitten, das Gemeindehaus auszuwählen. Es traf einen Basler Ex-Journalisten namens Dieter Schmied, der mich durch eine kleine Armbewegung fast zu Tode erschreckt hätte, weil ich ihn zu Anfang, als er still auf der Promenade stand, für einen Fuzzi hielt. Unter seiner leutseligen, etwas sprunghaften Führung überquerten wir (alle Beteiligten, die hatten versprechen müssen, zusammenzubleiben bis zum Ende der Party) die Rhône auf der Pont de la Machine (keine Tretminen), stießen in die frommen Gassen der Altstadt vor bis zu einer illustren Ecke, an der vermehrt Treppen hinab in die Souterrains führten. Nur unter der zerstörerischen Einwirkung einer 5er-Chronosphäre war die garantiert jungfräuliche lindgrüne Tür des Clubs *La Cascade du Pharao* (HOT SHOW non stop!!! 22h – 5h) aufzubrechen, die Girls schliefen wohl seit fünf Jahren und sieben Stunden ganz woanders, aber die Putzfrauen hatten schon gewirkt, die alkoholischen Bestände wirkten aufgefrischt und es gab ein schönes Grabkammerschummerlicht, in dem wir uns an einer langen Theke niederließen, umgeben von ikonenhaft aufleuchtenden Bildern und schlimmen Exponaten einer irgendwie spätägyptischen

Pornografie. Wir waren – die beiden missmutig auf die Darstellung von Frauen und Schlangen starrenden Thillet-Nachkommen eingeschlossen – sechzehn Zombies, eine überwältigende Menge Beweglicher also für meinen anonymen 40. Geburtstag. Vier Männer kamen mir nur sehr verschwommen bekannt vor, wie Statisten aus älteren Träumen. Umso mehr freute mich die Anwesenheit von Anna (und Boris) und Patty (und Antonio). Kubota erinnerte sich noch gut an die Rezeptur seines legendären Time-Breakers und wirkte, unterstützt von einem kartoffelnasigen CERN-Techniker, zumeist auch weiterhin als Barkeeper. Unsere Themen waren beschränkt, aber irre. Dank unserer überlagerten Chronosphären hörten wir manchmal drei, vier Sitze weit. In Nischen und Aussparungen schimmerten Kitschbrüste aus Alabaster, umwunden von Kupferschlangen, öffneten sich auf beleuchteten Farbfotografien Sarkophage mit geölten Dienerinnen, an denen allerdings die derben (Appenzeller? Greyerzer?) Gesichter befremdeten, trieben halb ausgewickelte weibliche Mumien ihre Fesselungsspielchen. Weshalb hielt uns Zombies die Zeit nicht fest, weshalb hatte sie sich vor sechs Wochen zu einer globalen dreisekündigen Orgie des GANZ NORMALEN FORTFAHRENS (Mitidieri) aufgerafft, aufgeRUCKt, weshalb gab es nun Manipulationen oder Abnormitäten, an Wunder grenzende vierdimensionale Perversionen am PA 8, über die niemand im kaskadierenden Pharao auch nur halbwegs informiert schien? Es gab noch mehr Gründe, dem Time-Breaker (Champagner, Cognac, Noilly Prat, Dash Angostura, Wermut, Tequila, Limettensaft, Triple Sec, weißer Rum, schwarze Olive) zuzusprechen, als je, insbesondere für mich, das ungekrönte, ungläubige Geburtstagskind. In einer wiederum sehr zwielichtigen Szene entstieg, infolge einer der zunehmenden Umgruppierungen unserer Thekenschlange, Anna ihrer kühlen Reptilienhaut, atmete, schwitzte, duftete an meiner Brust, um mich erregt zu fragen, weshalb ich glaube, es wäre gleichgültig, was ich tue, weshalb ich auch noch dächte, meine Frau wäre schon längst von der Ostsee nachhause zurückgekehrt. Zorniges blondes Dornröschen. Ich könnte mir vorstellen, wie es ist, einen arglosen, wenn auch üblen Zombie von hinten mit einer Degenklinge zu durchbohren, bis die Klingenspitze das ausgebreitete Sündenregister auf seinem Pult berührt. Lieber nicht.

Hatten die Cernianer den RUCK inszeniert? Waren sie soweit vorgedrungen?

Glaubt keiner, hat niemand behauptet, wird angeblich auch von Mendecker, Harriet und Kalkhoff bestritten, die zur Zeit allesamt am PA 8 weilen, um Sperbers Test zu unterstützen und zu dokumentieren.

Ob ich über Zürich nach Genf gekommen sei, will Stuart Miller wissen, wobei er mir so nahe kommt wie Anna. Ob ich am Zürichsee gewesen wäre, am Bürkliplatz? Fast könnte man glauben, er habe mich die Asiatin küssen sehen, wolle am liebsten ganz ausführlich mit mir über passiv-aktive fernöstliche Praktiken reden, begänne auch sofort damit, stünde nicht Catherine in seinem schmalen Rücken, die mit ihrer germanischen Fülle und Simplizität nicht hineinpasst in den geölten, exotisch parfümierten, schwarz und golden schimmernden Cleopatra-Eros der Bar. Auch Patty, ebenfalls blond, ebenfalls füllig, sollte nicht passen, passt aber, ihrer Strahlkaft wegen, der Bewunderung wegen, die man ihr als freiwilliger praktischer Ärztin entgegenbringt, aufgrund irgendwelcher noch geheimer Fähigkeiten und Kenntnisse, die ihr die Aura einer auf Staatsbesuch angereisten okzidentalen Fürstin verleihen. Ich taste mich voran, ermutigt durch den zweiten Time-Breaker, unauffällig die Augen bedeckend, wann immer sie mich zu blenden droht. Es geht mir wie Anna in meinem Fall um das vermeintliche Geheimnis, den fanatischen Kern, den Riesendiamanten, den sie irgendwo verborgen haben muss. Sie sei Stringtheoretikerin gewesen, hat man mir erklärt, eine so rechenwütige, so abstrakte, so energiesüchtige Dame, dass sie am CERN gar keine Befriedigung hatte finden können, weil die Kräfte, die der LEP maximal hätte produzieren können, nie und nimmer ausgereicht hätten, auch nur eines der schwingenden zweidimensionalen Mikrofädchen oder Rohrnüdelchen nachzuweisen, aus denen sich ihres Erachtens das Universum zusammensetzte. Der Beschleuniger, den sie brauchte, musste zur Plancklänge vorstoßen und somit, bei der im Jahre Null zur Verfügung stehenden Technologie, den Umfang unserer Galaxis besitzen. Sie glaubte (hatte geglaubt) an die zehndimensionale (sonntags elfdimensionale) Raumzeit, wobei wir zunächst einmal hoch bis zu ihren glänzenden, wie sprühenden Haarspitzen gingen, dann von einem ihrer heute rot (oder schwarz) lackierten Daumennägel zur abgespreizten eleganten Kralle des kleinen Fingers der anderen Hand, tief, tief zwischen ihre Mammilarmagneten sodann, die uns aber nur vorübergehend säugen und trösten würden, denn wir beschleunigten zwischen ihnen, gewaltig genug, um zu den ganz unfasslichen Tiefen und winzigsten Winzigkeiten vorzustoßen durch die flirrenden Hüllen der Atome wie kreischende Meteore direkt in die Kerne des Kerns hinein, wo wir einige fette Quarks beiseite stießen, um endlich auf den Punkt zu kommen, welcher, allüberall, unabsehbar im gigantischen Koordinatensystem des Universums, beileibe keine saubere Kugel in der Schläfe unseres armen Verstandes war, sondern die fürchterlich vertrackte, sechsdimensionale Zauberwürfelscheußlichkeit des Calabi-Yau-Raumes. Die Zeit hierzu, zu dem grausig schön verwickelt neundimensionalen Webteppich, war der ganz normale Einstein'sche imaginäre Raum, nicht weiter aufgewickelt –

»In der einen Dimension!«, ruft etwas unter meiner linken Achselhöhle. Ich habe nämlich, um bei Pattys Ausführungen die Haltung zu wahren, mit einer Hand eine der angenehm griffigen vertikalen Säulen des Thekenbaldachins umspannt, einen armdicken, leicht ädrigen, vergoldeten Penisschaft, wie sich gerade herausstellt, als ich die Finger von ihm löse, um den hartnäckig in meiner intimen Nähe auftauchenden Wuschelkopf von Stuart Miller durchzulassen. Wie der dreidimensionale Raum durch die sechsdimensionale Calabi-Yau-Mannigfaltigkeit erweiterbar sei, so doch eben auch die Zeit. Sie könne ebenfalls mehrere Dimensionen besitzen, erklärt Miller. Ganz offensichtlich ist er uns um einen oder zwei Time-Breaker voraus. Ob Pattys Theorie sich denn nicht gerade mit dem beschäftigt habe, was bei der DELPHI-Maschine aller Wahrscheinlichkeit nach passiert sei, ein RISS des Raum-Zeit-Gewebes nämlich, der doch zwangsläufig einen topologieverändernden Übergang nach sich ziehe. Risse könnten verhindert werden, indem sich Superstrings wie Membranen um die aufbrechenden neundimensionalen Flächen legten, erwidert Patty, geduldig, aber müde.

»Wie Kugeln, Sphären, MUFOS – ganz eben wie unsere Taucherglocken!« Stuart streitet wohl nicht zum ersten Mal mit ihr, da sich außer Boris und mir kaum jemand für die Auseinandersetzung zu interessieren scheint. Patty ist Ärztin geworden, weil sie bei aller Fantasie und Mühe keine einleuchtende, auch nur halbwegs logische Erklärung unseres Zustands hatte finden können. Wenn man nicht richtig denken kann, dann muss man eben leben, sagt sie eindrucksvoll. Und wenn etwas sie erneut zum Nachdenken, ja zu Hoffnungen bewege, dann sei es etwas Empirisches, Positives, eben jetzt die INTERMINATION und die Experimente am PA 8, die sie ebenso wenig kenne wie Stuart, aber die von Harriet und Kalkhoff sicher verbürgt wären (wenn man schon Mendecker nicht traue). Die Membranen, die sich gebildet haben, seien, das wisse sie besser als die anderen, von außen nicht von einem Schwarzen Loch zu unterscheiden, insistiert Miller.

»Hast du eines fotografiert, als du runtergeklettert bist?«

»Nicht in diesem Universum, das steht fest.« Stuart Miller macht dennoch keinen geisteskranken Eindruck auf mich. Er ist zu – berührt, das umschreibt es am besten, er glaubt an etwas, wo wir schon lange verzweifelt sind. Im Inneren, im

Zentrum des Schwarzen Lochs trete genau das auf, was wir seit Jahren vor Augen hätten, stillstehende Zeit, die vollkommene Atempause der Welt. »In einem Universum«, erklärt er mir, »aber jetzt kommt's.« Sein rechter Zeigefinger wandert in klassischer Newton'scher Obszönität durch einen von Daumen und Zeigefinger der linken Hand gebildeten Ring.

»Die Einstein-Rosen-Brücke«, sagt Patty mütterlich, um mich vor schamvoller Errötung zu schützen. Man könne annehmen, dass jedes Schwarze Loch die Geburtsstätte eines neuen Universums sei, dass es das seine Umgebung bildende gesamte Universum widerspiegele und – mit gewissen Verzerrungen allerdings – gleichsam auf die andere Seite kopiere.

»Und es ist anzunehmen, dass sie die Brücke gefunden haben, vor sechs Wochen!«, ruft Stuart, fröhlich sein Modell penetrierend. »Sie musste auftauchen, sich aus dem Nebel schälen.«

»Aber du weißt, was das hieße.«

Stuart nickt, erhält von Kubota unversehens ein Tablett mit frischen Time-Breakern, auf denen die Oliven kreiseln, was ihn zur Aufgabe seiner Sexmaschine und zum Verteilen der Drinks zwingt. »Zeitumkehr, selbstverständlich.« Er sieht mich an, Boris, die vier anderen Zombies, die plötzlich mit hoffenden, bedauernswert unverständigen Gesichtern um uns herum versammelt sind. »Das ist die einzige Chance. Oder denkt ihr, das hier ist echt?« Er klopft auf die Theke, auf die Alabasterbrust von Nofretetes lüsterner älterer Schwester, gegen seinen eigenen Schädel.

Patty sagt nichts dazu, und das ist wohl das Unheimliche dieser Sekunde, die es niemals gegeben haben wird.

Denn stellt euch vor: Übermorgen öffnen sie die Brücke. Schon bist du bei den Pharaonen, Pyramiden, vor der Steinmaske der Sphinx.

Ich hätte mit meinem Geburtstag noch warten sollen, gerade zwei, drei Tage. Niemals wäre ich dann vierzig geworden, zumindest nicht hier, in diesem Universum, in diesem kosmischen Leichnam, in dieser spätägyptischen Westschweizer Bar.

Beginnen wir mit einem Mann, der rücklings auf der Straße liegt, in einer großen Lache Blut. Weil er im Tod die Augen nicht geschlossen hielt, muss er sie gar nicht öffnen. Er kommt durch einen immer helleren, immer stärker strahlenden Lichttunnel voran, als flöge er direkt ins Herz der Sonne, aber es wird gleich wieder dunkel werden, der ekstatische Genuss des Davonfahrens muss umschlagen in die Düsternis, die Umbratöne und vagen Schmierfarben der biologischen Existenz, mit den Vorboten der ausklingenden Linderung eines furchtbaren Schmerzes flackert das Rot der Zerstörung auf, eine Feuerwand, durch die er mit zerbrochenen Armknochen, zertrümmertem Becken, von einer Rippe durchstoßenem Herzen geht, über den Sekundenbruchteil hinaus, in dem sein Körper die größte Nähe zum Pflaster der Straße hat und bricht, zerreißt, platzt, sich überdehnt, um schon etwas Neues zu finden, nämlich die Offenbarung des Nicht-mehr-Sterbens, während der das zerlaufene Blut in einer wunderbaren Geschwindigkeit und Präzision zurück in die sich wieder fügenden, ordnenden, ihr kompliziertes Geflecht errichtenden Gefäße strömt, die zerrissene Haut sich schließt, die Knochen, Sehnen, Knorpel mit einem scheußlich mahlenden Innengeräusch in die Position des vollkommen gesunden Abflugs gebracht werden, für dessen Start man ihm jeden Schmerz nimmt und den letzten, beglückenden Unglauben in jede Pore pflanzt, ihm könne tatsächlich etwas bei einem solchen Sturz geschehen. Schon ist der kurze Ruck erfolgt, das Ende eines Vibrierens eigentlich, des hässlich zuckenden Aufschlagens oder vielmehr spastischen Sich-Losreißens einer Gliederpuppe, mit dem er sich ganz vom Untergrund löst, um schon mit nach oben greifenden Händen in Kniehöhe, Bauchhöhe entsetzt schreiender Passanten zu schweben, die sich beeilen, seiner Aufprallstelle näher zu kommen. Er strebt empor, unaufhaltsam jetzt, in einen reinen blauen

Sommerhimmel, nackt und flügellos, mit der puren levitatorischen Kraft eines Engels, wie Michelangelo ihn gefilmt haben würde. Sein wieder unzertrümmerter Schädel, sein Kopf mit den braunen, wieder trockenen, nicht mehr von Blut und Knochensplittern besudelten Locken hebt sich langsam aus dem Genick. Nicht so langsam. Er hat gerade einmal eine Sekunde für seine herrliche Auffahrt. Die entsetzten Gesichter der Passanten werden friedlicher und ihre Köpfe senken sich, während er den großen Bogen hinaufschnellt (so aussichtsreich, aber mit so bedauerlich wenig Muße), die Füße, Beine voran, in Kopfhöhe der Touristen den nackten Oberkörper wie ein rückwärts eintauchen wollender Turmspringer gebogen, der noch mit vier, fünf Metern zur Wasseroberfläche rechnet. Die Marmorbande des Campanile flirren an ihm vorbei, elfenbein, rauchgrün, blassrosa, als schlüge der Turm gleich wie eine Rakete in die Piazza ein, er selbst aber, der wuchtige Himmelstänzer ist es, der aufsteigt, durch eine seltsame, panisch-ergebene Stimmungskurve (ja mein Gott, wenn es denn schon so ist) auf den sich mit der Vorneigung seiner Brust eröffnenden Anblick des Hoteldachs, der Fassade des alten Hotels, des Zimmerfensters, den wirklich erschreckenden Moment zu, in dem er, nach einem so eleganten Singvogelanflug mit den vorangesetzten Beinen, den flatternden Armen, dem herausgestreckten Hintern, wieder auf dem Fensterbrett landet. Er sieht mich nicht. Muss nun durch den Gefühlsschauer der fatalen, niederdrückenden Erleichterung, mit der sich so viele in ihr Geschick fügen, wenn es unumstößlich (unzurückstoßbar) geworden ist, hindurch in die Stichflamme der Todesangst. Er sieht mich nicht. Die Sekunden seiner halben Parabel: auf dem Domplatz liegen und sich aus dem Tod raffen, eins; emporfliegen, zwei; auf dem Fensterbrett sitzen und verzweifelt einen Halt im Nichts suchen, in der von keinem Meister je so schön leer gemalten Luft, drei. Er sieht mich nicht, weil er aus einer ganz kurzen, vollkommen überraschend entstehenden Panik (vor dir öffnet sich der leere Raum, ein wütender Mann reißt dich empor) gleich zurückfindet in die wohlige Sekunde, in der er an der Fensterbank lehnt, nackt, mit angenehm sonnengewärmtem Rücken und Blick auf die sitzende Frau. Die Nullsekunden fehlen ihm, in denen ich ihn umarmte und ihm emporhalf auf die Startrampe, von der aus sein Ausflug beginnen konnte zu den größten Sehenswürdigkeiten der Stadt Florenz. Bedauert ihn nicht. Er hat seinen Tod schon so schattenhaft hinter sich wie ihr eure Geburt, während die ferne Vergangenheit in rosa Farben vor ihm aufschimmert, denn es muss ihm ja geglückt sein, eine feine Arztpraxis im Berliner Westen (Grauzone Uhlandstraße, Mommsenstraße) gegründet zu haben, seine Bräune und seine Figur sprechen für sportliche Hobbies, er wird ein flottes Studentenleben führen, gewiss, er wird den mächtigen Trostpreis der Jugend erhalten, dafür, dass er Zug um Zug, in wahren Ausschüttungen nach den Prüfungen und Examina, sein Fachwissen verliert. Aber er lebt nun im Hier und halbblind rückwärts gehenden Jetzt, im Da und Gerade-Eben des Hotelzimmers und überwindet rasch ein leichtes Unwohlsein, das die aufgekommenen und vielleicht sogar ausgesprochenen Skrupel seiner verheirateten Geliebten hervorgerufen haben, denn die nahen Aussichten, Rücksichten sind so gut, schon liegt er in Karins Armen, und das ist wirklich eine zwar nicht mehr ganz junge, aber wundervolle und angenehme, erfahrene Frau, aus deren schön zupackendem Buschwerk er gerade herausgeglitten ist, um nun, mit wieder beschleunigtem Puls, zurückzufinden, erstaunlich, wie es ihm in diesem wohligen Zustand gelingt, der schnell kräftiger wird, übergeht in ein gemeinsames rasches Hinaufgondeln oder Hochgesaugtwerden auf den Gipfel eines Berges, der aus dieser Richtung begangen viel steiler anmutet, aber doch viel schneller erreicht wird auf seinen feuchten Matten, die lang gezogenen stimmlosen Seufzer leiten schon zum Hochplateau, auf dem es nun ganz ordentlich holpert, auf dem er, Künstler, durchaus, so etwas gelingt im Regelfall nur verdienten Eheleuten / alten

Pärchen, ultrastörrisch nun in ihr aus ihrer sanften Tiefe in drei Spasmen einen tapetenkleistrigen Segen empfängt, der ihm bis in die Hoden fährt, da schreit er nun, den kleinen Tod so bald nach dem größeren findend, um dann aber richtig hart zu arbeiten, gefühlvoll hinein und wuchtig heraus. Ach Karin, wie du die Hände von meinen Schultern nimmst, endet die Sache in lodernder Erregung.

Phase 5: Fanatismus

1.

Die Zukunft ist schwarz. Sie liegt in den Pupillen unserer Augen, sie ist da, solange wir sind. Das hätten wir uns früher schon denken können, als wir uns nur für Alpträume oder für Videoclips eine Szene aufbewahrt hätten, in der Rudel braun gebrannter, schlecht frisierter Philosophen sich zwischen hunderten Schaufensterpuppen in Straßencafés oder an den Tischen nobler Restaurants um die versteckten Ostereier der Zeit streiten. Die mit todsicheren Fotozellen gesteuerten Glasschiebetüren, die sie damals noch für jeden bei jedem Schritt vor ihm aufschießen ließ. Du willst etwas sehen, und immer ist die Tür schon weit aufgerissen für den Strom der Zeit, der durch dich hindurchfährt in die Vergangenheit und deine Leiche mit sich führt, wenn du endlich glaubst, es sei klar, was vor dir liege. Die Stadt Genf mit 160000 Fuzzis wartet auf deinen nächsten Schritt. Große Dinge, ein paar zehntausend Häuser, die Riesenpfütze des Sees, der Mont Salève, der Mont Blanc, der Mont Maudit, sie konnte man schon immer vorhersehen, das Colosseum der Zukunft, ihr starres architektonisches Skelett, kaum mehr angetastet seit der letzten Eiszeit und dem letzten Bombenkrieg. Dagegen durchdrangen wir kaum das zwielichtige, flüsternde, fließende, zelluloidgraue, geisterhaft unfassliche Gewimmel der künftigen Menschen in der Arena, wir spürten nur den brutalen mächtigen Rhythmus, der die Massen steuerte, Tag, Nacht, Arbeitsbeginn, Arbeitsende, Rush Hour, Happy Hour, Stau, Fernsehen, Blue Hour und Schlaf. Nichts hat uns stärker interessiert als das Eindringen in die futurische Schatten- und Geisterwelt, die jederzeit umschlug in die blutdurchströmten, farbigen Gegenwarten eines ganzen Lebens: Geburt, Liebe, Ehe, Unfall, Tod. Alles das, die Wellenschläge, Strömungen, Gezeiten, die große Unruhe, ist uns genommen worden, das soziale Meer hat uns ausgespien an den Strand der Unzeit. Geblieben ist das Allernächste, die Unterschicht des letzten Hemdes. Unsere Zukunft ist der eigene Körper. Wenn ich sein werde, werde ich auf meine Knochen stoßen, auf das Halbdunkel meines Kopfes, auf das vage, eigentümlich geräumige Innere meiner Brust. Wenn mein Körper mir nicht mehr die Stunde schlägt, schlägt mir gar keine mehr und alles gefriert. So ist die nächste Sekunde nur noch so sicher wie die Bewegung meiner rechten Hand, die sich schon hebt. Ich sehe meinen nächsten Herzschlag voraus – oder nichts. 70 Körper, 68 bald nur noch, auf dem CERN-Gelände der Woche Null, 40, nein 41 jetzt, wenn die Liste stimmt. Kleine Rudel von Zombies in den Cafés.

Lange nicht mehr gesehen: Henri Durétoile, der Liebhaber brasilianischer Transvestiten. Fett geworden, alter Junge. Hat, wie er unglaubhaft versichert, Paris seit drei Jahren nicht mehr gesehen. An seinem Tisch neben Stuart Miller auch noch George Bentham, der Schotte, graugesichtig, mit gelb getönter Sonnenbrille. Das Familientier sitzt einen Tisch weiter, der Cernianer Olivier Lagrange, jener rundliche Frauenmörder-Typ, dessen Gattin Marie und Töchter (Marie-Anne, Marie-Therese, Mariella) in einer formidablen Villa mit schönem alten Garten welkten und moderten, weil er nicht von ihnen hatte lassen können und sie auf diese Weise lebendig begrub, nekrotisierte, das Haus verwandelte in eine taghelle Gruft. Dennoch oder deswegen versteht er sich offensichtlich gut mit dem Ehepaar Stiegler, den stämmigen Ex-Referenten Thillets, die ihr Elfenkind wie einen Augapfel hüten und wie eine chinesische Prinzessin kleiden, der man zum Geburtstag 160 000 lebensgroße Puppen geschenkt hat. Neue Allianzen und Paare scheinen sich gebildet zu haben, etwa zwischen dem Basler Schmied, seinem heißen Eisen und Karoline Haselberger, Mendeckers Ex-Sekretärin, die ihrer geringen Körpergröße und beträchtlichen Glubschäugigkeit wegen besser zu Stuart Miller passte, oder zwischen dem wieder erschienenen Mathematiker Berini (einem ehemals doch Schwulen) und der knabenhaft derben, stets in Haute Couture wandelnden Monique Serrand, die Kubota »eine bose Frau« nennt (Chronos erbarme dich der Fuzzis, die sie zauseln). Immer sind fünfzehn, zwanzig Leute an den Kais, am Quai du Mont-Blanc eigentlich nur noch, konzentriert und hypernervös, wie in einem Planck-Schächtelchen zusammengepresste Elementarteilchen. Manche tragen gar keine Uhren mehr und auch kaum noch Kleider, als würden sie bald eingeäschert werden, während die anderen, die wohl die Mehrheit stellen, plötzlich wieder sorgfältig und penibel geworden sind und auf eine Luxusyacht zu warten scheinen, die sie stilgerecht übersetzt in eine Raumzeit weithin knallender Champagnerkorken.

Wieder vergisst man den Rhythmus, wieder leiden wir an der Mittsommernachtsverwirrung. Man spürt plötzlich an einem der Cafétische eine kleine Müdigkeit und muss sich sagen, dass es vier Uhr morgens ist oder sein sollte oder dass wir erst sieben Uhr abends haben, allerdings schon zum zweiten Mal an einem nun seit fünfunddreißig Stunden brennenden Tag. Man geht dann schlafen, wie man sich früher ins Bordell gestürzt hat oder bei einem Anfall von Heißhunger auf eine Imbissbude, und landet in irgendeiner Besenkammer oder Luxussuite. So traf ich dann – beinahe wie zufällig – die Gräfin wieder, deren kleiner Nerz immer noch nicht getrocknet, die taufrisch und unvermindert, wenn auch grußlos gastlich war. An ihrer Seite drang ich in den Schlaf wie ein Rammbock, noch bevor ich sie berühren konnte, erwachte vier Stunden später und gönnte sie mir, wobei ich nach kurzer Zeit vergaß, was ich eigentlich in ihr zu suchen hatte. Zerstreut verließ ich sie, kleidete mich an, um an der Hotelzimmertür kehrtzumachen, gerührt neben ihr auf der Bettkante zu sitzen und ihr verträumtes, fein gezeichnetes Gesicht mit den Sommersprossen, der aufgeworfenen aristokratischen Nase und dem schmalen Mund zu betrachten. Damit sie während meiner Abwesenheit etwas zur Erinnerung hatte, schenkte ich ihr den chronometrischen Hasen von Pierre Duhamel, meinen treuen Talisman in all den Jahren. Andere Zombies berichten von ähnlich großzügigen und sinnlosen Aktionen. Kubota hat seinen Rucksack (Sammlerwert 10 Millionen SFR) einfach verlegt.

Keiner weiß mehr als Patty Dawson. Ich bin mir ziemlich sicher, dass ihr einer der alten CERN-Kumpels genaueren Einblick in die PA-8-Versuche gegeben hat. Man vertraut ihr dennoch, glaubt, dass es am besten sei, Sperbers Rückkehr und den vollständigen Bericht abzuwarten. Wegen unserer Heuschreckenüberfälle, um es mit Catherine zu sagen, kommt es zu realsozialistisch anmutenden Versorgungsengpässen in den ufernahen Sterne-Restaurants, so dass man gerade den heißen Kaffee, den man für die komplizierten Debatten und arhythmischen Phasen braucht, fast schon am Bahnhof Cornavin holen muss. Über die Einstein-Rosen-Brücke will Patty im nüchternen Zustand nichts mehr verlauten lassen. Man müsse experimentell sein, jetzt endlich, nach fünf Jahren zermürbender, auswegloser Theorie. Darüber scheint Einvernehmen zu herrschen, und vielleicht bestätigt das ganz wunderbar die Sperber'sche Phasenlehre. Allesamt sind sie Fanatiker geworden, die Zombies im Irrlicht, Fanatiker der Tat (die sie erlösen könnte) oder fanatische Fatalisten wie Kubota und ich, die von ihrer Liebsten getrennt sind durch ein ganzes Meer (der ungeheure, unbegehbare Glasschutt zwischen Korea und Japan mit seinem Milliarden-Mobile eingegossener Fische, die Unendlichkeit, die mich plötzlich von Karin trennt, in einem Hotelzimmer in Florenz, in dem ich gebeugt wie ein Zahnarzt – der sie doch gewesen ist – vor ihr stehe und sie nie wieder berühren kann). Unsere Geistergesellschaft, so zwanghaft nun zusammenhängend in der Mittagssekunde, will vor allem den Ausweg wissen, den Durchbruch zu den atemlosen Fuzzis, die benommen um unseren Tisch und darüber, auf den Hotelbalkons, stehen, drüben auf der Ile Rousseau (noch immer?) Rücken an Rücken auf dem Rasen sitzen, zu tausenden in ihre Autokäfige eingeschweißt den freien Weg über die Straßen behindern. Rein mathematisch gesehen, erklärt der in korrektem braunen Sommeranzug frauenmörderisch ölig vor zwei knallrosa viertelbekleideten (visitierten) Engländerinnen sitzende Lagrange, entspreche einem riesigen expandierenden Universum ein winziges kontrahierendes, so dass der Umkehrpunkt, der Totpunkt, an dem wir uns seit Jahren zu befinden scheinen, zu zweierlei Bewegungen führen könne, der Rücknahme, Rückimplosion des großen Ballons oder dem Knall der Erbse, der vielleicht so etwas wie eine rasende Zukunft, eine Zeitdimension auf der Überholspur mit sich brächte. Um endlich wieder einmal Auto fahren zu können, sagt die Dior-Lady Serrand, würde sie alle möglichen Risiken eingehen. Schwelgerische Zustimmung anderer Geisterfahrer um sie her. Berini und George Bentham lehnen sich wie spielende Jungen auf ihren Restaurantstühlen zurück, drehen unsichtbare Steuerräder und greifen nach den Schalthebeln. Würden ihre MUFOS plötzlich mit einem RUCK nach vorne schießen, sich hinter dem schmutzig weißen Lieferwagen von *Metzler, électricité dépannage* einordnen und dann links abbiegen in die Rue de Monthoux, wäre unsereines vielleicht gar nicht sprachlos, sondern rasch auffassend und schon seinerseits mit dem Fuß auf dem Gaspedal. Es muss Hayami gewesen sein, dessen nahezu heimliches oder offen hinterhältiges, völlig unangekündigtes, nicht weiter spektakuläres Auftauchen (er kam einfach aus der Richtung des Brunswick-Monuments auf uns zu) die automobile Idee beflügelte zu Ungunsten der Vorstellung eines zeitlich inflationären Zerfetzt-Werdens. Der gewöhnliche Zombie ist ja sozial entwöhnt. Wir können uns fassen, wenn wir mit Todes-Vorangst und Raketenstart-Fieber geisterhaft schläfrig vor einem Café sitzen. Aber seit Jahren hat keiner der unsrigen mehr einen richtigen Action-Film gesehen.

Deshalb sortiert es sich nicht so leicht. Zunächst also Hayami, vom Brunswick-Denkmal heranschlendernd, getarnt durch gar nichts, nur irgendwie farbschwach oder halb transparent, wie ein Braunschweiger eben, weiße Turnschuhe, hellblaue Jeans, blassrosa T-Shirt mit aufgenähter lindgrüner Schildkröte, Sonnenbrille dezenter Tönung. Für die meisten am Kai gar kein ungewohnter Anblick mehr, so dass nur wir drei Grindelwalder Inspektoren uns elektrisiert fühlen. Dr. Magnus Sperber dagegen, der unvermittelt von links aus der Rue des Alpes auftaucht, ist das Ereignis. Sein Bart wuchert noch, die roten Ohren stimmen, das ewige Karohemd, die Cordhose, die Sandalenkonstante. Er ist einfach, einmalig, normal singulär. Keine Verzerrungen oder Deformationen. Gerade will er Hayami grüßen, der ihn seinerseits anerkennend, mit akkurater knapper Verbeugung registriert. Von uns (einem guten Dutzend Kaffee und Eisdrinks schlürfenden Zombies) aus betrachtet, hat man das fragwürdige Illuminationserlebnis angesichts entdeckter Prominenz, das sich augenblicklich steigert zur Erlösererwartung, als blutete Sperber aus Händen und Füßen. Schon aber schlägt alles um, weil sich zeitgleich die Gesichter von Sperber und Hayami verzerren, fragend (keiner von uns hat etwas gesagt), erschrocken (Ist mit uns oder den Fuzzis um uns herum etwas passiert?), angstvoll, Donnerwetter, ein fürchterlicher Knall (kommt mir merkwürdig bekannt vor) und ein Aufblitzen in unserem chronosphärischen Familienzelt jagen uns in die Höhe. Von hinten sticht geradezu, einen zitternden Arm ausgestreckt wie eine rachsüchtige Vogelscheuche, eine schwarzhaarige kleine Frau durch unseren Halbkreis, blaues Kleid, Turnschuhe, schon wieder schießend (auch dieser Knall wirkt vertraut, ich hatte es ja einige Male ausprobiert), sinnlos erneut, da auch meine wirkungsmächtige Kahr MK 9, die ich noch vor Sophie Lapièrre erkenne, nicht weiter als einen knappen Meter reicht gemäß der NB (Neuen Ballistik) und die beiden Libertins (in der Sekunde der drohenden Abrechnung durchschießen uns – optisch, schmerzlos, intern – die Wimmelbilder der Nackten in den Chalets, die Erinnerungen an die schwarze und weiße Königin und an das Schulmädchen Maschenka auf Chillon, an den sündig gewählten, wenn auch aufgegebenen 4. Ausgabeort des Bulletins) noch ein gutes Stück sichere Entfernung haben, die sie auch nutzen, um sich zu zerstreuen, so gut es zu zweit nur geht. Dabei wird klar, dass Sophie nur den Japaner meint. Der Kugelmann, dem sie die Kugel verpassen will, ist Physiker genug, um sein Heil in der Entfernung zu suchen, hat aber nicht Sophies Beschleunigungsvorsprung und Energie. Wir hören nichts mehr, als die beiden mitten durch den Autoverkehr auf die Kulisse buntstarrer Segelboote zurennen, sich immer mehr einander nähern, wobei die Zahl der lautlosen Blitze dem Fachmann verrät, dass sich die Gefahr für Hayami, der gerade den Sprung in den See zu erwägen scheint, nun auf die letzten beiden Patronen des Standardmagazins reduziert. Aber es hätte Sophie zum Fangschuss gereicht, wäre sie nicht in den offenen Hinterhalt gelaufen, den der bewundernswerte Antonio Mitidieri ihr zu legen wusste. Vom See her kommend, hatte er die Jagdszene im Panorama bewundern können. Er erstarrte an der Seite einer gar nicht übel zu ihm passenden Fußgängerin mediterranen Typs, um nach der hastigen Passage des kugelscheuen Kugelmannes ruhig und gelassen ein Bein nach links auszustrecken. Der Mann war Arzt. Sophie fiel, die Pistole gleichfalls, schlitterte zwei Chronosphären weit über den Boden. Als Mitidieri die Gestürzte aufgerichtet hatte, hielt Hayami auch schon meine Kahr MK 9 in der Hand. Am Griff, mit zwei spitzen Fingern.

2.

Dann haben wir hier also gleich eine Art Familiengericht. Sollte nicht lange dauern, schließlich erwarten wir von Sperber den Weltenaufgang, den Anbeginn der Neuzeit, das Wunder der Brücke. Eine hysterische Frau mit Pistole kann jedoch dem Universum empfindlich im Wege stehen. Ich erhalte die Kahr MK 9 zurück, entferne das Magazin. Die

Geschichte der Seuche im Dorf der Ahnungslosen muss neu aufgerollt werden. Sophie erzählt sie wie damals uns, und wie damals wir können auch die am Kai versammelten Zombies nur einen zeitlichen Zusammenhang zwischen der Eigernordwand-Expedition und dem Ausbruch der Krankheit erkennen. Kubota nutzt die Gelegenheit, um seinen Landsmann für die erpresserische Gletscherhöhlen-Scheinklon-Installation zu beschimpfen, wahrscheinlich zu beschimpfen, denn dieser Dialog spielt sich auf Japanisch ab, erscheint mimisch wie die Vorbereitung von Karate-Kampfhandlungen, um nach zwei jähen Verbeugungen plötzlich in höflichem Schweigen zu enden. Sophies dritter Mann ist vor fünf Tagen gestorben. Zusammengesunken auf einem Caféstuhl, scheint sie vom Rachegeist verlassen worden zu sein, bis ihr einfällt, sich nach den Elfenkindern und ihren erwachsenen Begleitern zu erkundigen. Sie will mir die Pistole wieder aus der Hand winden, als sie vom Tod der beiden Männer erfährt. Einer davon, Marioni nämlich, könne überhaupt nicht an der Seuche gestorben sein, da er sie bereits überlebt habe, als Einziger derjenigen, bei denen die Symptome zum Ausbruch gekommen seien.

»Er ist auch nicht tot.« Hayami wirkt betreten. Nachdem der erste Mann gestorben sei, habe ihm Marioni erklärt, unter keinen Umständen nach Genf zu wollen, und inständig darum gebeten, ihn als weiteres Todesopfer der Seuche auszugeben.

Nur Sperber scheint das zu glauben. »Fönix«, sagt er schließlich, uns damit ein Geheimdossier des Bulletins öffnend. »Marioni war Fönix.« Der mörderische Liebhaber der Wirklichkeit als später Ahnungsloser, der sich in einer fuzzifreien Zone am wohlsten fühlte – plausibel, durchaus. Wie nah darf man Lapièrre oder Hayami kommen, ohne mit einer Infektion rechnen zu müssen? Fast jeder hat die Elfenkinder Simon und Rose berührt. Patty und Antonio kümmerten sich um sie, so wie sie jetzt auch Sophie beruhigen und ihr ein Medikament aus ihrer Notapotheke verabreichen.

(Das Universum macht weiter und du wirst krank und stirbst ihm weg, am dritten Tag.)

Sperber hat zu berichten! Seid enthusiasmiert! Bleibt am Kai, geht auf und ab. Entsendet Boten an alle, deren Aufenthaltsort ihr kennt. Treffen am Ufer. Man wird spontan (nach der Dawson-Methode) einen Versammlungsort ermitteln, spätestens um 20.00 Uhr ZT, in vier Stunden also, erfolgt der Bericht.

Auftritt Harriet, Mendecker, Kalkhoff. Wirken übernächtigt, aber wie gedopt. Die beiden Tüftler scheinen kaum verändert. Der große Boss dagegen macht einen beinahe Mitleid erregenden Eindruck, ist deutlich älter, aus der Form gegangen, trägt eine nicht ganz saubere braune Hose und ein hellblaues Hemd, dem ein Knopf kurz unterhalb des Scheitelpunkts der Bauchwölbung fehlt, jedes Haar ist grau geworden und der Herzschrittmacher will seit Wochen eine neue Batterie. Ein blödes Gerücht, erklärt uns Sperber, niemals hätte ein batteriebetriebener Zombie überleben können. Madame Denoux sei doch das Paradebeispiel dafür (sieh an).

»Was machen die Röschen?«, fragt er Anna.

»Was macht das Häschen?«, fragt sie zurück, aber wir sind ja alle ganz unbewaffnet (meine Pistole habe ich in die Handtasche einer Fuzzi-Oma gelegt, eine Form des offenen Verstecks), lehnen an zwei großen Buchen, sitzen auf einer weißen Bank davor, für einige Minuten zu sechst chronosphärisch allein gegenüber dem Grand Casino, mit Boris, Kubota und Henri ganz in der Konstellation unserer letzten wirklichen Nacht. Es gäbe keine vertrauliche Mitteilung, erklärt Sperber, er werde alles, was ihm am PA 8 während des Tests widerfahren sei, ganz genau auf der Versammlung darlegen. Selten, nie haben wir ihn in diesem Zustand gesehen, der zunächst ganz ruhig und beherrscht wirkt, dann aber die Mühe verrät, eine starke Erschütterung zu verbergen, die immer mehr auf uns übergreift. Vor Tagen bereits haben wir beschlossen, ihm die Fotos von Chillon zu zeigen, falls er uns weiterhin vertrauenswürdig erscheinen sollte. Der Anblick seiner selbst als schwimmender, fechtender, Schach spielender, lesender und von Schulmädchen spielerisch gefolterter Burgherr trifft ihn im ersten Schreck noch wie die Vorlage der Aufnahmen raffiniert versteckter Überwachungskameras. Dann wird ihm klar, dass das nicht sein kann, dass der Fotograf direkt vor ihm gestanden haben müsste. Die schockierende Drillings-Aufnahme, die wir arrangiert haben, um den Tatbestand der echten Verdreifachung in einem einzigen Bild festzuhalten, das Sperber'sche Trio, das mit schief hängenden Köpfen Schulter an Schulter auf einer hölzernen Bank sitzt, gibt ihm schließlich den Rest. Seine Hände zittern, ebenso der schwarze Bart unter der schmalrückigen Nase. Schwer atmend bittet er uns, die »delikateren« Fotos für sich behalten zu dürfen. Die anderen Aufnahmen aber, einschließlich der Ekel erregenden Bilder des chronodynamisch perfekt im Kreis gestreuten Leibwächters Möller, müssten unbedingt der Versammlung vorgelegt werden, wir verstünden bald, aus welchen ganz besonderen Gründen.

»Wie weit wir doch gekommen sind«, sagt Anna.

»Möller hat sich selbst erledigt. Er hat den blauen Handschuh entfernt und ist dann im raffinierten Zickzack über die Brücke gegangen. Wie habt ihr es denn geschafft?«

Mechanische Tretminen zu entschärfen ist ein tödliches Risiko, auch für denjenigen, der sie gelegt hat. Also hat sich unsere Klettertour über das Brückendach gelohnt und Kubota kann wirklich von Glück sagen. Sperber verließ die Burg durch Luft und Wasser, wobei er drei Kilometer weit schwamm, um sicherzugehen, nicht auf verborgene explosive Installationen des Leibwächters zu stoßen. Sich selbst, mit einer Seife in der Hand unter dem sprungtechnisch geeigneten Erker im Wasser steckend, war er auf der Flucht nicht begegnet, er fand sich dort nur in der Erinnerung wieder. Der Tag im Leben des einstigen Schlossherrn, der infolge der zwölf »Materialisationen« nun so museal erscheint, war der letzte Tag vor dem Eintreffen des Leibwächters gewesen und auch der vorletzte Tag, den Sperber auf Chillon verbrachte, denn nach der Explosion auf der Brücke habe er nicht unbedingt davon ausgehen wollen, dass Möller der Einzige gewesen sei, der ihn beseitigen mochte. Boris und Anna bleiben ungerührt. Kubota und Henri, die am Stamm der gleichen Blutbuche lehnen, schauen über uns hinweg und an uns vorbei.

Die chronifizierte Gesellschaft kommt auf uns zu, zwanzig, nein schon mehr als dreißig Zombies, in Dreier- und Viererreihen formiert, zusammenhängend, als trügen sie die unsichtbare Karosserie eines Reisebusses, entschlossen und irgendwie pathetisch, man weiß gar nicht, wo man so etwas schon einmal gesehen hat, in einer Oper vielleicht oder in den ersten Tagen der Nullzeit natürlich, bei unserer Wanderung von Meyrin nach Genf. Voran die Eggheads, Mendecker, Lagrange, der stämmige Kalkhoff und sein Tüftelbruder Harriet, dahinter die Dottores, flankiert von Sophie Lapièrre, die einen Mundschutz trägt. Dann der Rest des Thillet-Clans, einschließlich der beiden auf den Schultern von Stuart Miller und George Bentham sitzenden Elfenkinder, mit denen Sophie wohl nicht so viel zu tun hatte oder von denen sie sich bewusst fern halten will. Wir sind schier versammlungsreif, beschlussfähig, eine halbe Stunde lang gehen noch Kundschafter an den Kais auf und ab, dann haben wir auch nach zweimaligem Durchzählen eine Kopfstärke von 35 Zombies und suchen einen neuen Versammlungsort, da keiner mehr Rousseaus Inselchen über den Weg trauen will, obwohl Mendecker schon längst gestanden hat, dass die Minen, durch deren Feld man für die dritte Jahreskonferenz von der nackten Christine Jarrige (jetzt sehr knapp und sehr grün angezogen zwischen den Cernies) gelotst wurde, rein virtuell waren.

Erstaunlicherweise bittet man mich, spontan festzulegen, an welcher Stelle wir die Testberichte vernehmen sollen. Verfolgt von einer Truppe Zombies, gehe ich stadtauswärts, ein kurzes Stück. Als luftiger, aussichtsreicher, nicht beschleichbarer und wohl kaum präparierter Platz erscheint mir dann die kleine Brücke, die zu den Bädern der Jetée des Pâquis führt. Nur vier sichtlich arglose Fuzzis mit Badelatschen sind zu entsorgen. Dann haben wir den Brückenbogen für uns, zur Linken die im See liegenden Freibäder, zur Rechten Yachthafen und Hotels, mit schönem Blick zur toten Altstadt. Wir bilden ein lang gezogenes Oval, man setzt sich auf den heißen Asphalt oder lehnt am Brückengeländer. Die spärlichen Damen haben sich nicht übel zurechtgemacht und schillern auf dem Boden wie exotische Vögel. Nicht ruhigzustellen die drei Elfenkinder, denen unsere soziale Manege schon wie die Erlösung erscheint, auf die wir in unserer Pilgerhaltung warten. Mit den Fotos von Anna in der einen, einer geschäftsmäßigen Ledermappe in der anderen Hand postiert sich Sperber in einem Brennpunkt der Ellipse. Den anderen besetzen Mendecker und Kalkhoff. Genf hält den Atem an.

3.

Die Fotos vom PA 8. Schwarzweiß-Abzüge, die wir in der elektrofreien Welt einigermaßen leicht erzeugen können. Schwer manipulierbar, zugegeben. Höchstens direkt beim Entwickeln. Aber nein, ohne Studiolicht und professionelles, batterieabhängiges, stromabhängiges Werkzeug kaum zu schaffen. Muss sie noch einmal zugeben. Was geschehen sein soll, was Sperber, Mendecker, Kalkhoff und Harriet bezeugt hätten, wird wohl tatsächlich geschehen sein.

»Sie sagen offen, dass der RUCK sie selbst überrascht hat, dass sie keine Erklärung dafür haben, dass sie auch nicht wissen, warum das passiert, was da am PA 8 passiert. Das überzeugt mich.«

»Weil es so mysteriös ist? Also du glaubst es wirklich?«

Was sonst? Wie kann man noch bestreiten, was Harriet am Tag Eins nach dem RUCK passiert ist, als er auf die Idee verfiel, dem PA 8 einen Besuch abzustatten, einfach um nachzusehen, ob dort womöglich etwas noch Aufregenderes sich ereignet hätte als das ungeheuerliche WELTWEITE WEITERMACHEN (WWW) drei Sekunden lang. Er fand die blauen CERN-Busse und ihre Fahrer beinahe unverändert vor (auf der Rückbank des einen weiterhin Madame Dénoux ganz frisch in ihrem Schneewittchensarg), ebenso die Motorradpolizisten und weitere hölzerne Statisten. Allein die Hostessen, mit denen er selbst in der Stunde Null gespielt, die er aus dem prekären Gleichgewicht des Schaumwein-Ausgießens gebracht hatte, waren scheußlich zu Boden gestürzt. Leer, glatt, wie ausgefegt das Areal, auf dem es uns Zombies getroffen oder vielmehr nicht getroffen hatte, eine am nördlichen Rand von den Fuzzifizierten in einem sauberen Kreisbogen gerahmte Fläche. Harriet hatte stets ein gewisses Grauen überwinden müssen, wenn er – vier-, fünfmal im Jahr, routinemäßig, ohne konkretes Forschungsvorhaben – unsere Startrampe überquerte. Am Tag Eins kam er nur einen einzigen Schritt weit.

»Die Angst, irgendwie muss ich ihm das glauben«, sagt Anna. »Eine Todesangst, die blitzschnell kommt, als ob sich eine Falltür unter dir öffnet oder als könntest du eine Kugel sehen, die dir ins Gesicht geschossen wird.«

Man muss auch Sperbers Fotos glauben. Es sind so viele, sie decken sich so genau mit den Fotos und Aussagen von Kalkhoff und Harriet. Die Todesangst schildern alle, die es erlebt haben, gleichermaßen überzeugend. Eine Scheibe sei da gewesen, eine Kugel, vollkommen schwarz, etwa so groß, dass ein erwachsener Mann mit ausgestreckten Armen darin hätte Platz finden können. Da Vincis Rad, sagt Sperber, auf den Schlund der Hölle gemalt. Es dauert nicht drei Sekunden. Es ist wie das Blitzlicht eines Moments in einem Hotelzimmer, in dem du erkennst, dass dein Rivale dich auf eine Fensterbank gesetzt hat und dich freundschaftlich vor die Brust stößt. Der Kreis umschließt dich mit nichts als Schwärze und wahnsinniger Angst – um dich schon wieder frei zurückzulassen, vollkommen frei – und gestärkt. Verstärkt. Um einen Schnürsenkel zu binden war Harriet in die Knie gegangen, mit Blick auf die große Halle über dem DELPHI-Schacht. Plötzlich sah er in den Spiegel, einen Luftspiegel direkt vor seiner Nase, der ihn selbst als Knienden wiedergab. Er sprang auf, nicht aber sein Spiegelbild, das wohl bei seiner Mannschaft bleiben wollte, eine ganze Reihe von Spiegelbildern nämlich, Plastiken, lebenswarme Klone oder Eigen-Fuzzis, die vor ihm auf dem Boden verharrten, als wären sie gerade seine Jünger geworden. Zwölf Stück (kennen wir schon von Chillon und so fort).

»Wenn sie einen davon mitgebracht hätten, dann wäre mir wohler unwohl«, sagt Boris.

Die Fotos, auf denen man zunächst die zwölf Harriets sieht wie in den Startblöcken eines Spezialwettrennens für rothaarige dürre Amerikaner mit einem Faible für Experimentalforschung, sind aber schon ziemlich stark. Einen Fuzzi zehn Kilometer weit zu schleppen ist eine Arbeit, die man wohl keinem zumuten sollte, vor allem mit Rücksicht darauf, dass man nicht weiß, wie sich die Beweislast verhalten würde, brächte man sie aus dem Kopierrahmen oder klonierenden Areal, wie Mendecker es nennt. Harriet, als Erst-Vorlage des plötzlich aktiven Gebiets zwischen den vier großen Hallen, erstarrte auch selbst, aus freien Stücken, kaum dass er sich erhoben und den Gedanken gefasst hatte, das Areal könnte womöglich immer mehr Kopien seiner Wenigkeit oder gar des bereits vorhandenen Dutzends herstellen, in Minutenabständen vielleicht. Es geschah jedoch nichts mehr, auch wenn er sich selbst anfasste und mit sich spielte, mit seinen Handgelenken vornehmlich, an denen genaueste Chronometer prangten. Bis Harriet das Areal verließ und es erneut betrat, bis es einige Stunden später Kalkhoff versuchte, dann beide zusammen und schließlich sogar Mendecker (Versuch Nr. 5).

»Wir haben es doch schon auf Chillon gesehen. Kein Mensch will so etwas erfinden, zwölfmal Mendecker«, erkläre ich noch einmal. Die Fußballmannschaft, die Klonfamilien, die Aufreihung von Duplikaten und multiplen Replikaten wirken auf den Fotografien ebenso unglaublich wie unerfindbar. Credo quia absurdum. Zwölf Harriets kniend, daneben zwölf Harriets im Stehen. Dann eine Mannschaft Kalkhoffs. Eine Mannschaft voller Bosse, abgetakelter, von Angst gezeichneter Teilchen-Kapitäne vielmehr. Mit dem Schritt eines Zombies (sie warfen einen Hasen-Fuzzi und dann einen dank seines Helms und seiner Lederkleidung vertretbar gut geschützten Motorradpolizisten hinüber, die beide ganz alleine blieben) über die magische Kreislinie wird ein Kopiervorgang eingeleitet, seit dem Tag der INTERMINATION und – wie gerade an Sperber bewiesen wurde – bis zu dieser Stunde. In sieben Versuchen, alle sorgfältig fotografiert und dokumentiert, hat man insgesamt achtzig Gestalten erzeugt, eine schweigende, eng beisammenstehende und kniende Truppe von Spiegelfiguren, die nur aus vier Typen besteht, eben in Wiedergabe der vier Muttertiere (Sperber).

Entlang der südlichen und östlichen Seitenlinie des Areals (nach dem dritten Versuch begann man sich Gedanken über den Platzbedarf weiterer, größerer Tests zu machen) stehen sie nun aufgereiht, gespiegelt, also mit dem Gesicht allesamt nach außen, dem Betrachter zugewendet, Wächter des stillen, grauen, spontan klonierenden Areals, auf dem wir einst mit dem unsichtbaren Drachenblut der Eigenzeit überschüttet wurden. Mit Ausnahme Sperbers, den es vierzehnmal gibt, Schulter an Schulter mit sich selbst, als hätten sich die sieben Zwerge an Kopfzahl und Körperhöhe verdoppelt und an Gewicht verdreifacht, sind alle Wächterfiguren Cernianer, was uns durchaus erschreckt und nur von dem Umstand gemildert wird, dass am häufigsten der Experimental-Feuerkopf Harriet kopiert wurde, neben Patty Dawson der Beliebteste von ihnen, insgesamt beträchtliche 32-mal. Dagegen haben wir 20-mal Kalkhoff, den Nürnberger. Mendecker kommt in der gleichen Kopfstärke vor wie die PA-8-Sperber-*Oldies*. Letzterer fand natürlich das Wort, eine Verballhornung von Old Fellows, die älter im gleichen Sinne sind wie die bärtige Mannschaft auf Chillon. Die genauen und auskunftsfreudigen Uhren, die man ihnen durch entsprechende Ausstattung der Kopiervorlage mitgegeben hat, zeigen nämlich eine reaktionäre Zeittendenz, eine Rückwärtsbewegung in die Vergangenheit, die bei dem letzten Test, einem kühnen Vierfach-Experiment, so deutlich an den Gesichtern der Oldies ablesbar wurde, dass man der Instrumente kaum bedurfte. Sie sind Präteritums-Formen, Auferstehungs-Relikte unserer vergangenen Körper (weshalb ich sie eigentlich Youngsters genannt hätte). Alle Hoffnung liegt in dieser retroakiven Tendenz der Kopierzone, in der eigentümlichen indirekten Koppelung der Anzahl der Originale mit der Anzahl der Kopien und deren Alter. Harriet schritt allein in das Areal und klonte sich zwölfmal als ein Jahr jüngerer Oldie. Ebenso geschah es ihm beim zweiten Solo-Versuch und dann auch Kalkhoff, Mendecker und Sperber. Die beiden Mehrpersonen-Tests brachten erst die eigentliche Aufregung mit sich. Als Harriet und Kalkhoff im vierten Experiment direkt nebeneinander die Zone betraten, fanden sie – nach Überwindung der Todesangst, die anscheinend das Eintrittsgeld darstellt – nicht mehr ein Dutzend Oldies pro Person vor, sondern nur noch ein Sextett für jeden. Diese triangulationsfähigen Exemplare hellten das Selbstbild der Probanden nicht unmerklich auf, und als sie die 36 Uhren überprüften, stellten sie fest, dass sie um zwei Jahre jüngere Versionen ihres eigenen Körpers vor sich hatten, fuzzihaft reglos, aber auch fuzzihaft echt. Nachdem Sperber, als Test-Beauftragter des kleinen Zombies, sich verdutzendfacht hatte (ausschließlich am PA 8, wie er glaubte), war man unverzüglich zu Experiment Nummer sieben geschritten, dem synchronen Eintritt von vier Muttertieren in das Areal. Es antwortete augenblicklich mit schwarzen, übermannshohen Kugeln, mit einer Art Zischen, einem eisigen Hauch, der hinter der Grenzlinie einer möglichen Einbildung liegen konnte, mit nur noch acht Replikaten, nun aber wirklich Youngstern, nämlich vier

Zwillingsbrüderpaaren, an denen sich die Spuren der Unzeit erst zwei Jahre lang niedergeschlagen hatten.

»Drei Jahre jünger werden, in einem Augenblick. Das würde mir schon gefallen«, sagt Anna und befühlt die seidige, angenehm kühle, aprikosenfarbene Überdecke des Bettes, als prüfe sie ihre eigene Haut nach vollzogenem Experiment. Anscheinend kann sie auch meine Gedanken fühlen, ihre lüsterne feinhaarige Pfirsichhaut (angeschälte Frucht, die geöffnete Lippe, glänzendes Innenfleisch). Was sollte ich anfangen mit zwei, sechs, einem Dutzend Annas, die im Zustand der Fuzzis wären, im Zustand der Gräfin oder dem meiner bedauernswerten Ehefrau?

Boris gibt nun zu, dass nicht einmal er an ein Täuschungsmanöver glaubt. Zumindest die Kopiervorgänge, die Fotos von den aufgereihten Oldies erscheinen ihm echt. Er sieht aber nicht ein, weshalb man das Experiment so weitertreiben sollte, wie die Cernies es auf der Schwimmbadbrücke vorgeschlagen und für einen Tag zu bedenken gegeben haben. Wenn zehn oder fünfzehn freiwillige Testkandidaten gemeinsam über die Klonierungslinie treten und fünfzehn bis dreißig Oldies mehr produzierten, dann wäre auch nichts anderes geschafft –

»– als eine Tendenz zu bestätigen. Aber darum geht es doch, dass man sich sicherer fühlt, bevor wir alle – über den Jordan gehen.« Damit habe ich wohl gut formuliert, was ihm keine Ruhe lässt. Das FINALE EXPERIMENT, wie er, Boris, es nennt, das EXPERIMENT FÖNIX in Sperbers ausgesuchter Terminologie, ist der gemeinsame, synchrone Eintritt von möglichst allen Zombies in die Kopierzone. Wenn wir das logarithmische (Harriet) Verhalten bei der Verjüngung der Oldies zugrunde legen, dann müssten wir die Anzahl der Probanden kräftig erhöhen, um immer weiter in der Vergangenheit voranzukommen, um uns – und nur darum gehen wir das Risiko ein – auf den Zeitpunkt Null, den 14. August des Jahres 2000 um 12 Uhr 47, zuzubewegen, ihn zu erreichen oder gar zu überschreiten, mit welchen Folgen auch immer. Boris sieht die während der Versammlung schon deutlich gewordene Bereitschaft so vieler von uns, an dem größeren Vortest mitzuwirken, als Symptom einer Verzweiflungsstimmung, die er schlicht und einfach Todestrieb nennen müsse. In der Phase 5, in der wir uns befinden, wäre der Fanatismus so weit entwickelt, dass die Selbst-Liquidierung mit eingeschlossen sei. Aus bloßem Kalkül habe die zeithygienische Verschwörergruppe im vergangenen Jahr auf Einzel-Anschläge im skandalträchtigen Genfer Raum verzichtet, denn sie hätten nur zu einer unerwünschten weiteren Zerstreuung der Chronifizierten geführt. Dass man den RUCK weder habe inszenieren noch verursachen können, sage keineswegs aus, man wolle nicht von ihm profitieren. Das Wunder kam wie gerufen und kein Ort sei besser geeignet, allen Zombies das Licht auszublasen, als die Todesfläche des PA 8, die vermutlich vor Jahren schon mit Sprengladungen bestückt worden wäre.

Man könnte meinen, wir sprächen zu viert. Denn die Gräfin, deren Lippen fast meine Brust berühren, scheint mit der Materie immer vertrauter zu werden. Dass ich beim Erwachen Anna und Boris auf meiner rechten und linken Bettkante sitzend vorgefunden habe, hat mich nicht sonderlich erschreckt. Es wundert mich nur, weshalb sie mich immer bearbeiten und überzeugen wollen. Als hinge etwas von mir ab. Das täte es, behaupten sie, ich hätte es doch daran sehen können, dass man mich den Ort für die Konferenz bestimmen ließ. Die erquickliche Dame an meiner Seite mache noch nicht gleich einen Hayami aus mir, versichert Anna freundlich. Dem Kugelmann glauben immer noch viele und vertrauen wenige. Ausgerechnet unsere Fotos, die Sperber-Chillon-Serie, die wir mit Einverständnis des exilierten Burgherrn der Versammlung vorgelegt haben, gibt dem MUFOlogen ein wichtiges Argument an die Hand. Wenn die Oldies nicht nur am PA 8 erzeugt werden könnten, dann müssten doch auch die hartnäckigsten Zweifler allmählich vermuten, es mit einer planenden, steuernden Intelligenz zu tun zu haben. Die Verdutzendfachung von Sperber sei ein starker Hinweis in diese Richtung. Man habe damit zeigen wollen, dass es keinen Ort und keine Funktion gäbe, die uns vor einer TRANSFORMATION schützen könnten, wenn es die MACHT, die unsere MUFOS kontrolliere, nach einer solchen gelüstete. Hayami hatte ebenfalls für das EXPERIMENT FÖNIX plädiert, ja einen weiteren Zwischentest als unnötig befunden. Keiner, auch kein Cernianer, widersprach ihm ernsthaft. Warum auch, solange man das physikalisch Wahnsinnige unseres Zustands nicht erklären kann und Hayami das gleiche Ziel verfolgt. Zwei kräftige Männer hatten sich zwischen ihn und Sophie gestellt, die noch immer wenig versöhnlich wirkte, so weit man ihr das über der Mundschutzmaskerade ansehen konnte.

»Vielleicht haben wir ohnehin nur noch ein paar Wochen«, sage ich schließlich. »Die Inkubationszeit scheint doch sehr unterschiedlich zu sein.«

»Wer weiß, ob der andere Mann tatsächlich an der Krankheit gestorben ist. Und ob Marioni wirklich noch lebt.« Boris wird sein Misstrauen nicht mehr loswerden, es ist wie die Angst, die einem verfolgt, sobald man sich entschlossen hat, eine Waffe zu tragen. Er sieht aber recht gesund aus, sonnengebräunt, rasiert, in tintenblauem Hemd und weißer Leinenhose, und auch Anna, die ein schwarzes elegantes Sommerkostüm trägt, macht auf mich ganz den feierlich erregten Eindruck der meisten Zombie-Frauen in diesen Stunden. Die nächtliche Ekstase auf dem Weingut ist noch immer so nah wie ein Lust-Alptraum, aus dem man gerade erwacht. Immer wieder kommt sie mir so mitwissend, verschworen, berührt vor, dass ich glauben muss, sie kenne die Klonierung schon am eigenen Leib, habe sich schon vervielfacht, verdreifacht eben, so wie es mir selbst im Rausch zumute war, als ich plötzlich auch als Kubota-Voltaire-san und armer Jean-Jacques an ihr zugange gewesen bin.

»Du willst den Test«, sagt sie ruhig.

»Wie die meisten anderen auch.«

»Weil du deine Frau gefunden hast.« Langsam schlägt sie die aprikosenfarbene Decke über der Gräfin zurück. »Ist sie wie die hier?« Der schlanke Hals, hervorspringende Schlüsselbeine, tief ansetzende Brüste, die baumeln würden, könnte sie noch gehen, der vollkommen flache Bauch, ein kräftiges Becken dann, der scharf umgrenzte kleine Nerz, der sich aufzubäumen scheint. »So elegant?«

»Wie weit wir gekommen sind«, sage ich launig.

»So weit wie die meisten anderen auch.«

4.

Draußen an den Kais ist die Stimmung eindeutig. Es gibt bereits die Freiwilligen für den Test, die erst gefunden werden sollten, wenn wir uns auf einem 24 Stunden nach der Brückenkonferenz angesetzten zweiten Meeting darauf hätten einigen können, weitere Experimente durchzuführen. So ziehen wir alles vor, versammeln uns spontan gezielt auf dem Bürgersteig vor dem Hilton, beschließen ohne Gegenstimmen (Enthaltung von Boris und Anna) den Test, verabschieden das Dutzend Freiwilliger, ein irgendwie magisches Dutzend in diesen Kopierangelegenheiten, bleiben erschüttert zurück, benommen, unauflösbar unschlüssig, ob es nun klüger war, hier zu bleiben oder sich den Probanden anzuschließen, zu denen wiederum die meisten Cernies gehören, aber auch Daisuke Kubota, Antonio Mitidieri, George Bentham und Mr MUFO Hayami höchstselbst. Sechs, sieben Stunden wird es dauern, bis wir Bescheid wissen und die endgültige Entscheidung zu fällen haben, die wohl eindeutig ausfallen wird, wenn der Test die bisherigen Erwartungen bestätigt.

Er habe eine Scheißangst, sagt Henri Durétoile. »Vielleicht wird es uns einfach zerbröseln!«

Die beiden Österreicher sind wieder aufgetaucht, Steingärtner und Maloni, galgenvogelhaft, in teuren, leichten schwarzen Anzügen, die sie schon zu lange tragen. Anscheinend ist ihnen nicht mehr danach zumute, einen Aufstand gegen die Cernianer anzuzetteln.

»Sind zahm geworden, fressen aus der Hand«, meint Sperber. »Lieber a schöne Leich als a hässlicher Doder.«

An einem Bootsausleger gegenüber dem Monument Brunswick gibt es einen unberührten, nahezu fuzzifreien Vergnügungsdampfer, auf dem man sich in der Ära des Kalten Krieges (Sperber) niemals versammelt hätte, weil er das Schutzprinzip der ihm strukturell ähnlichen Wasserburg in sein Gegenteil, den Präsentierteller, verwandelt. Jetzt fürchtet sich keiner mehr so recht. Man schätzt die guten Vorräte des Dampfers, sitzt als Geistergesellschaft auf dem Geisterschiff, schon halb abgelöst vom steinernen, versteinerten Genf, das fünf Jahre lang unsere Ratlosigkeit, Gleichgültigkeit, Geilheit, Verzweiflung beobachtet hat aus tausenden steinblinder Augenpaare. Sperber neben Patty Dawson, Catherine Thillet zwischen ihren vampirartigen Kindern, der scheißängstliche Henri mit zitternden weißen Händen an der Seite des drolligen Familientiers Lagrange. Die Zukunft ist immer noch schwarz, so als wäre das strahlende Wasserblau, Himmelsblau, die weite Öffnung des Sees und wolkenlosen Himmels von Ungewissheit durchsetzt wie von den Rasterpunkten einer zu stark vergrößerten Fotografie. Die Rückwärtstendenz, auf die wir hoffen, könnte bewirken, dass wir einfach vierzig schönere, weil um fünf Jahre jüngere, regungslose Klone von uns am PA-8-Areal platzieren – und sonst nichts. Es könnte aber auch sein, dass wir die Stunde Null erneut betreten, rechtwinklig zur vierten Dimension, wie Stuart Miller sagt, rückwärts durch die Zeit, womit alles, was in der Unzeit geschehen ist, verschwände, zunichte würde oder wieder hergestellt, als hätte niemand je daran gerührt. – »Auch die Kinder, mein Gott!«, ruft Catherine, nicht an ihre eigenen, missmutig Eis leckenden Sprösslinge denkend, sondern an die drei Elfen, die zurückgenommen werden müssten wie mein Berliner Orthopäde, der sich selbst therapiert im großartigen Florentiner Umkehrsturz. Sperber, sechsundzwanzigmal geklont mittlerweile, wirft die aus meiner Sicht ebenso bedenkliche Frage auf, was mit den Oldies geschehe, die bislang erzeugt wurden, die vielleicht, weil sie auf dem PA 8 stünden, doch nicht automatisch verschwänden, selbst einer, der Spiegelpartner, der einem von der anderen Seite der Einstein-Rosen-Brücke mit offenen Armen entgegenkäme und richtiggehend, wenn auch umgekrempelt, am Leben wäre, brächte uns doch wohl ziemlich in Verlegenheit, gerade für den Fall, dass der Rest der Welt mit auferstünde.

»Du kannst ihn deiner Frau zum Fraß vorwerfen«, schlägt Henri vor, der dennoch nicht fröhlich wirkt. Seine Pariser Hoch-Zeiten in der Nullzeit sind vorbei. Was von ihnen übrig bleibt – die aus dem Louvre seelenruhig entwendeten kleinen Picassos und Renoirs an den Wänden seiner praktischen Luxussuite im Hotel Balzac, die Juwelen-, Dollarnoten- und Golddepots unter entlegenen Gebüschen des Jardin des Plantes und in den Urnen seiner Großfamilie auf dem Cimetière du Montparnasse, die kleine Gonorrhöe (ein sehr interessanter Vorgang der Re-Chronifizierung von Organismen), gegen die Patty ihm etwas verschrieben hat –, ist so ungewiss. Dennoch sitzt er mit uns auf einem Boot, genau wie die beiden österreichischen Galgenvögel, die durch ausgesuchte Höflichkeit und Zurückhaltung bestechen, man könnte glauben, sie wären die Bestattungsunternehmer, die davon profitieren, wenn demnächst eine leichte Abweichung von der Originalvorlage (denn wir sind eben nicht mehr die 70 Personen, die sich einmal um die Catering-Häppchen prügeln wollten) es mit sich bringt, dass wir zu Pulver zerrieben werden, zu Kopierschwärze, die der auferstandene Wind über den PA 8 weht.

»Wo ist Sophie? Sollten wir nicht auf sie aufpassen?«, sagt irgendwer, ziemlich gleichgültig. In den letzten Stunden, die ich noch habe, ist mir auch nicht danach, mit unausgesuchten Leuten in einem Boot zu sitzen. Vielleicht wollte ich noch nicht einmal mit Anna zusammen sein, wenn ich es könnte. Im Zwei-Stunden-Takt, zwischen der Jetée des Pâquis und der wie eine Sichel gebogenen Mole des Segel- und Yachthafens, so ist das Raum-Zeit-Kontinuum umschrieben, der relativistische Kaugummistreifen, auf dem wir uns von nun an treffen wollen.

Ich würde wohl immer gehen, wenn ich nur noch wenige Stunden hätte und mir meine Beine noch gehorchten. Allein mit meinen Sünden. Der nicht unterdrückbaren Zufriedenheit darüber, dass ich sie beging. Der Scham. Fünf Notizbücher, ledergebunden, mit sehr feinen Blättern habe ich vollgeschrieben in der nur mich selbst widerhallenden Leere der Unzeit. Sie liegen auf dem Nachttisch der Gräfin wie ein schwarzes mehrkammriges Luftkissen, das ausgequetschte Akkordeon meiner Irrfahrten unter dem chronometrischen Hasen, der mit ihnen gereist ist, weiter noch als das älteste. Die Fußmärsche, die deprimierten, fanatischen Pilgergewaltmärsche nach Berlin, Paris, Prag, Florenz, Zürich, machen mich im Nachhinein so müde, dass der größte Wunsch, den ich vorbringen würde, fragte mich einer der ewig gleichen Fuzzis, die auf der Mont-Blanc-Brücke und im Englischen Garten in ihren sinnlosen Zustand vertieft sind, eine Taxifahrt zum PA 8 wäre, wenn es denn soweit ist. Das Gehen in der Totenstille, wie gegen einen Sturm, der alles übertönt, einen Eissturm, der immer schon alles und jedes auf deinem Weg eingefroren hat, bevor du es erreichen kannst.

Wieder die Altstadt mit ihren noch stilleren, irgendwie noch ahnungsloseren Bewohnern und Passanten. Ein Buchladen mit schmalen Gängen, vollgestopften Regalen, auf dem Boden und in den Fensternischen aufgestapelten Werken. Tausende von Stimmen. Das ist das, was wir noch hören, als die musikalischen und fanatischen Leser, die die meisten von uns in der Unzeit geworden sind. Ende, Finis operis. Wir schlagen die letzte Seite um, freiwillig, wie Laborratten, die sich selbst den Bauch rasieren. Warum sind wir uns so fürchterlich einig? (Nicht nur Leute wie ich, die ihre Frau verloren und ihren Rivalen an die Luft gesetzt haben.) Die Angst, doch noch irre zu werden, wäre der erste Grund. Dass man die Stille nicht mehr aushält, diese Armeen und Heere von VogelschEUCHen! EUER widerwärtiges Schweigen, EURE Ungerührtheit, EURE Bereitschaft, alles mit EUCH, mit uns geschehen zu lassen. Keinen Widerstand zu spüren heißt, dass man stürzt. Überdruss, der zweite Grund. Der Ennui, der mit den Jahren kommt. Die teuersten Weine haben wir nicht bezahlt. Die besten Menüs aßen wir alleine (und parallel). Die schönsten Frauen empfingen uns wie Ärzte oder Klistiere (seriell, parallel). Wir wollen eine ANTWORT. Sie muss noch nicht einmal gut sein.

Erst auf der letzten Stufe kehrt eine gewisse Ruhe ein. Der fanatische Zustand. Man verdreht nicht die Augen, schäumt nicht vor dem Mund. Es ist nur ein kleiner Schritt, im Inneren, wie das Durchtrennen und Durchstechen einer verborgenen Membran. Kein Außengeräusch. Kein auffälliges Zeichen. Man sieht einen Mann durch Florenz gehen, der alles von sich geworfen hat, befreit, mit leichten Schultern. Er studiert die Gemälde und Skulpturen der großen Meister, die Touristen in den Eisdielen und Restaurants, die Tauben in der Luft unter dem Fenster eines Hotelzimmers, in dem man wie durch einen Schleier von ausgespreizten Flügeln hindurch den nackten Rücken eines anderen Mannes sieht, so weit, dass man sofort nach Hilfe rufen möchte. Er wird fallen oder auch nicht. Es ist nicht eindeutig, nicht ausgemacht, Anna. Die drei Sekunden des RUCKS werden es wohl erwiesen haben. Ein Gottesurteil, kein Mord. Ich setzte ihn so, dass er eine Chance hatte. Und lange Zeit, all die Monate, die ich noch in Florenz verbrachte, war ich zufrieden damit. In dem durchaus unbescheidenen Haus, in dem ich wohnte, ungeheuerlich gute Weine aus der Umgebung, dem Friaul und dem Piemont trank und Bücher vergleichbarer Qualität las, versuchte ich mich in der Meditation, der noch tieferen Einübung meines Zustands. Ein Kunstraubgut war mir dabei sehr behilflich, kleinformatig genug, um es zwischen den Bücherschränken aus dem 17. Jahrhundert gegenüber meinem fürstlichen Lesesessel aufzuhängen, von wo aus ich es in langen Nächten betrachtete. Wenn mit dem EXPERIMENT FÖNIX plötzlich allen wieder die Stunde schlägt, wenn die Manipulationen der Unzeit, angerichtet von uns Zombies, so widerspruchslos übernommen werden, wie es nach den drei Sekunden des RUCKS der Fall war, dann wird man in den Ausstellungsräumen des Palazzo Pitti, um es genau zu sagen in der Galleria Palatina, einen feinen Caravaggio vermissen. Jenen *Schlafenden Cupido* habe ich bei zugezogenen Vorhängen im Schein ewig brennender Kerzen bewacht. Studiert. Verwendet, denn seine grell ausgeleuchtete Haut, die mit Ausnahme der Gesichtspartien die eines Toten ist, war wie die Leinwand für den flackernden, schlecht montierten Film meines Lebens, den ich so lange in Wiederholungsschleifen abspulen musste, bis er mir so stillllebenhaft matt und friedlich erschien wie die Pfeile in der entkräfteten Hand des Puttos. Allein der massige Kopf mit dem geröteten Gesicht eines dicken Achtklässlers, so schräg auf den verdreht liegenden Körper eines 4-Jährigen montiert, als hätte ihn eine kindermörderische Salome vor einer Dorfschule geerntet und auf den kleinen Hals geklebt, scheint noch warm durchblutet zu sein. Die Schülertage in Berlin-Steglitz kehrten durch seine mediale, albern obszöne Wirkung zurück, die blödsinnige und doch so zutreffende Idee, dass mit mir einmal etwas ganz Besonderes passieren würde. Aus dem eintönig dunklen Hintergrund über dem Leib des Cupido zeichnet sich nur ein einziges Objekt ab, weiß schimmernd und fragil, der sichelförmige obere Rand des rechten Flügels. Es ist kein Licht denkbar, das nur diese Gefiederlinie strahlend aus der Nacht hervorzaubern würde. So kann unsereins die Engelsschwingen vergessen und den Bogen als zufällig sichtbar gewordenes Segment einer Chronosphäre deuten. An meinem letzten Tag in Florenz, als ich beschlossen hatte, nach München zu gehen und alle Spuren meiner Existenz dort zu verwischen, kam mir plötzlich der Einfall, wie ich den Orthopäden im Fall eines negativen Gottesbescheids retten könnte, ohne noch einmal das Hotelzimmer betreten zu müssen, und ich war versucht, von überall her Kissen und Federbetten, Matratzen, Turnmatten, Schaumstoffpolster, Styroporteile und so fort herbeizuschleppen, um eine enorme, sprungtuchartige Auffangfläche zu schaffen. Aber mein Zustand vor dem RUCK, vor meiner Entscheidung, wieder nach Norden zu gehen, war dann doch fanatisch genug, solche Korrekturen für überflüssig zu halten.

»Du wolltest zuerst in die Kathedrale, aber jetzt bist du hier.«

»Ich kann mit Calvin nichts anfangen.«

»Solltest du aber, wenigstens im logischen Sinne. Wir könnten Entscheidungen fällen, obwohl alles schon festgelegt ist.«

»Bist du mir nachgelaufen? Seit wann verfolgst du mich?«

»Ich bin unbewaffnet. Weshalb interessieren dich die Tiger?«

»Sie erinnern mich an meine Kindheit.«

»Bist du in einem Zoo aufgewachsen? Oder in Indien?«

»Indien! Wir hätten bis nach Indien gehen können, auf dem Landweg.«

»Morgen kannst du ein Flugzeug nehmen.« Stuart Miller, der mich bis in das Museum für Naturgeschichte verfolgt hat und dort noch unbemerkt bis vor die beiden ausgestopften, den Rachen aufreißenden Tiger, streckt mir eine Hand entgegen, als wollte er mir ein Flugticket reichen. Irgendetwas muss er wohl an mich loswerden, es scheint nur sperriger zu sein als eine Bordkarte. Die Tiger sind die Zeit, die gefesselt wurde und deren vernichtender Ausbruch jeden Augenblick bevorsteht. Sie sind Feuer, zweifelsfreie, skrupellose Gewalt. Das Kind, ausgesetzt und wehrlos, träumt von der Verwandlung in unbezähmbare Kraft, auch und weil es sie hinter Gittern sieht. Man wird uns ausweiden und mit Stroh ausstopfen am PA 8. Wir werden in ein Museum kommen, in das Microcosm-Besucherzentrum des CERN, 70 Präparate eines schlimmen Betriebsunfalls – wie diese Tiger, Eichhörnchen und Störche, die Marder und die Schwingen spreizenden starren Adler und Habichte in den leuchtenden Kunstlandschaften ihrer Vitrinen. Monaden, sagt Stuart, eigene getrennte Welten, die sich nicht berühren. Nein, er glaube nicht an Hayamis Theorie, obwohl es folgerichtig sei, genau dort, wo die Widersprüche entstünden, den Einfluss einer überlegenen technischen Intelligenz zu vermuten. Er möchte mir nur etwas klarmachen.

»Dass es die Gruppe 13 gibt? Dass sie den PA 8 mit hundert Tretminen verseucht haben und ich lieber hier bleiben sollte?«

Eine Gruppe 13 habe nie existiert, erklärt Stuart gelassen. Die Liquidierung des sadistischen Leibwächters Thorgau sei von einer kleinen Gruppe beschlossen und durchgeführt worden, die man nur zu diesem Zweck gegründet und nach vollbrachter Tat sofort wieder aufgelöst habe. Seine Mission sei es nicht gewesen. Er wolle keine Waffe tragen und wisse auch nicht damit umzugehen. Als Kletterer nahezu professioneller Güte konnte man ihn für eine ganz andere Expedition bestimmen, eben die halsbrecherische Tour durch den PX-Schacht hinab zum DELPHI-Detektor.

»Mit dem aber alles in Ordnung gewesen ist!«, sage ich laut, vermutlich sogar drohend, mit der Unterstützung eines auf die Hinterbeine erhobenen Grizzlybären, dessen Glasaugen so unnatürlich hellblau schimmern, als bestünde er im Inneren aus beleuchtetem Gletschereis.

Jede Welt sei in Ordnung, für sich genommen. Es frage sich nur, wo, in welcher Alternative wir uns befinden wollten. Bei den Bären und Wölfen (Schaufenster 5), den Gnus und Büffeln (Schaufenster 6), den roten Wildschweinen (Schaufenster 7), dem vögelnden Menschenpaar (Schaufenster 8, klassischer Zombiescherz), den Toten oder den Lebenden.

»Das ist die Museumstheorie, passt hierher«, sage ich über die Köpfe einer halben Schulklasse hinweg, vorwiegend Jungen, die sich im dunklen Gang zwischen den schimmernden großen Vitrinen versammelt haben.

»Etwas viel Gewaltigeres«, sagt Stuart. »Es gibt nicht einfach nur das Museum, eine einzige Kopie. Es gibt Milliarden. Deshalb haben wir damals, am PA 8, gar nichts hinzugewonnen, sondern fast alles verloren. Wir sind auf einen falschen Ast geraten.« Auf einen abgesägten Ast der Zeit. Ein Totholz, dessen weitere Verzweigungen sämtlich unter der einen Voraussetzung beginnen, nämlich der, dass nur 70 Zombies sich bewegen könnten, sonst aber nichts und niemand. Es ist, als würden wir eine der Vitrinen betreten, etwa jene mit den auf Pappfelsen ruhenden ausgestopften Geparden, und niemals wieder aus der künstlichen Savanne herausfinden, mit ihrem falschen Licht, den verstaubten Wüstenspringmäusen, dem fahlblauen, auf tapezierte Spanplatten gemalten Himmel.

Ein große Bahnhofsuhr hängt am Ende der Allee aus leuchtenden Scheinwelten von der Decke herab. 12 Uhr 47, die Stunde der Auferstehung. Mir ist plötzlich, als sollte ich mich beeilen. Der lockenköpfige Australier bemerkt meine Ungeduld und sieht selbst auf die Uhr, die wahre falsche Zombieuhr an seinem Handgelenk. »Kanishi hat sich getötet, weil er etwas nicht verstehen konnte.«

»Etwas im DELPHI-Schacht?«

Stuart reagiert nicht auf die Frage. Er scheint ergebnislos mit sich zu ringen. Mir ist völlig rätselhaft und auch ziemlich gleichgültig, weshalb er ausgerechnet mir etwas anvertrauen möchte, das ich wahrscheinlich ebenso wenig verstehen werde wie sein suizidaler Kletterpartner Kanishi.

Draußen, auf der Route de Malagnou, stolpern wir noch eine Weile nebeneinander her durch unser letztes falsches Mittagslicht, die letzte Blendung vor dem EXPERIMENT FÖNIX vielleicht, an dem teilzunehmen ich nach wie vor entschlossen bin. Wie ich zurückzukehren gedächte, wenn alles vorbei sei, möchte Stuart noch wissen. So oder so. Ich käme ja aus München und sei doch über Zürich angereist. Würde ich von Genf aus mit der Bahn fahren, wenn wir uns tatsächlich soweit zurück bewegen könnten, dass der Ast wieder den Baum der Zeit berühre? Dann würde ich wohl in Zürich nicht aussteigen, um einen Stadtbummel zu machen. Aber angenommen, dass ich doch nicht fahren könnte, sondern weiterhin laufen müsste, wäre es doch vorstellbar, dass ich am Ufer des Sees entlangginge. Und bis zum Bürkliplatz käme, wo ich einmal mit Boris und Anna verabredet gewesen wäre für den Fall eines außerordentlichen Ereignisses. (Hatte ich ihm das erzählt? Im kaskadierenden Pharao womöglich, nach dem vierten Time-Breaker.)

»Willst du dich jetzt mit mir dort treffen? Falls FÖNIX schief geht?«

Nein, er würde dann nicht mehr nach Zürich gehen. Was es zu sehen, was es zu entdecken gäbe am Bürkliplatz, das sei schon da, wenn –

»Wenn?«

»– wir nicht zurückkehren. Es ist wie ein Suchbild: Wo steckt der Fehler?« Fragt er mich, auf dem Boulevard des Philosophes, die wir noch immer nicht geworden sind.

5.

Das schilfgrün und sandfarben getönte Halbdunkel meines Hotelzimmers, dessen Tür seit dem 14. August 2000 gerade so weit offen steht, dass Mann im neutralen Zustand hindurchschlüpfen kann. Womöglich weil das Schloss defekt ist. Oder die Gräfin, nackt unter ihrer Seidendecke, hatte eine besonders prickelnde Art des Empfangs für ein Rendezvous gewählt, dafür spricht die Lage des Zimmers am Ende des Flurs mit seinem imperialen, von Krönchen und Zeptern gespickten roten Läufer und der – leider, vor so vielen Jahren schon – bei der Begrüßung verpulverte fürstliche Erregungszustand ihres Körpers. Sie hat sich die Decke über den Kopf gezogen, ich erinnere mich nicht mehr genau, was ich tat, nachdem Anna und Boris aufgestanden waren. Ein Hineingleiten ins Schilfrohr, der fette Erpel der Unzeit landet weich auf seinem Daunenkissen, diese Art von relativster, relativistischer, relativierbarster Heimkehr wird es nur noch einmal geben, jetzt, wo ich ausruhen will vor dem Aus-der-Urne-in-die-Asche-Experiment, wenigstens für ein Unstündchen noch, meine übermüdeten Augen wieder zu schärfen für die Zustände am PA 8, die uns bis zur Verdutzendfachung treiben. Todesangst. Man muss die Cernies bewundern oder sich fragen, ob in den geschilderten Begegnungen mit der schwarzen Kugel, dem Höllenkreis oder wie sie es nennen mögen, nicht auch eine gewisse Lust verborgen liegt, eine Art sekundärer Kopiergewinn, über den sie nicht reden. Die Gräfin unter ihrer Decke, eingeschlossen in ihren nicht-chronifizierten Körper, versteht vielleicht etwas davon, womöglich sind sie ja ekstatisch seit einem halben Jahrzehnt, sie, IHR, die Milliarden von Fuzzis, in EUREM grandiosen ewigen Augenblick, dessen Grenze man am PA 8 spüren kann, sobald die Kopierlinie überschritten ist. Unsereinem bleibt nur die antwortlose Lust, das gegenstromige mühselige Emporzucken auf den Lachstreppen, die Spinnenmännchenangst vielmehr, die hastig, haspelnd, hurtig drauflos hudelt, unter den gelähmten Beißwerkzeugen der schwarzen Witwenmacherin Zeit. Noch einmal im Spiegel, auf der rechten Bettkante sitzend, im T-Shirt, ohne T-Shirt, in Shorts, ohne Shorts, mit halb dienstfertigem gräflichen Kutscherburschen, mit wieder schlafendem Knecht – meine Eigenwert-Zombies schwirren durcheinander, der rothaarige Gorilla, sein Körperbaumstamm, der flinke halbglatzige kinnbärtige kleine Beschäler, dem es hinter den Brillengläsern funkelt, jener olivenölfarbene Spät-Adonis mit der Adlernase schließlich, der ich Anna immer gern gewesen wäre. SEHT MICH AN. Dann nämlich kollabiert meine Wellenfunktion und ich bin, was ich bin, jetzt bin, zähneklappernd in der Schilfbrutwärme des Zimmers, elend vor Angst und Zweifel unter die Decke kriechend zu einem wie halbtoten Frauenkörper. Nehmen wir an, der hätte kein bestimmtes Gesicht. Das Haar, das es verdeckt, änderte seine Farbe vom hellen Braun in schläfriges Gold, wäre dreimal so lang wie zuvor und flösse über die plötzlich kräftigere und rundere Schulter. Der etwas stärkere, nicht mehr nackte, sondern mit einem tintenblauen BH gegürtete Oberkörper ruhte in seitlicher Lage auf der Matratze und hätte die Beine angehockt, mit den Knien abweisend in meine Richtung zielend. Leicht deutbar das halb entblößte Gesäß, die linke Hand mit den ausgestreckten Fingern zwischen den Oberschenkeln, nicht so leicht, wenn ich nämlich, noch bevor ich, um in meinem Erschrecken, meiner jäh herzrasenden Hoffnung sicherzugehen, das Haar sacht beiseite streichen kann, gewahren muss, darf, dass der Kopf sich bewegt, eine kleine, unwillige oder abweisende Drehung macht, dass sich die rechte Hand, sehr rasch, der ganze Arm wie ein beinahe gewichtsloser weißer Flügel hebt, bis die Finger den seidigen blonden Vorhang über dem Gesicht berühren und es plötzlich freilegen, so energisch und grob die glühende Wange, die gerötete Stirn zum Vorschein bringen, als wäre es der rücksichtslose Griff eines anderen, der ihnen den Schutz und das Geheimnis raubt. Anna gibt sich preis – nicht als überrascht oder ertappt, sondern absichtlich, als Statue ihrer Scham, es ist vollkommen klar, wie alles geschehen ist, ich sehe sie im hellen Korridor der jüngsten Vergangenheit das Zimmer betreten, die Gräfin in eine Decke wickeln und aus dem Bett ziehen, sich selbst an ihre Stelle legen. Sie will sich entkleiden, sich ebenso empfangsbereit präsentieren. Es endet in der Pose der erregten Entschlusslosigkeit, mit Anna allein, mit uns beiden wieder, auch wenn ich sofort unter die Decke schlüpfe, sie umarme, an mich presse, küsse, nach ihren Händen greife. Da liegen wir zusammen, erhitzt durch Nähe, fröstelnd vor Bedenken, frierend im Angesicht der bevorstehenden Experimente, als hätte man uns schon auf den Asphalt des PA 8 geworfen, an einem eisigen Morgen vielleicht oder einem Wintertag. Mit der Stirn, mit den Knien aneinandergepresst, aneinanderstoßend. Annas Finger so kalt wie meine eigenen, um 12 Uhr 47. Sie habe mit mir geschlafen, flüstert sie, in einem Traum, so wirklich und »extrem«, dass sie das schlechte Gewissen seit Tagen verfolge. Auf dem Weingut? Ja, woher ich das wisse? Weil ich in ihrem Traum die eigene Rolle höchstpersönlich gespielt habe, könnte ich sagen, aber es scheint mir sinnlos und unangenehm, da ich mich dann auch gleich nach den beiden anderen Traumpartnern ihrer Orgie erkundigen müsste, die vielleicht selbst glauben, glauben müssen, geträumt zu haben. Etwas gehe mit uns vor, das sich immer mehr der Kontrolle entziehe, findet Anna, es mache sie wütend – meine rechte Hand zwischen ihre Schenkel pressend, auf zwei meiner Finger drückend, so dass ich fast zwangsläufig in ihr grabe –, dass sie nicht, jetzt nicht mit mir schlafen könne, und da es mir um keinen Deut besser geht, streift sie den Rock ab, öffnet die Schenkel weiter, und wir kriechen zusammen und liegen still für eine, für unsere größte und kläglichste Zeit.

Wieder angekleidet, nachdem wir (auf meine Bitte hin) die Gräfin standesgemäß aufgebahrt haben, die wie eine Mumie in ihrer aprikosenfarbenen Seidendecke auf dem Teppichboden lag. Nun könnten wir noch Geständnisse ablegen. Annas Morde, mein Gottesurteil oder inszenierter Halbtotschlag zu Florenz. Reden wir stattdessen über die Zukunft, über die wir uns nicht einigen können, ich hatte es mir schon gedacht. Nicht beim EXPERIMENT FÖNIX mitzumachen, den Glauben zu teilen, dass sich ein System von Sprengladungen oder sonst eine todbringende Installation am Eingang des klonierenden Areals befindet, angebracht und versteckt vom Phantom der Gruppe 13, ist der große Liebesbeweis, den sie Boris erbringt, gegen ihre eigenen Hoffnungen, gegen die Sehnsucht, jünger zu werden oder gar über die Brücke hinübertanzen zu können in den kosmischen Reigen jenseits der Dornenhecke. Blutend kommen wir vielleicht dort an. Oder nur sterbend. Wir lehnen an der Fensterwand, so dass wir hinübersehen können zu den Kais. Nie zuvor ist Anna mir so wehrlos und nah vorgekommen. Ich spüre den Schattenwurf einer möglichen Zukunft, in der wir schon lange beisammengelebt haben werden. Von dort zurückkehrend, hätte ich die Kenntnisse, die durch Jahre der Intimität erworbene Vertrautheit, mit der ich sie jetzt betrachte, rieche, spüre. Nicht miteinander zu schlafen, sagt sie, sei schon immer eine gefährliche Sache gewesen. Die richtige Sache zwischen uns, plötzlich erscheint sie mir nur wie der lebendige Rahmen eines Spiegels, in dem ich Karin vorübergehen sehe. Am Kai, auf dem Bürgersteig, der Straße, die wir vom vierten Stock aus betrachten, wie eine Draufsicht auf ein größenwahnsinniges starres Architekturmodell, entsteht Bewegung, Zombies tauchen auf, winken. Man trifft sich offenbar schon wieder. Also trennen wir uns, endgültig, das heißt ebenso viel wie sich verabreden für eine Zeit, die wahrscheinlich nur noch einem von uns gehört.

»Genau hier«, sagt Anna. »In diesem Zimmer. Ab morgen drei Tage lang, immer von zwölf bis zwei.«

6.

Unter der kastenfömigen gelben Markise des Hotels hinaus und wie der blutigste Anfänger direkt hinein in einen mächtigen weiblichen Fuzzi. Sie trägt gestreifte Baumwollhosen im Pyjamastil, ein kariertes Hemd, schwarze Hornbrille, Schweiß auf der roten Stirn und will mich glatt umlegen mit einer fröhlich schnaufenden Begrüßung, so dass ich wie ein Gewichtheber in die Knie sinke, ihre Kugelbrüste und ihr Teergeruch mich schier ersticken, ich einen dann doch sehr professionell ausgeführten rücksichtsvollen Zeitlupen-Hüftwurf (Zombie-Judo für Fortgeschrittene) anbringen muss, um sie fachgerecht neben der Zierpalme vor dem Eingang des Hotel des Bergues zu platzieren. Da könne man doch sehen, welch artistisches Geschick unsereiner in der Unzeit entwickelt habe, erklärt mir Henri Durétoile, der gerade seewärts strebt wie drüben auf der anderen Straßenseite Catherine, die Vampirgören, der zwinkernde Miller (ich frage mich noch in der Aufregung, ob er oder Daisuke das in betrachterfreundlicher Missionarsstellung koitierende Menschenpaar im Naturkundemuseum installiert hat). Der Unfall, das rasche Gehen in Gesellschaft, Henris Fragen oder Erklärungen, die zu verstehen ich mir Mühe geben muss (jetzt: Er und die andere Straßenseite sind INFORMIERT (?) worden), das völlig hysterisch wirkende Zombie-Trio bei der Mont-Blanc-Brücke, die Signale, Anzeichen, Bewegungen, das alles hilft mir, nicht loszuheulen wie ein Schlosshund auf Chillon, während ich mich mit jedem Schritt weiter von Anna entferne (von der Gräfin, meinem chronometrischen Hasen, dem Rucksack im Wert von 5 bis 8 Millionen SFR). Man muss glauben, dass wir überflüssig sind, Schnittreste, Späne, Sägemehl der Zeit, das jetzt zusammengefegt wird. Entlang den Kais, durch die starr staunenden Fuzzis hindurch, am Denkmal des alten Braunschweigers vorbei, wo Sperber und die beiden österreichischen Galgenvögel auf uns gewartet haben, entlang den Bootsanlegern, den klotzigen Hotels, mit etlichen raschen Blicken hinüber zum anderen Ufer, als könnte dort, eingeleitet von der in der nächsten Sekunde herniederklatschenden Wassersäule des Jet d'eau schon das andere Leben beginnen. Automatisch, ohne Verabredung, Flugblätter oder Plakate, leichtsinnig, unkompliziert kommen alle wieder auf der kleinen Brücke zu den Seeschwimmbädern zusammen, wo unsere gesamte heimgekehrte Testmannschaft, ein Dutzend Chrononauten des PA 8, schon auf uns wartet.

Sichtlich mitgenommen: die vier üblichen Cernies, die beiden Japaner, Bentham, Mitidieri, ein mir namentlich Unbekannter (Ralf Münster, Ex-Kriminalbeamter), der Basler

Schmied, der Schwede Gutsrand und Karoline Haselberger schließlich, als erste Frau, die ihren Fuß auf das Areal gesetzt hatte, seit es sich in der aktiven Phase befindet. Kopiert. Alle zwölf. Polizeilich beurkundet. Die schwarzen Kugeln, die Todesangst (der verschwiegene Genuss, der Harriet, Mendecker, Kalkhoff und Lagrange letztere immer wieder überwinden lässt), das jähe Spiegelgefühl und die im Glas der Luft auftauchenden, sich daraus schälenden dreidimensionalen Bilder, Klone, die Oldies.

Jeder ist einmal kopiert worden, jeder Klon ist vier Jahre und acht Monate jünger.

Der Eindruck, für einen Augenblick, einen fürchterlichen, ergreifenden, nicht direkt schmerzhaften, hypnotischen Augenblick, zerspalten zu werden, gefroren und eine Bewegung zu machen, mit dem Kopf, den Armen, ohne dass man sich im Mindesten gerührt hätte, eben weil der (die, das) Andere, in der Spiegelsäule, der Luft, plötzlich wie lebendig erschienen war und sie stellvertretend oder vereinnahmend, abnehmend fast schon, ausgeführt hatte. Bei der doppelten, bei mehr als der doppelten Anzahl von Teilnehmern, versichern die bisherigen Testpersonen, sei es schier undenkbar, dass nicht noch mehr passiere. Allesamt sind sie auf eine unheimliche, aber auch unwiderstehliche Weise enthusiasmiert, um es mit Madame de Staël und mit Sperber zu sagen, der schon seine Bereitschaft erklärt, noch heute, spätestens morgen früh das EXPERIMENT FÖNIX durchzuführen. Das Schlimmste, was uns, der Erfahrung von acht Tests zufolge, geschehen könne, wäre, die Enttäuschung darüber verarbeiten zu müssen, dass wir den Übergang über die Brücke doch nicht bewältigen könnten – schlicht mangels Masse, weil wir eben gerade noch etwas mehr als die Hälfte der ursprünglichen Chronifizierten am PA 8 aufbieten könnten. Die Chrononauten der jüngsten Stunde sind jedoch optimistisch. Harriet, der nun insgesamt fünf Mal den Rubikon überschritten hat, berichtet von einer solchen Zunahme der Intensität, des Durchbruchgefühls, der Chronoaktivität, dass er schon bei zwanzig oder fünfundzwanzig Personen mit dem Quantensprung rechne. Der graugesichtige, aber gleichfalls illuminiert wirkende Mendecker pflichtet ihm bei, ebenso Lagrange und Kalkhoff. Wenn sie nicht auf Vollständigkeit bestehen, dann schwächt das doch empfindlich den Verdacht von Boris, dass die Cernies die mutmaßliche Gruppe 13 bilden, mit dem Ziel, uns allesamt zu liquidieren. Sie als Frau, offenbart sich in der Mitte unseres Besprechungs-Ovals Karoline Haselberger plötzlich, als Frau, die zwei Kinder »dort drüben« (bei EUCH, jenseits der FOLIE) habe, könne den Vorgang am PA 8 gar nicht anders beschreiben als ein Gebären. Mit Angst, Schmerz und Verzückung bringe man sich selbst, sein Spiegelbild zur Welt, man sei – ihre Augen quellen noch weiter heraus, ihre Hände greifen erst ins Leere der fliehenden Formulierungen, dann schier obszön an die eigenen Beckenknochen – kreativ, fruchtbar, sich selbst eine Mutter. Die Sperber-Mama, die Bentham-Mama, die Eigenmamas Mitidieri und Mendecker nicken zustimmend und irgendwie nutritiv, in Erinnerung an ihre glanzvollen Selbstgebär-Leistungen auf der Kreisfläche. Mein Freund Kubota, der Einzige aus dem Dutzend erleuchteter Wöchner, dem ich vertraue (wenn Anna nicht in der Nähe ist, wenn er nicht mit seiner Habichtsfeder auf den genitalen Kriegspfad geht), erklärt mir in einem vermeintlichen Tête-à-tête, dass er etwas fühle wie *ichiban ii toki* inmitten von *toki to tokoro*. Im Zentrum von Raum und Zeit, erklärt, übersetzt mir Hayami, der wie ein MUFO Herangeschlichene, spüre man die schönste Zeit nahen, die des Übertritts, des KONTAKTS. Kubota widerspricht nicht, und es ist wohl die allen Chrononauten gemeinsame euphorische Gleichgültigkeit gegenüber dem, was wirklich mit uns geschehen könnte, die so ansteckend wirkt. Wie das Sich-Hineinstürzen in eine Liebesgeschichte, in einen Krieg. Von der Brücke aus denken wir uns zur definitiven, endgültigen Passage hin – und alles nickt, stimmt zu, macht sich bereit.

Der Zeitpunkt hätte noch ein Problem werden können. Bis Hayami ihn durch sein Scheiden entschied. Boris und Anna, die uns beobachtet haben, von oben herab, aus dem fünften Stockwerk eines Geschäftshauses, mussten zunächst annehmen, das von ihnen gefürchtete Attentat ereigne sich jetzt, in den Augenblicken, in denen man die Menge auseinander fliehen sieht, hinwegspritzen wie Küchenschaben, in die zwei Richtungen allerdings nur, die auf der schmalen Brücke möglich sind (niemand sprang in das flaschengrüne Eis des Sees). Aber es gibt keine Stichflamme, keinen Rauch, nichts weiter. Sondern eine – Zurücknahme (Sperber). Wir sahen plötzlich den Rand des Kugelmannes, eine Art Aura, leuchtend um die Halbglatze des Physikers gezeichnet, um seinen dünnen Hals, das übliche (üblich gewesene) Tennisshirt, die Kinderjeans, die Turnschuhe. Ein gewisser Fließvorgang, ein Schmelzen dieser Linie setzte ein. Lautlos, so als wäre es nur wie das Ablösen einer Klebefigur von einem dreidimensionalen Untergrund. Undramatisch, bis der anscheinend fürchterliche Schlag eines unsichtbaren Gegenübers in seine Magengegend Hayami zusammenklappen und ein empfindliches Stück weiter dahinschmelzen ließ. Dann traf es auch seinen Kopf, von schräg oben wohl, derart heftig, dass man sich das Niedersausen eines schweren Hammers vorstellen musste, einschließlich der verformenden, zerbrechenden, zerquetschenden Wirkungen, die jedoch merkwürdig die gesamte Gestalt in Mitleidenschaft zogen, so dass er weiter (lautlos) schmolz, sich wie ein Stück Papier knüllte, nur auf fluide, quecksilberhafte Weise, sich vom Zentrum her – einstülpte, als wäre sein Nabel in einen Abfluss verwandelt worden, der ihn selbst in sich sog. Es sah nicht schön aus, wie er da hinweggurgelte, immer flüssiger, immer vager, immer amorpher, gleichsam in die Luft einsickerte und spurlos, ohne ein Pfützchen oder Fleckchen zu hinterlassen, verschwand.

Ob wir, die wir im Angesicht des ULTIMATIVEN TESTS mit allem Unmöglichen rechneten, auch so panisch von der

Brücke geflohen wären, wenn in uns nicht etwas geschehen wäre, das wir zunächst für die Vorboten der Anihilierung hielten, der Hayami zum Opfer gefallen war, kann ich nicht sagen. Nach einigen Minuten jedenfalls, die wir an den Brückenenden gewartet hatten, unfähig, noch weiter zu fliehen oder uns noch weiter auseinander zu bewegen, atmeten wir auf, weil keine neuen Abflüsse in irgendjemandes Körpermitte zu entstehen schienen. Das Vorgefühl, flüssiger und bald davongespült zu werden wie dieser hagere halbglatzige Mensch mit Brille, hatte wohl getrogen, obgleich wir alle eine Änderung spürten, etwas Präzises jedoch, etwas Lokales, das uns nicht auf Kopf und Magen schlug, sondern nur etwas in uns modifizierte, wie ein tief dringendes chirurgisches Spezialinstrument oder eine Bestrahlung, die nur einen bestimmten Gewebetyp angreift. Nach einer Weile, in der wir uns gegenseitig unserer relativen geistigen Normalität versichert, das Ereignis mehrfach untereinander bezeugt und die Brücke zu den Bädern erneut betreten hatten, ohne etwas Auffälliges oder Hinterlassenes dort zu finden, kamen wir darauf, dass die Veränderung die Art und Weise betraf, in der wir uns an Hayami erinnerten. In einem gewissen Sinne glaubten wir alle nicht mehr, dass es ihn je gegeben hatte, wirklich gegeben hatte (ich brauchte meine fünf Notizbücher, um ihn dingfest zu machen). Rückwärts angefangen bei seinem erfreulichen Plädoyer für das FÖNIX-EXPERIMENT, zum missglückten Attentat Sophies mit meiner Pistole, zu seinem Auftauchen in Genf mit den beiden Elfenkindern an der Hand, zu den Präsentationen der MUFO-Theorie auf den Jahresversammlungen und auch (was Boris, Anna und mich betraf) zu seiner abstrusen Grindelwalder Installation. Der Physiker Hayami und das, was man ihm in den letzten Jahren an Taten und Untaten zuschreiben musste, erschienen mit einem Mal ziemlich ungewiss im Sinne realer Vergangenheit. Es war uns zumute, als hätten wir ihn – selbst hier, auf der Brücke, vor einer Viertelstunde noch – nur in einem Film gesehen, immerhin in dem gleichen Film. Sein Geschmack und Verstand aufs Äußerste strapazierender Abgang oder Abfluss unterhöhlte sein Vorleben, gab ihm einen vagen und illusorischen Charakter, dem es nicht an grotesken Zügen mangelte.

Man sollte genau nachdenken in solchen Fällen. Patty Dawson hatte die entscheidende, Klarheit und Entsetzen hervorrufende Erkenntnis. Deshalb sind wir schon jetzt unterwegs, 37 Zombies auf der Straße nach Meyrin. Das Fahlerwerden, das sofortige Diminuendo der Erinnerung. Der Schlag in die Magengrube, der Treffer am Kopf. Im vierten Monat des Jahres Null sei Hayami einmal gemeinsam mit ihr und Boris Shuka eines (das zweite) von Sperbers Bulletins abholen gegangen (das einzige Mal an jener geschmacklosen Ausgabestelle Nummer vier). Die Erinnerung daran war in der zeitlichen Rückschau durch all die Film oder halbe Illusion gewordenen Begegnungen mit dem Kugelmann die erste, der sie wieder vertraute, mit Hilfe des feinen und rätselhaften Sensoriums, das die Erinnerung an ein noch so authentisches Zelluloidkunstwerk von der Erinnerung an die Wirklichkeit trennt. In der brütend warmen Dachkammer des Häuschens im Niederdorf, ziemlich fassungslos in einer verewigten Marihuanawolke stehend, sei ihr Hayami auf die besondere Art gegenwärtig, in der die wirkliche Begegnung mit einem Schauspieler mnemotechnisch die sein Abbild enthaltenden Filmsequenzen übertreffe. Vor vier Jahren und acht Monaten. Das sei ziemlich oder wahrscheinlich auch ganz genau der durch die Armbanduhren bewiesene Zeitstatus, in dem sich die Oldies der achten Versuchsserie, zu der Hayami gehörte, befinden würden.

»Verdammt, wo ist Sophie?«, brüllte Mendecker, der zweite, bei dem der Groschen fiel.

Boris und Anna tauchen kurz noch einmal auf. Das Abfließen des Physikers durch seinen eigenen Nabel ist ihnen in der Detailperspektive zwar erspart worden, nicht aber der Eingriff des mikrochirurgischen Instruments ins Gedächtnis, der nun alle Begegnungen mit Hayami, die nach dem Zeitpunkt seiner Ermordung liegen, so unangenehm schattenhaft macht. Viele müssen damit rechnen, das nächste Ziel zu sein. Während wir – nur aus Rücksicht auf die Konditionsschwachen nicht im Laufschritt – über den in der 12-Uhr-47-Sonne glühenden Asphalt der Straße nach Meyrin marschieren, lauert die kaschierte Falltür überall, sie könnte vor dir sein, in der Spiegelluft, in die du plötzlich hineinläufst wie in einen senkrecht stehenden gläsernen Sarg. Sophie geht um, bewaffnet mit einer schönen Kahr MK 9. In der Handtasche der alten Frau, in der ich sie gut versteckt zu haben glaubte, war sie auch gut zu finden. Magazine gibt es überall, wir kennen uns aus. Rücken, Schultern, Gleichschritt, der Gefangenenchor der Unzeit hastet nach Süden, zu allem bereit, aber nicht dazu, von einer rachsüchtigen Ahnungslosen in der eigenen Vergangenheit ermordet zu werden, sich direkt an der Küste der Rechronifizierung abknallen zu lassen wie ein eiliges Kaninchen. Alle fürchten sich, obwohl nur diejenigen mit einem Repräsentanten auf dem PA 8 der Fern-Liquidation (Sperber, seltsam lässig oder verzweifelt) zum Opfer fallen könnten. Hayami gab es nur ein einziges Mal auf der chronoaktiven Fläche. Angenommen, Sophie wollte dagegen Harriet beseitigen, der dort in 33 Kopien verschiedener Altersstufen vorkam. Brauchte sie nur den Jüngsten auszuschalten oder den Ältesten? Die am meisten gefährdeten Testkandidaten wählen nach kurzem hektischen Marsch drei Athleten. Mit unserem Einverständnis spurten sie voraus, um den unter Umständen nötigen Kampf (Bubble-Gunfight) mit Sophie aufzunehmen. Schmied, seine durchtrainierte Freundin Haselberger (erst jetzt bemerken wir ihre eisernen Waden), der mir zunächst nicht so recht bekannte Polizist aus der ehemaligen Thillet-Sicherheitseskorte laufen los – unnötigerweise, meines Erachtens, denn Sophie hätte schon längst reinen Tisch machen können, auf eine so elegante Weise, dass man kaum umhinkann, sie für sich selbst zu wünschen.

(Befreie dich von dir, indem du einen deiner schmerzunempfindlichen Old-Fellows beseitigst. Denjenigen, der Karin noch gar nicht kannte.)

Die Straße nach Meyrin wird bald langweilig und öde, gesäumt von aussickernder, gesichtsloser Stadt, Tankstellen, Gleisen, Lagerhallen, Neubausiedlungen, letzten Bushaltestellen. Dann Felder, Waldstücke, die unsichtbare rote Kreislinie des LEP, ein verzweifelter Jet d'eau tief unter uns im Gestein, als wir zwischen dem PA 5 und dem PA 6 hindurchgehen, belanglose Geschwisterpunkte unseres zeugungswilligen, kopiergeilen Areals. Mendecker wankend, irgendwo in der dritten oder vierten Reihe nur noch, Staub der Zeit auf dem grauen Anzug. Harriet und Kalkhoff voran als unermüdliche Scouts, die weder Todesangst noch Klonteufel fürchten, allenfalls Lap Lapièrre (Sperber, sichtlich erschöpft, nichts mehr notierend, entlassen als Schlossherr und Chronist). Dahinter Patty Dawson, Antonio Mitidieri, die kräftigen Stieglers, die ein wahnsinniges Vertrauen in die eigene Zeugungskraft, in die Unverwüstlichkeit ihrer schwarzhaarigen und rotbackigen Gene haben, denn anders ist nicht zu verstehen, weshalb sie ihr vierjähriges Elfenkind, eine wahre Heidi mit pummeligen Ärmchen und Stupsnäschen, mit sich führen, auf den Schultern des Vaters, von wo aus es sich immer wieder nach hinten dreht, um unsere Prozession zu bewundern. Die Fuzzis in den Siedlungen entlang der Strecke scheinen alle ein wenig verschoben, der RUCK natürlich, aber irgendeine oder ein paar hundert Geisterhände haben sie gewendet, in unsere Richtung, wenigstens ist mir so, als wollten sie unseren Anblick nicht vergessen, als starrten sie uns fassungslos aus dem Gefängnis ihrer totalen Paralyse heraus an, als wollten sie uns warnen, als schrien sie wie komplett von Medikamenten gelähmte Todeskandidaten, die gleich durch eine Giftspritze hingerichtet werden. Ich weiß nicht mehr, weshalb ich mitgehe. Oder ich gehe mit, weil ich nicht mehr weiß, weshalb ich in Genf, München oder Florenz bleiben sollte. Die beiden Österreicher hinter mir summen mitunter eine choralartige Melodie, wechseln aber sonst kein Wort. Kubota geht an meiner Seite, auch er zumeist schweigend, anscheinend ohne sich vor einer Vergewaltigung seines Klons durch Sophie zu fürchten. Shi ni, die tödliche 42. Sekunde, liegt lange hinter uns. Das ist mein ganzer Fanatismus. Dennoch kommt es mir so vor, als könnte ich noch etwas versäumen auf dem Weg zum PA 8. Das Nachdenken vielleicht, über die Zeit, was sonst, denn der Eindruck ist ja in allen Unjahren geblieben: Über die Zeit hast du nie genug nachgedacht, du erschöpfst sie nicht. Das eben ist ihr Trick. So besiegt sie uns alle, auch wenn der Rest der Welt stillsteht, um uns keinesfalls mehr zu stören. Für Kubota, dessen rundes Gesicht in der bleiernen Mittagssonne glänzt wie eine Maske, ist sie vor allem Zyklus, Knospung, Blüte und Verfall gewesen und mit ihrem Ende (außerhalb von uns) die Trennung von allem, was er liebte. Für die Cernies kann sie erschaffen und vernichtet werden, in den Raum geknetet, auseinander gezogen und rückwärts begangen, zusammengestaucht und angehalten, auf alle Ewigkeit. Wenn wir stehen bleiben, bewegen wir uns – auch die ungeheure Kulisse der FOLIE – mit Lichtgeschwindigkeit durch den Korridor der Zeit. Dreh dich um, bei diesem Tempo, und geh zurück. Das ist das, was wir vorhaben, was sich am PA 8 ereignet. Nur die an Blödsinn grenzende Glücksverheißung, Enthusiasmiertheit, Illuminiertheit, die man an den Gesichtern der Testpiloten ablesen kann, alles doch alte chronifizierte Hasen, gibt uns Zuversicht. Auf Änderung der Verhältnisse. Keiner redet mehr darüber, aber man sieht es ihnen an, wie sie sich die Perspektiven ausrechnen und darüber müde werden, das innere Millimeterpapier zerknüllen und sich schwitzend dreinschicken. Noch eine knappe Stunde Fußmarsch und irgendetwas wird uns fressen, durchkauen, ausspeien oder auflösen, das Orakel schweigt und strahlt tief unten im Fels, eingewickelt in den Kokon seiner elektrischen Leitungen, träumt, der ganze Tunnel ist nur wie der Dendrit eines Riesengehirns, in dem gerade langsam der Gedanke entsteht, was mit uns werden könnte. Komplettes Reset, denken wir offiziell. Wir werden fünf Jahre jünger sein. Wir werden alles vergessen haben, was wir taten, die Folgen der Unzeit gehören nur der Zukunft eines verrückten Romans. Nichts anderes dulden. Dass es die Schatten gibt, auch noch für uns. Auf dem blassen, grauen, bläulichen Asphalt der Straße wachsen unsere verschwommenen Abbilder in der Totenstille außerhalb unserer Sphäre zusammen, bewegen sich wie die Front eines Fischschwarms mit immer anderen hervorstoßenden Köpfen. Das Licht hat für uns stets eine Ausnahme gemacht, das alte Licht, das zur Welt kam, als der unendlich kleine Gott im Nichts explodierte, um das Weltall als Apotheose seiner Abwesenheit hervorzubringen, das immer schon reisende Licht, für das noch keine Sekunde vergangen ist seit 15 Milliarden Jahren, das den gesamten Kosmos durchwebt, ohne im Mindesten zu registrieren, was uns hervorbringt, austreibt und beseitigt, Zeit, Glück, Elend und Fluch, die ganze grandiose erbärmliche Geschichte. Licht ist die Ignoranz Gottes, die auf alles fällt.

Stuart zwinkert mir noch zu, aber verhalten, erkennbar ohne den Willen, noch etwas deutlicher zu sagen. Das Suchbild in Zürich, ich weiß. Rückwärts in die Zeit rasen, seine füllige Catherine als Lokomotive mit ihren Vampirkindern als missmutig tänzelnden Anhängern. Rechtwinklige Umkehr am Punkt Null in der vierten oder zehnten Dimension. Bentham schlägt ab am Straßenrand, Sperber schwitzt wie ein Pferd, das Elfenkind jammert, der Mathematiker Berini geht mit seiner knabenhaften Dior-Dompteuse ungeschickt und bleich Arm in Arm wie 14-Jährige, die noch ein wenig Jugendliebe stümpern wollen kurz vor dem Ausbruch der Vernichtung. Es ist wirklich. Die Sonne brennt wirklich. Unsere Knie zittern wirklich. Wenn wir tot sind, dann ist das der wirkliche Tod.

7.

In den letzten Sekunden denke ich noch an Anna, auf eine neuartige, doch schon immer angebrachte Weise, nämlich als Teil eines unzertrennlichen Paares. Sie und Boris und die beiden Elfenkinder Simon und Rose, die wir bei ihnen zurückließen, erstrahlen im mythischen Licht der Urfamilie, des einzigen Anfangs, der von uns bleibt (falls Noah-Boris Recht hat). Der PA 8 erschien bei der Annäherung von Norden her ganz vertraut unheimlich, Grauen erregend normal mit seinen Lagerhallen, den gefrorenen Motorradpolizisten am Eingang, den quer gestellten blauen CERN-Bussen mit ihren unverdrossen rauchenden Fahrern. Etwas Lebendiges, Bewegliches hinter dem Spalier der Fuzzis bannte uns herzrasend auf die Stelle, mit dem Schreck, der Hoffnung, das Areal gebäre schon frische Chronifizierte, schicke uns ein paar Ansichtsexemplare entgegen. Widerwillig, aber schon erneut gespannt, mussten wir sie als unsere drei Läufer identifizieren. Die Zähmung von Sophie schien ihnen gelungen zu sein, da wir den Platz zwischen den Hallen vollzählig erreichten. Unbewaffnet und teilnahmslos hockte die Mörderin neben den zu Boden gestürzten Hostessen vor den Catering-Zelten, nur ab und an hob sie eine Champagnerflasche, aus der sie mechanisch zu trinken verstand. Die Läufer hatten nichts zu unternehmen brauchen, anscheinend glaubte sie ihre Mission erfüllt. Aber Sophie ist nicht wichtig, selbst wenn sie noch weitere zwölfmal existiert, mit erhobenem rechten Arm, mit zwölf naturgetreuen Kopien meiner Kahr MK 9, die ins Leere zielen, weil Hayamis Leiche, von einem Kopf- und einem Bauchschuss verunstaltet, am Boden liegt, in einer einzigen, seiner letzten Ausführung, deren Ende uns die Erinnerung an den MUFOlogen der Unzeit so erleichternd erfunden vorkommen lässt. Wir richten nicht, wir streiten nicht mehr. Wir durchbrechen jetzt die Mauer der Unzeit, wer es nicht glauben wollte, sah sich gleich hinter dem zweiten CERN-Bus (dem

Mausoleum für Madame Dénoux) mit den Beweisstücken der Fruchtbarkeit dieses Areals konfrontiert: dreiunddreißig zerzauste Harriets in fünf Konfigurationen (Altersstufen, zerstreute Aufmachungen), einundzwanzig Kalkhoffs in vier, fünfzehn Mendeckers und vierzehn Sperbers in drei, so dass die einzeln Kopierten wie Daisuke, Bentham, Mitidieri oder selbst Hayamis Leiche schon irgendwie vernünftig wirkten. Sophies Schützengilde hinzugezählt, die, weil gespiegelt, sich wie alle Oldies nach außen wendet und damit bezüglich der Physikerleiche auch noch in die falsche, unsere Richtung zielt, haben wir insgesamt einhundertvier Klone auf der Peripherie des Platzes, gemäß einer offenbar ganz mühelosen letzten Rechnung des Quantencomputers in Patty Dawsons Schädel. Es ist eine schockierende, erheiternde, niederdrückende Menschenmauer, die uns als das zeigt, was wir sind, Spielzeugfiguren einer lüsternen Raumzeit. Man hat keine Kraft mehr zu debattieren. Am Südende, bei den Catering-Zelten, liegt noch die Möwe am Boden, die Madame Dénoux dereinst in der Glas gewordenen Luft einfing. Zwischen diesem Wappentier der Fuzzis und dem Eingang zum DELPHI-Fahrstuhl haben wir in einer (leicht gebogenen) Reihe Aufstellung nehmen können, vollständig, achtunddreißig Zombies, da Sophie, jetzt von dem Polizisten und Basler Journalisten gehalten, schwankend und apathisch zu den FÖNIX-Teilnehmern zählt, ungefragt, also doch in einer Art Verurteilung, da niemand mehr zu ihren potenziellen Opfern gehören will. Das Signal soll von Sperber kommen, er will dreimal die Hand heben, steht (schon) leichenblass in der Mitte der Reihe. Wie ein Opernchor haben wir uns aufgebaut, wie nur zur Probe, in unseren uneinheitlichen Monturen, die sich fortsetzen im längeren Kreisbogen der Oldies, deren Gesichter allesamt nach außen gewendet sind, während wir auf die leere asphaltierte Fläche starren, als könnte dort noch jemand auftauchen, um das Experiment abzubrechen zu unser aller Erleichterung. Mendecker ist der Linksaußen unseres Kreisbogens, und das mag ein günstiger Platz sein, wenn gleich die Sprengsätze der Gruppe 13 zünden. Etwas muss anders sein, sagt Patty neben mir, man kann nicht ganz genau so zurückkehren. Der letzte menschliche Satz. Sehr beruhigend. Mir gegenüber, die Reihe der Oldies abschließend, liegen der nicht-kopierte Motorradpolizist und ein grauer Feldhase am Boden. Keine Zeit mehr. Nachzudenken. Eins, Sperbers Arm hebt sich. Zwei. Der gemeinsame Schritt.

Sehr kurz: DELPHI. Als wäre der Asphalt zu unseren Füßen Glas, Luft, der Fall unserer Körper hinab schnell wie ein Schuss, der Aufprall schmerzlos, der Boden unendlich weich, die Aufstellung der Besucher schon einmal gesehen vor dem haushohen gelben Zylinder, zu dessen drei Etagen parallel versetzte Metalltreppen führen. Ein Alarmknopf. Rot.

Dann schon die Kugel. Wie wir es erwartet hatten, beschrieben bekommen hatten. Die Angst. Wir sind die Figuren einer fürchterlichen Kegelbahn. Ich allein bin das Ziel, denn es ist keiner mehr sonst da. Die Kugel rast über den Platz, ist schon hier, wird mich treffen, höher und breiter, als ich mit ausgebreiteten, ausgestreckten Armen reichen könnte, ungeheuerlich glatt, spiegelnd auf einem vollkommenen Schwarz, das massiv zu sein scheint wie Granit, massiver, dichter, unendlich viel dichter, es ist so wenig zu fassen wie die Tatsache, dass ich immer noch nicht überrollt und zerquetscht bin, sondern auf eine bestimmte Weise schwebe, nur noch die Kugel im Blick, ohne Herzschlag, ohne Atem. Auf diesem Spiegel jetzt mein eigenes Bild, unverzerrt, vollkommen klar, leuchtend, die Angst – zersplittert, das muss es gewesen sein, was Harriet und die anderen immer wieder über die Grenzlinie trieb, eine Aufsplitterung der Angst, die Scherben zerschneiden dich und erzeugen neue, spiegelnde Räume, in die man gebannt starrt, in alle zugleich, aus einem höheren Facettenauge, mit einem neuen, maßlos erweiterten Facettengehirn, das hinaufsieht, hinunter, hinaus durch die Außenschale. Der Zeit. Es ist ganz einfach, aber man hat so viele verschiedene Dinge in so vielen Räumen in so vielen Köpfen im Kopf, sieht etwa Sperber auf der Brücke zum Schloss Chillon in einer Schlange vor dem Wärterhäuschen um eine Eintrittskarte anstehen, auf gerade dem Fleck, an dem Möllers Leiche fehlt, und Mendecker, der ruhig nach Hause fährt im Dienstwagen, wieder im Mahlstrom, im Räderwerk, im vibrierenden Gefüge der Zeit, das jeden Ort erfasst und jedes Atom. Anna besucht mich in der Redaktion und legt mir die Fotografien aus Genf, vom CERN-Hauptquartier, von ALEPH, OPAL, L 3 und DELPHI vor, fragt, ob meine Frau schon aus ihrem Ostsee-Urlaub zurück sei, mit einem Unterton, der mir alberne Hoffnungen macht, während Karin über die Ponte Vecchio geht, Arm in Arm mit dem Berliner Orthopäden, mit dem sie zurückkehrt, den sie immer wieder trifft in den kommenden schwierigen Monaten, in denen ich so viel reise, bis ich einen Seelenverkäufer von Fähre besteige und vor den Philippinen im Meer ertrinke, nach zwölf Stunden der Qual, als gerade die Türme des World Trade Center von großen Verkehrsmaschinen wie von Brandbomben getroffen werden, es endet nicht mit mir und auch nicht mit neuen Kriegen und Friedensschlüssen, und Thillet wird im Schweizer Parlament von einem Wahnsinnigen erschossen, und tote, zerfetzte, blutüberströmte Menschen liegen auf Bahngleisen in Madrid, Sonden fliegen dicht über die Krater des Mars, nichts endet, alles wird größer, die Kugel zeigt immer neue Fluchten in immer neuen Spiegeln, in denen ich wieder vorhanden bin, um mit und ohne Karin, mit und ohne Anna, mit Karin und Anna zu leben und zu sterben, abzweigend von der Möglichkeit der gewesenen Existenz unserer Irrfahrten, Irrwanderungen in keiner, in drei Sekunden: So kehre ich nicht zu Karin zurück, denn ich bin mit einem Schlag fünf Jahre älter geworden, Hayamis Frau muss von der Genfer Polizei hören, dass man ihren Mann auf dem PA 8 erschoss, während Catherine Thillet, die direkt neben dem Japaner stand, ihren Gatten in der Luft versickern sieht, genau wie seinen Leibwächter Möller, der zerfetzt auf der Brücke zum Schloss Chillon wieder erscheint, und den liquidierten Kollegen Thorgau, dessen Opfer in seiner Frankenstein-Villa so schreckliche Wirklichkeit bleiben wie der von einer Fechtklinge durchstoßene serbische Abgesandte und der Waffenhändler mit der roten Nelke in der Schläfe und weitere, uns unbekannte Arrangements, die Dornröschen getroffen hat, Boris und Anna, zum journalistischen Tagesgeschäft zurückkehrend oder, wie Sperber, Durétoile und ich, sich neue Identitäten verschaffend mit den handlichen Reichtümern, die wir in unseren Wanderrucksäcken und den zahlreichen Depots aufbewahrt haben.

Noch ein letztes Mal zeigt es sich, dass ich, dass wir (vielleicht) noch außerhalb der Kugel sind, in der absolut zerstörerischen, aber gerade noch nicht zerstörenden äußersten Nähe der schwarzen spiegelnden Wand, auf der kaleidoskopartig, zersplitternd, sich in immer neue Fluchten von Bruchstücken der Bruchstücke zersetzend, die Flamme der Zukunft flackert, um jetzt ausgelöscht zu werden durch den Aufprall auf den Granit oder Stahl der Wand gemeinsam mit mir.

In einen Felsen, in eine stählerne Kugel. Eingehen. Auf der Grenzfläche, so leicht, entsteht kein Schmerz, nur ein Bild, in dem wir einmal waren. Die Kaverne, DELPHI, die mannshohen schwarzen Buchstaben A, B, C auf gelben Quadraten im zweiten Stock, ein Kran mit einer Hebebühne, unsere Mannschaft, das komplette Zombierudel im Halbkreis versammelt um Mendecker, Harriet, Thillet. DELPHI rührt sich nicht. Wir stehen stumm, aber nicht völlig regungslos, es ist ein winziger Ausschnitt Zeit in uns, so dass man etwas spürt wie eine Strömung, einen Wind, der an den Haaren, Ärmeln, Rockfalten eine Bewegung hervorruft. Die Gesichter sind nicht verzerrt, nicht konzentriert, weder gleichgültig noch ausdrucksvoll, ihre Züge entgleiten gerade oder beginnen es zu tun, ohne dass etwas anderes erkennbar, zu spüren wäre als der sanfte Luftzug von irgendwoher aus dem Tunnelsystem oder der Riesentrommel des Detektors.

Das Innere kommt uns bekannt vor. Im schwarzen Granit eingeschlossen, drehen wir uns so traumhaft ungehindert wie ein Embryo im Fruchtwasser der Hölle, aber schon ist es Stahlwasser und Quecksilber und wiederum Spiegelflucht in Spiegelflucht. Es gibt ein Ende, an einem genau bestimmten Ort, auf den wir zufallen oder zufliegen durch neue und alte Bilder, die wir kennen oder hätten speichern können in den Labyrinthen unserer wie aufgebrochenen, polypenartig erweiterten Erinnerung. Annas Hand gleitet über die Bettdecke, über den Körper ihres Mannes bis hin zu seinen Schultern, seinem Hals, seinem Kopf, bis die Mündung einer Pistole seine Schläfe berührt, dahinter unsere rosa Flitterwochen, nur leicht getrübt von einem Knochensplitterregen in Genf, in Zürich, in Amsterdam, während Sperber bei dem Versuch, seine eigene Tellermine zu entschärfen, in die Luft vor Chillon geht, Thillet, endlich einmal schneller als sein Leibwächter, Möller erschießt, woraufhin Catherine mit Thorgau flüchtet, bis sie von Dornröschen gestellt werden an einem explosiven Nachmittag. Alles, was geschehen ist, hat seine Klone, Zwillinge, Zwölflinge im rasenden Innengetriebe meiner Zeit, das immer näher kommt, in umgekehrten Phasen wie der Flug des Orthopäden aus seinem Tod über die Piazza del Duomo auf den Fenstersims eines Hotelzimmers, in dem ich nun doch Karins sitzende nackte Gestalt mit den Armen umschließe, ihr kastanienbraunes, nach Sperma und fremdem Rasierwasser riechendes Haar auf meiner Wange spüre, ihre für mich schmal gewordenen, hier wieder vollen Lippen auf meinem Mund, mit ihr zurücksinke auf das Bett ihres Betrugs, es ist nur einer dieser Frauenkörper, mein Gott, aber ich liege still bei ihr wie mit Anna vor Stunden erst, in einem Spiegelkabinett der Granitkugel gleich nebenan, während der Orthopäde hereinfliegt und auf den Teppichboden kracht, ich trage Karin hinaus und werfe sie auf ein Bett aus

Orangenschalen und Glasscherben nackt in eine Mülltonne mit Rädern, deren Bremsen ich löse für die nächste INTEMPORATION, aber hier bette ich sie auch sanft und bildhauerisch penibel in einer leeren Vitrine der Uffizien auf roten Samt, auf dem sie als atmendes Kunstwerk wieder erwachen kann. Die Phasen kehren auf dem Kopf zurück und umgestülpt wie ein Handschuh FANATISMUS DEPRESSION MISSBRAUCH wir gehen durch Grindelwald mit entsicherten Pistolen, Hayamis Chalets öffnen ihre perversen Kreise, im Eismuseum des Gletschers springt der Wächter des japanischen Tempels auf und ist tatsächlich Daisuke Kubota, der sich in seinen Scheinklon geschmuggelt hat und jubelnd hinausläuft ORIENTIERUNG in die eisfreie, atmende Welt. Die Körper der von mir Geschändeten greifen mich an, alle bis hin zu Karins schönerer Kopie auf dem Bahnsteig in Lausanne, die brühend heißen Kaffee über meine Oberschenkel gießt, und zur Gräfin, die mich mit dem Gürtel ihres Bademantels verschnürt. Es ist der wiederkehrende SCHOCK, der im Zentrum der Kugel, in die ich eingeschlossen bin, auf mich wartet, eine neue Kugel, umnebelt, verschleiert noch, aber schon aufleuchtend, stellenweise ahnt man bereits die gläserne durchsichtige Schale, halb spiegelnd, halb transparent, die zu einem Kern zu führen scheint, in dem sich etwas bewegt, zu einem immer größer werdenden Innenraum, der, geschützt von der sich aufhellenden Außenschicht, an Volumen die schwarze Kugel jetzt übertrifft, in der er sich doch befunden hat, so dass ich entweder immer kleiner werde oder alles andere sich ausdehnt und vergrößert, die gläserne Wand überragt mich schon, dehnt, bläht, wölbt sich, wird zur Außenseite einer enormen Schneekugel, einer Art Menagerie, die mich mit der stärksten mir vorstellbaren Attraktion an sich bindet, mich in ein Kind verwandelt, das sehnsüchtig das Gesicht gegen eine Schaufensterscheibe presst: Bewegung, Vitalität, Unruhe, Vibration, Flüstern, Strömen, Rauschen, Pulsieren in jeder Blickrichtung, jeder Region, jeder Zelle dieses

Raums. Dort ist schon vollkommen erfüllt, was wir Monat für Monat in der Unzeit erhofften: dass jedes Atom wieder getroffen wird vom Pfeil der Zeit. Ich bin schon innerhalb der Menagerie, auch wenn sich mein Körper noch gegen ihre gläserne Außenwand presst. Was wir erhoffen, ist schon gewesen, die exotischen Pflanzen, wankenden Lianen, schreitenden Tiger, kreischenden Papageien auf der anderen Seite – nur zu erahnen, sich wie in einem Kaleidoskop immer neu ergebend – sind: wir. Plötzlich Filme in aufbrechenden Korridoren, Gestalten mit dem Rücken zu uns, unsere eigene Gestalt, die sich abwendet, die bogenförmige Menschenreihe am PA 8, entlang der Linie JETZT, über die man unaufhaltsam leicht gelangt, und schon steigen wir in die Busse, die Madame Dénoux' Möwe wieder von oben betrachten kann. Wir sinken zu ALEPH und OPAL hinab, den Brüdern von DELPHI, als würde dort nichts geschehen. Erneut und endlich haben wir eine farbglühende, raunend bewegte Sommernacht in Genf, in der ich mit Sperber, Henri Durétoile, Boris und Anna an einem Tisch im Freien sitze. Mein Zug trägt mich durch den Nachmittag in den Morgen nach Zürich und München in die Wohnung, aus der ich mich und alles, was an mich erinnerte, wütend entfernte, nur um jetzt vollständig in meinem ursprünglichen Rahmen wieder anzukommen, nachdem ich mich von Karin verabschiedet habe, um dann mit ihr in unsere Küche zu gehen, auf deren Tisch ein Reiseführer Mecklenburg-Ostseeküste liegt. Unsere Jahre vergehen wie in einem umgekippten Stundenglas und enden mit dem Schmerz in einem Backenzahn (Molar Nummer 36) des Unterkiefers, der vergeht, als Karin sich über mich beugt, im weißen Kittel, mit blauen Handschuhen, weich und klinisch sauber, energisch und nachgiebig, Sonnenlicht in ihrem Haar, der Schwung ihrer Wangenknochen, zerteilt vom jadegrünen Mundschutz, das pfeilspitzenförmige Ende des Bohrers, der aufheult, während ihr zärtliches Auge in mich dringt. Tage in Paris, Monate mit meiner schwach begabten Gazelle Christine. Einmal sah ich eine sterbende Taube auf der Außentreppe von Saint-Sulpice und eine alte Frau, die sie mit einem Stein erschlug und in ihre Tasche steckte. Schwarzweiß, auf sprödem Zeitungspapier, in einer schrecklichen Ziehharmonika aus Autoblech, verbogenem Chrom, aufgeschlitzten Polstersitzen, herausgerissenen elektrischen Kabeln finde ich die letzten fotografischen Überbleibsel meiner Eltern, zwei ovale weiße Flächen, ihre Windjacken wie grob aufgerasterte Seelen. Meine Mutter schickt mich auf den Weg, es ist Herbst, Anfang Oktober, mein neuer Schulranzen drückt ungemütlich gegen die Wirbelsäule, erste Kastanien sind herabgefallen, noch in ihren grünen Morgensternschalen, aus denen ich sie vorsichtig herausdrücke, das Heftpflaster auf meinen Fingern ist fasrig und grau. In einem rot, orange, quittengelb leuchtenden Blätterhaufen fällt mir ein seltsames Objekt auf, ein Ball, denke ich zunächst, aber es ist eine Kugel aus Glas. Als ich mich herabbeuge, geschieht unendlich viel, sie ist jetzt ein ganzer Planet und die Welt ist in Ordnung.

Am See

Der violette Hut liegt auf meinen Oberschenkeln. Ich spüre seinen filzähnlichen weichen Stoff zwischen den Fingerspitzen, während ich den Blick spazieren gehen lasse, durch das Anthrazit und die rauchig blauen Wellenzacken der Schwyzer und Glarner Alpen, um mir dann langsam und genussvoll näher zu kommen, als segelte ich träge und mühelos durch die Luft heran, während mein Doppelgänger auf der Bank am Ufer sitzt. Das gleichmäßig starke Licht zieht eine daktylische Silberbahn über das Wasser, bringt die Bergwiesen im Süden zum Leuchten, gibt den zahllosen Häusern und Gebäuden in den grünen Korallenbänken um den Zürichsee einen geheimnisvollen Perlmutt- und Elfenbeinschimmer, als verberge sich mehr in ihnen als zehntausendfache Klone des gewöhnlichen Lebens. Die warmen ehrlichen Farben der Nähe sind mir viel lieber als der mysteriöse Glanz. Etwa die orangefarbenen und kobaltblauen Abdeckplanen der Motorboote, als ich an der Promenade auf die wie skalpierten Doppeltürme des Großmünsters zuging. Etwa das Lackschwarz einer Haarsträhne, die der Wind über die frische Aprikosenhaut meiner Chinesin (Japanerin, Koreanerin) geweht hatte. Es gibt jetzt, nach der Ekstase, der Offenbarung am PA 8, immer wieder solche prächtigen Illusionen von Heimkehr.

Unser Hotelzimmer in Genf hätte aber genügen sollen, um mir klarzumachen, dass ich die Vergangenheit nicht bewohnen kann. Unwillkommen sein, an einem nahezu unverändert gebliebenen Ort, infolge einer scheinbar kleinen tückischen Alchemie der Zeit. Das ist aber ihr Bannfluch, der dich auf jener Insel einkerkert, die sie im nächsten Augenblick mit ihren Wellen verschlingt, dieser ermüdende unermüdliche Schiffbruch an der Küste einer immer neuen Gegenwart. Dort heimisch zu werden ist die größte Leistung. Der vergangene Körper der Gräfin erscheint wie tot, ihr gegenwärtiger unter der Seidendecke kann sich vielleicht nicht an mich erinnern. Wenn sie erwacht, wird sie nicht meinen chronometrischen Hasen vorfinden, sondern die schöne Wespe mit den ziselierten Flügeln und der kleinen runden Uhr im Zentrum ihres gestreiften Leibs, die Anna an seine Stelle gelegt hat. In der Lawinenwelt, dem überall gezeiteten Universum, dessen stillste Winkel und ruhigste Ecken wir uns infolge unserer Entwöhnung wie Ameisenhaufen vorstellten, ist es eine wahre Komödie, am helllichten Vormittag und doch noch einmal so gelassen wie ein Zombie durch die schwingende Drehtür des Hotels, die Grüppchen unwillig Platz machender Geschäftsleute und Urlauber zu promenieren, mit dem Fahrstuhl emporzugleiten in den vierten Stock, über den roten Krönchen- und Zepter-Läufer lautlos (fast wie ehedem) an drei morgendlich frischen, lachenden, mit den Armen flatternden Damen, einem geöffneten Flurfenster mit sich im Wind bauschender Gardine, einem wankenden Zimmermädchenhintern (Frühstückstablett am Boden) vorbei auf die Tür zuzugehen, zu der ich mir aus Gründen der Sicherheit und aus unverantwortlichem Optimismus heraus einen Schlüssel besorgt habe. In ihren zartblauen Morgenmantel gehüllt, sitzt die Gräfin auf dem Sessel neben dem Bett und hebt den von einem Frotteehandtuch-Turban orientalisch überhöhten Kopf, als ich hereinkomme. Sie erschrickt nicht ganz so, wie sie es tun sollte. Sie verhüllt sich nicht ganz so eifrig, wie sie es sonst vor einem fremden Mann tun würde, der durch ihre Finger, am Funkeln einer Zehnagelschere vorbei einen Blick auf das vertraute wollene Dreieck werfen kann. Ich, der Vater ihrer dreißig ungeborenen Kinder, sollte nun auf die Knie sinken und alles gestehen. Drei Tage lang aber saß ich asketisch und stumm vor ihrem aufgebahrten Leib, in den vereinbarten Stunden von zwölf bis zwei. Das schilffarbene, sandfarbene Licht war so freundlich und natürlich, dass ich den offenkundigen Unsinn meiner Wache ertrug. Anna hatte die Wespe so ausgerichtet, dass sie von der Gräfin weg zum Fenster hin fliegen zu wollen schien. Ich versuchte mir die letzte gemeinsame Minute in diesem Zimmer ins Gedächtnis zu rufen. Aber ich sah nur unseren vergeblichen, schönen, grauenhaften Zeitlupenringkampf auf dem Bett, an der Stelle der ruhenden Gräfin.

Auf jemanden warten, von dem man genau weiß, wo er sich befindet und dass er sich unmöglich fortbewegen kann. Ebenso gut hätte mich der Eiger besuchen können, von Grindelwald herkommend, oder das Matterhorn. Anna steht in der vierten Reihe derjenigen, die Mendeckers großartige Rede hören wollen. Starr und stumm. Eine Möwe, verwirrt oder krank oder tollkühn und von den Häppchen der Cateringfirma angelockt, könnte sich im nächsten Augenblick im roten Haar einer 60-jährigen Genferin verfangen, die schon einen Arm mit drei goldenen Reifen anzuheben begonnen hat. Anna ist wieder so jung geworden, fünf Jahre jünger natürlich, das will ich ihr gleich entgegenhalten, fröhlich, auflachend, souverän die Genugtuung unterdrückend, dass es richtig war, an FÖNIX teilzunehmen, und dass es niemandem etwas helfen würde, nicht an dem Ort zu erscheinen, an dem sich die Transformation vollzog. Die kritische Masse an Zombies hatte genügt, um die Brücke für uns alle zu öffnen. Schwer zu erklären, wie ich so lange auf dem dünnen Eis der Illusion gehen konnte. Ich glaube, ich brauchte Minuten oder ich gönnte sie mir, den euphorischen Wahnsinn einer letzten Kommunion. So offensichtlich war die Rückkehr, so perfekt ausgeführt, dass mein Zustand dem einer leichten Geistesabwesenheit um 12 Uhr 47, des Montags in der Woche Drei des Monats Acht des Jahres Null am PA 8 vollkommen entsprach. Langsam zu mir kommend, erfreute ich mich an Annas wunderbar verjüngtem Gesicht, an Boris' wesentlich weniger zerknittertem Zustand, an der Auferstehung von Madame Dénoux und selbst an Mendeckers noch ungebrochener, rosiger, wahrhaft bossiger Frische. Sämtliche Oldies waren verschwunden, die ganze unappetitliche Reihe der Harriets und Kalkhoffs, Mendeckers und Sperbers, die uns genarrt hatten wie in einer Kombination aus Vollrausch und Schädeltrauma, gehörte einer glücklich zerstörten Zukunft an. Wir reihten uns nicht mehr entlang einer irrwitzigen Kopierlinie auf, sondern standen genau wie vor Ausbruch der Unzeit im mehrreihigen andächtigen Halbkreis um Mendeckers Podest und Mikrofon. Thillets Leibwächter umrahmten mit einer unglaublichen Dreistigkeit den von ihnen ermordeten Politiker und seine wie von einer formidablen Schönheitsfarm gemodelte Catherine, und den beiden verjüngten Kindern fehlte noch glücklich der vampirhafte Dünkel auf den Gesichtern. Ich sah einen völlig wiederhergestellten Hayami, zurückgekrempelt aus der quecksilbrigen Luft, in tadellosem grauen Anzug neben dem noch entschieden schwarzbärtigeren Sperber. Dem Ehepaar Stiegler allerdings fehlte das dicke rotbackige Elfenkind, und so musste man wohl auch vermuten, dass Boris und Anna, die gemeinsam mit etlichen mir doch auch Unbekannten in physikalischer Logik zurückbefördert worden waren, ihre Adoptivkinder aus dem Dorf der Ahnungslosen verloren hatten. Sophie Lapièrre, statuenhaft frisch und noch Jahre von ihrem Mord entfernt, drehte den dünnen Hals Richtung DELPHI-Fahrstuhl, wo sie das Erscheinen ihres ersten Mannes erwartete. Noch ganz Physikerin, kritisch und schwarz bebrillt, etwas weniger drall, aber auch weniger herzlich und hilfreich wirkend, stand Patty Dawson an Harriets Seite, der auf eine sehr angenehme Weise einzigartig wirkte. Ich erinnerte mich an zu viel. Das war ein Fehler. In Mendeckers Rücken, vor den Catering-Zelten, lagen zwei Hostessen mit geleerten Sektflaschen am Boden. Auch das schien auf ein Problem hinzudeuten. An jenem Tag, am PA 8 vor Ausbruch der Unzeit, hatte ich ein korrektes Sommerjackett, ein dezent gestreiftes Hemd, Leinenhose und italienische

Lederschuhe getragen. Den Unterschied zu meiner Hochsommer-Wanderkluft bemerkte ich rascher als die Tatsache, dass ich mich nicht verjüngt hatte. Als Einziger, soweit ich es beurteilen konnte. Und ganz allmählich, mit dem anwachsenden Grauen eines Schwerverletzten unter einer Menge Ermordeter oder an einer Seuche Gestorbener, erkannte ich die neuen Bedingungen meiner Existenz.

Drei Tage verbrachte ich auf dem PA 8 oder in seiner unmittelbaren Nähe. (Durch die Forschungsaufenthalte von Harriet & Co waren die Lebensmittel in der Umgebung schon rar geworden.) Alles, das komplette Fiasko, musste neu erfahren und erkundet werden. Aber ich fühlte mich seltsam wenig überrascht. Am vierten Tag im Mittagslicht nahm ich mir die Uhr von Annas regungslosem linken Handgelenk und die von Daisuke Kubotas rechtem zur Erinnerung und Triangulation und machte mich auf den Weg zurück nach Genf.

Heute scheint mir das 12-Uhr-47-Licht etwas milder geworden. So als hätte es unsere verzweifelten Anstrengungen doch registriert und wäre nicht ganz unbeeindruckt geblieben. Auf seinem Steinquader vor der schmiedeeisernen Balustrade zum Zürichsee steht nach wie vor der Jüngling, zeigt mit der linken offenen Hand auf den sitzenden Adler und hebt die Rechte hoch in den Himmel. Es ist Ganymed, ein flinker Junge, wie Berini gesagt hätte, und der Adler ist Zeus, der ihn entführen und mit ihm spielen will. Also geht es nicht in die von dem grauen Knaben ausgewiesene Luft, sondern nach unten, in die Kälte und absolute Ruhe des Granits. Über die Zeit will ich nicht mehr nachdenken. Entweder alles ist Feuer, Freiheit und Bewegung und nichts wird wiederkehren. Oder alles, was geschieht, geschehen ist, geschehen kann, ist schon da, unverrückbar, gewaltig, in einem ungeheuerlichen, wahnsinnig verästelten, eisernen Baum der Welt, an dem sich kein Blättchen regt. Der Hut liegt umgekehrt auf meinem Schoß, als wollte ich das Geld zählen, das Passanten hineingeworfen haben. Zum Beispiel einer der beiden alten Männer in ihrer Zigarrenwolke oder einer der Backpacker, der aus dem oberen Teil seines Rucksacks einen Franken holte. In einigen Jahren wird mich vielleicht auch der elegante Vierziger im Trenchcoat erreichen und mir einen Scheck ausstellen.

Die Chinesin hielt ganz still, als ich ihr den mit Nadeln sorgfältig angesteckten Hut vom Kopf nahm. Der Fehler im Suchbild, wie Stuart sich ausdrückte. Einfach eine herbstliche Kopfbedeckung an einem brütend heißen Sommertag (unter dem Trenchcoat konnte ich nichts finden). Zwanzig Schwarzweißfoto-Abzüge waren säuberlich auf dem schwarzen Haar gestapelt, aufgenommen und entwickelt von Stuart Miller oder seinem japanischen Kletterpartner, der die Folgen ihrer Expedition in den PX-Schacht hinab zu DELPHI nicht hatte ertragen können (ich sah ihn wiederhergestellt am PA 8). Die Aufnahmen zeigen den Detektor zunächst in der Totale, so dass man die unversehrte obere Hälfte gut mit dem unteren, zerfetzten und wie leck geschlagenen Teil vergleichen kann, aus dessen Schwärze eine verbogene eiserne Leiter ragt. Dann nähert sich das Objektiv unserem Leichenfeld, das zu beschreiben ich mir hier, in meinem sechsten Notizbuch, erspare. Das vorletzte Bild zeigt, ob aus purem Zufall oder infolge einer bewusst getroffenen Auswahl, mich selbst, direkt neben Anna und Boris, so als hätte ein irrer chirurgischer Experimentator ohne geeignetes Werkzeug uns zu einem einzigen Menschen zusammenfügen wollen. Das also ist mein Zustand, und nichts anderes habe ich seit Monaten gedacht. Das Licht über dem Zürichsee funkelt und flirrt, sobald man nur ein wenig die Wimpern senkt. Meine asiatische Nachbarin duftet nach Gras oder einem Tee, dessen Namen ich vergessen habe. Ich werde nach Florenz gehen.